普通高等教育“十一五”国家级规划教材

普通高等教育信息管理与信息系统专业规划教材

信息系统分析与设计

第2版

主 编 向 阳

副主编 崔振洪 韩丽川 赵卫东

参 编 于长锐 蒋元涛 赵秀丽 赵英姝 张 波

机 械 工 业 出 版 社

本书从信息系统的基本概念出发，结合当前信息技术发展状况，全面、系统地介绍了信息系统分析与设计的理论、方法、工具，并结合云计算技术简要介绍了云环境下的信息系统。全书共分九章，包括概述、信息系统技术基础、系统规划、系统分析、系统设计、面向对象分析与设计、系统开发与实施、系统评价与运行管理和信息系统新发展。书中主要章节给出了大量案例，并附有思考题、设计题和案例分析题，可以帮助读者加深对信息系统基本概念和方法的理解，促进对开发工具的掌握。本书配有电子教案，可以提供给使用本书作教材授课的教师（详见前言）。

本书是高等院校信息管理与信息系统本科专业核心课程的教学用书，可作为高等院校信息管理与信息系统本科专业及其相关专业的教材，也可作为信息系统项目开发人员和项目管理人员的参考资料。

图书在版编目（CIP）数据

信息系统分析与设计/向阳主编．—2版．—北京：机械工业出版社，2014.1（2024.8重印）
普通高等教育信息管理与信息系统专业规划教材
ISBN 978-7-111-44396-4

Ⅰ.①信…　Ⅱ.①向…　Ⅲ.①信息系统—系统分析—高等学校—教材②信息系统—系统设计—高等学校—教材　Ⅳ.①G202

中国版本图书馆CIP数据核字（2013）第244634号

机械工业出版社（北京市百万庄大街22号　邮政编码100037）
策划编辑：易　敏　责任编辑：易　敏　刘　静
版式设计：霍永明　责任校对：樊钟英
封面设计：陈　沛　责任印制：郜　敏
北京富资园科技发展有限公司印刷
2024年8月·第2版第8次印刷
184mm×260mm·20.5印张·561千字
标准书号：ISBN 978-7-111-44396-4
定价：55.00元

电话服务　网络服务
客服电话：010-88361066　机　工　官　网：www.cmpbook.com
010-88379833　机　工　官　博：weibo.com/cmp1952
010-68326294　金　书　网：www.golden-book.com
封底无防伪标均为盗版　机工教育服务网：www.cmpedu.com

普通高等教育信息管理类专业
规划教材编审委员会

前　言

信息系统的开发是集计算机技术、项目管理、通信技术等为一体的信息系统工程。它不仅能为企业提供更加准确、及时、全面、翔实的数据，而且便于对各种信息进行进一步的加工，还有利于进一步加强企业管理的科学化、合理化、制度化、规范化。互联网、云计算等技术的普及应用，对信息系统的建设和应用也产生了很大的促进作用，其中最有代表性的发展分支就是以互联网为基础的电子商务系统，以及以云计算为基础的信息服务系统，由于网络的推进，信息系统在信息的共享性、实时性、可靠性、快速性等方面有了显著的提高。

本书紧密结合当前信息技术的发展，将网络、数据库等领域的新技术贯穿于系统规划、系统分析、系统设计和系统实施各章节中，教材内容紧跟技术发展趋势。为了使读者能够对信息系统开发的各个环节有更加感性的认识，本书还引入了当前比较流行的开发方法和开发辅助工具，如 SQL Server 数据库、HBase 列式数据库、Microsoft Visio、ERwin、Microsoft Project 等。读者可以利用这些工具亲自动手进行信息系统的分析与设计。此外，本书还提供了案例分析，将抽象的理论知识具体化，避免学生学习本课程有过于空洞的感觉。

本书共分为九章，依次为概述、信息系统技术基础、系统规划、系统分析、系统设计、面向对象分析与设计、系统开发与实施、系统评价与运行管理、信息系统新发展，内容涵盖了信息系统分析与设计的各个方面。

本书是高等院校信息管理与信息系统本科专业核心课程的教学用书，可作为高等院校信息管理与信息系统本科专业及其相关专业的教材，也可作为信息系统项目开发人员和项目管理人员的参考资料。本书配有电子教案，使用本书作教材授课的教师可联系本书编辑索取（电子邮箱：yimin9721@163.com）。

本书由同济大学向阳教授主编，参加编写的有齐齐哈尔大学崔振洪副教授、上海交通大学韩丽川副教授、山东科技大学赵卫东副教授、上海财经大学于长锐副教授、上海师范大学张波副教授、上海海事大学蒋元涛讲师、齐鲁工业大学赵秀丽讲师、齐齐哈尔大学赵英姝讲师。其中，第一章由向阳和张波编写，第二章由向阳、张波和于长锐编写，第三章由韩丽川编写，第四章由崔振洪编写，第五章由赵英姝编写，第六章由赵卫东编写，第七章由于长锐编写，第八章由赵秀丽编写，第九章由蒋元涛和张波编写。

在本书的编写过程中，各大学的研究生袁书寒、张依扬、马强、黄蓉、韩婕、王敏、段韧、王连诚、李明田、李雨平、张环宇、万蓬、吕文涛、刘磊、刘昌劲、宋元芳、田刚、赵成、于凤山等同学参与了资料收集、编辑排版和课件制作等工作。在此，对他们付出的辛苦表示感谢。

目　　录

第一章
概　　述

内容提要

1. 概括介绍了网络信息时代企业生存与发展的内外部环境状况。
2. 详细给出了信息、系统、信息系统的基本概念。
3. 全面介绍了信息系统各发展阶段的特点和内容、信息系统的种类。
4. 介绍了信息系统开发生命周期各阶段及其主要工作内容。
5. 简要介绍了几种主要的信息系统开发方法与方式。

第一节　网络信息时代企业生存与发展环境

20 世纪 90 年代，由于互联网的迅猛发展使人类社会进入到一个网络时代，全球都开始了一个网络化的发展进程。这种发展进程对于信息系统的建设和应用也产生了很大的促进作用，其中最有代表性的发展分支就是以互联网为基础的电子商务系统，以及以云计算为基础的信息服务系统。正是由于网络技术的推进作用，使得信息系统的应用范围从传统的只能处理管理问题扩展到了能够处理经营问题。这是网络信息时代企业生存与发展的大环境——网络化。正是这种网络化的大环境使得现代企业面临的内外部环境产生了很大变化。

一、网络信息时代企业生存与发展的外部环境

（一）世界经济全球化

当今世界，全球化贸易正在成为世界经济增长的主要动力。头号经济强国美国的经济增长率的提高主要依靠进出口，欧洲和亚洲发达国家的工业经济增长也是如此。据美国商务部统计，2012 年，美国货物贸易总额为 3.88 万亿美元，同比上升 3.5%。中国 2012 年货物贸易总额达 3.87 万亿美元。其他世界重要的经济体和国家也正面临着全球贸易飞速增长的局面。

与此同时，世界各大跨国企业巨头也正面临着经济全球化所带来的机遇和挑战。美国波音公司是全球航空航天业的领袖公司，其客户分布在全球 90 多个国家。在全球化趋势下，波音公司拥有上万个供应商，位置遍布全球 135 个国家。而美国的连锁零售业巨头沃尔玛公司，在全球 27 个国家开设了超过 1 万家商场，2013 财政年度（2012 年 2 月 1 日至 2013 年 1 月 31 日）的销售金额达 4660 亿美元。中国无疑也是沃尔玛全球化战略的重要市场。目前，沃尔玛中国已在 21 个省、自治区和 4 个直辖市的 150 多个城市开设了近 400 家商场，与多达 2 万余家供应商展开合作，经营多种业态和品牌，包括购物广场、山姆会员商店、社区店等。跨国公司进行全球贸易当然不是为了体验如今运输发展给人们带来的便利，而是通过这种世界范围内的采购和销

售，利用各地的相对优势得到最低的成本和最大的收益。而这种经济全球化的大环境极大地增加了信息对企业的价值，并为企业提供了生产经营的新机遇。企业快速地捕捉到瞬息万变的有利信息，利用各地商品价格和成本的差异可以获得惊人的收益。在一个每分钟都有企业退出、无数企业跟进的全球商业世界中，企业不但要面对周边同行的激烈竞争，更要直接应对国际商业巨头的强势压力。为了维持现有的生存地位，为了做大做强，企业就要努力走向全球化，实行全球战略，成为世界产业链中的一个环节。此时公司不得不开发全球信息系统来跟踪订单、发货和付款，与分销商和供货商联络，一天24小时在不同的环境中经营，及时、可靠地获得价格和质量信息，满足国内及国际管理报表的需要。简而言之，企业及时地管理和协调相距遥远、不同地域、不同环境的经营活动是公司成功的主要挑战。可见，在当前经济全球化的环境下，信息化建设已成为企业生存和发展的必经之路。

（二）知识经济时代的来临

当以处理信息为产品的微软公司的产值已超过美国三大汽车公司产值的总和，当凭借进行全球采购、出色协调管理、优质服务的连锁商沃尔玛成为500强第一位，当依靠新技术“白手”起家的信息技术（IT）新贵们包揽了福布斯的前几名时，世界经济已经从工业型经济转变成基于知识和信息的服务型经济（A Knowledge and information-based Service Economy），即一个以知识为基础的经济时代已经来临，企业生产经营环境将处于知识经济时代。

知识经济直接依赖于知识和信息的生产、扩散和应用。软件的发展、网络的产生、虚拟技术的应用，正在使企业资产中无形资产的比例不断增加。知识经济的来临将对人们的生产方式、生活方式、思维方式、管理决策产生重大影响，企业管理将由生产向创新转变，其经济效益将越来越依赖于知识和创新。一个企业要生存和发展，就必须依靠信息系统的支持，用动态的观点来研究所面临的新问题。这就是为什么在经济发达国家的许多服务行业（金融、保险和房地产等）将70%以上的投资都用于发展信息技术的原因。

（三）电子商务日益普及

因特网（Internet）在全球的迅速普及使现代商业具有了不断增长的供货能力、不断增长的客户需求和不断增长的全球竞争三大特征。高速的信息获取与处理方式使得传统的商业模式已无法跟上现代经济的发展。解决传统商务模式的弊端肯定是利用现在方便、快捷的网络信息技术、计算机技术、网络通信技术和Internet开展电子商务。

中国互联网络信息中心（CNNIC）发布的《第31次中国互联网络发展状况调查统计报告》显示，截至2012年12月底，我国网民规模达5.64亿人，全年共计新增网民5090万人。互联网普及率为42.1%，较2011年年底提升了3.8个百分点。我国手机网民规模为4.20亿人，较2011年年底增加了约6440万人，网民中使用手机上网的用户占比由2011年年底的69.3%提升至74.5%。《2012年度中国电子商务市场数据监测报告》表明，2012年中国B2B电子商务市场规模达6.25万亿，同比增长27%。报告显示，截至2012年12月，中国B2B电子商务服务企业达11350家，同比增长8%。同时，2012年，中国B2B电子商务服务商的营收规模约为160亿元，同比增长23%。2012年5月，国家工信部发布《互联网行业“十二五”发展规划》，其中提出，到“十二五”末，互联网行业对经济社会的贡献要持续提高，互联网在转变经济发展方式和促进结构调整中的作用更加突出，基于互联网的协同研发设计、定制生产营销等广泛应用，网络金融和电子商务普及深化，2015年电子商务交易额达到18万亿元。

在这种情况下，任何不进行信息化改造的企业，将会被排除在网络平台之外而无法生存。因此，企业必须正视目前飞速普及的电子商务环境。

（四）网络信息技术飞速发展促使信息时代快速到来

网络信息技术的发展可以用日新月异这个词来形容。网络信息时代已来临。中国网民实现互联网接入的方式呈现出全新格局，多种智能终端融入互联网接入，互联网应用走向多元化。人们在工作、学习和生活中越来越多地使用互联网，整个社会的运行都搭上了互联网的快车，并打上了互联网的烙印。互联网已经从单一的行业互联网发展成为深入我国各行各业的社会大众的互联网。

网络技术在企业的应用更是快速，Internet 本身所具有的开放性、全球性、低成本、高效率的特点，极其适合于现在企业的运作。现在，随着信息技术的飞速发展，信息技术的价格性能比不断下降，越来越多的组织、企业、个人都被连接到网络空间，利用 Internet 组建企业专用的企业内部网（Intranet）和企业之间使用的外联网（Extranet）已势在必行，企业已处于网络信息技术飞速发展的环境中。

（五）云计算时代的来临

当前，硬件配置的飞速提升、互联网数据的飞速衍生、计算负荷的快速增长等，这一系列的改变正在挑战人类原本既有的 IT 架构和运行模式的极限。就在个人计算机即将无法承担海量计算任务之际，云计算出其不意地进入了人们的生活。

随着世界各大 IT 巨头纷纷推出各自的云计算计划，一个云计算的时代已经呈现在人们面前。这是一场彻底改变 IT 面貌的革命：通过快速增长且已经成熟的宽带技术，人们可以将信息的存储、访问、处理和决策等全部工作从个人计算机迁移到网络云端，实现大幅度节省 IT 建设成本、按需要获取 IT 资源。可以说，借助云计算实现核心竞争力的提升和优化已经成为企业在新时代提升自我的一个全新增长点。

二、网络信息时代企业生存与发展的内部环境

现代企业面临的外部环境正在发生着巨大的改变，这种改变同时也正促使企业内部环境发生显著的变化，具体表现在以下几个方面：

（一）企业决策和监控所依赖的信息空前丰富

企业决策和监控所依赖的信息不仅仅是指企业内部的信息，而且包含大量的企业外部信息。在这个经济全球一体化的时代，这些外部信息的范围包括国内和国际的信息。其主要内容既包括政策法规、市场行情、客户信息、竞争对手信息、行业信息等企业外部信息，也包括企业生产信息、采购信息、库存信息、销售信息、成本信息、资金信息、人力资源信息等。就市场行情而言，在成千上万的竞争者中，新产品、新价格、新服务、新技术、新热点层出不穷，千变万化。企业能获得的信息是空前的丰富，用海量来形容一点不为过。面对瞬息万变的国内外环境信息，企业决策与监控所需信息空前丰富。在这种状态下，企业单靠传统手工方式收集和处理信息是行不通的，常用的通信方式也经常难以奏效。只能通过采用先进的通信技术，建立高速的大容量的信息采集、加工、传输、处理和展示系统，才能满足需求。

（二）企业内部业务流程信息化已成为时代要求

在传统经济环境中，企业是围绕物流和资金流来组织生产的，以必要的库存支持标准化的批量产品来提高生产效率。而在信息经济环境中，企业的生产以消费者的需求为导向，只有能快速获取市场需求信息，及时组织生产，并迅速将产品投向市场的企业才能存活下去。企业为了驾驭市场，适应市场的需求，就必须借助电子信息技术建立企业内部快速反应机制，对企业采集的大量信息进行存储、加工、分析和预测，并及时作出正确反应，以指导企业的行为；根据需求订单及现有库存信息，合理组织采购，降低采购与库存成本；缩短产品设计、生产和流通的周期，灵活地进行生产任务和产品结构的调整，不断开发新产品，以适应小批量、多品种的市场需要；充分利用销售信息反馈，改善产品设计，强化信息传播在售后服务中的作用；优

化管理，采用新工艺、新方法、新技术，加大技术改造力度，用现代化的管理方法和先进技术，有效地利用生产资源，减少物耗，降低生产成本，建立有效的产品质量控制和工艺流程控制体系。这一切都离不开企业内部业务流程的信息化改造，使企业的信息流能有效、不间断、畅通、迅速地在企业经营活动中发挥作用。

（三）企业工作模式由手工向计算机化转变

据统计，20世纪90年代，美国在财务会计上90%的工作由计算机完成，物资管理中80%～100%的信息处理由计算机完成，计划管理中80%～90%的工作由计算机完成：计算机在很多领域正逐步代替手工劳动。这方面我国虽然起步较晚，但近几年发展较快，特别是微型计算机与网络的普及，使计算机的应用更加广泛地渗透到企业生产经营各个环节。企业在计划、生产、供应、销售、财务各环节的业务工作中，广泛使用相应的业务信息处理系统，已逐渐习惯了计算机代替手工劳动的局面，对信息系统功能的认识也越来越明确。

（四）企业职工计算机网络文化素质不断提高

随着计算机和网络的普及，加之各种操作系统非常友好的图形用户界面，计算机和网络的操作已不再高深莫测，企业职工大都掌握了它们的使用技术。从20世纪90年代以来，我国运用各种政策来推广计算机和网络知识，提高人们对现代信息技术的应用能力。企业职工计算机网络文化素质不断提高，也逐渐感受到现代信息技术给生活和工作带来的便捷，对信息系统的开发和运行也持较为欢迎的态度。

第二节　信息系统的概念

现代社会是网络信息社会。随着现代信息技术的快速发展，对信息的处理和利用已深入到人类生产、生活的各个方面。人们对信息的处理和利用离不开信息系统，在很多场合都会与信息系统打交道，但要深刻理解信息系统的本质还需要从基本概念开始。

一、信息

（一）信息的定义

信息无处不在，无时不有，无人不用，已成为使用频率最高的词汇之一。人们对信息的研究和利用越广泛深入，对信息的认识和理解也就越多样化。不同的学科，从不同的角度对信息这个概念有不同的解释。

在经济学家的眼里，信息是与物质和能量相并列的客观世界的三大要素之一，是生产力、竞争力和经济成就的关键因素，是社会生产所需要的中心资源。在新闻界，信息被普遍认为是对最新发生事件的陈述。在图书馆学和情报学领域，信息被认为是被定义的事物（Thing）或记录（Record）。美国学者巴克兰德（M. Buckland）认为，许多事物都可以称为信息，如文本、图片、录音磁带、博物馆陈列品、自然物体、实验、事件等。信息论的创始人申农（C. E. Shannon，也译作香农），从通信系统理论的角度把信息定义为用来减少随机不确定性的东西。还有很多不同的学科都从自身的角度出发给信息予以不同的解释，这里不一一列举。

据不完全统计，信息的定义有100多种，至今仍没有统一的、能为各界普遍认同的定义。信息的定义之所以呈现多样化，主要有三方面的原因：第一，信息本身的复杂性，它是一个多元化、多层次、多功能的综合物；第二，信息科学是一门新兴的学科，它的许多分支学科仍在随着社会、经济和科学技术的发展而发展，其内涵和外延不很确切；第三，人们出于不同的研究和使用目的，从不同的角度或层次出发，对信息概念就会作不同的解释。

从信息系统的角度出发，人们最常接触的是信息的处理过程，比如信息的收集、存储、传递、加工、维护、使用等。而这些处理过程中的信息都是借助于数据这个载体来体现的。所以要深刻理解信息这个概念，还需要从认识数据这个概念入手。那么，数据到底是什么呢？

数据是记录客观事物的性质、形态、数量特征的抽象符号，如文字、数字、图形、曲线等，对其本身不能确切地给出具体含义。信息是由数据产生的，是对数据加工处理后并对客观世界产生影响的数据，是反映具体客观事物特性的一些数据，是进行决策的依据。因此，我们把数据经过加工处理后有特定含义、对决策有价值的结果称为信息。例如财务活动中的数据，经过按财务规则加工处理后所形成的有特定含义、供决策者决策参考的财务报表、账册等都是信息。

数据与信息的关系可描述为：数据是信息的载体，数据对决策者的行为没有影响；信息是数据处理的结果，信息影响决策者行为；高层次的数据可能是低层次的信息，低层次的数据只有经过加工处理才能成为高层次的信息。

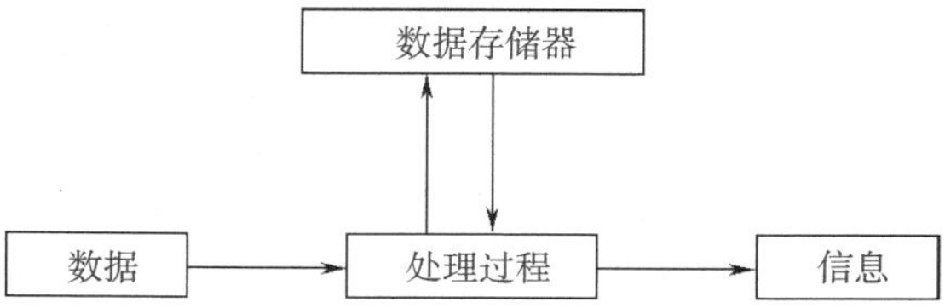

图 1-1 从数据转化为信息的过程

信息的产生过程如图 1-1 所示。

从图 1-1 可以看出，数据是客观事物的一种表现形式，信息是数据经加工处理后的结果，加工处理过程需要将数据在数据存储器中进行存取。

（二）信息的特征

信息从不同角度理解，有不同的含义，但所有的信息都具有一些共性。信息有如下特征：

1. 存储性

信息是可以存储的。人类不仅通过大脑记忆信息，还利用不同的载体存储信息。所谓载体，就是荷载信息的介质。一切记录信息的介质（如纸张、胶片、磁带、磁盘、光盘等）都是信息载体。正是通过信息的存储，保存了人类的文化遗产，保证了人类文明的延续，使人们在前人智慧的基础上发展和创造新的文明。

2. 传递性

信息是可以传递的。信息的传递有时间传递和空间传递之分。时间传递是信息通过一定的载体存储，使信息随时间的流逝而传递下去。空间传递是通过一定的方式把信息从一个地方传到另一个地方。由于信息的传递，才出现充满生机和千变万化的世界。人类为了自身的生存与发展，一直在探索和改变信息传递的方式。最初是靠声音和姿势，后来利用火光与符号。语言的出现是人类传递方式的根本转折。文字的产生和印刷术的发明，使人类传递活动发生了质的变化。电报、电话、广播、电视等电子工具的出现，更使人类的传递方式发生了深刻的革命。计算机的使用、光导纤维的问世、同步卫星的运转和 Internet 的普及，使信息传递进入了一个新的时代，“信息高速公路”就是全球信息传递的一种形象的描述。

3. 共享性

信息不仅可以传递，而且可以共享。信息与物质不同，不会因为一个人得到了，另一个人就失去了。英国文学家萧伯纳有一个形象的比喻：倘若你有一个苹果，我也有一个苹果，我们彼此交换，我们仍然各有一个苹果；但是，倘若你有一种思想，我也有一种思想，我们彼此交流这些思想，我们两个人各有两种思想。萧伯纳在这里所说的，可以理解为所有信息的交流都具有共享性。信息具有的这种特性，为信息的有效利用奠定了基础，极大地缩短了人类认识世界和改造世界的时间，也极大地节省了人力、物力和财力。人们追求信息的目的在于共享，在共享的基础上利用，在利用的基础上创造。

4. 可利用性

信息是一种可利用的宝贵资源，存储与传递信息的目的是为了利用信息资源。信息是点燃智慧的火种，它能给人们以新的知识，引导人们开拓更新的、更高层次的、更广阔的领域。人们正是通过对信息资源的利用，促进科学技术的进步和社会的发展。在当今世界，国家的兴盛与衰落，个人的成功与失败，都与能否善于利用信息资源有着密切的联系。

5. 信息资源的不竭性

从整体上说，信息资源不会枯竭。人类生存的一切领域，随时都产生信息。物质世界是无限的，对物质世界的认识也是无限的，因此信息资源也是无限的。从另一个角度来看，人类的创造力是无限的，因此描述和反映人类所创造出的事物信息也是无限的。人类无限的创造力成为信息资源不竭的源泉。

6. 价值的不确定性

信息的价值体现在信息需要者在需要的事情上、需要的时间内和恰当的地点获得需要的信息，并指导其作出正确的决策或行动。由于人们对信息的需求和理解及判断能力的不同，信息对人们行动的指导作用大小是不同的，信息表现出的价值是有很大差别的。同样的信息对于不同的使用者可能有不同的价值，因此信息价值是相对于使用者有用程度的量度。同时，在特定的条件下，特定的信息对特定需要的用户有强烈的时效性，信息的价值随着时间的改变而改变。信息价值的时效周期，一般分为升值期、峰值期、减值期和负值期四个阶段，不同的阶段呈现不同的价值，这也是信息的时效性。

（三）信息的量度

人们对信息量度的研究已有很长的历史。在狭义信息量度研究方面，已经使通信科学从定性阶段进入定量阶段；然而，对广义信息进行数学描述和量度仍然还有极大的困难。

1. 基于数据量的信息量度

在计算机信息处理工作中，一个通常而简便的信息量度方法，是按反映信息内容的数据所占用计算机存储装置的存储空间大小来衡量信息量的大小。

计算机存储装置的最小存储单位为一位二进制数，称为1bit（比特，位）。常用的存储单元为8位二进制数，即1字节，记为B。字节相关单位之间的换算为：

1KB = 1024B（KB为千字节）

1MB = 1024KB（MB为兆字节）

1GB = 1024MB（GB为吉字节）

存储于计算机系统中的文本文件、数据文件、图像文件、声音文件等，它们含有信息量的大小常用字节数B、KB、GB来量度。存储于计算机之外的信息，如报刊、书籍等，往往直接用发行种类和发行量或者文本的字数来量度。这也是基于数据量的量度。

2. 基于概率的信息量度

一般来说，人们获取某一事物的数据资料、背景知识等信息后，就对这一事物有了一定程度的认识，或消除了对这一事物在某一方面认识的不确定性。因此，这些数据资料和背景知识等信息中含有信息量的多少可由它们消除对事物认识的不确定性程度来决定。所以，信息量的大小可定义为信息内容消除人们认识的不确定性程度，信息量的大小与信息内容消除人们认识的不确定性程度成正比。

一般来说，可以用概率来表示信息内容消除不确定性程度的大小，即用概率来表示信息量的大小。例如，一股票投资者有信息：“推荐的100只股票里有1只股票要上涨”，那么这个股票投资者就要在这100只股票的空间里搜索，找到的股票上涨的概率为0.01。而另一信息，“推荐的 10 只股票里有 1 只股票要上涨”，那么这一股票投资者就要在这 10 只股票的空间里搜索，找到的股票上涨的概率为 0.1。显然，后一信息消除股票投资者的不确定性的程度要大于前一信息。从这个例子看出，可以使用概率来表示信息内容消除不确定性程度的大小，即用概率来表示信息量的大小。

此外，为了量度消除不确定性程度的大小，需要确定一个合理的量度单位。一旦确定了信息的量度单位，就可以这个单位为基准去量度实际信息的数量大小了。

在基于概率的信息量度方法中，信息量的单位叫做比特（bit，是二进位制数字 Binary digits 的缩写）。1 比特的信息量是指含有两个独立等概率状态的事件所具有的不确定性能被全部消除所需要的信息。在这种单位制度下，信息量的定义公式可写成：

$$H(x) = -\sum P(X_i)\log_2 P(X_i) \qquad i = 1,2,3,\cdots,n$$

式中，X_i代表第 i 个状态（总共有 n 个状态）；$P(X_i)$ 代表出现第 i 个状态的概率；$H(x)$ 就是用以消除这个系统不确定性所需的信息量。

例如，硬币下落可能有正面和反面两种状态，出现这两种状态的概率都是 1/2，即：

$$P(X_i) = 0.5 \qquad i = 1,2$$

这时，$H(x) = -[P(X_1)\log_2 P(X_1) + P(X_2)\log_2 P(X_2)] = -(-0.5-0.5)\text{bit} = 1\text{bit}$。

同理可得，投掷均匀正六面体色子的 $H(x) = 2.6\text{bit}$。

二、系统

（一）系统的定义

系统是无处不在、无所不包的。企业为人类生活进行产品生产，企业内部为能保证生产顺利进行，就有原材料采购系统、库存系统、生产系统、销售系统、财务系统等；对于人类来说，人体内部有呼吸系统、消化系统、神经系统等；自然界为人类和其他生命形式安排了奇妙的生物系统；人类为自身生存和发展也设计建造了各种各样的生产和生活系统；人类所居住的地球只不过是太阳系中的一颗行星，太阳系又置身于浩瀚的银河系中，而银河系也只是茫茫宇宙之中的一片星云……这些都是天体系统。人们无时无刻不与一定的系统相接触，也无时无刻不处于一定的系统之中。通过这些系统的具体形式，可以归纳出系统的一般概念。

系统这个词最早出现于古希腊语中，意为“部分组成的整体”。一般系统论的创立者、著名的美籍奥地利生物学家贝塔朗菲（L. V. Bertalanffy）把系统定义为“相互作用的诸要素的复合体”，认为“系统的定义可以确定为处于一定的相互关系中并与环境发生关系的各组成部分（要素）的总体（集）”。一般说来，系统是由相互作用的多个元素有机集合而成的，能够执行特定功能的综合体。这一定义表明，系统必须满足以下几个条件：

（1）由两个以上的元素组成，而且往往是非常大量的元素。系统越庞大，构成元素越多，元素间的关系越复杂。构成系统时必不可少的元素称为要素。

（2）元素之间存在着相互制约的有机联系，保持某种功能。实际上，系统总是把具有不同性质、不同功能的元素合成在一起，产生更高价值的整体功能。

（3）系统中存在着物质流、能量流和信息流。其中，信息流控制着其他流，使之更加有序。

（二）系统的结构

任何系统都处在不停的运动、变化和发展之中。在系统中运动着的是客观存在的物质，具体表现为物质运动的三种形态，或者说三种流，即物质流、能量流和信息流。人工系统是信息系统的主要类型。一个人工系统，总是要输入这三种流，在系统中经过处理，再输出所需要的三种或其中的几种流。系统的结构主要表现在输入与输出的关系上，在构造系统的输入和输出关系时，可以有开环和闭环两种基本的模式，从而形成两类人工系统，即开环系统和闭环系统，如图1-2所示。

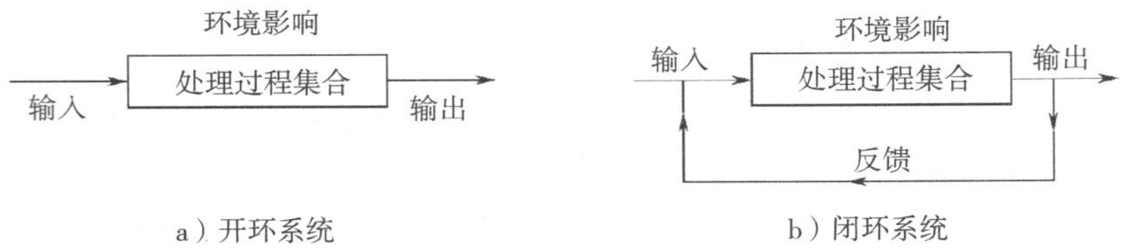

图1-2　开环系统和闭环系统

在开环系统中，系统的输入经过处理后，形成系统的输出。由于系统处于一定的外部环境中，必然会受到外部环境的影响，这种影响体现在系统内处理过程的改变，从而产生不同的系统输出。在闭环系统中，输出的一部分作为输入返回系统。在这种情况下，系统的输出改变了输入，从而又反过来调整了系统的输出，这种现象称为反馈。在输入不变的情况下，反馈可以改变输出，即对系统输出有控制作用。

（三）系统的分类

从不同的角度出发，系统可分为不同的类型。

（1）按系统的综合复杂程度分，系统可以分为物理系统、生物系统和人类社会系统。比如：蒸汽机、计算机等就属于物理系统；森林、海洋等属于生物系统；人类社会是一个非常复杂的系统，这个系统又包含很多子系统，如政府、企业、学校、医院等。

（2）按照系统的抽象程度分，系统可以分为概念系统、逻辑系统和实在系统。概念系统是最抽象的系统，它是人们根据系统的目标和以往的知识初步构思出的系统雏形，它在各方面均不很完善，有许多地方很含糊，也有可能不能实现，但它表述了系统的主要特征，描绘了系统的大致轮廓，从根本上决定了以后系统的成败。逻辑系统是在概念系统的基础上构造出的原理上可行的系统，它考虑到总体合理性、结构的合理性和实现的可能性。它确信，现在的设备一定能实现细节合理的系统。实在系统也可以叫做物理系统，它是在逻辑系统的基础上，可以在现实世界上实现的系统，如在计算机上实现的各类信息系统，在实现时要考虑计算机的存储量有多大、运算速度有多快、用多少终端、位置如何分布等，这时系统已经完全能实现，所以叫做实在系统。

（3）按系统功能来分，系统可分为社会系统、经济系统、军事系统、企业管理系统等。不同的系统为不同的领域服务，有不同的特点。系统工作得好坏主要看这些功能完成得好坏，讨论系统主要就是讨论系统所具有的功能。因此，按系统功能这种划分方法是最重要的方法。

系统分类还有其他方法，这里不再介绍。

三、流程

流程是指完成一件任务或一件事或一次活动的全过程，这一全过程由一系列工作环节或步骤所组成，相互之间有先后顺序，有一定的指向。企业的全部业务活动可以根据不同的部门分成各种不同的流程。例如，销售部门完成产品销售的流程，生产部门完成产品生产加工的流程，供应部门完成原材料采购的流程，等等。

伴随着企业的业务流程，产生了企业生产产品所需的“物”和“资金”的变换与流动，由此形成了实体流动的“物流”和资金流动的“资金流”。伴随物流和资金流，企业中还有大量的信息运动，比如生产计划、供应计划、销售计划、财务计划，还有作业计划、调度指令，以及各种技术文件、消耗定额与标准和各类统计报表等。这些信息都在有规律地运动。企业中信息定向流动的过程称为信息流程。

企业内部的信息流程按性质可以分为业务信息流程和与具体业务内容无关的体现信息处理内在规律的信息处理流程。

（一）业务信息流程

伴随具体业务全过程的信息流动称为业务信息流程。企业最基本的业务信息流程有：

1. 销售信息流程

用户的需求信息，如提出某种订货，一般情况下都是通过电话、传真、信函、电子邮件或者直接派人洽谈将信息传递给企业。当然，也有些企业是自己通过市场预测和市场调查了解用户需求。这些订货需求信息，如品种、数量、交货期等先由企业的销售部门接受处理，签订好合同，再与企业内的各相关部门协作共同将产品发送到客户。

2. 生产信息流程

生产部门接到销售部门的销售信息，制定生产计划，安排生产任务。如果仓库里有存货，则可直接发给客户。如果没有库存，则要根据计划组织新的生产，经过加工、装配、包装、入库等一系列工序后，再将信息反馈给销售部门，最后发给客户。

3. 供应信息流程

供应部门根据生产部门的生产计划和各种原材料的库存情况，制定采购计划，按照采购计划进行采购，根据采购的原材料及生产消耗的原材料及时了解各种原材料的库存情况。

4. 财务信息流程

企业筹集资金购买原材料，投资设备、厂房，经过生产销售产品回笼资金，回笼的资金又投入到下一个生产循环。这一循环过程产生各种财务信息，财务信息伴随这种循环而流动就形成了财务信息流程。

（二）信息处理流程

无论在哪个业务环节，信息的处理流程都包括了三个步骤，信息输入、信息处理和信息输出。

1. 信息输入流程

这是指把企业外部相关的信息及企业内部各种变化产生的信息录入到信息系统中，并对这些录入的信息进行正确的校验，为信息处理准备处理对象。

2. 信息处理流程

这是指对新录入的信息结合已存在的信息，进行分类整理、有序存储、加工处理，即经过分类、排序、查询、统计、计算、模拟、预测、判断等多种处理方式，把输入信息转换成有价值的决策依据。

3. 信息输出流程

信息的输入、处理流程都是为了信息输出流程服务。信息的输出是指通过终端输出设备，如显示器屏幕、打印机等向信息需求者提供处理后有价值的信息的过程。

四、信息系统

（一）信息系统的定义

信息系统是一个人造复合系统。它由人、硬件、软件和数据资源组成，目的是及时、正确地收集、加工、存储、传递和提供信息，实现对组织中各项活动的管理、调节和控制。

信息系统不仅具有一般系统的若干特征，还具有一些专门系统的特征。分析和掌握信息系统的特征，将极大地促进信息系统开发和管理的科学性。具体地讲，信息系统的特征表现在以下几个方面：

(1) 发展性。信息系统是一个发展中的概念，现代信息系统伴随着系统组织的发展和信息技术对信息系统支持水平和保证水平的提高从分散性、独立性、功能有限的简单信息系统，发展成为综合性、结构化、功能丰富的复杂信息系统。

(2) 开放性。信息系统和其他系统一样具有相应的存在和发展的环境，总是与环境之间进行着某种形式的输入和输出。这种开放性即环境适应性通过信息系统和外界环境的交互作用，使信息系统和外界环境保持相对稳定的最佳适应状态。

(3) 集合性。信息系统是由信息活动有关要素构成的集合体，各个要素之间按一定关系形成信息系统的关联性和有机性。信息系统的功能是一种整体功能，一方面，信息系统功能是其要素功能的非简单叠加，必须大于其要素功能的总和，即“$1+1>2$”；另一方面，信息系统功能实现的各种消耗也是其要素功能实现的各种消耗的非简单叠加，必须小于其要素功能实现的各种消耗的总和，即“$1+1<2$”。

(4) 层次性。信息系统通常是由若干子系统组成的，这种信息系统层次性是信息系统集合性的自然推论。信息系统层次性是一个相对概念，信息系统可以分解成若干子系统，而信息系统本身又是更大系统的子系统，通常都是信息用户所在系统的一个子系统。

(5) 目的性。信息系统都具有特定的系统目标，其最优化目标是为了充分满足信息用户的信息需求。它受信息用户所在系统的目标约束，又对信息系统的各子系统的目标起约束作用。根据系统次优化原理，严格地讲，信息系统最优化目标也是相对性的，在系统目标设计时应尽可能考虑上一层次和下一层次信息系统目标的影响力。

（二）信息系统的分类

从信息处理功能和辅助管理的角度来看，信息系统可以分为以下几类：

1. 事务处理系统

20世纪40年代人们创造电子计算机的目的是解决工程与科学计算问题。因此，当50年代计算机刚刚进入管理领域时，也是首先作为计算工具使用的。人们用它来进行工资、会计、统计等方面的计算工作，部分代替人的手工劳动。计算机的使用者在相当长的时间内采用的是单用户或批处理方式。随着电子计算机软、硬件系统特别是外围设备和通信技术的发展，计算机信息处理的能力提高了，计算机的使用也逐步过渡到分时系统多用户终端方式。在管理信息处理中，除计算工作外，文书和档案处理、各种报表生成等业务也逐步计算机化了。这种计算机辅助管理的工作，称为电子数据处理（Electronic Data Processing，EDP）。这一阶段由于有关管理业务在计算机上是按项目进行的，不同项目分别进行，不同项目之间在计算机上没有联系，因此又称单项信息处理阶段。采用电子数据处理，提高了管理人员处理日常事务的效率，也提高了管理人员处理的准确性和及时性，因而事务处理系统在西方国家曾得到很大的发展。

2. 管理分析系统

事务处理系统的主要目标是提高管理人员处理日常事务的效率，节省人力。但是，这种将各项管理信息一项一项分别进行处理的方式，远远不能满足企业管理决策的需要。

现代工业企业中，产、供、销各项活动以及与此有关的人、财、物各种要素的运动不仅内容复杂、速度高、节奏快，而且各环节相互依赖、相互制约，形成统一的物质生产和分配系统。其中任何一个环节的失控，都将使整个企业混乱。各项管理信息，如计划、控制、调度、统计信息及各种指标、定额、标准等，都是反映或指挥、控制产、供、销活动和人、财、物状况的。在信息处理中，如果不考虑企业管理信息的整体性和各类信息的协调一致，也必然带来企业信息的混乱，给生产、经营活动造成严重后果。只有从企业的整体目标出发，系统地、综合地处理各项管理信息，管理决策者才可能准确、及时地掌握和有效地驾驭整个企业的生产经营活动。

正是在这一问题上，事务处理系统无法适应现代企业管理的需要。20 世纪 60 年代中期发展起来的管理信息系统（Management Information Systems，MIS），就是为实现企业的整体目标，对管理信息进行系统的、综合的分析处理，辅助各级管理决策的计算机硬件、软件、通信设备及有关人员的统一体，它是一种典型的管理分析系统。管理信息系统和事务处理系统都以计算机为主要手段处理信息，但管理信息系统强调信息处理分析的系统性、综合性，不仅要求在事务处理上的高效率，而且更强调对各级管理决策的有效支持。这种支持主要体现在，对系统内产生的大量管理数据进行分析、分类、汇总，形成对决策者有用的信息。因此，管理信息系统强调及时地为各级制定和实施决策的人员提供准确、适用的处理分析信息。

20 世纪 70 年代以来，发达国家企业管理中广泛使用计算机处理管理信息，各级管理部门以至企业的最高层决策都利用管理信息系统提供的经过加工的信息，并依靠计算机使用各种经济管理模型和现代管理方法辅助决策。计算机远程网络、局域网络和数据库技术的发展以及微型计算机的广泛应用，大大提高了管理信息系统处理信息和辅助决策的能力。大型的管理信息系统已经克服了地域的限制，甚至跨越国界，为在世界各地设有子公司或营业处的大公司进行管理信息分析服务。

管理信息系统的建立，为各级管理决策提供了信息支持，从根本上改善了管理人员的劳动条件和工作性质，是管理手段现代化的重要标志。

3. 决策支持系统

管理信息系统实现了利用计算机对企业管理信息的系统、综合的分析处理，为各管理决策及时提供了许多准确的适用的信息。但在实际的管理活动中，它仍然未像人们所期望的那样，在复杂、多变的企业环境中为管理决策提供强有力的预测与判断和完整的解决方案的支持。

管理决策的制定是一个过程，它包含发现问题或机会、确定目标、探索方案、预测与评价以及抉择等环节。前一发展阶段建立的管理分析系统，只能按照它在建立时所确定的结构、规则和程序收集、存储和加工信息；只能对那些目标明确、具有确定的信息需求、规范的方案进行探索与选择，即进行结构化的决策。管理分析系统能够在决策活动的各个环节给决策者以主动的、有效的支持。但是，企业中遇到的有些决策问题，或目标含糊，或所追求的多个目标相互冲突、信息不全，无固定的规则和程序来探索与选择方案，甚至在突变或紧急环境下，连目标也需要决策者随机应变，这种决策称为非结构化决策。管理决策中大量的问题介乎结构化决策与非结构化决策之间，即决策过程中有的环节是结构化的，有的不是，这类决策称为半结构化决策。在开拓市场、产品销售、原材料采购、新产品开发、厂址选择、设备更新、技术改造、人事调动等问题上，常常遇到半结构化决策以或者非结构化决策问题。对于这类决策，原有的管理分析系统只能被动地提供按固定模式收集和分析处理不完全的信息，分析处理结果不能给决策以有效的支持，必须依靠决策者的知识、经验、阅历、偏好和魄力作出决定，决策者的素质对决策结果有着重要的影响。

从 20 世纪 70 年代开始，人们就注意到利用计算机来解决半结构化决策与非结构化决策问题，管理分析系统开始向着决策支持系统发展。决策支持系统（Decision Support Systems，DSS）就是在这样的背景下产生的，其主要目标就是支持管理中的半结构化决策。

随着信息技术、系统科学特别是人工智能、大系统理论、决策科学的发展，20 世纪 80 年代以来决策支持系统的研究进展很快，不少决策支持系统已接近或达到实用阶段。但是，由于管理决策问题的复杂性，现有决策支持系统都是面向某类决策问题的，是专用的，例如有的面向财务问题，有的面向经济分析，有的偏重于某种方法的应用。因此，在实际的管理应用中，决策支持系统的主要特点在实际中的体现也各有侧重。例如，在企业管理领域出现的战略信息系统（Strategic Information Systems，SIS）、主管信息系统（Executive Information Systems，EIS），都是以支持企业管理某一方面的决策为主要任务的信息系统。

（三）信息系统的结构

信息系统是系统的一种类型，它同系统具有类似的结构，也主要有信息传输和信息处理两大部分。信息系统结构除具有系统结构的一般特征外，由于信息系统与计算机系统结合紧密，因此信息系统的结构也就体现出计算机系统的概念。信息系统的概念结构可用图 1-3 表示。

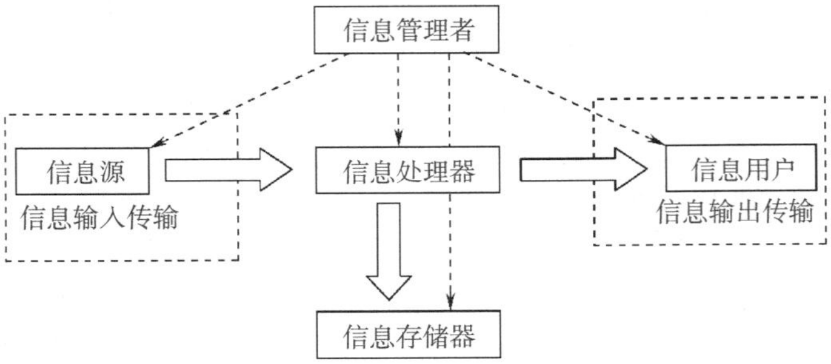

图 1-3　信息系统的概念结构

图 1-3 只是信息系统的概念结构图，实际的信息系统因为实际问题的不同而表现出不同的形式，例如，信息传输通道部分可以是无线传输、网络传输等。

从信息系统的概念结构图可以看出，信息系统由信息源、信息处理器、信息用户、信息存储器、信息传输通道和信息管理者等部件组成。

信息处理部分主要由信息处理器组成，是对输入部分传输来的信息源数据进行加工处理，加工处理过程要借助信息存储器的功能，暂存处理得到的中间和最终结果；同时，信息的加工处理过程也要遵循信息管理者的调度。加工处理的结果是，可获得信息新的结构与形态或者产生新的数据。

信息传输部分由信息输入传输和信息输出传输两部分组成。信息输入传输部分不改变信息本身的内容，其作用只是把信息源中的信息从一处传到另一处，输入传输过程中为保证输入和传输的正确性，该部分通常具有输入和传输验证部件。信息输出传输部分是对信息处理器加工处理的结果，在信息管理者的控制下传输输出给用户，输出可以采用文字、表格、图形、声音等多媒体形式。

（四）信息系统的功能

信息系统具有如下功能：

（1）信息采集与输入功能。将信息收集起来，整理为相应的格式或形式，并输入信息系统，这是信息处理的基础。这一步工作的质量是整个信息系统能否正常发挥作用的关键。

（2）信息存储功能。系统中的信息一般需要多次使用，从而实现共享，因此要对所收集的原始信息和加工整理后的信息进行存储。

（3）信息传输功能。对于以计算机为工具的信息系统而言，信息传输实质上就是通信，通常是由计算机终端和通信设备连接而成的联机系统或分布式处理系统。目前，信息传输通常借助计算机网络来实现。

（4）信息加工处理功能。对信息的加工处理是信息系统的核心功能，主要用来完成将数据或低层次信息加工处理，使之成为用户所需要的信息，这种加工处理需借助信息存储器，在信息管理者的控制下完成。

（5）信息输出功能。信息输出就是将信息处理器加工处理后的信息以文字、表格、图形、声音等多媒体形式传输给信息用户。信息系统的目的是为用户提供各种信息服务，信息输出功能的完善与否，直接关系到信息系统的使用效果和整个系统效能的发挥。

五、网络环境下信息系统的特点与结构

（一）网络环境下信息系统的特点

网络环境下的信息系统和传统的信息系统相比具有比较明显的不同。借助网络的特性，网

络环境下的信息系统显示出了巨大优势，表现出以下的特点：

1. 信息共享程度高

信息系统以网络为信息运行载体，网络的最大特点是网络信息共享。在这种情况下，信息系统的使用者可以在权限范围内方便、快捷地读取各个方面的信息。信息共享可以避免各部门间的一些重复劳动，提高信息资源的利用率。

2. 信息传输便捷，无空间距离约束

在没有网络这个传输平台时，企业内部和企业之间的信息传递通过报表、电话、传真、电报之类的媒介，在传输过程中容易出现时间延误，发生错误。基于网络的信息传递，无空间时间的阻碍，信息的干道传输在光纤内完成，传输速度快，传输效率高，传输错误率低。随着无线卫星传输技术的发展，信息传输的距离障碍将被铲除。

3. 信息的极大丰富

信息系统利用网络把企业内部各部门及其企业外部的合作伙伴都连接在了一起，所有的信息都被集中起来，使得信息极大丰富。对企业来说，企业内部的信息有基层各业务流程产生的信息，有中层制定的各种计划信息、控制反馈信息，以及高层作出的各种决策信息。信息内容可以覆盖整个企业的产、供、销、人、财、物各个方面。企业外部的信息有供应商、分销商、顾客的各种信息。

4. 信息真实可靠

进入信息系统的信息是根据企业基层业务处理的单据凭证录入的，这些单据凭证都是反映企业在各方面发生变化的真实依据。比如产品订单、提货单、入库单，每个凭证单据都代表一笔业务，都代表企业在某一方面的变化，反映这些变化的数据都是真实可靠的，在此基础上的汇总、计算、预测也因此真实可靠，所以据此输出的信息也是真实可靠的。

5. 信息系统内外界一体化

企业的 Intranet 通过 Extranet 对企业外特定用户进行安全延伸，利用 Intranet 技术和公共通信系统，可使指定并通过认证的用户（供应商、销售商、合作者、顾客、在外地的公司员工等）分享公司内部网部分信息和部分应用。此外，企业的 Intranet 通过 Internet 可与外部的工商、税务、银行、政府等部门联系在一起。这使得企业信息系统不仅在应用上内外融为一体，而且在信息源上内外融为一体。

（二）网络环境下信息系统的结构

网络环境下信息系统的结构根据是否与外界联通可分为企业内部的 Intranet 结构和基于 Internet的 Intranet 结构。

1. 企业内部的 Intranet 结构

企业内部的 Intranet 是将 Internet 技术利用到企业内部网络建设上形成的企业内联网。Intranet 把企业的生产子系统、经营子系统和辅助决策子系统连接到一起，使得企业的人、财、物等资源和产、供、销各环节都集成在一个系统里，企业信息在这个系统里可以得到充分的共享和便捷的传输。其示意结构可由图 1-4 表示。

图 1-4 中的服务器负责协调各子系统工作站与服务器之间、各子系统内外工作站之间的信息传输，管理各工作站访问权限、信息集中处理、对网络拥挤进行管理等任务。各子系统的工作站负责业务信息操作处理、输出结果信息、访问服务器信息等任务。交换机负责服务器与工作站之间的信息交换。

2. 基于 Internet 的 Intranet 结构

在企业内联网的基础上，使用各种网络设备使之与 Internet 相连接，就可以实现企业内联网

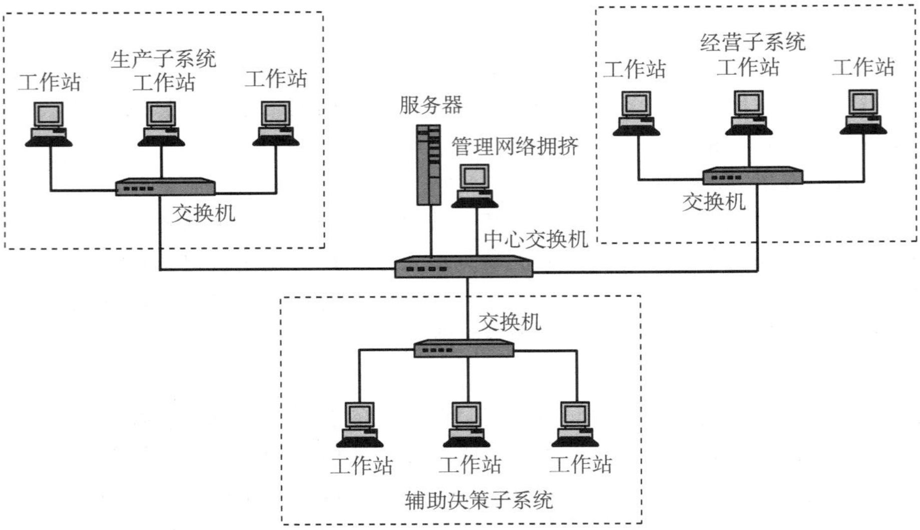

图 1-4　企业内部的 Intranet

的扩展，形成基于 Internet 的 Intranet 结构。在这种结构中，各工作站通过服务器的管理，可直接访问 Internet。其结构如图 1-5 所示。

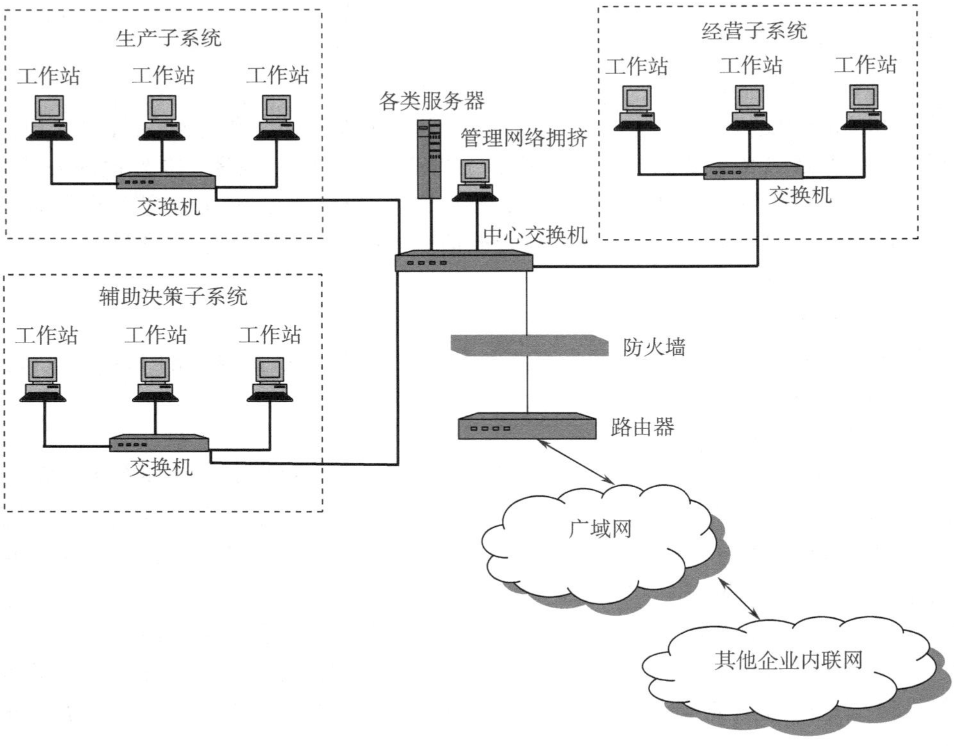

图 1-5　基于 Internet 的 Intranet 结构

在图 1-5 中，服务器可有用于企业内部的数据库服务器，用于外部访问的 Web 服务器、邮件服务器等。防火墙是这种结构的重要组成部分，它可以保证企业内联网不受外部病毒袭击，可以有效地过滤、筛选和屏蔽一切有害的输出和输入访问，还可以记录各种访问活动情况。路由器将企业内联网与广域网相连接，它负责根据网络的拥塞程度、传输费用、转接时延，以及传输距离，在访问源和目的之间寻找一条最佳路径，使访问成为可能。

第三节　信息系统沿革

信息系统应用的发展与计算机技术、通信技术和各相关学科的发展紧密相关。虽然信息系统和信息处理在人类文明开始时就已存在，但直到电子计算机问世、信息技术的飞跃以及现代社会对信息需求的增长，它才迅速发展起来。60 多年来，信息系统经历了由单机到网络，由低级到高级，由电子数据处理到管理信息系统，再到决策支持系统、数据仓库系统和云信息系统，由数据的简单处理到智能处理的过程。这个发展过程大致经历了以下几个阶段：

一、电子数据处理系统

电子数据处理系统（Electronic Data Processing System，EDPS）的特点是数据处理的计算机化，目的是提高数据处理的效率。从发展阶段来看，它可分为单项数据处理和综合数据处理两个阶段。

（1）单项数据处理阶段（20 世纪 50 年代中期到 60 年代初期）。这一阶段是电子数据处理的初级阶段。主要是用计算机部分地代替手工劳动，进行一些简单的单项数据处理工作，如工资计算、产量统计等。

（2）综合数据处理阶段（20 世纪 60 年代中期到 70 年代初期）。这一时期的计算机技术有了很大发展，出现了大容量直接存取的外存储器。此外一台计算机能够带动若干终端，可以对多个过程的有关业务数据进行综合处理。这时各类信息报告系统应运而生。

信息报告系统是信息系统的雏形，其特点是按事先规定的要求提供以下几类状态报告：

（1）生产状态报告：如 IBM 公司生产计算机时，由状态报告系统监视每一个元件生产的进度，大大加快了计划调度的速度，减少了库存。

（2）服务状态报告：如能反映库存数量的库存状态报告。

（3）研究状态报告：如美国的国家技术信息服务系统（NTIS）能提供技术方面的问题简介、有关研究人员和著作出版等情况。

二、管理信息系统

20 世纪 70 年代初随着数据库技术、网络技术和科学管理方法的发展，计算机在管理上的应用日益广泛，管理信息系统（Management Information System，MIS）逐渐成熟起来。

管理信息系统最大的特点是高度集中。它将组织中的数据集中起来，进行快速处理、统一使用。MIS 的重要标志是有一个中心数据库和计算机网络系统。MIS 的处理方式是在数据库和网络基础上的分布式处理。随着计算机网络和通信技术的发展，它不仅能把组织内部的各级管理联结起来，而且能够克服地理界限，使分散在不同地区的计算机网络互联，形成跨地区的各种业务信息系统和管理信息系统。

企业管理信息系统一般由销售信息子系统、生产信息子系统、采购和库存信息子系统、财务信息子系统等组成。这些子系统相互连接，借助网络，形成一个企业生产经营综合管理信息系统。各子系统负责其具体业务的信息处理，综合管理信息系统实现跨部门间的协作和全企业的整体部署。

三、决策支持系统

20世纪70年代，国际上展开了MIS为什么失败的讨论。人们认为，早期MIS的失败并非由于系统不能提供信息。实际上MIS能够提供大量报告，但经理很少去看，大部分被丢进废纸堆。原因是这些信息并非经理决策所需。当时，美国的Michael S. Scott Marton在《管理决策系统》一书中首次提出了“决策支持系统”（Decision Support System，DSS）的概念。DSS不同于传统的MIS。早期的MIS主要为管理者提供预定的报告，而DSS则是在人和计算机交互的过程中帮助决策者探索可能的方案，为管理者提供决策所需的信息。

由于支持决策是MIS的一项重要内容，因此DSS无疑是MIS的重要组成部分；同时，DSS以MIS管理的信息为基础，是MIS功能上的延伸。从这个意义上可以认为DSS是MIS发展的新阶段，而DSS把数据库处理与经济管理数学模型中的优化计算结合起来，是具有管理、辅助决策和预测功能的管理信息系统。

传统的DSS一般由人机交互子系统、数据库子系统和模型库子系统组成，人机交互子系统负责用户与计算机进行交流沟通，用户和计算机互相回答对方的提问；数据库子系统集成了企业生产经营各子系统的信息，为模型库中模型的运行提供必要的数据；模型库子系统中存储着大量的优化、预测和分析模型，为决策方案的制定提供科学方法。随着DSS的发展，传统DSS逐渐与人工智能结合，DSS结构中又添加了知识库和推理子系统，形成了智能决策支持系统（Intelligent Decision Support System，IDSS）。随着网络技术的发展，DSS开始支持分布式的众多决策者参与的决策，群体决策支持系统（Group Decision Support System，GDSS）逐渐形成。由于GDSS具有集群体智慧的功能，因此，它的出现提高了决策者决策的准确性和科学性。

四、数据仓库系统

随着市场竞争的加剧和信息社会需求的发展，从大量数据中提取（检索、查询等）制定市场策略的信息就显得越来越重要了。这种需求既要求联机服务，又涉及大量用于决策的数据，而传统的数据库系统已无法满足这种需求。因此，数据仓库新技术便应运而生。

数据仓库（Data Warehouse）一词最早出现于20世纪90年代初，它是在已经成熟的数据库技术基础上发展而来的，是为了满足人们在高度数据积累的基础上进行数据分析的需要而产生的。著名的数据仓库专家W. H. Inmon在1993年所著的《建立数据仓库》（Building the Data Warehouse）一书中对数据仓库定义为：“是一个面向主题的、集成的、随时间变化的、非易失性数据的集合，用于支持管理层的决策过程。”它是管理信息系统、计算机科学中的数据库技术和网络技术的大融合。

从用户的角度看，数据仓库是大量数据和信息查询过程的集中地，它能够管理完备的、庞大的、及时的、准确的和可理解的业务信息。数据仓库构建的目的是支持决策。决策支持系统的一种有效、可行和体系化解决方案通常包括数据仓库、联机分析处理（on Line Analytical Processing，OLAP）和数据挖掘（Data Mining）三个方面的内容。OLAP侧重于对所有事务进行多角度的展现，而数据挖掘侧重于对事务中蕴涵的未知规律进行发现。可以说，数据仓库技术使人们从全新的视角认识了数据的价值。

OLAP是一个应用广泛的数据仓库技术，它可以根据分析人员的要求，迅速、灵活地对大量数据进行复杂的查询处理，并以直观的、容易理解的形式将查询结果提供给各种决策人员，使他们能够迅速、准确地掌握企业的运营情况，了解市场的需求。OLAP技术主要有两个特点：一是在线性，表现为对用户查询请求的快速响应和交互式操作；二是多维分析，表现为对用户查询请求可以从多个用户关心的角度同时进行显示，用户不仅可以从多个角度查看基础数据，而且可以快速查看汇总数据。

所谓数据挖掘，是指从数据仓库或其他大规模数据源中抽取隐含在其中的、人们事先不知道的、但又是潜在有用的信息和知识的过程。数据挖掘就是在一些事实或观察数据的集合中寻找特定的模式、关联规则、变化规律等，以此来支持决策。数据挖掘实质上是一种深层次的数据分析技术，它主要借助统计分析方法、人工神经网络、决策树、遗传算法、粗糙集方法等来建造挖掘模型，以此发现大规模数据中隐藏的、对决策有价值的规律。

五、云信息系统

随着时间的推移，人们发现企业对于资源的需求正在不断激增，这种增长正在成为企业信息系统发展的主要障碍和瓶颈。企业为了应对这种无法预计的需求增长，必须在纯粹依赖人工估计的前提下，每年投入大量基础设施配备，可能导致大量资源闲置和浪费。云计算作为一种全新的 IT 架构和运营模式出现，将企业的信息系统带入了一个全新的时代。

虚拟化技术是云计算不可分割的一项重要支撑技术，它可以将分散的、能力较弱的各类资源融合为一个强大且逻辑统一的资源池，实现由小变大的重要整合。用户可以根据需要从资源池中获得所需要的计算或存储资源，而无须为超出其需求的多余资源支付费用，并在使用完毕后释放资源使其回归资源池；同时，虚拟化也允许随时向资源池中添加新的硬件设备，以扩充资源池的能力。可以说，虚拟化技术为云信息系统（Cloud Information System）提供了强大的资源保障。

从本质上来看，云信息系统是一种面向服务的全新信息系统，它通过三个层次架构来实现信息系统的服务，即基础资源即服务（IaaS）、平台即服务（PaaS）和软件即服务（SaaS）三个层次。在 IaaS 层中提供了云信息系统所需要的基础资源服务，同底层集成实现基础资源虚拟化，形成大规模资源池服务，为信息系统的运行提供硬件设备支撑；在 PaaS 层，提供了云信息系统运行所需要的运行环境、接口标准规范，以及相应的开发环境等一系列平台服务，使云信息系统能够得到很好的平台支撑；在 SaaS 层，云信息系统服从面向服务的架构（Service Oriented Architecture，SOA）相关规则，将原本封闭式的信息系统模块转变为相对开放的服务组件，以松散耦合的方式部署在 PaaS 层上。在用户使用系统时，云信息系统将依据该用户的信息服务请求，在 IaaS 层中分配相应的基础资源支撑，并在 PaaS 层中给出对应的信息系统服务模块的调用规则、访问接口规范、运行环境、监控环境和数据响应方式等一系列平台配置，最后在 SaaS 层中调用用户请求所需要的服务模块，通过一定的组合规则为用户提供信息服务。

企业部署云信息系统的优势在于：首先，企业通过虚拟化技术集成大量的物理分布的计算机或服务器等硬件设备形成资源池，实现企业海量数据统一集中式管理，从而避免传统情况下企业各部门各自建设信息系统而导致的资源浪费，降低成本，继而在其上按云计算模式部署符合特定规范和标准的信息系统，按需分配计算资源，大幅度降低企业各部门分开建设信息系统所需的软件的成本；其次，企业可以向其他云计算服务提供商租用云资源服务，按需计费，并在其上部署自己所需要的信息系统模块或服务，从而直接避免传统情况下所需要的硬件基础设施、平台建设等方面的成本，通过云计算服务提供商的弹性管理和按需计费等方法，保障企业云信息系统得到快速部署和实施。

第四节 信息系统开发的生命周期

在信息系统的开发过程中，将整个开发过程划分为四个时序相连的阶段，分别为系统规划、系统分析、系统设计和系统实施，这就是信息系统开发的生命周期。系统开发各阶段的主要工作有以下内容。

一、系统规划

系统规划是信息系统生命周期的第一阶段，是信息系统的概念形成时期。这一阶段的主要目标是制定出信息系统的长期发展方案，确定信息系统在企业发展战略中的地位，明确信息系统在企业中的覆盖范围，决定信息系统在整个生命周期内的发展方向、规模和发展进程。其主要工作是：

（1）确定信息系统在企业发展战略中的地位，制定信息系统的发展战略。

（2）确定组织的主要信息需求，明确信息系统覆盖企业的范围，形成信息系统的总体结构方案。

（3）制定系统建设的资源分配计划，安排项目开发计划。

上述三项工作也划定了信息系统规划工作进程的三个主要阶段，这就是包曼（B. J. Bowman）和戴维斯（G. B. Davis）等人提出的信息系统规划三阶段模型的基本框架（见图1-6）。

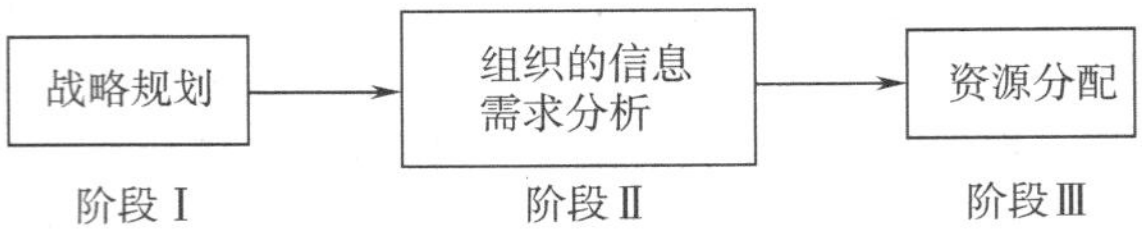

图1-6　信息系统规划三阶段模型的基本框架

下面介绍信息系统规划各阶段的主要内容。

1. 战略规划

这一阶段的关键是要使信息系统的战略与整个组织的战略和目标协调一致。要进行的工作有以下几项：

（1）评价组织的目标和战略。

（2）根据组织的目标和战略定位信息系统的使命，对信息系统的建设或更新提出报告。

（3）对目前信息系统的功能、应用环境和应用现状进行评价。

（4）制定建设信息系统的政策、目标和战略。

2. 组织的信息需求分析

（1）确定目标和规划中的组织在决策支持和事务处理方面的信息需求。

（2）根据组织、部门的信息需求，明确信息系统涵盖的企业部门；确定信息系统的组成，为整个组织或其主要部分提出管理信息系统的总体结构方案。

3. 资源分配

（1）制定为实现主开发计划而需要的硬软件资源、数据通信设备、人员、技术、服务、资金等计划，提出整个系统建设的概算。

（2）制定主发展计划，即根据发展战略和系统总体结构以及开发可利用的资源和分配计划，确定系统和应用项目的开发次序和时间安排。

二、系统分析

系统分析是管理信息系统开发的重要环节，包括可行性分析、业务流程分析、系统数据流程分析、数据字典创建，最后完成新系统的逻辑方案设计，形成系统分析报告。

新系统的开发往往来自于对原系统的不满，在系统开发之前，应根据组织的战略目标和用户要求，对原系统存在的问题进行识别，对要开发的系统进行可行性分析，明确系统开发的必要性和可行性，包括管理上的可行性、技术上的可行性及经济上的可行性，形成可行性分析报告。

业务流程分析主要针对现行系统的各业务环节，以详细调查为手段，以业务流程图为描述方式，弄清现行系统的边界，组织结构，人员分工，业务流程，各种计划、单据和报表的格式、种类及处理过程等，企业资源及约束情况，充分了解用户需求，为系统数据流程分析做好准备工作。

系统数据流程分析是在业务流程分析基础上，把原系统中信息和数据的传递与处理过程与这些过程的物理载体相分离，并以数据流程图的形式描述出来，仅从数据的本质上来考察实际业务，为新系统的逻辑方案设计提供依据。

数据字典就是在数据流程图的基础上，对数据流程图中的每一个成分给出详细的描述，并以一定顺序排列这种描述。数据字典是系统数据流程分析的补充。数据流程分析仅给出了信息系统数据处理过程的概貌，对信息系统数据流程的各个环节进行了分析，但分析过程没有说明系统中的各个成分具体是什么，也没有表达系统中各个处理的详细内容。因此，还需要对数据流程图中出现的数据流和处理加工作进一步补充说明，这就形成了数据字典。

建立新系统的逻辑模型是在业务流程分析和数据流程分析的基础上，针对分析过程中了解到的用户需求、原系统业务和数据流程中存在的问题，利用一组图表工具表达和描述对问题的改进，并重新描述新系统应具有的业务流程和数据流程，最终形成新系统的逻辑模型。系统化分析的最终目标是提出新系统的逻辑方案。逻辑方案反映了系统分析的结果和对新系统的设想。

系统分析阶段的成果就是系统分析报告。该报告主要是将系统分析各阶段研究分析内容以统一的格式进行整理归并，形成一个完整的系统分析报告。该报告是系统分析阶段的总结和向有关领导提交的文字报告，反映这个阶段调查分析的全部情况。该报告将被提交给用户领导、监理单位或有关专家审批。审批通过后，此报告将是下一步系统设计的工作依据。

三、系统设计

系统分析是解决系统“做什么”的问题，而系统设计是解决系统“怎么做”的问题。在系统设计阶段，将要根据系统分析阶段得到的新系统的逻辑模型，进行新系统的物理模型设计。具体地说，就是根据新系统逻辑模型所提出的各项功能要求，结合企业实际的设计条件，详细地设计出新系统的处理流程和基本结构，并为系统实施阶段的各项工作准备好全部必要的技术资料和有关条件。

系统设计工作主要包括系统初步设计和详细设计两个部分。初步设计阶段的主要任务是完成对系统总体结构和基本框架的设计，主要包括系统功能结构设计、功能处理模块设计等内容。在初步设计工作完成后，设计人员要向用户和有关部门写出详细报告，说明设计方案的可行程度和更改情况，得到批准后转入详细设计。系统详细设计阶段的主要任务是在初步设计的基础上，将设计方案进一步详细化、条理化和规范化，包括如数据库设计、编码设计、输入/输出格式设计和系统设计说明书编写等内容。

系统设计是开发信息系统的关键环节之一，它的工作质量直接影响到新系统的稳定性、可靠性、精确性和运行费用的高低。所以，整个系统设计过程的各项工作都必须按照科学的方法和原则进行。

四、系统实施

系统实施是信息系统开发的最后阶段，也是将前一阶段的设计结果最终在计算机系统上实现的阶段。这一阶段的任务包括系统开发的组织与管理、程序设计、系统测试和系统切换等。

系统开发的组织与管理工作主要是对即将开展的信息系统开发项目进行开发策略的确定、人员安排，开发计划、进度和费用的制定，监理单位的选择等工作，其目的就是确保开发项目保质保量地实现系统开发目标，满足用户的需求。

程序设计主要是根据系统设计阶段的成果，在统一的程序设计目标和设计规范下，选择合适的程序设计语言和软件运行模式，采用模块化程序结构和结构化程序设计方法，提高程序的可靠性、可维护性、可理解性和开发效率。

系统测试主要是针对程序设计及编程调试后的结果进行的工作，测试不应是为了显示程序是好的，而应该从程序中含有错误这个假定出发去测试程序，从中发现尽可能多的错误。系统测试过程可分为单元测试、子系统测试、系统测试、验收测试和平行运行。通过这五个部分的测试，力求达到发现程序中的错误、给出程序可靠性鉴定的目的。

系统切换是系统实施的重要一环，是新旧系统交替的过程，旧的系统被淘汰，新的系统投入使用。一般有直接切换、平行切换、逐步切换等方式，在系统应用中应根据具体情况灵活运用，其目的就是保证新系统安全、稳定、可靠地投入使用。

第五节　信息系统开发方法与方式

在进行信息系统开发的具体工作之前，须事先确定信息系统开发方法与方式。

一、信息系统的开发方法

随着计算机和网络技术的飞速发展，以及信息系统开发应用的不断深入，信息系统的开发方法也在不断发展，其中最常用的几种方法是结构化生命周期法、原型法、面向对象方法和计算机辅助软件工程。

（一）结构化生命周期法

1. 基本思想

结构化生命周期法是在信息系统生命周期的基础上，应用结构化的思想，使信息系统的开发遵循一系列比较严格的标准、规范、方法与技术，使系统开发的组织管理与实施有章可循，以提高系统开发的成功率和效率为目的的一种方法。它以自顶向下的开发策略、结构化和模块化的设计理念为开发指导思想，以工程化的规范思想贯穿整个设计过程，并以此提高系统开发的成功率和效率，满足用户需求。

结构化生命周期法的整个开发过程中，阶段和步骤清晰规范，每一阶段和步骤均有明确的内容和成果，阶段成果都以系统规划报告、系统分析报告、系统设计报告、系统实施报告的形式确定下来，每一阶段的报告都是下一阶段的重要参考依据，各阶段衔接紧密，特别注重整体性和全局性，将这些阶段结构化、模块化、规范化、工程化、周期性地有效集成就是结构化生命周期的基本思想和方法。

2. 方法内容

按照信息系统开发的生命周期，结构化生命周期法的工作主要包括系统规划、系统分析、系统设计和系统实施四项内容。这四项内容的具体工作如下：

系统规划主要包括：制定与组织发展战略相适应的信息系统发展战略，根据组织的主要信息需求形成信息系统的总体结构方案，制订系统建设的资源分配计划和项目开发计划。

系统分析主要包括：可行性分析、业务流程分析、系统数据流程分析、数据字典创建，最后完成新系统的逻辑方案设计，形成系统分析报告等内容。

系统设计主要包括：系统功能结构设计、功能处理模块设计、数据库设计、编码设计、输入/输出格式设计和编写系统设计说明书等内容。

系统实施主要包括：系统开发的组织与管理、程序设计、系统测试和系统切换等内容。

3. 特点

（1）开发目标清晰化。结构化生命周期法的系统开发以“用户第一”为目标，开发中始终保持用户的沟通，取得用户的共识。这使信息系统的开发建立在可靠的基础之上。

（2）工作阶段程式化。结构化生命周期法每个阶段的工作内容明确，各开发阶段之间基本上是一种线性的顺序关系，即前一个阶段的结果是后一阶段的工作基础，每一阶段工作完成后，要根据阶段工作目标和要求进行审查，注重各阶段工作对整体和全局的影响，这使得阶段工作有条不紊，也避免为以后的工作留下隐患。

（3）工作文件规范化。结构化生命周期法每一阶段工作完成后，要按照要求完成相应的文档报告与图表，以保证各个工作阶段的衔接与系统维护工作的便利。

（4）设计方法结构化。结构化生命周期法采用自上而下的结构化、模块化分析与设计方法，使系统的各个子系统间相对独立，便于系统的分析、设计、实现与维护。

但是该方法手工操作多，开发过程复杂烦琐，工作效率低，开发周期长，应变能力弱，不能对用户需求的变更和环境的变化作出迅速响应。因此，该方法仅适用于大型信息系统的开发。

（二）原型法

1. 基本思想

实践表明，在系统开发过程中，用户和开发人员之间总是存在着这样那样的隔阂，用户或者自己也不清楚系统的最终需求，或者由于交流上的障碍无法把自己的意图向开发人员完全表达出来。用户只有看到一个具体的系统或者经过启发，才能清楚地了解到自己的需求和系统的缺点。这说明并非所有的需求都能预先定义。由于存在这样的隔阂，系统不能满足用户的要求是常有的事。因此，信息系统开发过程中大量的反复是必要的、不可避免的，也是使系统具有更强适应性所要求的。为解决这些问题，一种新的信息系统的开发方法——原型法（Prototyping Method）诞生了。所谓原型，就是一个可以实际运行、可以反复修改、可以不断完善的信息系统。原型法就是在系统开发初期，凭借系统开发人员对用户需求的了解和系统主要功能的要求，在强有力的软件环境支持下，迅速构造出系统的初始原型，然后与用户一起不断对原型进行修改、完善，直到满足用户需求为止。

基于上述思想，原型法就产生了与结构化生命周期法截然不同的两个特点：在未完全弄清楚需求之前，通过一个原型化设计环境，能迅速地建立原始系统；在原型化环境上能方便地对原型不断地进行修改、扩充和完善。实践证明，原型法是一种有效的开发方法。

2. 方法内容

利用原型法开发信息系统一般经过如图1-7所示的几个阶段。

（1）可行性研究。首先从宏观上对系统开发的意义、费用、时间作出初步的计算，以确定系统开发的必要性和可行性。

（2）确定系统的基本要求。系统开发人员向用户了解用户对信息系统的基本需求，即应该具有的一些基本功能、人机界面的基本形式等。由于原型法的特点，不要求开发人员费极大的力气争取对系统的完全了解，了解可以是不完全的，其中的缺陷可以在后面几个阶段的工作中发现和改正。

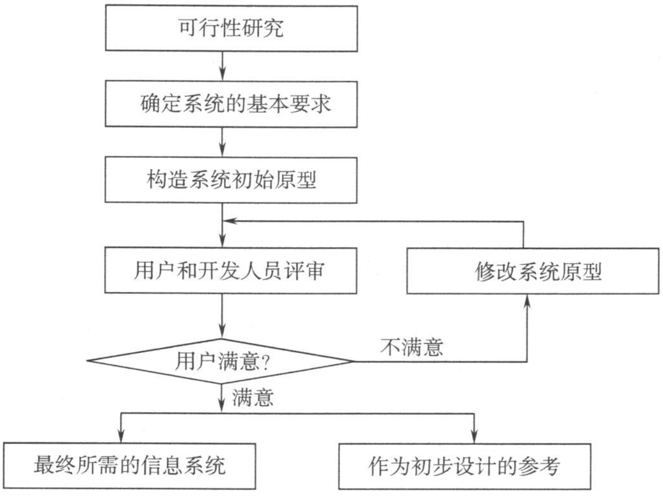

图1-7　原型法开发信息系统的流程图

（3）建造系统初始原型。在对系统有了基本了解的基础上，系统开发人员应争取尽快地建造一个具有这些基本功能的系统。在建造系统时，要考虑到以后修改的容易性。由于要求速度快，这一阶段应该尽量使用一些软件工具，特别是专门的原型建造工具，辅助进行系统实现。原型法非常重视开发工具的使用，只有有效地利用工具才能很快地建成一个系统，并能多次对其进行修改、完善。

（4）用户和开发人员评审。这是整个开发过程的关键。用户和开发人员一起对刚完成的或经过若干次修改后的系统进行评审，提出完善意见。这个阶段，用户是主角。用户通过亲自使用这个系统，更能了解到自己的需求到底是什么，更能发现系统是否存在一些问题。这时开发人员一方面要记录用户提出该系统的缺点和不足之处，同时也要引导、启发用户表达对系统的最终要求，从而清楚地了解用户的意图。

（5）修改系统原型。开发人员根据用户的意见对原始系统进行修改、扩充和完善。

开发人员在对原始系统进行修改后，又与用户一起对完成的系统进行评审。如果系统不能满足要求，则要进行下一轮循环。如此反复地进行修改、评审，直到用户满意为止。符合要求的系统将作为最终的信息系统投入正常运行，或者是把该系统作为初步设计的基础，参照这个系统原型设计出实际系统应具有的功能，进行具体设计与实施。

3. 方法特点

（1）遵循认识事物的规律。原型法更多地遵循了人们认识事物的规律，因而更容易为人们所接受，因为人们认识任何事物都不可能一次就完全了解，并把工作做得尽善尽美。人们的认识和学习的过程都是循序渐进的，对于事物的描述，往往受环境的启发而不断完善。现实生活中经常出现的现象是批评一个已有的事物要比空洞地描述自己的设想容易得多，改进一些事物要比创造一些事物容易得多。

（2）便于沟通。原型法将模拟的手段引入系统分析的初期阶段，沟通了人们的思想，缩短了用户和系统分析人员之间的距离，解决了结构化生命周期法中最难解决的一环。在应用原型法开发系统的过程中，所有问题的讨论都是围绕某一个确定原型而进行的，彼此之间不存在误解和答非所问的可能性，为准确认识问题创造了条件。

（3）发现问题早。通过运行原型，能启发人们对原来想不起来、很难发掘或不易准确描述的问题有一个比较确切的描述，而且能够及早地暴露出系统实现后存在的一些问题，促使问题在系统实现之前就加以解决。

（4）开发效率高。原型法充分利用了最新的软件工具，使系统开发的时间、费用大大减少，效率大大提高。

（三）面向对象方法

1. 基本思想

面向对象（Object Oriented，OO）是一种认识世界、抽象描述世界的方法论，它是随着面向对象技术的广泛应用而形成的。目前，面向对象思想已广泛应用到计算机与信息科学的许多领域。面向对象思想在信息系统开发中的利用分为面向对象分析（Object Oriented Analysis，OOA）和面向对象设计（Object Oriented Design，OOD）两个相互衔接的核心方法。

（1）面向对象技术的基本概念。面向对象方法是在面向对象技术的基础上发展而来的。要了解信息系统开发的面向对象方法，必须掌握面向对象技术的基本概念。

Coad 和 Yourdon 给出了面向对象的一个经典定义：

$$面向对象 = 对象 + 类 + 继承 + 消息$$

1）对象。世界上所有的事物都可以称为对象。对象可以是有形的，如一个班级、一个学生、一个教室等；也可以是无形的，如账户、一笔记录等。对象具有静态特征和动态特征。一个对象就是一个独立存在的客观事物，它由一组属性和对属性进行操作的一组操作构成。属性和操作是对象的两大要素。属性是对象静态特征的描述，操作是对象动态特征的描述。

在信息系统开发中，对象是面向对象开发模式的基本成分，每个对象可用它本身的一组属性和它可以执行的一组操作来定义。

2）类。根据抽象的原则对客观事物进行归纳和划分，把具有相同特征的事物归为一个类。它是一个抽象的概念。类是具有相同属性和相同操作（功能）的对象的集合。它包括属性和操作。

在信息系统开发中，类是一组具有相同数据结构和对这组数据进行相同处理的操作的对象集合。类的定义包括一组数据属性和在数据上的一组合法操作。类定义可以被视为一个具有类似特性与共同行为的对象的模板，可用来产生对象。

3）继承。继承表达了对象的一般与特殊的关系。特殊类的对象具有一般类的全部属性和服务。例如，机动车具有车的全部属性和功能；同样，汽车具有机动车的全部属性和功能。一般和特殊是相对而言的，在车和机动车之间，车是一般类（基类、超类、父类），机动车是特殊类（子类）；在机动车和汽车之间，机动车是一般类，汽车是特殊类。继承具有传递性，如汽车具有车的全部属性和功能。

在信息系统开发中，继承是使用已存在的业务或数据处理定义作为基础建立新的业务或数据处理定义的技术。新类的定义可以是既存类所声明的数据和新类所增加的声明的组合。新类复用既存类的定义，而不要求修改既存类。

4）消息。消息是向某个对象发出的服务请求。例如，用电视遥控器发送一个选台消息，请求电视机执行换台服务。消息包括被请求的对象标识、被请求的服务标识、输入信息和应答信息。

在信息系统开发中，消息是一个数据处理对象在进行数据处理时向能提供处理帮助的其他对象请求帮助的某个操作命令或参数的规格说明。

如果一个软件系统是使用这四类概念设计和实现的，则认为这个软件系统是面向对象的。

（2）面向对象分析。面向对象分析是指对当前系统和目标系统进行抽象，可以分为当前系统分析和目标系统分析。对于分析的结果可以建立当前系统分析模型和目标系统分析模型。它用来表达当前系统提供什么服务，目标系统必须提供什么服务等问题。其方法的核心思想是利用面向对象的概念和方法为系统需求建造当前系统和目标系统模型，以使用户需求逐步精确化、一致化、完全化。通过 OOA 建立的系统模型是以概念为中心的，因此称为概念模型，这样的模型由一组相关的类组成。OOA 就是对当前系统和目标系统建立抽象的概念模型。

OOA 的主要作用是明确用户的需求，并用标准化的面向对象模型来规范地抽象和表述这一需求，最后形成面向对象的分析模型，即 OOA 模型，它主要确定系统能干什么（What to Do）。

（3）面向对象设计。面向对象分析主要关心系统能做什么，而不必太多地考虑其中的实现细节。而面向对象设计就要考虑实现的细节问题，它主要说明如何实现分析中的概念模型，注重的是与实现相关的问题，并作为实施阶段的依据。其方法的核心思想是反映 OOA 中对象和类的实现，包含对所设计系统的逻辑的和物理的过程描述，以及系统的静态和动态模型的设计方法。OOD 的主要工作是确定系统如何干（How to Do）。

2. 方法内容

（1）面向对象分析方法的内容。整体来看，OOA 模型由主题层、对象类层、结构层、属性层和服务层五个层次和标识对象类、标识结构、定义主题、定义属性和定义服务五个活动组成。

针对OOA的这些层次和活动，OOA具体方法一般由识别对象、识别对象所属的类、标识类的结构、标识对象的属性、表示对象的行为（功能）、定义主题词、编制术语表这些步骤组成。

1）识别对象。通过需求分析，了解系统需要哪些功能，要达到何种性能指标及可靠性、安全性、人机交互要求、系统的对外接口等，确定系统边界，并且识别对象。

2）识别对象所属的类。判定对象从属的业务或数据类。从认识对象到定义这些对象的类的过程是一个从特殊到一般的过程。

3）标识类的结构。典型类结构有两种：一般化—特殊化结构和整体—部分结构。标识类的结构就是判定被标识的类属于哪种结构。

4）标识对象的属性。根据对业务和数据的分析判定被标识对象的属性。标识对象的属性是对问题域中对象性质的刻画，属性的取值决定了对象所有可能的状态。

5）表示对象的行为。表示对象的行为包括分析对象实现功能（服务）的行为方法，表示对象实现功能的操作步骤。

6）定义主题词。对于复杂的系统，可能出现大量的对象，但分析员同时能处理的对象却不宜过多，因此引入主题机制。每个主题可以被看做一个子模型，甚至是一个系统。在分析的某一时刻，分析人员只许重点关注某个特定的主题域。

7）编制术语表。为增加可读性，有时还需要编制术语表。

（2）面向对象设计方法的内容。OOA中的五个层次和五个活动继续贯穿在OOD过程中。OOD模型由四个部分组成。它们分别是问题域部分、人机交互部分、任务管理部分和数据管理部分。其具体内容如下：

1）设计问题域部分。问题域部分包括与应用问题直接有关的所有类和对象。识别和定义这些类和对象的工作在OOA中已经开始，在OOA阶段得到的有关应用的概念模型描述了要解决的问题。在OOD阶段，应当继续OOA阶段的工作，对在OOA中得到的结果进行改进和增补。这主要包括：复用设计、把问题域相关的类关联起来、加入一般类以建立类间协议、调整继承支持级别、加入较低层的构件、改进性能。

2）设计人机交互部分。在OOA阶段给出了所需的属性和操作，在设计阶段必须根据需求把交互细节加入到用户界面设计中，包括人机交互所必需的实际显示和输入。

3）设计任务管理部分。当系统中有许多并发行为时，需要依照各个行为的协调和通信关系，划分各种任务，以简化并发行为的设计和编码。

4）设计数据管理部分。数据管理部分提供了在数据管理系统中存储和检索对象的基本结构，包括对永久性数据的访问和管理。它分离了数据管理机构所关心的事项，包括文件、关系数据库管理系统或面向对象数据库管理系统等。

3. 方法特点

面向对象分析与设计方法由于引入了面向对象的概念，使得在开发过程中开发人员之间以及开发人员和客户之间更加便于沟通交流，而且可以直观、及时地发现问题，开发效率明显提高，开发出的产品也具有更好的可扩展性和可管理性，同时也为以后的维护工作减轻了负担。

1）良好的可复用性。面向对象的一个重要思想就是类的可重用性，类的可重用性使得开发同类项目的次数与开发新项目的时间成反比。

2）易于维护。由于对象与类的规范性，使得系统维护人员很容易理解它们的运行原理与过程，这就使得系统的可维护性得到了极大提高。

3）良好的可扩充性。由于向一个用面向对象思想设计的系统中加入新功能，不外乎是加入一些新的类，基本上不用修改原来的东西，这就使得系统具有很好的可扩充性。

（四）计算机辅助软件工程

1. 基本思想

计算机辅助软件工程（Computer Aided Software Engineering，CASE）是计算机技术在系统开发活动、技术和方法中的应用，是软件工具与开发方法的结合体，它使得人们能在计算机的辅助下进行软件开发，为计算机软件开发的工程化、自动化进而智能化打下基础。

具体地说，CASE 是一组工具和方法的集合，可以辅助软件开发生命周期的各阶段进行软件开发。它可以按照系统开发商规定的应用规则，并由计算机自动生成合适的计算机程序。CASE 的实质是为软件提供一组大量节省人力的软件开发工具，实现软件生存期各阶段的自动化，并使其成为一个整体。CASE 工具则是指能够支持或使生命周期法中一个或多个阶段自动化的计算机程序（软件）。CASE 工具可分为高级 CASE 和低级 CASE。高级 CASE 工具用来绘制企业模型以及规定应用要求，低级 CASE 工具用来生成实际的程序代码。

CASE 的目的是：使开发支持工具与开发方法统一和结合起来；通过实现分析、设计与程序开发、维护的自动化，提高信息系统开发的效率和信息系统的质量，最终实现系统开发的自动化。

2. 应用步骤

CASE 工具能支持的活动有需求定义、形式化规约、面向功能设计、数据建模、面向对象设计、编程、测试、维护和管理等。引入和使用 CASE 技术需要仔细地筹划，一旦使用，必须维护这些工具直至使用这些工具生产的所有软件都过时为止。

一个组织的 CASE 系统从初始需求到完全废止这一生命周期主要有以下阶段：

（1）需求：根据要开发的信息系统选择一个合适的 CASE 系统。

（2）剪裁：调整一个 CASE 系统，使之适应一个特定的组织机构或一类项目。

（3）引入：试用该 CASE 系统。在这期间，要培训使用这一系统的开发人员。

（4）操作：每天都使用 CASE 系统进行软件开发。

（5）演化：演化事实上并不是一个单独的步骤，而是在 CASE 系统生命周期中的一个持续的活动，即修改硬件或软件，调整系统适应新的需求。

（6）废弃：CASE 系统在这一阶段不再起作用，必须保证使用该系统开发的软件仍在被所在组织机构支持。

上述步骤中，从剪裁阶段到引入阶段有反馈，在操作和演化之间也有反馈。

如果对 CASE 的需求量不是很大，使用这种技术可能很难获得收益，盲目使用往往会使开发成本增加而不是降低。引入 CASE 时，必须有意识地进行管理，让开发人员认识到 CASE 系统的优势所在，其开销收益是长期的，而不是短期的，不可能立即节省开销。

3. 特点

CASE 方法具有下列特点：

（1）解决了从客观对象到软件系统的映射问题，支持系统开发的全过程。

（2）提高了软件质量和软件重用性。

（3）加快了软件开发速度。

（4）简化了软件开发的管理和维护。

（5）能够自动生成开发过程中的各种软件文档。

二、开发方式

1. 开发方式及其分类

系统开发方式一般有自行开发、委托开发、联合开发和购买现成软件包四种方式。

（1）自行开发。如果企业本身具有一定的技术能力，则往往希望自行开发系统。这种开发方式需要有出色的领导和自己的开发队伍，包括系统分析师、程序设计员、计算机技术人员和有经验的管理人员等各类人员。

这种方式具有以下优点：针对性强，能够最好地满足单位管理的需求；便于维护，不需要依赖于他人；设计的系统易于使用；可锻炼本企业计算机开发应用的队伍。但采用这种方式也有其自身的缺陷：对单位的技术力量要求较高；开发周期较长；系统的应变能力较弱；难于摆脱本企业习惯的管理方式的影响，不易开发出一个高水平的管理信息系统。这种方式适于有比较稳定开发队伍的单位，需要领导者的高度重视和直接领导，还需要进行一定的咨询。

（2）委托开发。大多数单位不具备自行开发系统的能力，这时可以考虑委托外部专门提供信息系统建立和维护的公司开发系统。企业应当事前在调查研究的基础上，向委托开发的单位提出系统开发任务书，明确新系统的目标、范围和总的功能需求。在开发过程中，企业应派出精通管理业务的人员参与开发方案的研究，监督控制工作的进展，以保证工作的质量。

这种方式的优点是：和自行开发系统一样，采用委托开发方式是针对本单位的业务特点和管理需求建立系统；可以弥补本单位技术力量不足的缺陷；由于是专用软件，比较容易为使用者接受。这种方式存在的缺陷是：开发费用较高；软件应变能力不强；维护费用高。这种方式比较适用于本单位开发能力不足而又希望使用专用系统的单位。

（3）联合开发。联合开发是企业以自己对业务熟悉和有一定技术开发能力的优势与信息系统开发专业单位的开发经验和技术相结合的一种方式。这种方式同时具备上述两种方式的优点，同时也存在开发费用高、软件应变能力较弱等缺陷，但从成本/效益的角度考虑，不失为一种较好的开发方式。联合开发对于培养自己的技术力量最有利，系统维护比较方便。合作双方要精诚合作，相互配合，而且也要求用户企业具有一定的技术力量。这种开发方式适合国内目前的情况，在实际工作中得到普遍运用。

（4）购买现成软件包。购买现成软件包是信息系统实施的捷径，是企业根据需要有目的地购买市场上相对成熟的信息系统软件包。采用这种方式有以下优点：见效快、费用相对较低、系统质量较高、安全保密性较好、维护有保障。但是，现成软件包也有其自身的局限性：不能一步到位地满足企业管理的需求，过高要求企业具有通用性的规范业务流程，企业在购买后往往要针对自身的特点进行某些设定或是增补开发；学习难度较大；购买软件包需要用户具有较强的鉴别能力；系统维护具有较强的依赖性。对于小型企业、事业单位以及业务比较规范而且特殊要求不多的大中型企业来说，购买现成软件包比较合适。

2. 开发方式的比较

在系统的四种开发方式中，采用哪种开发方式应根据技术力量、资源情况、内外部环境等因素来进行选择。无论采用哪种开发方式，都需要单位领导和业务人员参加决策。表 1-1 列出了各种开发方式的比较。

表 1-1　系统开发方式的比较

开发方式	自行开发	委托开发	联合开发	购买现成软件包
对分析、设计力量的要求	非常需要	不太需要	逐步培养	少量需要
编程力量需求	非常需要	不需要	需要	少量需要
系统维护	容易	较困难	较容易	困难
开发费用	少	多	较多	较少

思考题

1. 试述网络信息时代企业内外部环境状况。
2. 写出信息、系统、流程、信息系统的概念。
3. 试述数据转化为信息的过程。
4. 试描述企业业务信息流程。
5. 试描述信息处理流程。
6. 试述信息系统的结构与功能。
7. 试分别阐述决策支持系统和数据仓库技术的产生背景。
8. 试述信息系统生命周期各阶段的任务。
9. 试述原型法的应用过程。
10. 试比较信息系统各种开发方式的优劣。

习题

1. 一部电影文件的容量是340MB，试计算这部电影是多少字节（B）、千字节（KB）和吉字节（GB）？

2. 一个色子掷出后6个面出现的概率都是1/6。试问：掷色子的信息量是多少？

第二章
信息系统技术基础

内容提要

1. 介绍了 SQL Server 2012 数据库及其基本操作。
2. 以 SQL Server 2012 数据库为例简要介绍了结构化查询语言（SQL）。
3. 以 HBase 为例简要介绍了列式数据库的基本原理和操作。
4. 详细介绍了系统分析软件 Microsoft Visio 2010 的基本操作。
5. 详细介绍了系统设计软件 ERwin 8.2 的基本操作。
6. 详细介绍了系统开发中的项目管理软件 Microsoft Project 2010 的基本操作。

第一节　关系数据库技术

信息系统是用来为管理人员和决策者提供计算机硬件、系统软件、数据库、通信、人员和应用程序等有组织的集合。信息系统的建设要用到许多技术，而关系数据库技术是信息系统建设的基础技术。在信息系统建设中，数据库的设计与开发的正确与否直接影响到系统的功能实现和运行效率。本节基于 SQL Server 2012 对关系数据库技术作一个简单介绍。

一、SQL Server 2012 的安装配置

SQL Server 2012 是 Microsoft 公司推出的 SQL Server 数据库管理系统的最新版本，它包括三个版本，从高到低分别是企业版、商业智能版和标准版。其中企业版是全功能版本，而其他两个版本则分别面向工作组和中小企业，所支持的机器规模和扩展数据库功能都不一样，价格方面是根据处理器核心数量而定。

SQL Server 2012 必须运行在 Microsoft Windows 7、Windows Server 2008 R2、Windows Server 2008 SP2、Windows Vista SP2 等操作系统下。安装 SQL Server 2012 之前，有以下建议：

（1）增强物理安全性。

（2）使用防火墙。

（3）隔离服务。

（4）配置安全的文件系统。

（5）禁用 NetBIOS 和服务器消息块。

SQL Server 2012 的安装相对简单，只需依据安装程序提示操作。安装时注意，当进入图 2-1 所示的“服务器配置”窗口时，可为所有的 SQL Server 服务分配相同的登录账户，也可以单独配置各个服务账户。Microsoft 建议逐个配置服务账户，以便为每项服务提供最低权限，其中

SQL Server 服务应被授予完成其任务所必须具备的最低权限。这里需要配置以下四个服务：

（1）SQL Server 代理：执行作业、监视 SQL Server 并允许管理任务自动完成的服务。配置此服务登录账户为虚拟账户 NT Service \ SQLSERVERAGENT。

（2）SQL Server 数据库引擎：用于 SQL Server 关系数据库引擎的服务。配置此服务登录账户为虚拟账户 NT Service \ MSSQLSERVER。

（3）SQL Server Browser：SQL Server Browser 是向客户端计算机提供 SQL Server 连接信息的名称解析服务。该服务默认的登录账户为 NT AUTHORITY \ LOCAL SERVICE，且在 SQL Server 安装期间无法更改。

（4）SQL 全文筛选器后台程序启动器：此服务用于承载为全文索引处理文本数据的断字符和筛选器。该服务默认的登录账户为 NT Service \ MSSQLFDLauncher。

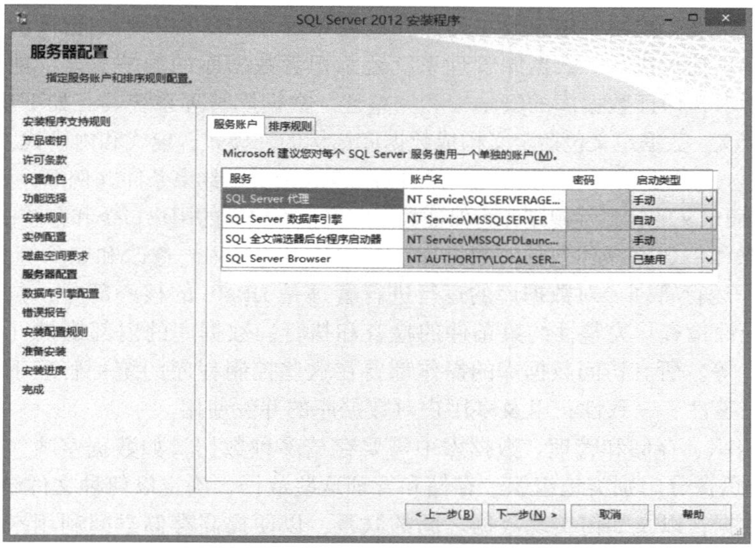

图 2-1　“服务器配置”窗口

二、数据库技术的基本概念

随着科学技术和工业生产的不断发展，数据处理量不断增大，这就对不同部门和单位之间的数据共享提出了更高的要求，从而产生了数据管理技术。数据管理技术的发展与计算机硬件、软件及计算机应用的范围有密切的联系。数据管理技术的发展大致经历了以下四个阶段：人工管理阶段、文件系统阶段、数据库阶段和高级数据库阶段。数据库技术作为数据处理中的一门技术，近年来得到了迅猛的发展，已形成了相当规模的理论体系和应用技术。在数据库技术中有下列重要概念：

（1）字段（Field）。字段也称列或属性，是数据库中二维关系数据表的一列，它从某一侧面反映总体的特征。

（2）字段值（Data）。字段值是字段所具有的数据值。它用来描述某一实体在该字段上的特征。

（3）记录（Record）。记录也称元组，是数据库中二维关系数据表中的一行。它由一个或多个字段值组成，反映总体中某一实体特征的全部信息。

（4）数据表（Table）。数据表是由所有记录组成的数据文件。它反映总体特征的全部信息。

（5）数据库（Database，DB）。数据库是存储数据表的容器，其中存储着在计算机内有组织的、可共享的数据集合。数据库中的数据按一定的数据模型组织、描述和存储，具有较小的冗余度、较高的数据独立性和易扩展性，并可为各种用户共享。

（6）数据库管理系统（Database Management System，DBMS）。数据库管理系统是指位于用户与操作系统之间的一层数据管理软件。数据库在建立、运用和维护时由数据库管理系统统一管理、统一控制。数据库管理系统使用户能方便地定义数据和操纵数据，并能够保证数据的安全性和完整性、多用户对数据的并发使用，以及发生故障后的系统恢复。

（7）数据库系统（Database System，DBS）。数据库系统是指在计算机系统中引入数据库后构成的系统，一般由数据库、数据库管理系统（及其开发工具）、应用系统、数据库管理员和用户构成。

三、数据库管理系统

数据库管理系统（DBMS）是数据库系统的核心，是为数据库的建立、使用和维护而配置的软件。它建立在操作系统基础上，是位于操作系统与用户之间的一层数据管理软件，负责对数据库进行统一的管理和控制。用户发出的命令或应用程序中各种操纵数据库数据的命令，都要通过数据库管理系统来执行。数据库管理系统还承担着数据库的维护工作，能够按照数据库管理员所规定的要求，保证数据库的安全性和完整性。数据库管理系统具有如下功能：

（1）数据定义。数据定义包括定义构成数据库结构的外模式、模式和内模式，定义各个外模式与模式之间的映射，定义模式与内模式之间的映射，定义有关的约束条件（例如，为保证数据库中数据具有正确语义而定义的完整性规则，为保证数据库安全而定义的用户口令和存储权限等）。

（2）数据操作。数据操作包括对数据库数据的检索、插入、修改和删除等基本操作。

（3）数据库运行管理。对数据库的运行进行管理是DBMS的核心部分，包括对数据库进行并发控制、安全性检查、完整性约束条件的检查和执行、数据库的内部维护（如索引、数据字典的自动维护）等。所有访问数据库的操作都要在这些控制程序的统一管理下进行，以保证数据的安全性、完整性、一致性，以及多用户对数据库的并发使用。

（4）数据组织、存储和管理。数据库中需要存放多种数据，如数据字典、用户数据、存取路径等。DBMS负责分门别类地组织、存储和管理这些数据，确定以何种文件结构和存储方式物理地组织这些数据，以及如何实现数据之间的联系，以便提高存储空间利用率以及提高随机查找、顺序查找、增、删、改等操作的效率。

（5）数据库的建立和维护。建立数据库包括数据库初始数据的输入与数据转换等。维护数据库包括数据库的转储与恢复、数据库的重组织与重构造、性能的监视与分析等。

（6）数据通信接口。DBMS需要提供与其他软件系统进行通信的功能。例如，提供与其他DBMS或文件系统的接口，从而能够将数据转换为另一个DBMS或文件系统能够接收的格式，或者接收其他DBMS或文件系统的数据。

四、关系数据库的基本操作

关系数据库是关系数据表的一个容器，用来存放关系数据表。下面以SQL Server 2012为具体的数据库管理系统介绍数据库的基本操作。

（一）认识SQL Server 2012

在创建任何数据库之前，打开SQL Server 2012 Management Studio，以“Windows身份验证”的方式连接SQL Server服务器，连接成功后双击展开数据库，可以看到系统中已经有四个数据库。这四个数据库均为SQL Server的系统数据库，它们分别是master数据库、tempdb数据库、model数据库和msdb数据库。

（1）master数据库。master数据库记录SQL Server系统的所有系统级信息。这包括实例范围的元数据（如登录账户）、端点、链接服务器和系统配置设置。此外，master数据库还记录了所有其他数据库的存在、数据库文件的位置以及 SQL Server 的初始化信息。因此，如果 master 数据库不可用，则 SQL Server 无法启动。

（2）tempdb 数据库。tempdb 数据库是一个全局资源，可供连接到 SQL Server 实例的所有用户使用，并可用于保存下列各项：显式创建的临时用户对象，如全局或局部临时表、临时存储过程、表变量或游标；SQL Server 数据库引擎创建的内部对象，如用于存储假脱机或排序的中间结果的工作表；由使用已提交读（使用行版本控制隔离或快照隔离事务）的数据库中数据修改事务生成的行版本；由数据修改事务为实现联机索引操作、多个活动的结果集（MARS）以及 AFTER 触发器等功能而生成的行版本。每次启动 SQL Server 时都会重新创建 tempdb，从而在系统启动时总是保持一个干净的数据库副本。在断开连接时会自动删除临时表和存储过程，并且在系统关闭后没有活动连接。因此 tempdb 中不会有什么内容从一个 SQL Server 会话保存到另一个会话，不允许对 tempdb 进行备份和还原操作。

（3）model 数据库。model 数据库用做在 SQL Server 实例上创建的所有数据库的模板。model 数据库的全部内容（包括数据库选项）都会被复制到新的数据库。启动期间，也可使用 model 数据库的某些设置创建新的 tempdb，因此 model 数据库必须始终存在于 SQL Server 系统中。

（4）msdb 数据库。SQL Server 代理使用 msdb 数据库来计划警报和作业，SQL Server Management Studio、Service Broker 和数据库邮件等其他功能也使用该数据库。

（二）SQL Server 2012 数据库的基本操作

1. 创建数据库

在 SQL Server 2012 Management Studio 中创建数据库可以按以下步骤操作：

（1）右击“数据库”，在弹出的快捷菜单中选择“新建数据库”。

（2）在弹出的“新建数据库”窗口“常规”选择页的“数据库名称”文本框中输入数据库的名称“sample”，如图 2-2 所示。

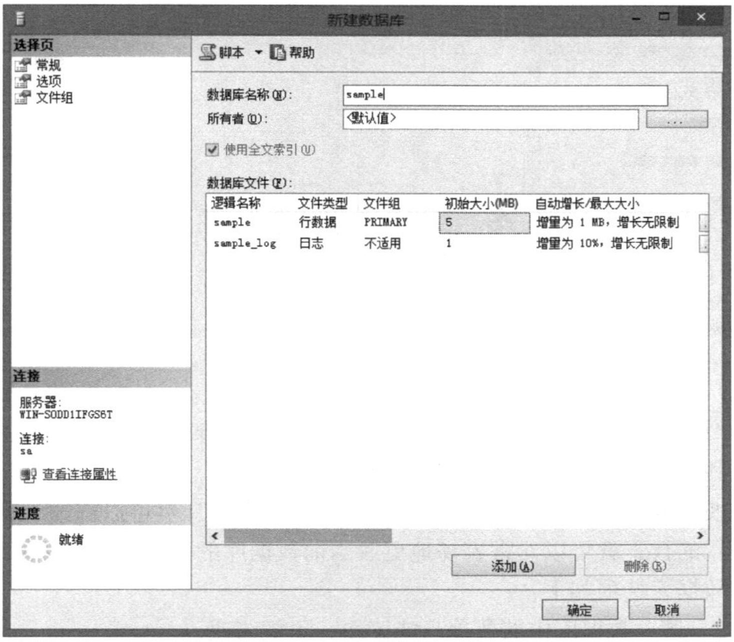

图 2-2　“新建数据库”窗口

(3) 在图 2-2 窗口的“数据库文件”列表框中可以增减数据库文件，对每一个数据库文件设置以下内容：

1）文件名，也叫做逻辑名称，以后以这个名字来代表这个数据库文件。

2）文件初始大小。

3）文件大小是否有限制，最大是多少；文件增长方式是以兆字节还是以百分比增长、每次增长的幅度。

(4) 设置完成后，单击“确定”按钮。

至此，就创建了一个名为 sample 的数据库，并为它创建了一个主数据库文件和一个日志文件。数据库初始大小为 5MB，扩展文件时增量为 1MB，文件增长不受限制。

2. 修改数据库

右击数据库名，在弹出的快捷菜单中选择“属性”命令打开“数据库属性”窗口，可以很方便地修改数据库。如图 2-3 所示，一个已存在的“数据库属性”窗口包括“常规”、“文件”、“文件组”、“选项”等选择页。

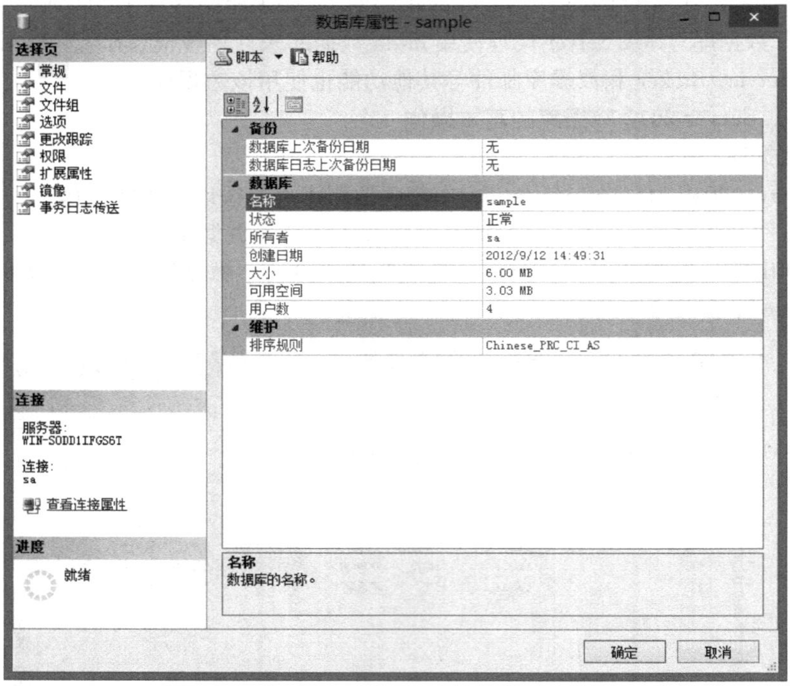

图 2-3　“数据库属性”窗口

(1) 数据文件和日志文件设置。用户可以使用“文件”页来设置文件的存储位置，以及数据文件增长方式和每次增长的幅度，如图 2-4 所示。

(2) 修改数据库选项。在“数据库属性”窗口的“选项”页可以修改一些数据库选项，只需用单击需要设置的行，就可以非常容易地更改当前数据库的选项，如图 2-5 所示。

比较常见的数据库选项如下：

1）数据库为只读：数据库中的数据只能读取，不能修改。

2）自动关闭：用于指定数据库在没有用户访问并且所有进程结束时自动关闭，释放所有资源，当又有新的用户要求连接时，数据库自动打开。

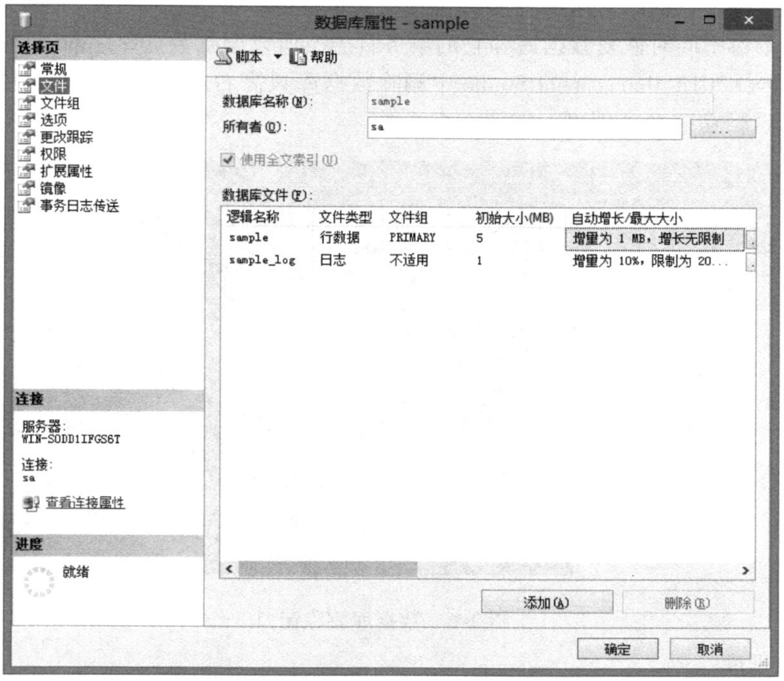

图 2-4　数据库文件属性设置窗口

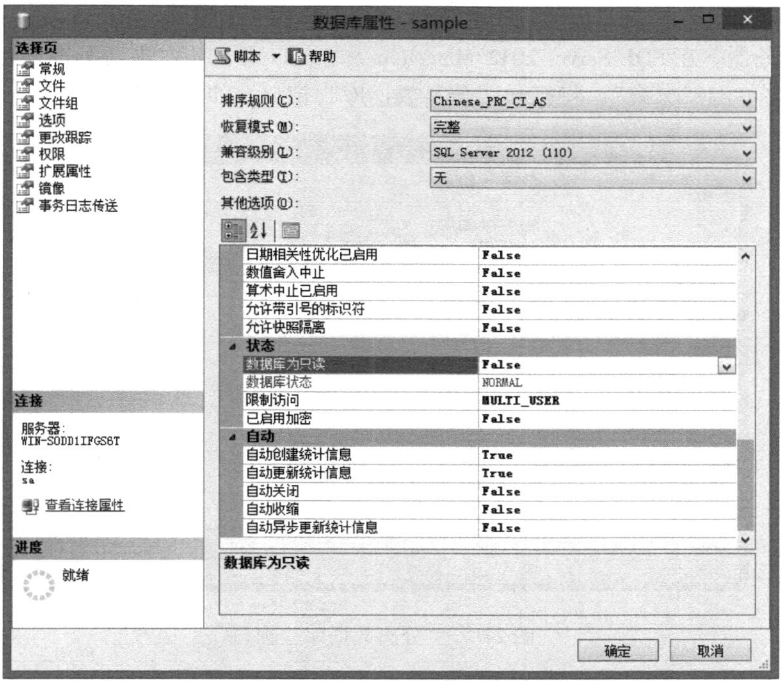

图 2-5　数据库选项属性设置窗口

3）自动收缩：当数据或日志量较少时自动缩小数据库文件的大小。

3. 删除数据库

当一个数据库不再使用时，可以将其删除。删除一个数据库会删除所有数据和该数据所使用的所有磁盘文件，数据库占用的空间将被释放。但删除一个数据库后，如果想再复原是很麻烦的，必须从备份中同时恢复数据库和它的事务日志，所以删除数据库之前应格外小心。

在 SQL Server 2012 Management Studio 中删除数据库只需右击要删除的数据库，在弹出的快捷菜单中选择“删除”命令即可，如图 2-6 所示。

图 2-6　数据库删除窗口

4. 分离数据库

分离数据库是指将数据库从 SQL Server 实例中删除，但使数据库在其数据文件和事务日志文件中保持不变。之后，就可以使用这些文件将数据库附加到任何 SQL Server 实例，包括分离该数据库的服务器。在 SQL Server 2012 Management Studio 中，先右击要分离的数据库名称，指向“任务”，再单击“分离”，将打开“分离数据库”窗口，如图 2-7 所示。

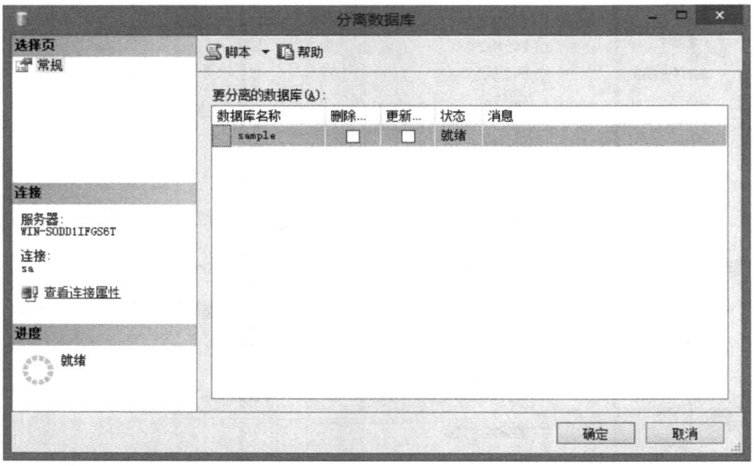

图 2-7　“分离数据库”窗口

5. 附加数据库

分离后的文件可以使用附加功能再次附加到数据库中。在 SQL Server 2012 Management Studio 中，右击“数据库”，然后单击“附加”。在“附加数据库”窗口，单击“添加”，然后在“定位数据库文件”对话框中选择数据库所在的磁盘驱动器并展开目录树，以查找并选择数据库的 . mdf 文件，如图 2-8 所示，确定后即可附加名为 sample 的数据库。

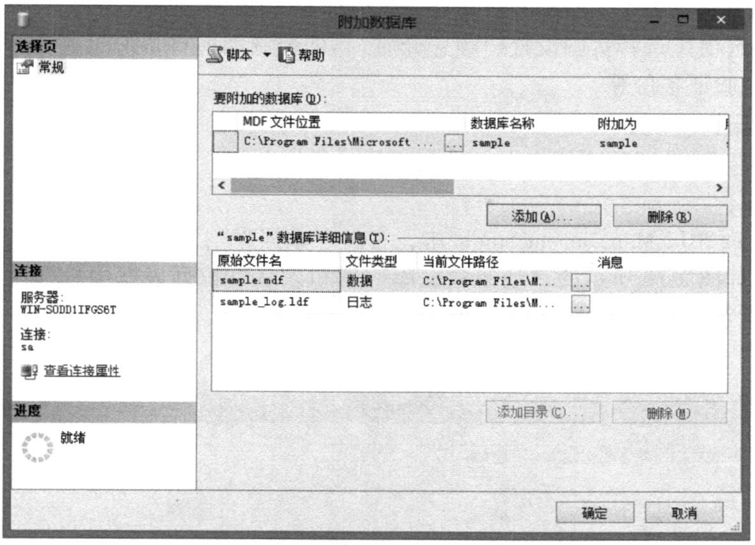

图 2-8　“附加数据库”窗口

6. 备份数据库

备份就是复制数据库结构和数据，以便在数据库遭到破坏时能够修复数据库。在 SQL Server 2012 Management Studio 中，右击要备份的数据库，指向“任务”，再单击“备份”，即出现“备份数据库”窗口，如图 2-9 所示。“备份数据库”窗口中有两个选择页——“常规”和“选项”。

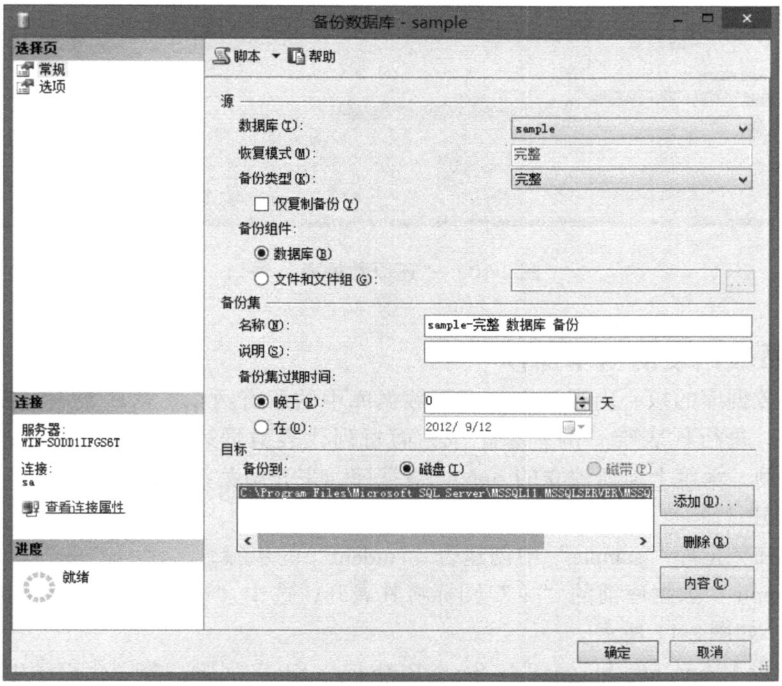

图 2-9　“备份数据库”窗口

“常规”选择页主要是用于给备份文件命名，选择备份的数据库、备份类型，设置备份文件的存放路径。“选项”选择页则设置“覆盖介质”，即控制如何将备份写入介质，并可以设置是否在备份完成后验证备份等。

7. 还原数据库

备份文件可以随便迁移到任何地方，包括另外的服务器。如果存在备份文件，可以按下面的步骤进行还原：

在 SQL Server 2012 Management Studio 中，右击“数据库”，在弹出的快捷菜单中单击“还原数据库”，弹出如图 2-10 所示的“还原数据库”窗口。从下拉列表框中选择源数据库和目标数据库，单击“确定”后，即可还原数据库。

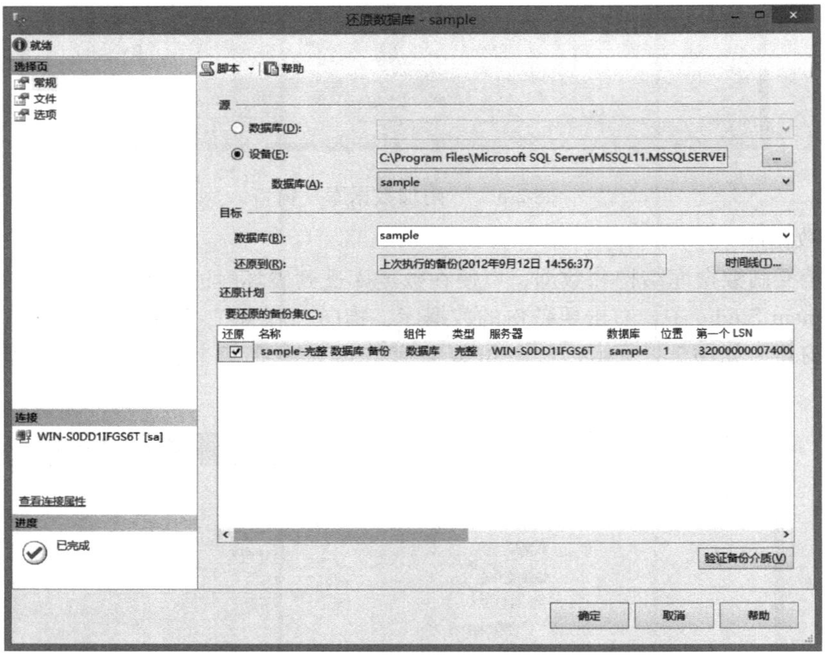

图 2-10　“还原数据库”窗口

五、关系数据表的基本操作

数据表是数据库的核心内容，它包含了数据库中的所有数据。这些数据在表中按行和列的格式组织排列。每行代表唯一的一条记录，而每列代表数据表中的一个字段。下面仍以 SQL Server 2012 为例，承接上文所建立的 sample 数据库，来介绍关系数据库的基本操作。

1. 表的创建

下面介绍在数据库“sample”中创建表“student”的步骤。

单击“sample”数据库前的“+”图标将其展开，选中“表”后右击，在弹出的菜单中选择“新建表”，如图 2-11 所示。

在列名中设置 Stu_id、Stu_name、Sex、Birthday、Score 字段，分别代表学生的学号、姓名、性别、出生年月、总成绩，并为各个列选择合适的数据库类型和长度，如图 2-12 所示。

单击保存按钮弹出选择名称对话框，输入“student”作为表名，如图 2-13 所示，单击“确

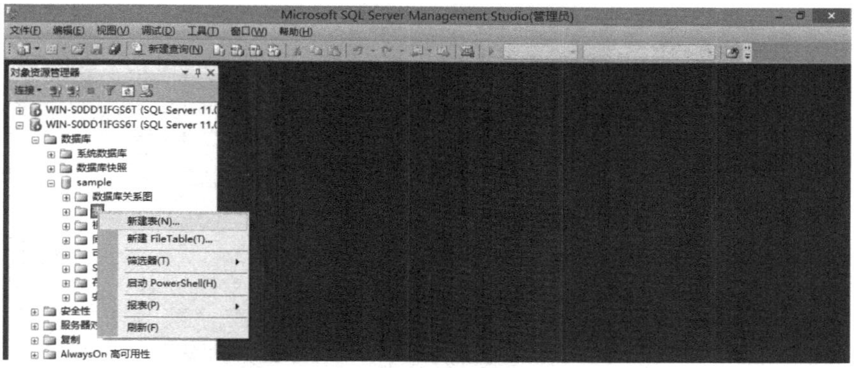

图 2-11　选择“新建表”菜单命令

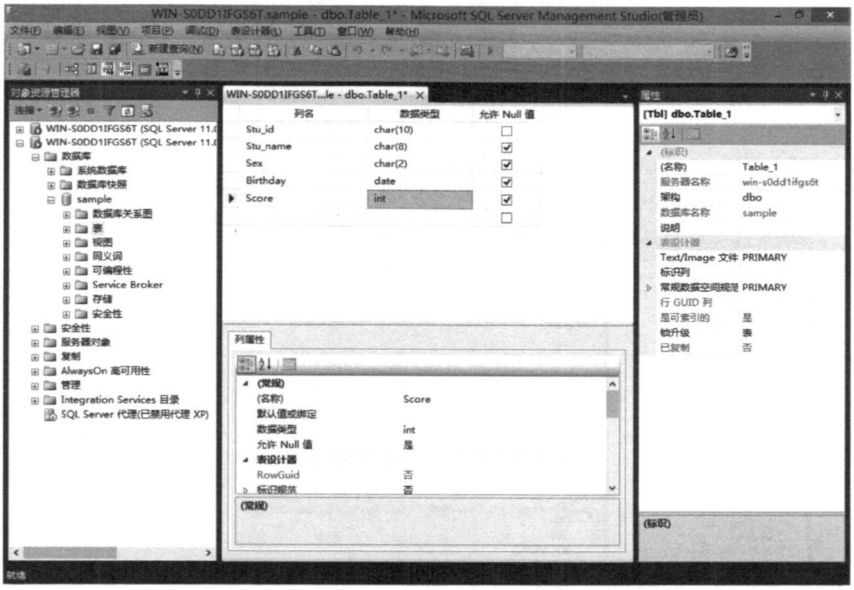

图 2-12　表字段设置界面

定”后即生成该表。

2. 表的修改

创建好表以后，还可以对其结构进行修改，例如修改类的类型和长度，增加新的列。首先选定要修改的表，右击，在弹出的菜单中选择“设计”，如图 2-14 所示。

然后进入和创建表时类似的设计窗口，在这里可以对选定的表进行修改设计，如图 2-15 所示。

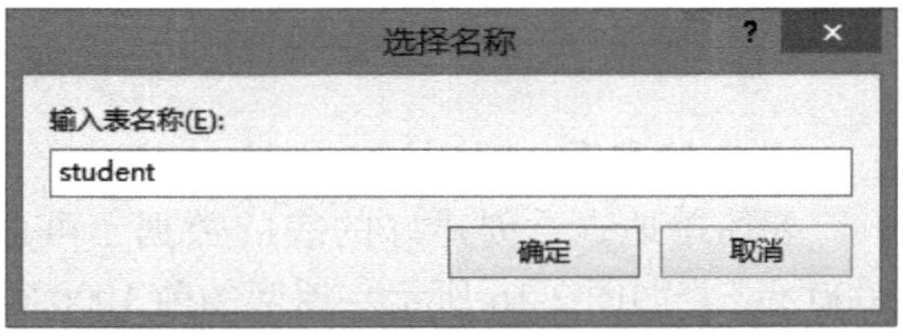

图 2-13　表名输入对话框

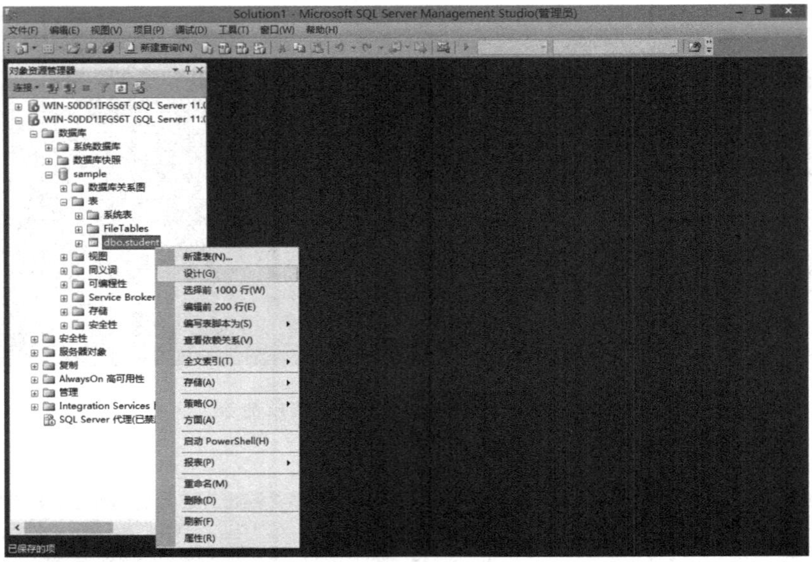

图 2-14　选择"设计"菜单命令

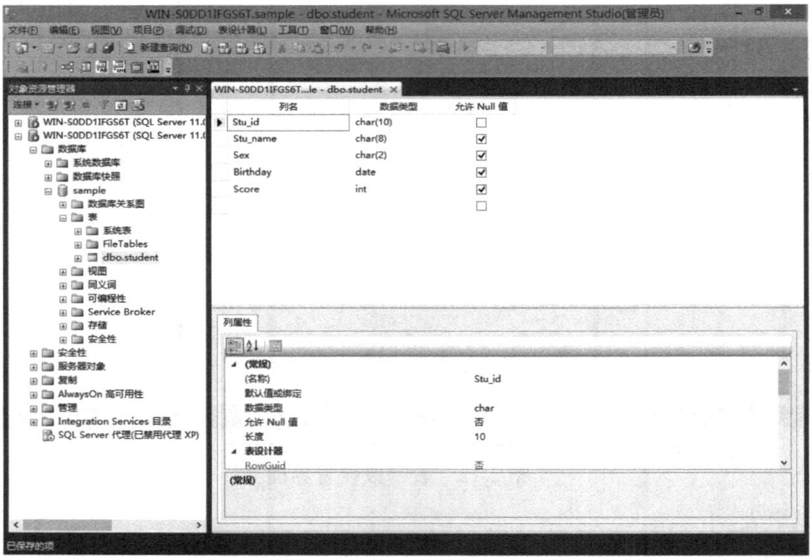

图 2-15　修改表操作界面

3. 表的查看

要简单地查看创建好的表的数据，可以右击要查看的表，在弹出的菜单中单击"选择前 1000 行"，如图 2-16 所示。返回的前 1000 行的结果如图 2-17 所示。

图 2-17 所示界面的上半部分为系统自动生成的对应的 SQL 语句，只需要稍加修改就可以完成任意的查询语句，然后单击工具栏上的执行按钮即可得到查询结果。

4. 表的删除

通过 SQL Server 2012 Management Studio 删除表非常容易：选中要删除的表，右击，在弹出

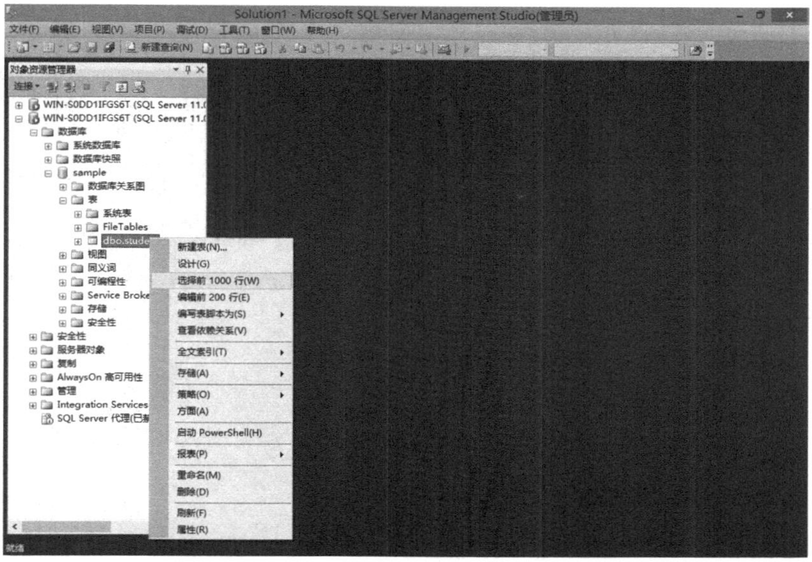

图 2-16　选择“选择前 1000 行”菜单命令

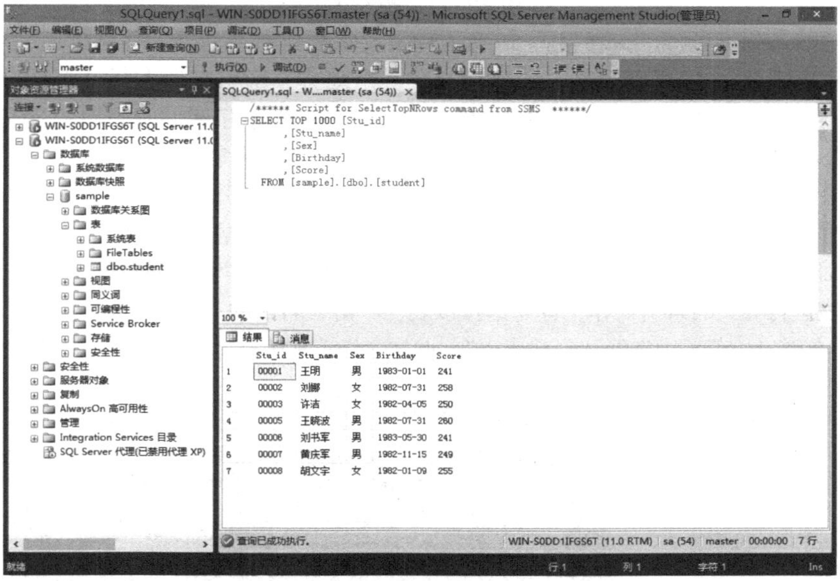

图 2-17　返回前 1000 行记录界面

的菜单中选择“删除”命令即可，如图 2-18 所示。

5. 表的索引

为了迅速从庞大的数据库中找到所需要的数据，SQL Server 2012 等数据库管理系统都提供了索引功能。通过在数据库中对表增加索引，可以大大加快数据的检索速度。

在学习使用索引之前，首先要对聚集/非聚集索引、唯一/不唯一索引有所了解。

聚集索引确定表中的物理顺序，因而一个表只能包含一个聚集索引。使用聚集索引找到包含第一个值的行后，便可以确保包含后续索引值的行为物理相邻。如果对从表中检索的数据进行排序时经常要用到某一列，则可以将该表在该列上聚集，以避免每次查询该列时都要排序。

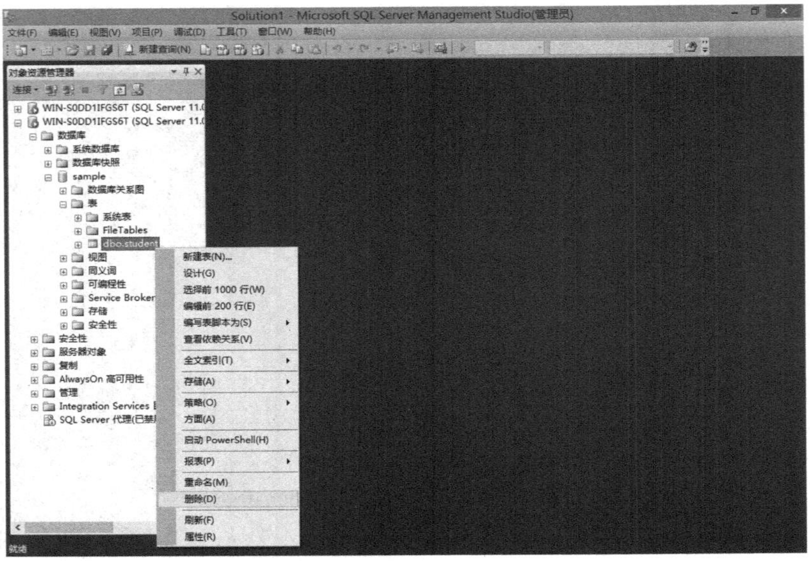

图 2-18 表删除界面

但是聚集索引不适用于频繁更改的列，因为这种情况将导致整行移动，使数据库性能下降。

非聚集索引则是一种逻辑顺序，数据存储在一个地方，索引存储在另一个地方，索引带有指针指向数据的存储位置。索引中的项目按照索引键值的顺序存储，而表中的信息按另一种顺序存储（可以由聚集索引规定）。在一个表上可以定义多个非聚集索引。

唯一索引可以确保索引列不包含重复的值。在多列唯一索引的情况下，该索引可以确保索引列中每个值组合都是唯一的。但是唯一索引本身不能确保数据的唯一性，只有当唯一性是数据本身的特征时，指定唯一索引才是有意义的。不唯一索引允许索引列包含重复的值。

要对某表进行有关的索引操作，首先选择该表，单击表名前的“+”图标将其展开，选中“索引”，右击，在弹出的菜单中选择“新建索引”，并在二级菜单中选择“聚集索引”，如图 2-19 所示。

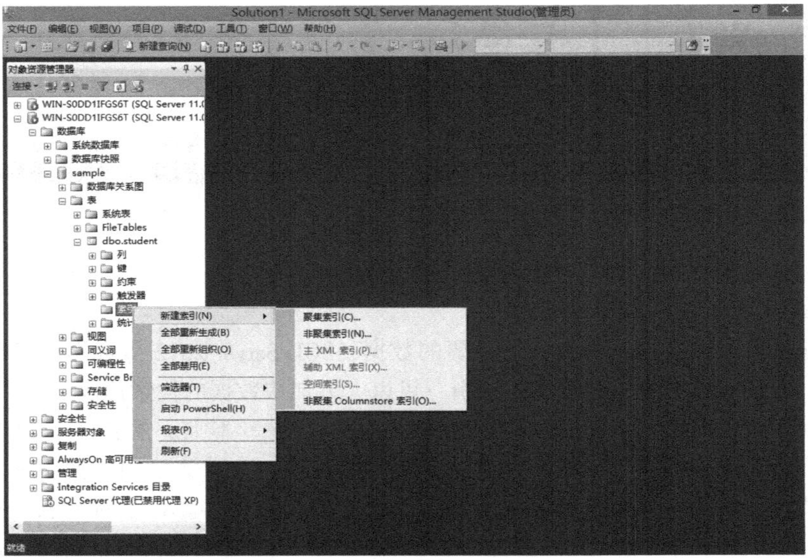

图 2-19 索引管理界面

在弹出的“新建索引”对话框中，输入索引名称，选择索引依据的列“Stu_name”，并指定列的顺序为降序，如图 2-20 所示，单击“确定”，索引创建成功。

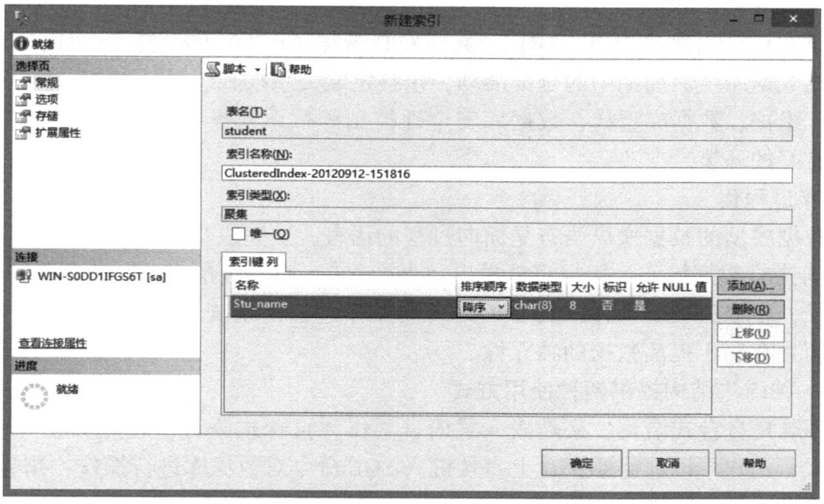

图 2-20　“新建索引”窗口

由于设定了按姓名降序的聚集索引，表的物理顺序也随之改变，所以再次打开表时显示如图 2-21 所示的界面（可以与图 2-17 比较）。

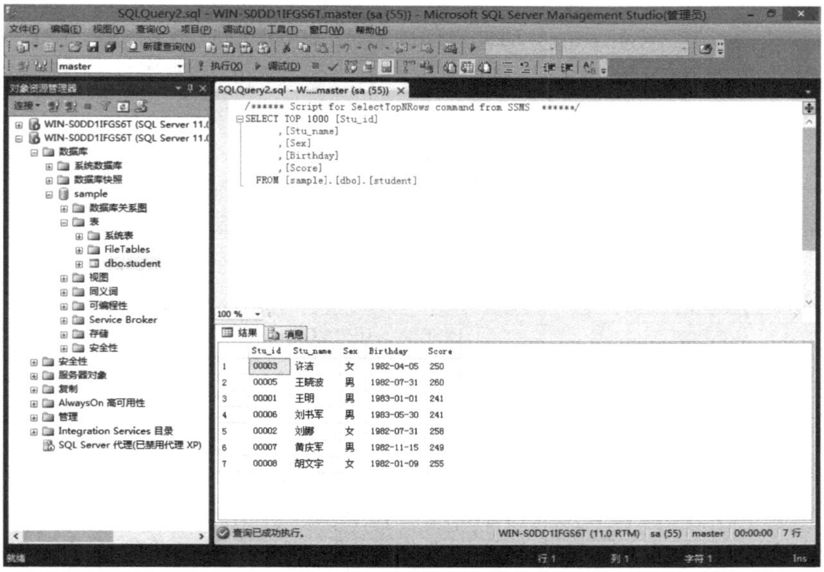

图 2-21　建立索引后的表内容显示界面

六、结构化查询语言（SQL）

（一）SQL 语言的特点

SQL 语言集数据查询、数据操纵、数据定义和数据控制功能于一体，是一个综合的、通用的、功能极强，同时又简洁易学的语言。其主要特点如下：

1. 综合统一

非关系模型（层次模型、网状模型）的数据语言一般分为模式数据定义语言（模式DDL）、外模式数据定义语言（外模式DDL）、内模式数据定义语言（内模式DDL）以及数据操纵语言（Data Manipulation Language，DML），它们分别完成模式、外模式、内模式的定义和数据存取、处置功能。而SQL语言则集DDL、DML、数据控制语言（DCL）的功能于一体，语言风格统一，可以独立完成数据库生命周期中的全部活动，包括定义关系模式、录入数据，以及建立数据库、查询、更新、维护、数据库重构、数据库安全性控制等一系列操作的要求，为数据库应用系统开发提供了良好的环境。

2. 高度非过程化

非关系数据模型的数据操纵语言是面向过程的语言，要完成某项请求，必须指定存取路径。而用SQL语言进行数据操作，用户只需提出“做什么”，而不必指明“怎么做”。因此用户无须了解存取路径，存取路径的选择以及SQL语句的操作过程由系统自动完成。这不但大大减轻了用户负担，而且有利于提高数据的独立性。

3. 用同一种语法结构提供两种使用方式

SQL语言既是自含式语言，又是嵌入式语言。作为自含式语言，它能够独立地用于联机交互的使用方式，用户可以在终端键盘上直接键入SQL命令对数据库进行操作；作为嵌入式语言，SQL语句能够嵌入到高级语言（如VB、C#、Java、PB、Delphi、VF等）程序中，供程序员设计程序时使用。而在两种不同的使用方式下，SQL语言的语法结构基本上是一致的。这种以统一的语法结构提供两种不同使用方式的做法，为用户提供了极大的灵活性与方便性。

4. 语言简洁，易学易用

SQL语言功能极强，但由于设计巧妙，语言十分简洁，完成数据定义、数据查询、数据操纵、数据控制的核心功能只用了九个动词：CREATE、DROP、ALTER、SELECT、INSERT、UPDATE、DELETE、GRANT、REVOKE，如表2-1所示。而且SQL语言语法简单，接近英语口语，因此易学易用。

表2-1　SQL语言的动词

SQL功能	动　词
数据定义	CREATE，DROP，ALTER
数据查询	SELECT
数据操纵	INSERT，UPDATE，DELETE
数据控制	GRANT，REVOKE

（二）SQL语言应用环境

SQL语言应用环境是指SQL语句的使用环境。一般来说，SQL语句的使用可在SQL Server 2012 Management Studio的新建查询窗口中使用。在查询窗口中可通过指定数据库中的表，直接对表进行数据定义、数据查询、数据操纵和数据控制。此外，在开发信息系统程序时，SQL语句的使用是将SQL语句代码写在程序中，通过程序的执行，完成对表进行数据定义、数据查询、数据操纵和数据控制。

关于SQL语言应用环境，本书以SQL Server 2012 Management Studio为例介绍SQL语句的使用。在SQL Server 2012 Management Studio主界面，单击新建查询按钮即可进入查询窗口。

（三）SQL语言语法

下面针对上述九个SQL语句来介绍它们在数据定义、数据查询、数据操纵和数据控制四个方面的简要语句格式，并以sample作为选定的数据库来举例说明它们的应用。

1. 数据定义

SQL 的数据定义功能包括定义表、定义视图和定义索引。这里先讲述表和索引的定义，后面专门讲述视图的定义。

（1）定义表。SQL 语言使用 CREATE TABLE 语句定义表。

1）语句格式。

```
CREATE TABLE 表名
            (列名数据类型 [默认值][NOT NULL/NULL]
            [,列名数据类型 [默认值][NOT NULL/NULL]]…
            [,UNIQUE (列名[,列名]…)])
```

2）格式说明。格式中的表名为要新建的表的名字，所创建的新表存储于当前数据库中。列名为用户自定义的易于理解的名称，列名中不能使用空格；[NOT NULL/NULL]指出该列是否允许存放空值（SQL 语言支持空值的概念，所谓空值是“不知道”或“无意义”的值，值得注意的是数据“0”和空格都不是空值，系统一般默认允许为空值，所以当不允许为空值时，必须明确使用 NOT NULL)；[，UNIQUE]将列按照其后的列名顺序进行排列，如不指定排列顺序，则按列的定义顺序排列。

3）举例。

例 2-1：使用 CREATE TABLE 语句创建 sample 数据库中的表 student。

```
CREATE TABLE student
            (Stu_id varchar(10)   NOT NULL,
            Stu_namechar(8)   NOT NULL,
            Sexbit,
            Birthdaydatetime,
            Scorenumeric(6,2))
```

上面的代码创建了一个包含 5 列的 student 表，该表记录了学生的基本信息，包括学号、姓名、性别、出生年月、成绩。varchar (10) 表示数据类型是字符型，长度为 10。numeric (6, 2)表示数值型数据，位数是 6 位，小数占 2 位。bit 为逻辑性数据。datetime 为日期时间型数据。此外要注意输入代码时输入状态一定是英文半角状态，以下相同。

（2）修改表。随着应用环境和应用需求的变化，有时需要修改已建立好的表，包括增加新列、增加新的完整性约束条件、修改原有的列定义或删除已有的完整性约束条件等，对于原有表的列名、数据类型、数据长度以及是否允许为空值等都可以修改。SQL 语言用 ALTER TABLE 语句修改基本表。

1）语句格式。

```
ALTER TABLE 表名
          [ADD 新列名   数据类型]
          [DROP COLUMN 列名]
          [ALTER COLUMN 列名   数据类型]
```

2）格式说明。格式中的表名指定需要修改的表，ADD 子句用于增加新列和新的完整性约束条件，DROP 子句用于删除指定的列，ALTER 子句用于修改原有列的数据类型。

3）举例。

例 2-2：向 student 表中添加班级（Class）列。

```
ALTER TABLE student
ADD Class varchar(20)NULL
```

向表中增加一列时，应使新增加的列有默认值或允许为空值，SQL Server 将向表中已存在的行填充新增列的默认值或空值，如果既没有提供默认值也不允许为空值，那么新增列的操作将出错，因为 SQL Server 不知道该怎么处理那些已经存在的行。

例 2-3：删除 student 表的 Class 列。

```
ALTER TABLE Student
DROP COLUMN Class
```

例 2-4：将 student 表的 Stu_name 列改为最大长度为 10 的 varchar 型数据，且不允许空值。

```
ALTER TABLE student
ALTER COLUMN Stu_name varchar(10) NOT NULL
```

在默认状态下，列是被设置为允许空值的，将一个原来允许空值的列改为不允许空值，必须在以下两个条件满足时才能成功：一是列中没有存放空值的记录；二是在列上没有创建索引。

（3）删除表。当某个基本表不再需要时，可以使用 SQL 语句 DROP TABLE 进行删除。

1）语句格式。

```
DROP TABLE 表名
```


2）格式说明。格式中的表名指定了当前数据库中要删除的表。如果表不在当前数据库中或者不属于当前用户所拥有，可以显式指定数据库和所有者。表一旦删除，表中的数据和在此表上建立的索引，以及约束和权限规范，都将被自动删除掉，而建立在此表上的视图虽仍然保留，但已无法引用。视图或存储过程必须通过 DROP VIEW 或 DROP PROCEDURE 语句删除。因此执行删除操作一定要格外小心。

3）举例。

例 2-5：删除 sample 数据库中的 student 表。

```
DROP TABLE student
```

例 2-6：当前数据库为 sample，若要删除 pubs 数据库内的 authors2 表。可以在任何数据库内执行此操作。

```
DROP TABLE pubs. dbo. authors2
```

其中，pubs. dbo. authors2 为显式指定数据库和所有者的形式，dbo 是表 authors2 的所有者。

（4）索引表。在数据库中，记录检索速度是用户十分关心的问题。在创建索引前，从数据库中检索数据时，通常是按照顺序存取的方法扫描每个记录来查找符合条件的记录；创建索引后，可以通过索引来查找数据，而不必扫描每个记录。索引可以大大提高检索数据时的速度。当然，由于数据添加或更新时，也需要对索引进行修改，这在一定程度上降低了添加和更新操作的速度。

1）语句格式。

```
CREATE [UNIQUE] INDEX 索引名 ON 表名(列名1 [ ASC | DESC ] [,列名2[ ASC | DESC ]]…)
```

2）格式说明。UNIQUE 用于创建唯一索引时使用。表名后的括号中给出创建索引的列的名称，如果在多个列上创建复合索引，可以给出多个列的名称。创建唯一索引时，SQL Server 会检查重复值，每次使用 INSERT 或 UPDATE 语句插入数据时也会检查。如果存在重复值，就会取消 CREATE INDEX 语句，并返回一条出错消息，指出出现的第一个重复值。创建 UNIQUE 索引

时，会将多个 NULL 视为重复值。索引名为对表名指定的表的列进行索引后得到的索引名。表名（列名1 [ASC | DESC] [，列名2 [ASC | DESC]] …）是对表名指定的表，按其列名1或列名2……指定的列进行升序或降序索引。默认是升序索引。

3）举例。

例2-7：在 student 表的 Stu_id 上建立索引。

```
CREATE INDEX in_index ON student(Stu_id)
```

接着可进行如下查询：

```
SELECT Stu_id,Stu_name,Score FROM student
```

结果显示：

```
Stu_id        Stu_name    Score
0520080360    林之千       70
0520080361    李明         90
0520080362    陈志强       82
0520080363    余惠         70
```


也可以在多列上创建索引。

例2-8：在 student 表的 Score 和 Stu_id 上建立索引。

```
CREATE INDEX Score_id_index ON student(Score,Stu_id)
```

进行如下查询：

```
SELECT Stu_id,Score FROM student
```

结果显示：

```
Stu_id        Score
0520080360    70
0520080363    70
0520080362    82
0520080361    90
……
```

例2-8由于是 Score 和 Stu_id 的复合索引，顺序排列先按 Score 排，再按 Stu_id 排。

2. 数据查询

建立数据库的目的是为了查询数据。数据库的查询功能是数据库的核心功能。SQL 语言使用 SELECT 语句进行数据库的查询。该语句具有灵活的使用方式和丰富的功能。

（1）语句格式。

```
SELECT [ALL|DISTINCT]目标列表达式[,目标列表达式]…
    FROM 表名或视图名[,表名或视图名]…
    [WHERE 条件表达式]
    [GROUP BY 列名1  [HAVING 条件表达式]]
    [ORDER BY 列名2  [ASC|DESC]]
```

（2）格式说明。ALL 指定在结果集中可以显示重复行。ALL 是默认设置。

DISTINCT 指定在结果集中只能显示唯一行。为了 DISTINCT 关键字的用途，空值被认为相等。

整个 SELECT 语句的含义是，根据 WHERE 子句的条件表达式，从 FROM 子句指定的表或视图中找出满足条件的记录，再按 SELECT 子句中的目标列表达式，选出记录中的属性值形成结果表。如果有 GROUP 子句，则将结果按列名 1 的值进行分组，该属性列值相等的记录为一个组，每个组产生结果表中的一条记录。如果 GROUP 子句带 HAVING 短语，则只有满足指定条件的组才予以输出。如果有 ORDER 子句，则结果表还要按列名 2 的值的升序或降序排序。

（3）举例。

例 2-9：查询 student 中姓名叫李明的人。

```
SELECT * FROM student WHERE Stu_name = '李明'
```

可以通过使用列名代替“*”，以表中的几列或一列的方式来显示查询结果。

例 2-10：查询学号为 0520080362 的学生的成绩。

```
SELECT Score FROM student WHERE Stu_id = '0520080362'
```

例 2-11：查看各个班的总成绩。


```
SELECT sum(Score)FROM student GROUP BY Class
```

例 2-12：查看信息管理 1 班的总成绩。

```
SELECT sum(Score)FROM student GROUP BY Class HAVING(Class = '信息管理 1 班')
```

例 2-13：按成绩由高到低查询学生成绩。

```
SELECT Stu_id, Stu_name,Score FROM student ORDER BY,Score DESC
```

这里，DESC 表示按 Score 降序排列，ASC 表示升序排列。

3. 数据操纵

在 SQL 语言中，数据操纵包括数据插入、数据修改和数据删除三种操作。

（1）数据插入。

1）语句格式。

```
INSERT INTO 表名 [(列名 1[,列名 2]…)] VALUES(常量 1[,常量 2] …)
```

2）格式说明。该语句是将新记录插入表名指定的表中。其中新记录列 1 的值为常量 1，列 2 的值为常量 2……如果某些列在 INTO 子句中没有出现，则新记录在这些列上将取空值。如果 INTO 子句中没有指明任何列名，则新插入的记录必须在每个列上均有值。

3）举例。

例 2-14：在 student 表中插入一条新的记录。

```
INSERT INTO student VALUES('0520080363','张小华',1,'1982-4-22','88')
```

例 2-15：在 student 表中插入一条新的学生记录，该学生尚没有成绩。

```
INSERT INTO student(Stu_id,Stu_name,Sex,Birthday)VALUES('0520080364','胡一平',0,'1983-1-10')
```

（2）数据修改。

1）语句格式：

```
UPDATE 表名
        SET 列名 = 表达式 [ ,列名 = 表达式] …
        [WHERE 条件]
```

2）格式说明。该语句是修改指定表中满足 WHERE 条件 的记录。其中，SET 子句用于指定修改值，即用表达式的值取代相应的列值。如果省略 WHERE 子句，则表示要修改表中的所有记录。

3）举例。

例 2-16：将陈志强的成绩改为 90。

```
UPDATE student SET Score = 90 WHERE Stu_name = '陈志强'
```

这里叫陈志强的人应该是唯一的，如果有同名的情况，会将所有叫陈志强的学生成绩都改为 90。

例 2-17：将信息管理 1 班所有学生的成绩加 5 分。

```
UPDATE student SET Score = Score + 5 WHERE Class = '信息管理 1 班'
```

（3）数据删除。

1）语句格式。

```
DELETE FROM 表名 [WHERE 条件]
```

2）格式说明。该语句是从指定表中删除满足 WHERE 条件 的所有记录。如果省略 WHERE 子句，表示删除表中的全部记录。

3）举例。

例 2-18：删除信息管理 1 班所有女生的信息。

```
DELETE FROM student WHERE Class = '信息管理 1 班' and Sex = 0
```

4. 数据控制

SQL 的数据控制功能是指控制用户对数据的存取权利，包括授权和权限收回。

（1）授权。

1）语句格式。

```
GRANT 权限[ ,权限] …
      [ON 对象名[ (列名[ ,列名… ]) ] ]
      TO 用户[ ,用户]…
      [WITH GRANT OPTION]
```

2）格式解释。该语句将对指定操作对象的指定操作权限授予指定的 Windows 用户。

不同类型的操作对象有不同的操作权限，常见的操作权限如表 2-2 所示。

表 2-2　常见的操作权限

对　　象	操 作 权 限
列	SELECT，UPDATE，REFERENCES
视图	SELECT，INSERT，UPDATE，DELETE，ALL
表	SELECT，INSERT，UPDATE，DELETE，ALTER，INDEX，ALL
数据库	CREATE TABLE，CREATE VIEW

接受权限的用户可以是一个或多个具体用户，也可以是 PUBLIC，即全体用户。

如果指定了 WITH GRANT OPTION 子句，则获得某种权限的用户还可以把这种权限再授予其他用户；否则，获得某种权限的用户只能使用该权限，而不能传播该权限。

3）举例。

例 2-19：将查询表 student 的权限赋予所有用户。

```
GRANT SELECT ON student TO PUBLIC
```

例 2-20：将 UPDATE、INSERT、DELETE 权限赋予用户李明和陈志强。

```
GRANT UPDATE,INSERT,DELETE ON student TO 李明, 陈志强
```

（2）权限收回。

1）语句格式。

```
REVOKE 权限[,权限]…
        [ON 对象名[(列名[,列名… ])]]
        FROM 用户[,用户]…
```

2）格式说明。该语句将收回在当前数据库内的用户被授予的权限。

3）举例。

例 2-21：收回李明对 student 的 SELECT 和 UPDATE 权限。

```
REVOKE SELECT UPDATE ON student FROM 李明
```

第二节　列式数据库技术

一、非关系数据库简介

随着互联网的不断发展，尤其是云计算的出现，对数据库技术提出了更多的新的需求，主要体现在以下四个方面：① 低延迟的读写速度：应用的快速响应能力可以极大地提升用户的满意度和体验感。②支撑海量的数据和流量：对于搜索这样的大型应用而言，需要利用 PB（1PB = 1024TB）级的数据和能应对百万级的流量；③大规模集群的管理：系统管理员希望分布式应用能更简单地部署和管理。④庞大运营成本的考虑：IT 经理们希望硬件成本、软件成本和人力成本能够有大幅度的降低。为了解决上面提到的几个需求，目前已有多款新类型的数据库推出，这些新型数据库舍弃了关系数据库的一些限制以提升性能，并且由于它们在设计上和传统的关系数据库相比有很大的不同，所以被统称为非关系数据库。

非关系数据库的理论基石是 CAP 理论。该理论由美国著名科学家，同时也是著名互联网企业 Inktomi 的创始人 Eric Brewer 在 2000 年分布式计算原理（Symposium on Principles of Distributed Computing，PODC）大会上提出的，后来 Seth Gilbert 和 Nancy lynch 两人证明了 CAP 理论的正确性。该理论指出一个分布式系统不可能满足一致性、可用性和分区容忍性这三个需求，最多只能同时满足两个。

（1）C（Consistency），一致性：任何一个读操作总是能读到之前完成的写操作的结果，即在分布式环境中，多点的数据是一致的。

（2）A（Availability），可用性：每一个操作总是能够在确定的时间内返回，即系统随时都可用。

（3）P（Partition Tolerance），分区容忍性：在出现网络分区的情况下，分离的系统仍然正

常运行。

由于一致性、可用性和分区容忍性只能同时满足两个，而非关系数据库以水平扩展而著称，所以在 CAP 的选择上，以牺牲一致性或者可用性为代价，坚持分区容忍性。

在非关系数据库领域，有三种主流的数据存储模型：

1. 列式

列式 Column-oriented 数据库主要使用表模型，但是它并不支持类似 Join 这样的多表操作，它的主要特点是在存储数据时，主要围绕着“列（Column）”，而不是像传统的关系数据库那样根据“行（Row）”进行存储，使得属于同一列的数据会尽可能地存储在硬盘的同一页（Page）中，而不是将属于同一行的数据存放在一起。

2. 键值对

键值对（Key-value）模型和传统的关系型相比较简单，类似常见的 HashTable，一个 Key 对应一个 Value，但是其能提供非常快的查询速度、大的数据存放量和高并发操作，并非常适合通过主键对数据进行查询和修改等操作。

3. 文档

文档（Document）和 Key-value 十分相似，也是一个 Key 对应一个 Value，但是这个 Value 主要以 JSON 或者 XML 等格式的文档进行存储。

二、列式数据库概述

在诸多非关系数据库中，最著名的当属大型分布式数据库 BigTable。本小节以 BigTable 为例介绍列式数据库的基本原理。

BigTable 是一个分布式的结构化数据存储系统，它被设计用来处理海量数据，通常是分布在数千台普通服务器上的 PB 级的数据。该数据库已经广泛应用在各项服务中。

1. BigTable 的基本概念

BigTable 是一个为管理大规模结构化数据而设计的分布式存储系统，可以扩展到 PB 级数据和上千台服务器。很多项目使用 BigTable 存储数据，这些应用对 BigTable 提出了不同的挑战，比如数据规模的要求、延迟的要求。BigTable 能满足这些多变的要求，为这些产品成功地提供了灵活、高性能的存储解决方案。

BigTable 不支持完整的关系数据模型，而是为客户端提供了一种简单的数据模型，客户端可以动态地控制数据的布局和格式，并且利用底层数据存储的局部性特征。BigTable 将数据看做无意义的字节串，客户端需要将数据串行化再存入 BigTable。

2. BigTable 的数据模型

BigTable 虽然不是关系数据库，但是却沿用了很多关系数据库的术语，如 Table（表）、Row（行）、Column（列）等。BigTable 是一个稀疏的、分布式的、持久化的、多维的排序键值对映射。

BigTable 数据模型的特点是列式存储，每一行数据的各项被存储在不同的列中，而多个相似的列则整合在一个的列族（Column Family）中。BigTable 的键由三个维度组成，分别是行键（Row Key）、列键（Column Key）和时间戳（Timestamp）；值按键的顺序存储。行键大小通常在 10～100B，对同一个行键下的内容读写操作具有原子性。列键组成的集合叫做列族，列族是访问控制的基本单元。一个列族下的内容通常属于同一类型。列键的命名规则为：列族：限定词。列族名是可理解的字符串，而限定词的名字可以是任意字符串。在 BigTable 中，依据时间戳保存表中数据的不同版本。时间戳可以由 BigTable 赋值，也可以由客户端赋值。数据的不同版本按照时间戳降序存储，因此先读到的是最新版本的数据。

通常用（row：string，column：string，time：int64）→string 来表示一条键值对记录，即通过行键、列键、时间戳可以唯一确定一个表中存储的数据值。BigTable 的行键和列键都是字节串，时间戳为 64 位整型，值也是一个字节串。

如图 2-22 所示，Webtable 是一个用 BigTable 存储的表，用于保存大量的网页及其相关信息。在 Webtable 中，用反转的 URL 作为行键，比如“www. cnn. com/index. html”的数据存储在键为“com. cnn. www”的行里，反转使得同一个域名下的子域名网页能聚集在一起。列族“contents”保存的是网页的内容，并且分别在 t_3、t_5、t_6时刻保存了网页的 3 个版本；列族“contents”只有一个列关键字，因此不需要添加任何限定词来划分不同的列。Webtable 中另一个列族“anchor”保存了该网页的引用站点，该列族分裂为两个列，每个列的限定词代表一个列名称，而数据是该列引用的网站标记，如从图 2-22 中可以看出，列族“anchor”分裂为两个列：“my. look. ca”和“cnnsi. com”，而“anchor：my. look. ca”列的数据为该站点在 t_8时刻引用了 CNN. com；“anchor：cnnsi. com”列的数据为该站点在 t_9时刻引用了 CNN 的主页。

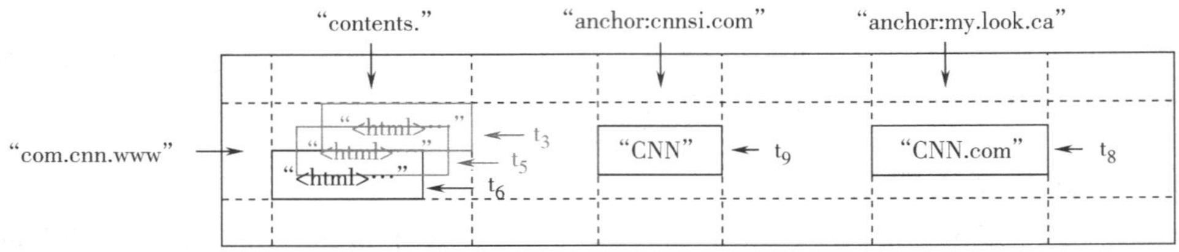

图 2-22　Webtable 数据模型

在概念上，表是一个稀疏的行/列矩阵，每行包含一个行键、时间戳和相应数据。表 2-3 从传统关系数据库的角度理解列式数据存储的方式。

表 2-3　Webtable 的逻辑视图

Row Key	Timestamp	Column Key		
		contents：	anchor：	
			anchor：my. look. ca	an chor：cnnsi. com
com. cnn. www	t_9			CNN
	t_8		CNN. com	
	t_6	< html > …		
	t_5	< html > …		
	t_3	< html > …		

但是在物理上，Webtable 将其每一列分开储存，如表 2-4 所示。这种存储方式优势在于数据存储不再稀疏，同时在进行查询时仅需读取查询所需的列。

表 2-4　Webtable 的物理视图

Row Key	Timestamp	Contents
com. cnn. www	t_6	< html > …
	t_5	< html > …
	t_3	< html > …

（续）

Row Key	Timestamp	Anchor	
com. cnn. www	t_9	anchor：cnnsi. com	CNN
	t_8	anchor：my. look. ca	CNN. com

本示例中“contents”列保存了网页的三个版本，可以用（“com. cnn. www”，“contents:”，t_5）来找到 CNN 主页在 t_5时刻的内容。如果在查询中没有指明时间戳，那么则返回指定列的最新数据值，因为它们是按照时间降序排序的。所以，查询“contents:”而不指明时间戳，将返回 t_6时刻的数据；查询“anchor:”的“my. look. ca”而不指明时间戳，将返回 t_8时刻的数据。BigTable 不存储空值，所以如果查询时间戳为 t_8时刻的“contents:”值，则返回 null。

三、HBase 安装

BigTable、GFS、MapReduce 并称 Google 三大云计算技术，Hadoop 和 HBase 是 Apache 软件基金会组织下的开源项目，实现了这三大云计算技术，提供分布式计算环境下的可靠、可扩展软件。HBase 是一个分布式的、面向列的、可以处理 PB 级数据的数据库。HBase 运行在 Hadoop 上，能够实现类似 BigTable 利用 GFS 所提供的分布式数据存储。HBase 非常适合存储非结构化的数据，能够很好地胜任和处理传统关系数据库难以解决的问题。因此，HBase 的大部分特性和 BigTable 一样，是一个稀疏的、长期存储的、多维的、排序的映射表。

HBase 的官方网站是 http：//hbase. apache. org，可以在网站中找到相应的 HBase 帮助文档、版本库，同时也可以下载其源代码和其最新的发布版本。安装使用 Hbase，要确保 Hadoop 能正确安装并保证其相应版本与 Hbase 兼容（本书之中 Hadoop 版本为 0. 20. 2，Hbase 版本为 0. 90. 4）。HBase 支持三种运行模式：单机模式、伪分布模式和完全分布模式。在安装伪分布模式和完全分布模式时，务必确保 Hadoop 也运行在相应的模式下。

为简单起见，这里列举单机模式的安装步骤，后两种模式基本类似。单机模式的安装步骤主要如下：

（1）将下载到本地的 HBase 版本解压到合适的目录下，如用户的根目录：

```
$ tar-xfz hbase-0. 90. 4. tar. gz
$ cd hbase-0. 90. 4
```

（2）编辑｛HBASE_HOME｝/conf/hbase-env. sh，把 JAVA_HOME 变量设置为 Java 安装的根目录：

```
# The java implementation to use. Java 1. 6 required.
export JAVA_HOME = /usr/java/jdk1. 6. 0_30

# Extra Java CLASSPATH elements. Optional.
export HBASE_CLASSPATH = /usr/hadoop/hadoop-0. 20. 2/conf
```

（3）编辑｛HBASE _ HOME｝/conf/hbase-site. xml。在启动 HBase 前需要设置属性 hbase. rootdir 和 hbase. tmp. dir。hbase. rootdir 用于指定 HBase 数据的存放位置，此次配置为存放在本机 hdfs 中的“/hbase”目录；hbase. tmp. dir 为本地系统的临时文件夹，此处设置保存在/usr/hadoop/hbasetmp 目录下：

```
<property>
<name>hbase.rootdir</name>
<value>hdfs://localhost:9000/hbase<alue>
<description>The directory shared by region servers.
  Should be fully-qualified to include the filesystem to use.
  E.g: hdfs://NAMENODE_SERVER:PORT/HBASE_ROOTDIR
</description>
</property>
<property>
<property>
<name>hbase.tmp.dir</name>
<value>/usr/hadoop/hbasetmp<alue>
<description>Temporary directory on the local filesystem. </description>
</property>
<property>
```

(4) 启动 HBase。执行 bin 目录下的 start-hbase.sh 文件：


```
$ ./bin/start-hbase.sh
```

(5) 进入 shell 模式。进入 shell 模式后，通过 status 命令可以查看 Hbase 的运行状态，使用 exit 命令退出 shell：

```
$ ./bin/hbase shell
HBase Shell; enter'help<RETURN>'for list of supported commands.
Type "exit<RETURN>" to leave the HBase Shell
Version: 0.90.4, r1001068, Fri Sep 24 13:55:42 PDT 2012

hbase(main):001:0>
```

(6) 停止 HBase。执行 stop-hbase.sh 文件：

```
$ ./bin/stop-hbase.sh
stopping hbase...
```

四、HBase 架构基本设计

1. 架构的定义

在 HBase 中创建一个表隐含地涉及表的架构（Schema）定义，同时还包含表中的列族的架构。它们定义了关于表中的数据和列最终是怎样以及何时被存储的相关特性。Hbase 表和 RDBMS 里的表很像，唯一不同的是它的单元格被标有版本，行是经过排序的，并且列可以被用户端随时增加到已有的对应列族。在设计 Hbase 的架构时，要充分考虑这些因素。

(1) 表。拥有表的首要理由是能够控制这个表共享的所有列的某些特性。表定义的基本元素是列族。HBase 面向列的存储格式允许存储不同类型的数据到同一个表中。在 HBase 中，表的数量很少。尽管从概念上来说在 HBase 中一个表是包含许多列的行的集合，物理上它们被存储在称为 Regions 的单独的分区中。每一个 Region 都正好被一个 Region Server 所管理，Region Server 轮流为客户端提供已存储的值。

（2）行键。与其他非关系数据库一样，行键（Row Key）是用来检索记录的主键。可以通过三种方式访问 HBase 表中的行：①通过单个行键访问；②通过行键的范围访问；③全表扫描。

行键可以是任意字符串（最大长度是 64KB，实际应用中长度一般为 10～100B），在 HBase 内部，行键保存为字节数组。存储时，数据按照行键的字典序（Byte Order）排序存储。设计行键时，要充分考虑排序存储这个特性，将经常一起读取的行存储在一起（位置相关性）。

（3）列族。HBase 表中的每个列都归属于某个列族。列族（Column Families）是表的架构的一部分，必须在使用表之前定义。列名都以列族作为前缀。例如 courses：history、courses：math 都属于 courses 这个列族。

访问控制、磁盘和内存的使用统计都是在列族层面进行的。实际应用中，列族上的控制权限能管理不同类型的应用。例如，允许部分应用可以添加新的基本数据、部分应用可以读取基本数据并创建继承的列族，而另一部分应用则只允许浏览数据（甚至可能因为隐私的原因不能浏览所有数据）。

（4）时间戳。HBase 中通过行和列确定的一个存储单元称为 Cell。每个 Cell 都保存着同一份数据的多个版本。版本通过时间戳来索引，时间戳的类型是 64 位整型。时间戳可以由 HBase 在数据写入时自动赋值，此时，时间戳可以精确到当前系统时间的毫秒级别。时间戳也可以由客户显式赋值。如果应用程序要避免数据版本冲突，就必须自己生成具有唯一性的时间戳。每个 Cell 中，不同版本的数据按照时间倒序排序，即最新的数据排在最前面。

为了避免数据存在过多版本造成的管理（包括存储和索引）负担，HBase 提供了两种数据版本回收方式：一是保存数据的最后 n 个版本；二是保存最近一段时间内的版本（比如最近七天）。用户可以针对每个列族进行设置。

（5）Cell。Cell 是由 {Row Key，Column（=<family> + <label>），Time} 唯一确定的单元。Cell 中的数据是没有类型的，全部以字节码的形式存储。

2. 架构设计要求

（1）限制列族的数量。目前 HBase 并不能很好地处理三个以上的列族，所以不要设计过多的列族，在应用中尽量仅使用一个列族。只有当确定所有查询操作只访问一个列族的时候，才可以引入第二个和第三个列族。例如，有两个列族，但每次查询的时候总是访问其中的一个，从来不会两个一起访问。

（2）避免使用单调递增的行键。使用了顺序的行键会将本没有顺序的数据变得有顺序，把负载压在一台机器上。所以要尽量避免时间戳或者顺序的行键。

如果需要导入时间顺序的文件到 HBase 中，可以定义键的格式为 [metric_type] [event_timestamp]，该格式并没有将时间戳作为键的一个关键位置，通过大量的 metric_type 将压力分散到各个 region 了。

（3）尽量短的列名大小。在 HBase 中，值是作为一个 Cell 保存在系统中的，需要通过行、列和时间戳定位一个 Cell。如果行和列的名字太大（甚至比值的大小还要大），则会导致访问一个 Cell 的坐标过大，占用过多的内存。所以应该尽量使用较短的列名。

五、HBase 基本操作

1. 创建表

例：创建一个只包含一个列族 cf 的表 test，并通过 list 指令查看表是否创建成功。

```
hbase(main):003:0> create 'test', 'cf'
0 row(s) in 1.2200 seconds
hbase(main):003:0> list 'test'
...
1 row(s) in 0.0550 seconds
```

2. 插入数据

例：使用 put 命令向表中插入数据，参数分别为表名、行名、列名和值，其中列名前需要列族作为前缀，时间戳由系统自动生成。

```
hbase(main):004:0> put 'test', 'row1', 'cf:a', 'value1'
0 row(s) in 0.0560 seconds
hbase(main):005:0> put 'test', 'row2', 'cf:b', 'value2'
0 row(s) in 0.0370 seconds
hbase(main):006:0> put 'test', 'row3', 'cf:c', 'value3'
0 row(s) in 0.0450 seconds
```

3. 查看表数据

例：用 scan 命令扫描表中所有的数据，通过 get 命令则可以获取表中指定的一行数据。

```
hbase(main):007:0> scan 'test'
ROW        COLUMN+CELL
row1       column=cf:a, timestamp=1288380727188, value=value1
row2       column=cf:b, timestamp=1288380738440, value=value2
row3       column=cf:c, timestamp=1288380747365, value=value3
3 row(s) in 0.0590 seconds
```

```
hbase(main):008:0> get'test', 'row1'
COLUMN       CELL
cf:a         timestamp=1288380727188, value=value1
1 row(s) in 0.0400 seconds
```

4. 删除表

例：通过 disable 和 drop 命令删除 test 表。

```
hbase(main):012:0> disable 'test'
0 row(s) in 1.0930 seconds
hbase(main):013:0> drop 'test'
0 row(s) in 0.0770 seconds
```

第三节　系统分析技术

一、Microsoft Visio 在系统分析中的作用

信息系统分析是系统分析员与用户在一起，充分了解用户的要求，并把双方的理解用系统分析报告表达出来。系统分析报告审核通过之后，将成为系统设计的依据和将来验收系统的

依据。

系统分析的困难主要来自三个方面：问题空间的理解、人与人之间的沟通和环境的不断变化。由于系统分析员缺乏足够的对象系统的业务知识，在系统调查中往往感到无从下手，不知道该问用户一些什么问题，或者被各种具体数字、大量的资料、庞杂的业务流程搞得眼花缭乱。一个规模较大的系统，有反映各种业务情况的数据、报表、账页，业务人员手中各种正规的、非正规的表格、手册和技术资料等，数量相当大，各种业务之间的联系繁杂。不熟悉业务情况的系统分析员往往感到好像处在不见天日的大森林中，各种信息流程像一团乱麻，不知如何理出头绪，更谈不上如何分析制约现行系统的“瓶颈”。

同时，用户往往缺乏计算机方面的足够知识，不了解计算机能做什么和不能做什么。许多用户虽然精通自己的业务，但往往不善于把业务过程明确地表达出来，不知道该给系统分析员介绍些什么。对一些具体的业务，他认为理所当然就该这样或那样做。尤其是对于某些决策问题，根据他的经验，凭直觉就应该这样或那样做。在这种情况下，系统分析员很难从用户那里获得充分有用的信息。

俗话说：“隔行如隔山。”在系统分析过程中，Microsoft（MS）Visio 是用户和系统分析员之间的沟通桥梁，可以在这座“山”中打一个“隧道”，使双方相通。其具体作用如下：

1. 详尽地获取用户的需求

用户的需求可分为显性需求与隐性需求，用户的倾向是往往只顾及当前的与明显的需求。要达到对需求理解的全面性，就不仅要对用户的显性需求有透彻了解，而且也要对隐性需求有透彻了解。采用 Microsoft Visio 提供的多种模式图的联合使用，可以辅助系统分析员理清需求之间的关系，有效地获取用户的显性需求与隐性需求。

2. 使用户能充分地理解系统分析员的表示方法，能够真正明白系统分析员描述的内容

信息系统需求分析说明书通常会是冗长而枯燥的，一般的用户不容易深入理解，这样就削弱了分析的正确性。通过 Microsoft Visio 的绘图方式可以更好地和用户交流，让用户了解系统的运作方式，甚至细节的操作。

3. 使分析和设计两个阶段互相联系与贯通

系统分析员要向用户描述的不仅仅是用户的需求，而且包括解决方法。解决方法应包括设计（程序）、数据库与系统配置。用户当然不希望得到的是一个与需求说明不相同的软件，也不可能要求程序员完成一个不可胜任的任务。但是现实是许多系统开发工作中都经常发现这类情节，因为系统分析与设计相互脱节，导致一头扎在分析中不顾设计有关的事宜；因为不可能成功地完成设计而使分析需要重来，就会造成巨大的浪费与损失。Microsoft Visio 使分析与设计更紧密地连接起来，甚至一一对应，减少了任何影响到全局的改动，能避免因需求变化而导致全盘皆动的被动局面。

4. 使程序员明白设计意图

一个好的设计应该让程序员感到清晰明白，疑问很少。一个疑问很多的设计加上沟通不畅，一定会开发出用户不满意的系统。Microsoft Visio 具有足够的图形与其他形式，能使程序员更加明确设计意图。

二、Microsoft Visio 的基本操作

使用流程图和商务图可以用图解方式展示复杂的业务流程，用于信息系统分析。Microsoft Visio 包括许多流程图、商务图模板，可以使用它们来描述特定的业务流程和组织结构，图 2-23 给出了 Microsoft Visio 的各种流程图符。

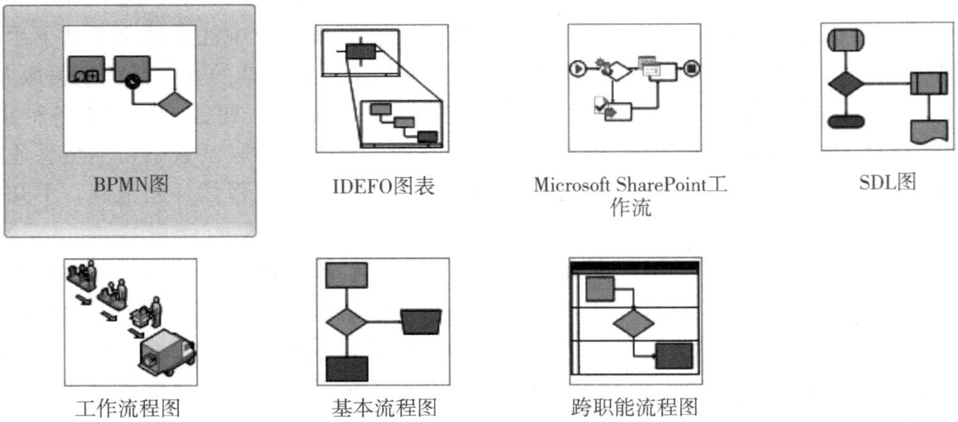

图 2-23　Microsoft Visio 流程图符

下面介绍在进行信息系统分析中常用的流程图和商务图及对应的图符含义和创建过程。

(1) 基本流程图：用来描绘流程图、顺序图、信息跟踪图、流程规划图和结构预测图的流程图。

(2) 跨职能流程图：用来描绘一个业务流程与负责该流程的职能单位（例如部门）之间的关系。

(3) 数据流图表：通过一组进程或过程来展示数据的逻辑流程。

(4) 工作流程图：表示业务流程重建和业务流程自动化，用来描绘工业、商业和制造业中的会计核算、管理和人力资源任务中的信息流。

(5) 组织结构图：用来描绘一个组织中人员之间、操作之间、职能之间以及活动之间的相互关系。

(6) EPC 图：用于说明业务流程工作流，它是进行业务工程设计的 SAP R/3 建模概念的重要组件。EPC 图表使用图形符号，将业务流程的控制流结构显示为事件和职能链。

(7) TQM 图：为业务流程重建、全面质量管理（TQM）和持续改进创建因果、自上而下及跨职能的流程图。

(8) 审计图：包括用户会计核算、财务管理、财政信息跟踪、资金管理、决策流程和财务库存的审计图。

(9) 因果图：表示用户系统的评价可能影响或导致特定情况的因素。

1. 基本流程图

创建流程图可以展示过程、分析进程、指示工作或信息流、跟踪成本和效率等，例图如图 2-24 所示，图 2-25 中给出了绘制基本流程图时所使用的图符。

创建基本流程图的过程如下：

(1) 在“文件”菜单上，依次单击“新建”、“流程图”，然后在“可用模板”下单击“基本流程图”，单击“创建”。

(2) 对于要展示的流程中的每个步骤，将流程图形状拖到绘图页上。

(3) 使用“连接线”工具来连接流程图形状

1) 在“开始”菜单上的“工具”组中，单击“连接线”。

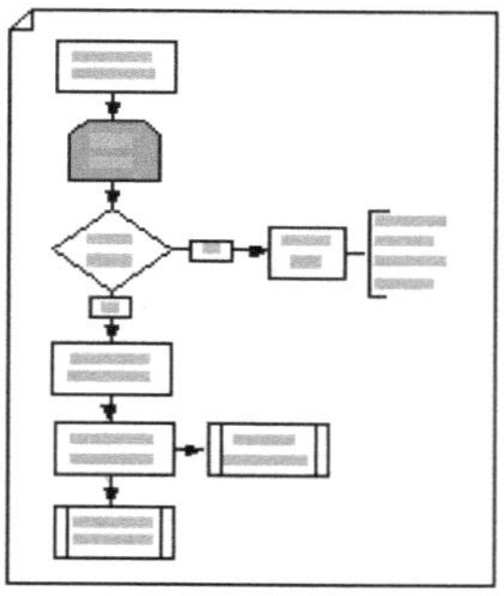

图 2-24　基本流程图例图

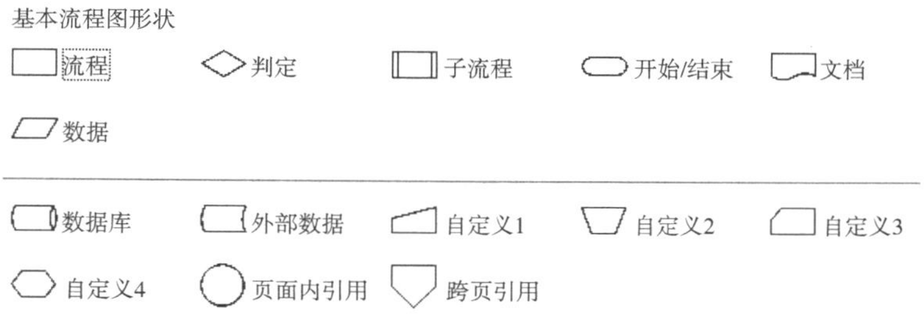

图 2-25　基本流程图图符

2）从第一个形状上的连接点拖动到第二个形状上的连接点。形状连好后，连接线的端点会变成红色。

（4）若要返回普通编辑状态，可在“开始”菜单上的“工具”组中单击“指针”工具。

（5）若要向形状或连接线添加文本，可选择形状或连接线，然后键入文本。完成键入后，在该页的空白区域单击。

（6）若要更改连接线箭头的方向，可选择连接线，再在“形状”组中单击“线条”右侧的箭头，指向“箭头”，然后选择需要的箭头方向。

2. 跨职能流程图

使用跨职能流程图可显示一个业务流程与负责该流程的职能单位（例如部门）之间的关系。带区表示职能单位，代表流程中各步骤的形状被放置在对应于负责那些步骤的职能单位的带区中。例图如图 2-26 所示，图 2-27 中给出了绘制跨职能流程图时所使用的图符。

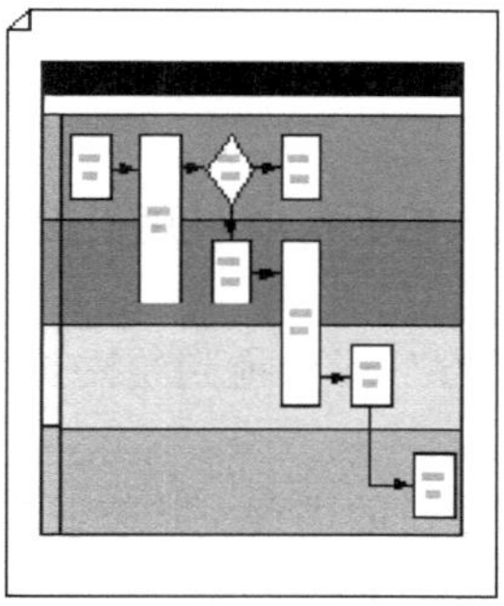

图 2-26　跨职能流程图例图

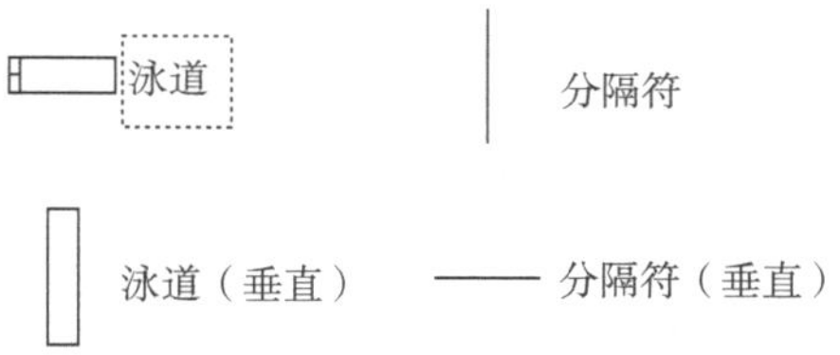

图 2-27　跨职能流程图图符

创建跨职能流程图的过程如下：

（1）在“文件”菜单上，依次单击“新建”、“流程图”，然后在“可用模板”下单击“跨职能流程图”，单击“创建”。

（2）若要标记图表和泳道，单击包含占位符文本的字段，然后键入标签。

（3）若要指定流程中的阶段，可在“插入”组中单击“分隔符”。若要更改标签，可选定阶段，然后键入。

（4）可以通过多种方法向图表添加泳道。

1）右键单击泳道，然后在快捷菜单中单击“在此之前插入‘泳道’”或“在此之后插入‘泳道’”。

2）将指针悬停在其中一个泳道的角上，单击出现的蓝色“插入‘泳道’形状”箭头。

3）在“跨职能流程图”选项卡上的“插入”组中，单击“泳道”，将在所选泳道后面添加一个泳道，如果没有选择泳道，则在最后添加一个泳道。

4）将一个泳道从“基本流程图形状”拖至要在其中显示泳道的带区边界。

(5) 若要删除泳道，单击要删除的泳道的标签，然后按 < Delete > 键。

3. 数据流图表

使用数据流图表可以通过一组进程或过程来展示数据的逻辑流程。数据流图表中包括数据的外部来源和目的地、数据转换的活动以及保存数据的数据仓库或数据集合。例图如图 2-28 所示，图 2-29 中给出了绘制数据流图表时所使用的图符。

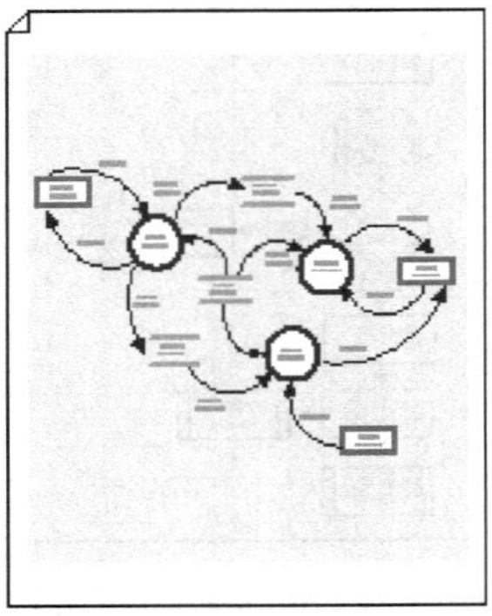

图 2-28　数据流图表例图

图 2-29　数据流图表图符

创建数据流图表的过程如下：

(1) 在“文件”菜单上，依次单击“新建”、“流程图”，然后在“可用模板”下单击“数据流图表”，单击“创建”。

(2) 从“数据流图表形状”模具中，将一个“外部交互方”形状拖到绘图页上，以代表数据的每个外部源或目标。

(3) 将更多的形状拖到该页上以代表正创建的数据流所涉及的进程、状态或实体。

(4) 使用“从中心到中心”形状表示图表中的数据流，用“中心环绕”形状表示数据循环。

4. 工作流程图

使用工作流程图模板可以创建各种流程图，用来描述、分析和展示组织中的流程。例图如图 2-30 所示，图 2-31 和图 2-32 中给出了绘制工作流程图时所使用的图符。

图 2-30　工作流程图例图

创建工作流程图的过程

(1) 在“文件”菜单上，依次单击“新建”、“流程图”，然后在“可用模板”下单击“工作流程图”，单击“创建”。

(2) 对于要记录的流程中的每个步骤，将一个流程图形状拖动到绘图页中。

(3) 使用“连接线”工具来连接流程图形状。

图 2-31　工作流程图工作流对象图符

图 2-32　工作流程图工作流步骤图符

（4）单击工具栏中的“连接线”工具，然后从第一个形状的连接点拖到第二个形状的连接点上。

（5）连接形状完成后，单击“指针”工具。

（6）要将文字添加到形状中，先选中该形状，双击，然后键入文字。输入完成后，在文本块外单击。

5. 组织结构图

使用组织结构图，能够以图表形式表示一个组织中人员之间、操作之间、职能之间以及活动之间的相互关系。使用组织结构图模板，可以完成下列操作：

（1）通过将“职员”形状拖到“经理”形状上面，来自动创建一个层次结构。

（2）将部门放在单独的页面上，并同步各页面之间的数据。

（3）使用向导依据数据文件中存储的人员数据生成组织结构图。

（4）通过将组织结构图与较新版本进行比较来更新它。

（5）尝试各种不同的布局，而无须手动移动形状。

（6）通过更改职位形状的样式和颜色来改变组织结构图的外观。

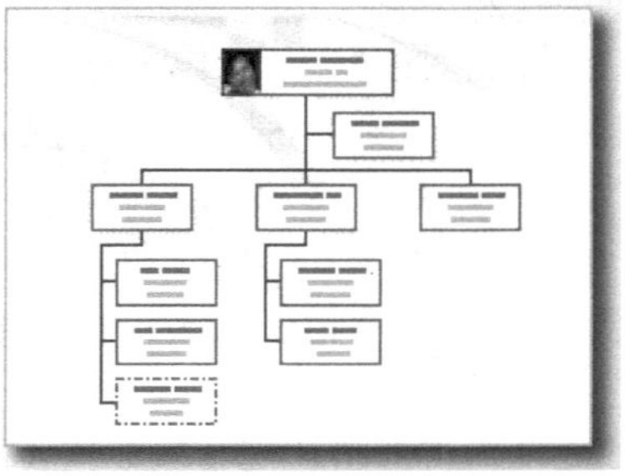

图 2-33　组织结构图例图

例图如图 2-33 所示，图 2-34 中给出了绘制组织结构图时所使用的图符。

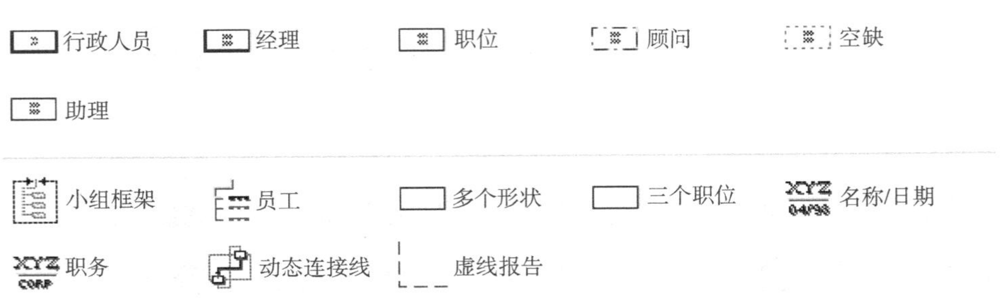

图 2-34　组织结构图图符

创建组织结构图的过程为：

（1）在“文件”菜单上，依次单击“新建”、“商务”，然后在“可用模板”下单击“组织结构图”，单击“创建”。

（2）从“组织结构图形状”模具中，将“经理”形状拖到绘图页上。

（3）将姓名和职位添加到该形状上。

1）选择一个组织结构图形状，然后输入人名（此人拥有该形状代表的职位）。

2）按 <ENTER> 键，然后输入该人的职位。

3）在形状以外的任何地方单击。

（4）从“组织结构图形状”模具上，将“行政人员”形状直接拖到“经理”形状上，建立一个隶属关系。将姓名和职位添加到该形状上。重复上述步骤直到添加了所有要添加的经理为止。

（5）从“组织结构图形状”模具上，将“职位”形状直接拖到“经理”形状上，建立一个隶属关系。重复上述直到添加了所有要添加的职位为止。

（6）可以修改整个组织结构图的布局或者组织结构图的位置。

（7）选择结构图中希望重排的最高层部分的形状，然后在“组织结构图”选项卡上，单击所需的布局样式。

6. EPC 图

EPC（事件驱动的流程链）图表用于说明业务流程工作流，它是进行业务工程设计的 SAP R/3 建模概念的重要组件。EPC 图使用图形符号，将业务流程的控制流结构显示为事件和职能链。

EPC 图中使用的建筑物块包括：

（1）职能。它是图表的基本建筑物块。每个职能对应一个已执行的活动。

（2）事件。它在职能执行前和/或后发生。职能是由事件链接的。

（3）连接线。它用于将活动和事件关联。连接线有三种：AND、OR 和 XOR（异或）。

例图如图 2-35 所示，图 2-36 给出了绘制 EPC 图所使用的图符。

创建 EPC 图的过程为：

（1）在“文件”菜单上，依次指向“新建”、“商务”，然后单击“EPC 图表”。

（2）从“EPC 图表形状”中，将要表示业务流程的形状拖到绘图页上。

（3）连接形状

1）将形状从模具拖动到绘图页上，将其放置在另一个形状的附近。

2）按住鼠标左键，将指针移动到某个蓝色三角形之上，该三角形将变为深蓝色。

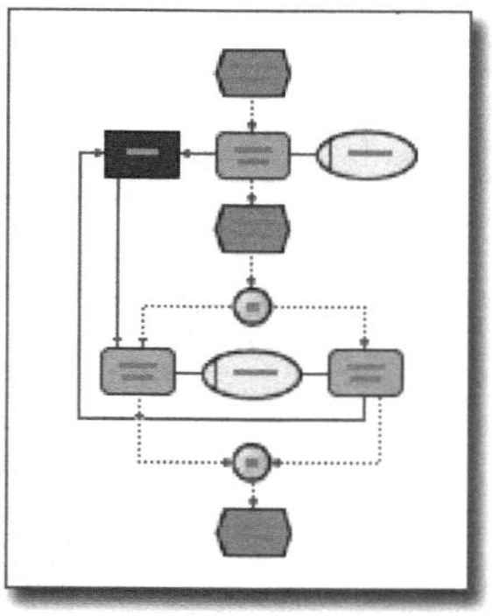

图 2-35　EPC 图例图

图 2-36　EPC 图图符

3）松开鼠标左键，该形状将放置在绘图页上，并且向两个形状添加并黏附了一根连接线。

（4）要向形状添加文本，请选择该形状，然后键入文本。键入完文本后，在文本块外单击。

7. TQM 图

使用 TQM 图模板可以为全面质量管理项目创建流程图。由于流程图以图形方式记录流程，因此可以使用流程图比较当前流程和理想流程，以了解流程中的步骤如何配合。TQM 图的例图如图 2-37 所示，图 2-38 给出了绘制 TQM 图所使用的图符。

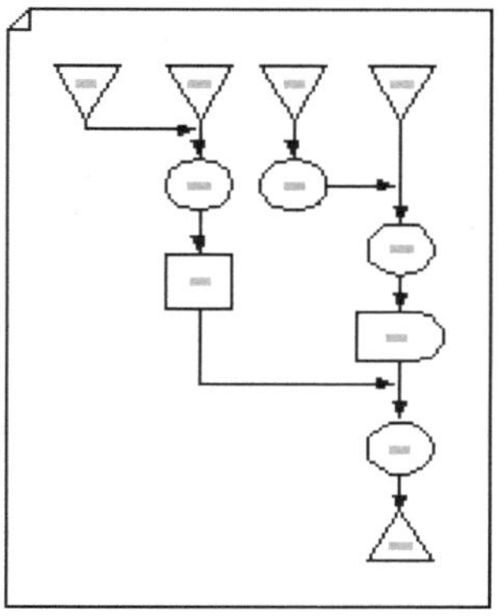

图 2-37　TQM 图例图

创建 TQM 图的过程为：

（1）在“文件”菜单上，依次指向“新建”、“商务”，然后单击“TQM 图”。

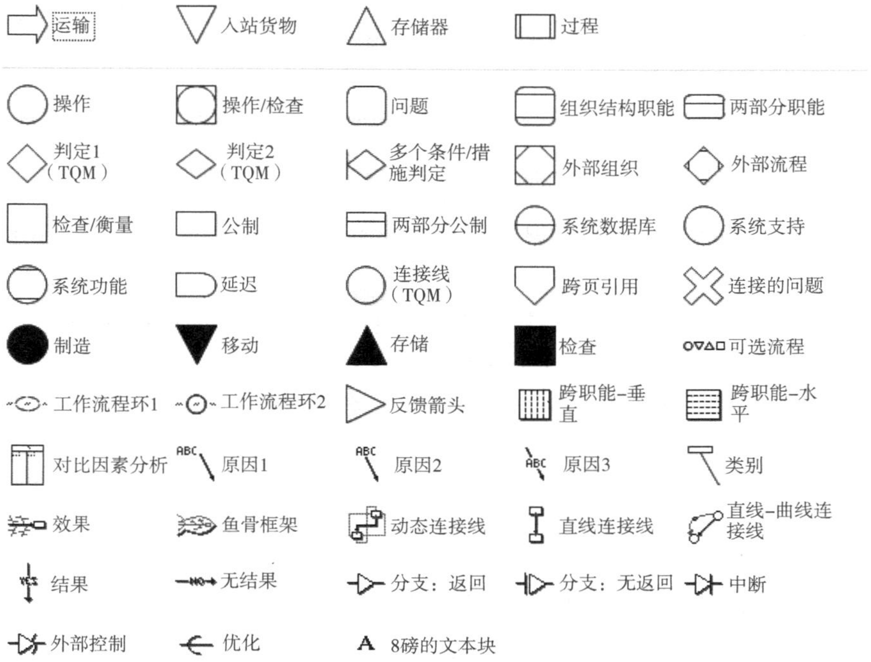

图 2-38　TQM 图图符

(2) 对于要记录的流程中的每个步骤，将一个流程图形状拖动到绘图页中。

(3) 连接流程图形状。

(4) 要向形状添加文本，请选择该形状，然后键入文本。键入完文本后，在文本块外单击。

(5) 可以对流程图中的形状进行编号，以说明流程步骤的顺序。

8. 审计图

审计图用于会计核算、财务管理、财政信息跟踪、资金管理、决策流程和财务库存。例图如图2-39所示，图2-40中给出了绘制审计图时所使用的图符。

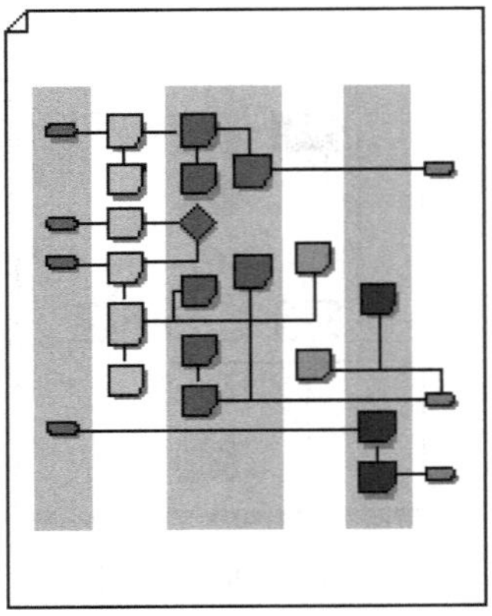

图2-39　审计图例图

创建审计图的过程如下：

(1) 在“文件”菜单上，依次指向“新建”、“商务”，然后单击“审计图”。

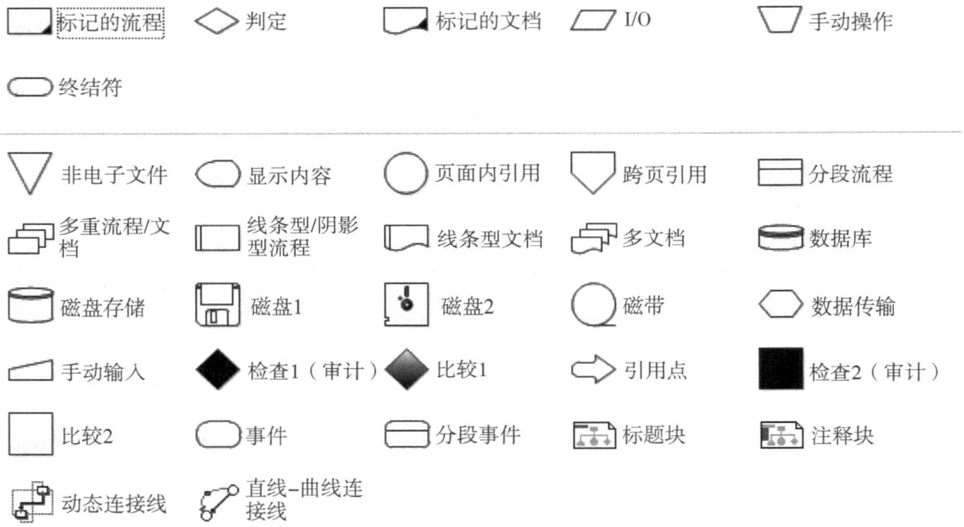

图2-40　审计图图符

(2) 对于正展示的流程中的每一步骤，请从“模具”中将流程图形状拖到绘图页上。

(3) 使用“连接线”工具来连接流程图形状

1) 单击工具栏中的“连接线”工具，然后从第一个形状的连接点拖到第二个形状的连接点上。

2) 连接形状完成后，单击“指针”工具。

3) 要将文字添加到形状，先选中该形状，双击，然后键入文字。输完后，在文本块外单击。

(4) 可以对流程图中的形状进行编号，说明流程中各步骤的顺序。

9. 因果图

因果图显示导致或影响给定情况的所有因素，即导致一个特定结果的所有原因。因果图又称为石川图、鱼骨图或特征图。例图如图 2-41 所示，图 2-42 中给出了绘制因果图时所使用的图符。

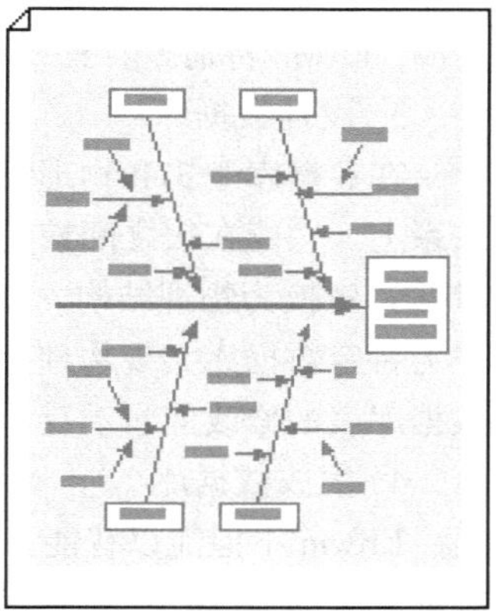

图 2-41　因果图例图

创建因果图的过程如下：

（1）依次单击“文件”菜单、“新建”、“商务”，然后单击“因果图”。

（2）在绘图页上选择脊骨（水平箭头），然后键入描述结果、问题或目标的文本。

（3）确定导致该结果的原因类别数目，然后执行下列操作之一：

1）要添加类别，可将“类别 1”或“类别 2”形状拖到绘图页上放好，使箭头接触到脊骨。

2）若要删除一个类别，可选择该形状，然后按 <Delete> 键。

（4）对于绘图页上的每个类别形状，选择该形状，然后键入原因类别的名称。

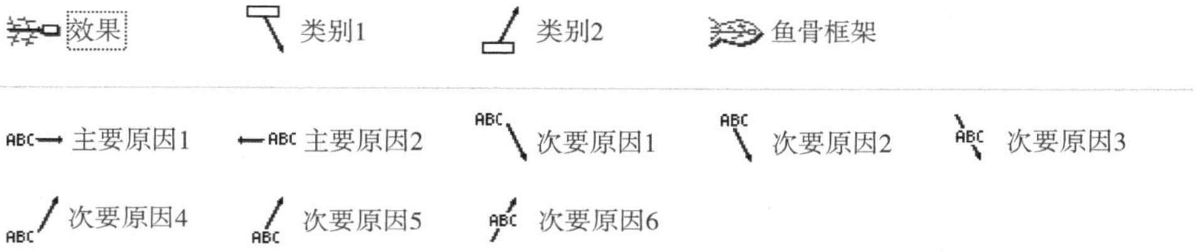

图 2-42　因果图图符

（5）若要表示形成类别的主要原因，可将“主要原因”形状拖到绘图页上，并将箭头与类别线对齐。

（6）若要表示形成主要原因的次要原因，可将“次要原因”形状拖到绘图页上，并将箭头与主要原因线对齐。

第四节　系统设计技术

一、ERwin 在数据库设计中的作用

ERwin 是业界领先的数据建模解决方案，用于生成和维护数据库、数据仓库及企业数据资源模型。ERwin 模型以一种可以帮助用户更有效地组织和管理的方式来使数据结构可视化，并减少数据、数据库技术和部署环境的复杂性。ERwin 既能帮助用户快速开发数据库，又能大大提高质量和可维护性。其具体作用如下：

1. 成功地进行信息管理

当应用于项目一级时，ERwin 能提供卓越的成效。数据库管理员（DBA）、应用软件开发人员和数据库开发人员都能使用 ERwin 来设计、建立和维护数据库。ERwin 模型将成为这些专业人员之间及其与业务人员（如数据库用户或规划人员）进行交流的途径。在企业一级，信息资源规划者和数据管理员可使用 ERwin 编制信息资产目录，可视化企业数据需求并建立数据标准和使用策略。

2. 为建模和设计效率建立标准

ERwin 强大的用户界面可以提供许多易于使用的指令，因而能快速开发模型，并能实现设计过程自动化。另外，ERwin 有助于实现大型的企业模型建立，方法是将它们分为可管理性更好、规模更小

的子集，从而使个人建模者能将注意力集中在专门性的主题上。由于信息必须在多个专业用户组之间交换，ERwin 特别提供了“存储显示”，用于生成整个模型或其主题范围内的多个图形化视图。

3. 设计数据库

在数据库逻辑和物理设计过程中，ERwin 能自动将实体、属性和关系映射到表、列和物理关系上。它能在表之间按它们之间的物理关系实现迁移。ERwin 还能将逻辑结构（实体之间的联系）转换为物理结构。ERwin 强有力的图形界面能帮助用户快速添加选定数据库的物理属性，并为特定数据库实现物理上的优化设计。ERwin 将数据库视图保存为物理设计的一部分，基本数据库表的修改能自动反映在视图定义中。

4. 生成数据库

ERwin 不但能以智能方式设计数据库，而且还是建立数据库的最快方法之一。它自动生成数据定义语言（DDL）、存储过程和专门用于目标数据库特性优化的触发器代码。ERwin 还在数据库设计和数据库之间建立了有效的本地连接。ERwin 包括一组优化的引用完整性触发器模板以及丰富的跨数据库宏语言，使用户能定制自己的触发程序和存储过程，数千行代码可以自动生成，充分证明了基于模型的开发具有极高的生产效率。

5. 维护数据库

ERwin 的开拓型“全面比较”技术能自动生成模型，并与数据库保持同步。这种新技术能将模型与数据库进行比较，显示所有的区别，然后由用户选择哪些区别应转移到模型中，哪些应该生成到数据库中。开发者利用这一技术可以很好地通过模型的修改维护，自动对数据库进行修改维护，极大地方便了数据库开发工作。

二、ERwin 的基本操作

1. ERwin 的工作空间

如图 2-43 所示，ERwin 的工作空间包括以下几个部分：绘图区（Diagram Window）；模型导航器（Model Explorer）；菜单和工具栏（Menu & Toolbar）；存储显示区（Stored Display Tabs）。

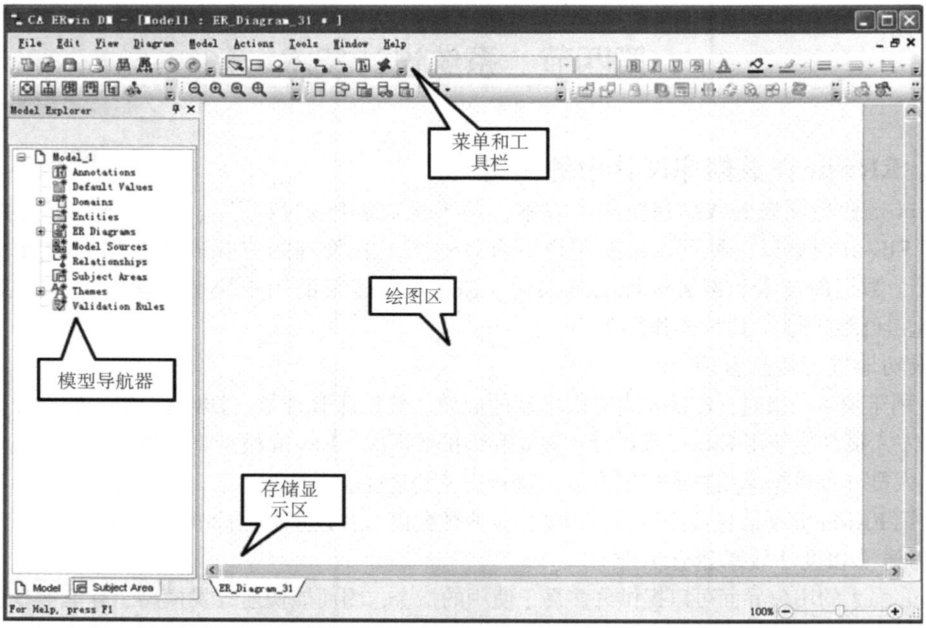

图 2-43　ERwin 的工作空间

（1）绘图区。绘图区主要是创建和修改数据模型。ERwin 可以设计三种模型：逻辑模型（Logical Model）；物理模型（Physical Model）；物理/逻辑模型（Logical/Physical Model）。

无论建立的是逻辑模型还是物理模型，都可以选择 ERwin，使用 IDEF1x 方法的符号或是 IE 符号。IDEF1x 和 IE 使用不同的符号来表示实体和关系，如图 2-44 所示。系统默认为前者，可以通过“Model”菜单中选择“Model properties”，在“Notation”中进行改变。

（2）模型导航器。模型导航器用于浏览模型文件中的对象。在模型导航器中包含一个树形结构，以层次化的方式显示了模型中的对象。在物理模型的导航器中显示的是表和视图，而逻辑模型导航器中显示的是实体。

为了进一步组织模型对象，模型导航器分成两个部分：Model（模型）和 Subject Area（主题域）。单击位于导航器底部的选项卡可以在这两个部分之间切换，如图 2-45 所示。

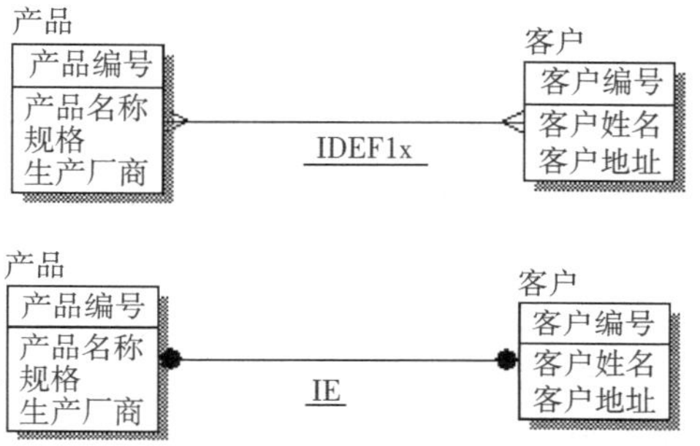

图 2-44　IDEF1x 和 IE 符号

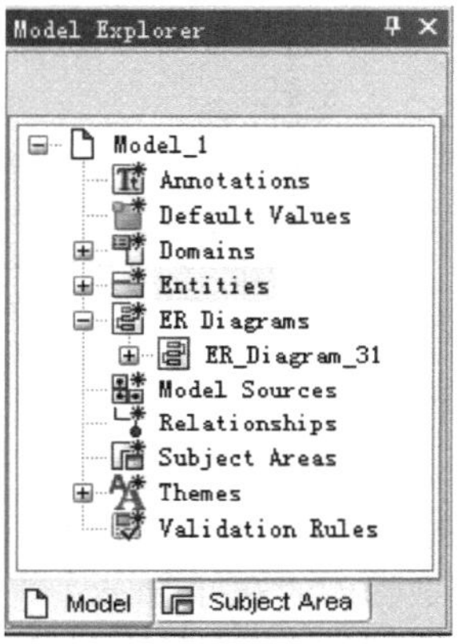

图 2-45　模型导航器

（3）菜单和工具栏。菜单和工具栏中包含了用于管理模型文件、构建模型对象、数据库双向工程等命令。图 2-46 显示了 ERwin 菜单栏上显示的菜单。

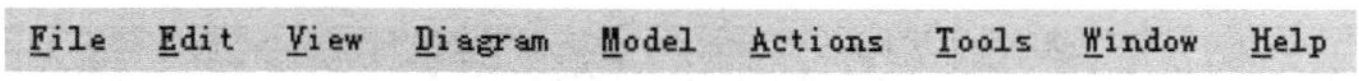

图 2-46　ERwin 主菜单

对于一些常用命令，ERwin 提供了许多面向任务的工具条，用于快速执行常用任务。ERwin 中常用的工具条如图 2-47 所示。

（4）存储显示区。存储显示区的功能是让用户把自己做的布局调整存储下来，随时查看。因

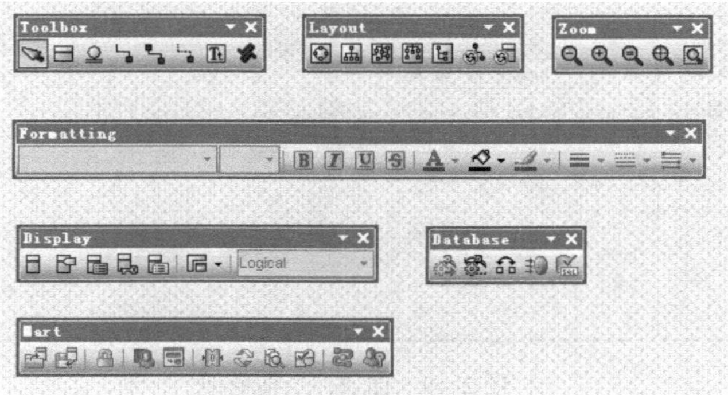

图 2-47　常用工具条

为在建模过程中，由于建模阶段不同，或者建模人员的视点不同，可能需要设置不同的显示方式。ERwin 的存储显示区是一个多 Tab 页面的方式，每创建一个新的图表，新的名字就会被加入到 Tab 控件中，只需用鼠标单击不同的名字就可以在不同的显示方式之间切换，如图 2-48 所示。

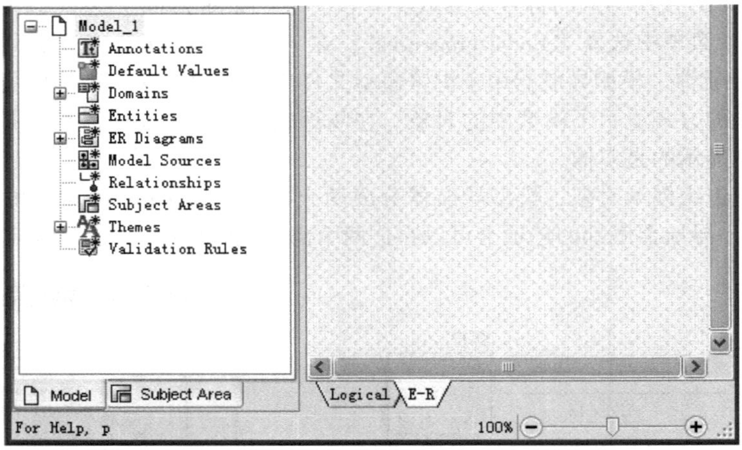

图 2-48　存储显示区

2. ERwin 操作实例

为了对数据建模和 ERwin 有一个整体的了解，下面用一个简单的实例演示一下使用 ERwin 进行数据建模的过程。下面的步骤给出了利用 ERwin 创建逻辑模型，并将之转换为物理模型，以及生成数据库的全过程。

（1）打开 ERwin。从系统的“开始”的“程序”菜单中运行所安装的 ERwin Data Modeler。

（2）新建一个模型。选择菜单 File→New；在弹出的对话框中，选择“Logical/Physical”模型，并选择要生成的目标数据库类型（目前 ERwin 支持的 SQL Server 数据库的最高版本为 SQL Server 2008），如图 2-49 所示。单击“OK”后，ERwin 将生成一个空的模型。

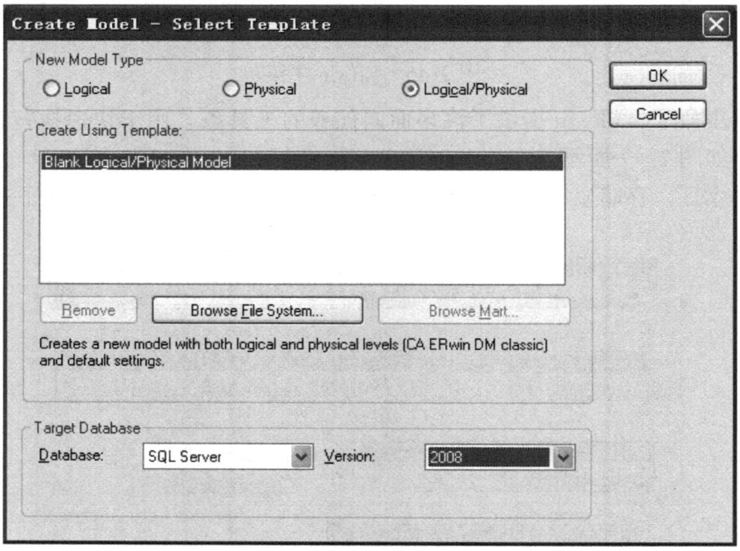

图 2-49　创建一个新模型

（3）添加一个实体。单击工具条中的“Entity”的按钮，然后在空白处单击，便得到一个新建的实体。新建实体默认的名字是“E/1”，其中后面的“1”是序号。可以直接在图形上修改实体的名字，方法是选中要修改的实体，然后再单击一次，即可进行修改，例如改为 BOOK，如图 2-50 所示。

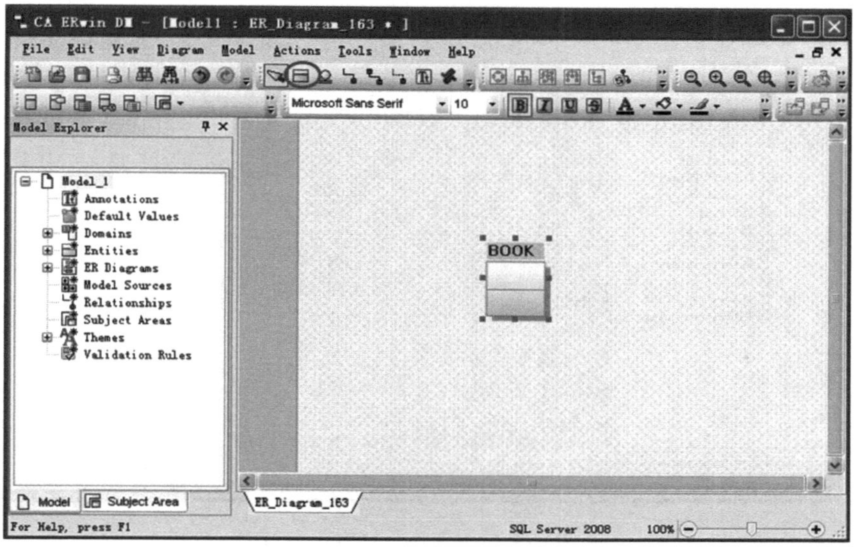

图 2-50　创建新实体

（4）为实体添加属性并设置属性类型。修改实体的名字后，右键点击该实体，在弹出菜单中，单击“Attribute Properties”，弹出属性设置对话框，如图 2-51 所示。单击“New”按钮就可以输入第一个属性了。输入了 ISBN 后，勾选“Primary Key”选项，并且可以设置属性的类型

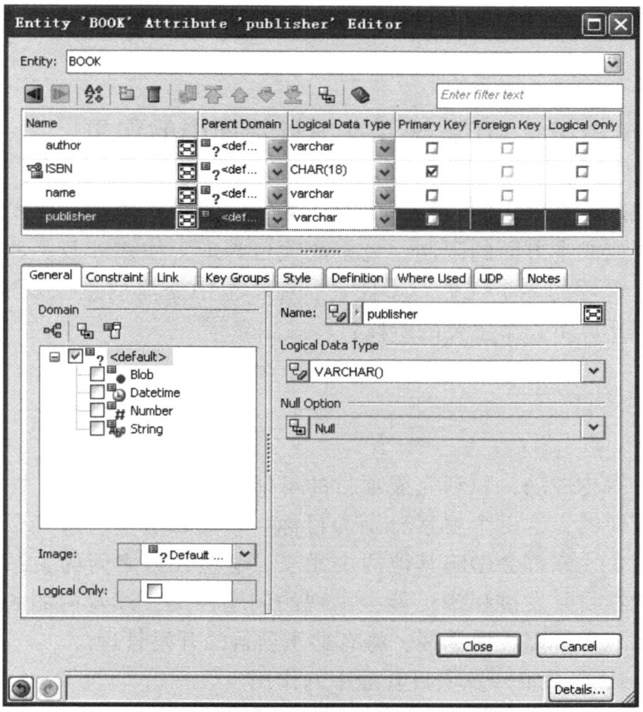

图 2-51　设置实体属性

CHAR（18）；之后，接着输入 name、author、publisher，如图 2-52 所示。现在得到了一个实体 BOOK，带有属性 ISBN 作为主键，以及一般属性 name、author、publisher。

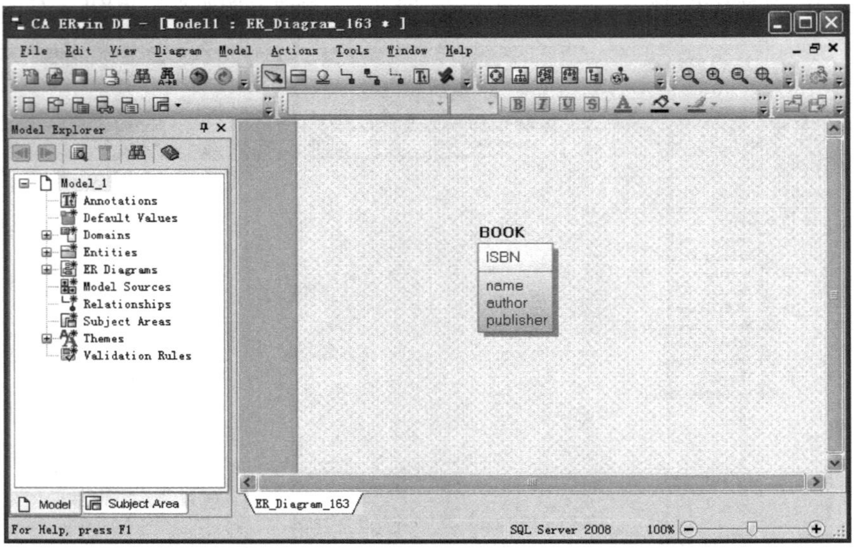

图 2-52　设置实体属性之后的界面

通过上述步骤可以看到，使用 ERwin 进行数据库设计极为方便。当然，以上步骤生成的结果不过是个简单的数据库表，但是已经可以让初学者对建模的基本过程有个初步的认识，以后再复杂的建模，也只是在这个基本步骤上进行各种扩展而已。

第五节　系统开发中的项目管理技术

一、Microsoft Project 在系统开发项目管理中的作用

1. 项目管理的含义

项目管理是为实现一个预定的目标，而对任务和资源进行规划、组织和管理的程序，通常需要考虑时间、资源或成本方面的限制。大多数项目管理工作多涉及一些相同的活动，其中包括将项目分割成便于管理的多个任务、子任务、在小组中交流信息以及追踪任务的工作进展。所有的项目管理都包括以下三个主要的阶段：

（1）制定计划。

（2）追踪和管理项目。

（3）结束项目。

这三个阶段进行得越成功，顺利完成项目的可能性就越大。同时，在进行项目管理时有三个基本要素是十分重要的，这三个要素分别为目标、时间和资金。这三个因素构成了项目三角形。调整其中任何一个元素都会影响其他两个元素。这些元素之间的关系随着项目的不同而有所变化，它们决定着项目开发过程中可能会出现的问题种类，以及可能的解决方案。了解什么地方会有限制、什么地方可以灵活掌握，将有助于项目的开发管理。

2. Microsoft Project 在系统开发项目管理中的作用

Microsoft Project 是一个功能强大而且可以灵活运用的项目管理工具，可以用该工具来控制

简单或复杂的项目。它可用来安排和追踪所有的活动，可以使用户对活动的项目进展了如指掌。这个软件中有三种项目管理方案：

（1）项目管理：单独使用 Microsoft Project 标准版时，它具备了一套支持基本项目管理的全方位功能，其中包括了任务排程、资源管理、追踪及报表等功能。

（2）团队项目管理：Microsoft Project 标准版加上 Microsoft Project Server 和 Microsoft Project Server CAL 的组合，能提供一个能让所有项目成员与利益关系人存取项目信息并且进行协同作业的任务群组环境。

（3）企业项目管理解决方案：在企业项目管理的解决方案上，企业可以利用 Microsoft Project Professional、Microsoft Project Server 和 Microsoft Project Server CAL 这些产品的新功能，自定企业代码管理、查询与分析企业的整个项目公文包，确保输入数据与报表的一致性，并通过集中式的资源数据库管理资源。

在制定项目计划时，Microsoft Project 将根据用户所提供的信息计算并建立一个工作计划。一旦制定项目计划，就需要进行管理。而 Microsoft Project 在进行项目管理时可发挥如下作用：

（1）利用项目向导可指导完成项目管理的过程，并提供进行学习与探索的能力。

（2）利用 Excel 任务清单模板，允许项目负责人先利用 Excel 开始建立项目计划，接着轻易地将其相关任务、资源与各项任务分派移至 Microsoft Project 中。利用筛选和分组可以将注意力集中在需要注意的信息上。

（3）利用条形图样式来自制甘特图的显示方式，这样不必使用额外的工具，就可以查询特定的信息。

（4）利用选择视图和图表可以显示要查阅的正确信息。随时对项目及其进度进行查阅和分析，可以进行必要的变更以确保项目在预算范围内正常执行。

（5）利用自定字段加入灯号，以便预警项目是否出现状况。

（6）利用任务分派对话框可以依据如技术、可用性程度和工资率等信息为基础搜寻特定资源。也可从通讯簿、Microsoft Project Server、企业资源数据库或 Active Directory 中增加资源信息，而减少数据输入的时间。

另外，在与他人交流项目信息时，Microsoft Project 可以有如下作用：

（1）利用报表，可以以书面形式向他人展示项目信息。

（2）利用发布为 HTML 格式或将项目计划存储于 Web 服务器上，使得其他人可以在 Web 站点上存取项目信息。

（3）利用与 Microsoft Outlook 整合，可以轻易将项目任务与 Outlook 的工作相互整合。

（4）利用协作功能可以将项目信息发布到 Microsoft Project Server 上，使用户可以在世界各地轻易取得项目信息。

二、Microsoft Project 的基本操作

1. 创建项目文件

创建项目规划的第一步是新建一个文件，然后指定项目的开始日期或完成日期，最后输入其他常规信息。如果没有输入项目的开始日期或完成日期，Microsoft Project 自动将当前日期作为开始日期。

（1）准备工作。虽然许多人采用 Microsoft Project，希望它能帮助自己有条理地工作，但却不想在正确使用上下工夫，这是一个误区。在开始任何一个新的项目之前，都需要做以下几件事：

1）设定项目开始或结束的日期，使项目计算日程时有一个可以依据的界限。

2）记录项目的目标或主题，以便指导用户的计划。保持对最终结果的关注是非常有价值的。

3）改变 Microsoft Project 帮用户的项目计算日程时要用到的关键默认选项。

（2）查找并应用模板。模板是含有一系列典型及标准任务及资源的项目文件，它可以帮助用户快速地创建主题类似的项目文件。Microsoft Project 2010 可以将内置模板应用到自己的自定义模板，还可以搜索 Office. com 上提供的各种模板。图 2-53 所示为 Office. com 下载的“软件开发计划”模板。对于初学者来说，使用 Microsoft 提供的模板有利于用户了解 Microsoft Project 2010 的使用方式。在 Microsoft Project 2010 中查找并应用模板的操作步骤如下：

1）在“文件”菜单上，单击“新建”。

2）在“可用模板”下，执行下列操作之一：

① 要重用最近使用的模板，请单击“最近打开的模板”。

② 若要使用已安装的模板，请单击“我的模板”，选择所需的模板，然后单击“确定”。

③ 若要在 Office. com 上查找模板，请在“Office. com 模板”下单击相应的模板类别，选择所需的模板，然后单击“下载”将 Office. com 中的模板下载到计算机上。

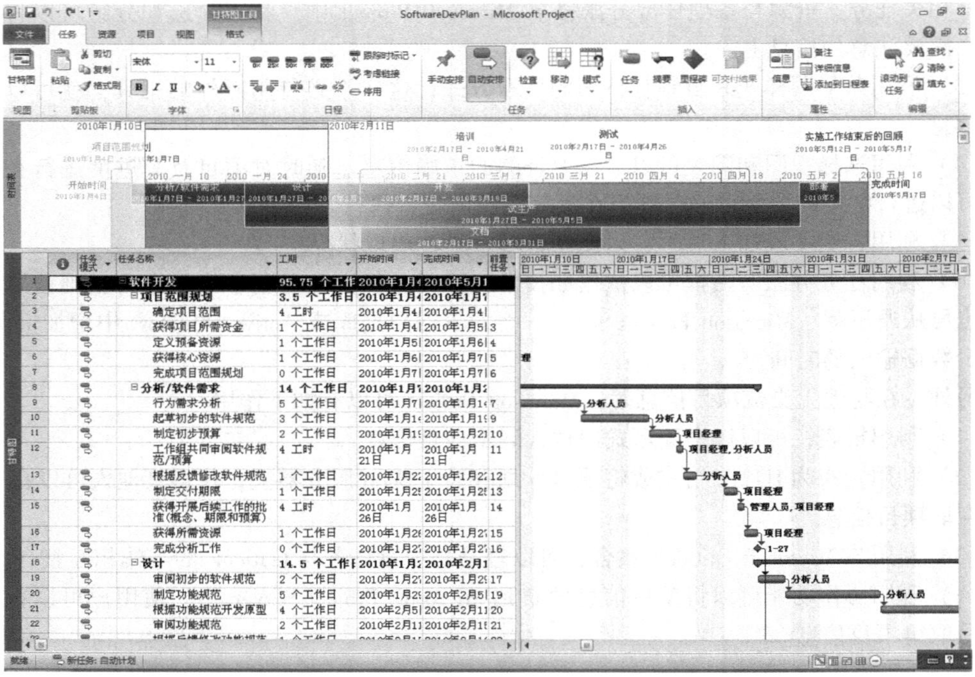

图 2-53　“软件开发计划”模板

2. 创建空白项目。当开始一个新项目文件时，应该为 Microsoft Project 定义项目的开始或完成日期，通常是工作开始的日期或必须完成的最后期限。Microsoft Project 依据固定下来的开始或完成日期来排定任务。当开始一个新文件，并且设置为用户的项目选项时，还应该记录项目的目标。

当用户创建一个新项目文档时，需要输入项目的开始时间或完成时间作为项目规划的基准点。需要注意的是，在开始时间和完成时间二者中，用户只能选择一个指定给项目。

如果用户知道要何时开始自己的项目工作，但没有一个完成的最后期限，则可以输入自己想开始工作的时间，让 Microsoft Project 从那一天往后排定日程。就是说该项目将根据一个固定开始日期排定。Microsoft Project 对后增的任务，使用默认的限制“越早越好”。

如果项目有一个必须完成的最后期限，输入此日期作为项目完成日期，让 Microsoft Project 从那一天开始向前计算出一个日程，以保证所有的任务在完成日期之前完成。对于项目中的各个任务，Microsoft Project 指定最后一个任务前一个任务的结束时间为最后任务的开始时间。以此类推，Microsoft Project 给所有任务制定一个结束时间以满足项目的完成日期。此种情况下，Microsoft Project 在不影响整个项目完成日期的前提下，对新增进来的任务使用“越晚越好”限制，尽量延迟该任务的开始时间，具体操作步骤如下：

（1）单击“文件”菜单，然后单击“新建”。

（2）选中空白项目，然后单击右侧窗格上的“创建”。

（3）在“项目”选项卡上的“属性”组中，单击“项目信息”，弹出如图 2-54 所示的对话框。在“项目信息”对话中可以排定项目日程：要从开始日期排程，单击“日程排定方法”中的“项目开始日期”，然后在“开始日期”中选择开始日期；要从完成日期排程，单击“日程排定方法”中的“项目完成日期”，然后在“完成日期”中选择完成日期。

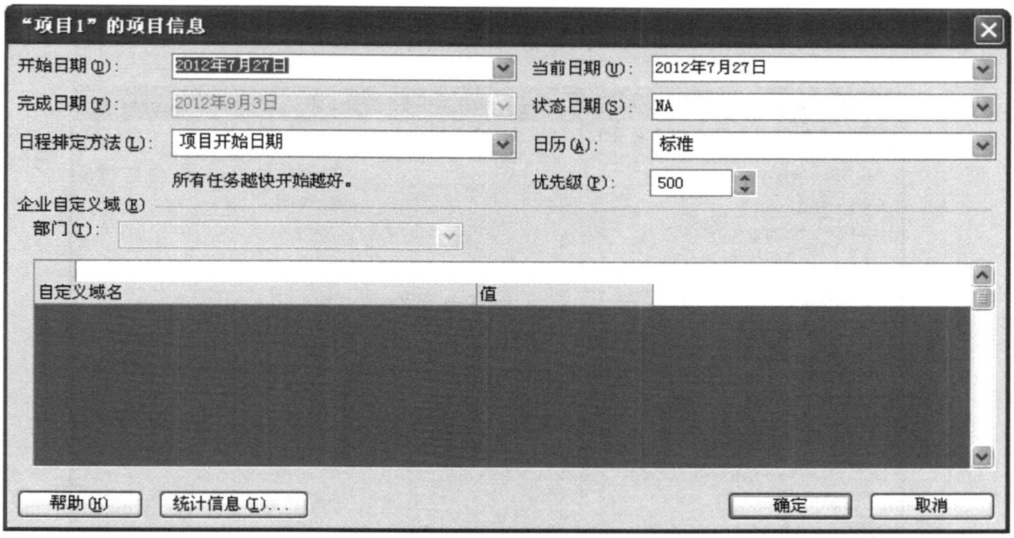

图 2-54　“项目信息”对话框

3. 创建任务

项目计划是由一系列的任务组成的。任务是一种有开始日期和完成日期的操作。要向任务列表中添加新任务，只需在“视图”菜单上的“任务视图”组中，单击“甘特图”。在空的“任务名称”域中，键入任务名称，然后按 < Enter > 键。任务的任务模式在默认情况下是手动安排的，如果在“任务”菜单中单击“自动安排”按钮，则会在“工期”域中自动设为 1 工作日，开始时间和完成时间都是当天，如图 2-55 所示，在右侧的图形区域，当天日期位置会显示一条橙色的竖线。

4. 修改任务

如果需要修改已有的任务。双击所要修改的任务所在行，出现“任务信息”对话框，如图 2-56 所示，该对话框可以设置任务的各项信息。

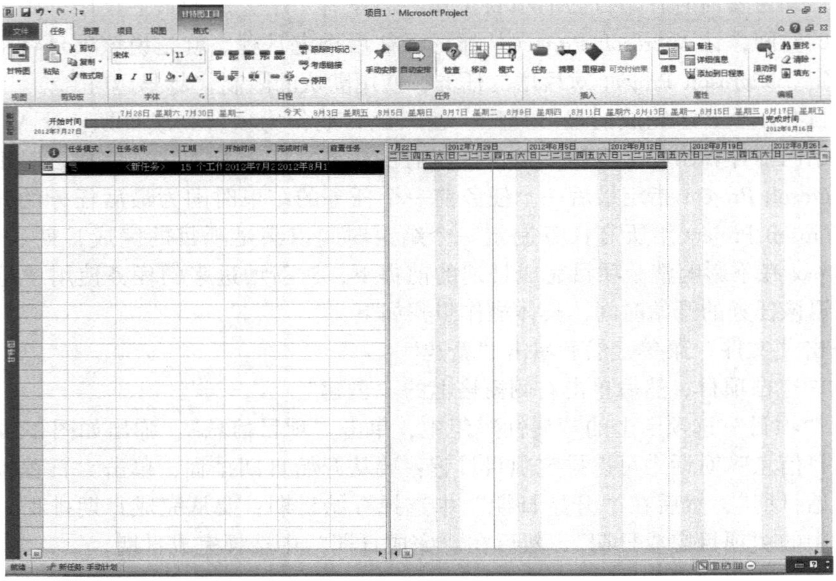

图2-55　创建任务

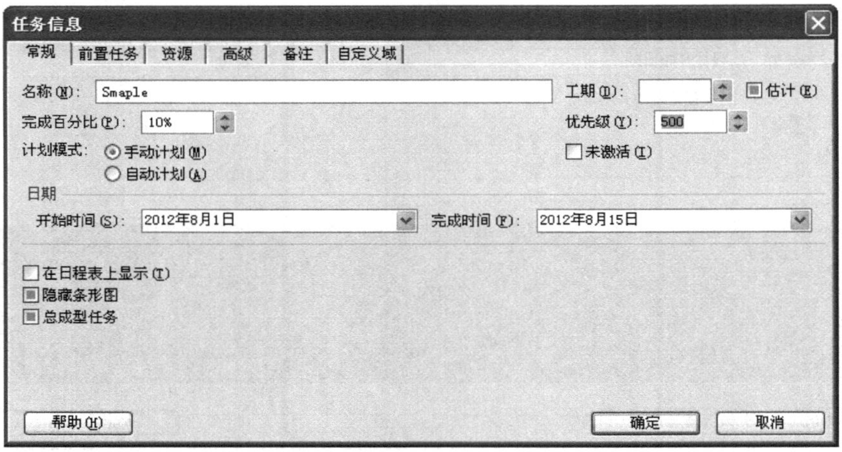

图2-56　“任务信息”对话框

5. 删除任务

右击要删除的任务所在的行，从弹出的快捷菜单中选择“删除任务”命令，即可删除该任务。

思　考　题

1. 熟练安装和配置 SQL Server 2012 数据库系统、Microsoft Visio 2010、ERwin 和 Microsoft Project 2010。

2. 在 SQL Server 2012 环境下进行以下操作：

（1）备份 northwind 数据库，将备份文件命名为 norback。

（2）新建数据库 northwind2，并利用 norback 备份文件进行还原。

（3）分离数据库 northwind2，再把分离后的文件用附加功能再次附加到数据库中。

（4）在数据库 northwind2 中创建表 sysfiles2，各字段属性与已有表 sysfiles 相同即可。

（5）对表 sysfiles2 进行修改，仅保留前面 5 个字段。

（6）分别采用返回所有行、返回首行、返回查询结果三种查看方式访问表 sysfiles2。

（7）对表 sysfiles2 按第一个字段降序建立聚集索引，并查看结果。

（8）删除表 sysfiles2。

（9）删除数据库 northwind2。

3. 用 SQL 语句完成下列功能：

（1）创建一个名为 enterprise 的数据库，并在此库中创建一个包含职工基本信息的 employee 表，记录职工的工号、姓名、性别、年龄、入厂日期、每月工资等信息。其中工号是每个职工必有且唯一的。

（2）假设 employee 表内录入了若干条记录，编写语句从表中删除年龄大于 55 岁的女职工和年龄大于 60 岁的男职工的记录，并将其余职工的每月工资全部上调 20%。

（3）创建一个不改变 employee 表的物理顺序的索引，使得表中的职工记录按照入厂日期由早到晚排列，同时入厂的职工按年龄由小到大排列。

（4）假设 enterprise 数据库中还有一 attendance 表，记录了每个职工每年的出勤情况，包括工号（empid）、年份（year）、出勤测评得分（score）等字段。要求使用嵌套查询列出 2006 年出勤测评得分超过 90 分的职工的姓名、性别和每月工资。

4. 使用 HBase 完成表 2-5 所示的学生成绩表相关操作。

表 2-5　学习成绩表

name	grade	course	
		math	physics
Tom	1	99	88
Jerry	2	60	100

（1）建立一个学生成绩表 scores，具有两个列族 grade 和 course。

（2）查看当前 HBase 中具有哪些表。

（3）查看成绩表结构。

（4）加入一行数据，行名称为 Tom，列族 grade 的列名为空，值为 1。

（5）给 Tom 这一行数据的列族 course 添加一列“math，99”。

（6）给 Tom 这一行数据的列族 course 添加一列“physics，88”。

（7）加入一行数据，行名为 Jerry，列族 grade 的列名为空，值为 2。

（8）给 Jerry 这一行数据的列族 course 添加一列“math，60”。

（9）给 Jerry 这一行数据的列族 course 添加一列“physics，100”。

（10）查看 scores 表中 Tom 的相关数据。

（11）查看 scores 表中所有数据。

（12）查看 scores 表中 course 列族的所有数据。

（13）删除 scores 表。

5. 使用 Microsoft Visio 2010 分别绘制基本流程图、跨职能流程图、数据流图表、工作流程图、组织结构图。并分别说出各种流程图在什么场合中使用。

6. 简述 ERwin 在数据库设计中的作用和功能。在 ERwin 8.2 环境下创建一个数据库模型。

7. 简述 Microsoft Project 在系统开发项目管理中的作用，并简要说明利用 Microsoft Project 进行项目管理的过程。

第三章
系统规划

内容提要

1. 概括介绍了网络环境下企业信息系统发展战略的概念、内容、特点，以及与企业其他战略之间的关系。

2. 详细给出了信息系统规划的内容、特点与作用。

3. 全面介绍了信息系统规划的组织机构和步骤。

4. 系统地介绍了两种信息系统规划的方法——企业系统规划（BSP）法和关键成功因素（CSF）法。

5. 简要介绍了信息系统规划报告的内容和审查。

第一节　网络环境下企业的信息系统发展战略

一、基本概念

20 世纪 80 年代之后，由于信息技术在发达国家的企业中逐渐成为核心技术，信息资源管理更多地介入企业战略管理层面，信息战略开始成为一些学者的研究对象。美国信息管理学者 William R. Synnott 和 William H. Gruber 早在 1981 年出版的《信息资源管理：80 年代的机会与战略》一书中就探讨了信息战略问题，他们甚至罗列了多达 68 条信息战略。20 世纪 80 年代后期，信息战略进入企业实践领域，成为与财务战略、人力资源战略、组织战略、研究与开发战略和生产战略等同等重要的职能战略。

荷兰信息管理学家 Poel 给信息战略所下的定义为：信息战略是一组模糊的或清晰的目的、远见、方针和计划的复合体，该复合体与一个组织对信息的需求与供应相关，被组织高层管理者认可，目的是支持组织的长远目标并使之适应环境的变化。该定义包含以下几个要素：

- 目的、远见、方针、计划是信息战略最重要的实质内容。
- 识别信息供应和需求，表明对信息需求（信息系统）和各种资源（信息技术）的关注。
- 注重信息战略作为支持者和激励者的管理角色。
- 信息战略被认为是清晰的和含蓄的目标的复合体。
- 信息战略与企业整体战略密切相关，或者发挥引导作用，或者扮演推进者角色。

20 世纪 90 年代之后，美国多所著名大学商学院使用的《企业战略管理》教材中普遍增加了“信息技术（Information Technology，IT）/信息系统（Information System，IS）”的章节，这标志着信息战略正式成为企业战略家族的一员，也说明信息系统发展战略是信息战略的具体表现形式。

随着信息技术的发展，信息系统逐渐从传统的后台支持而步入前台，成为企业竞争的重要支撑，企业可以凭借信息系统的强大功能优势，完成其业务流程的再造，实现其既定的目标，这样企业信息系统发展战略被越来越多的企业管理者所重视。企业信息系统发展战略就是要加强信息系统的理论研究，并针对企业中存在的问题，充分利用信息技术，开发企业信息系统软件，促进信息系统的应用，完善信息系统的管理机制。

信息系统发展战略本身还可以划分为信息技术战略、信息资源战略、电子商务战略等。信息技术战略的核心任务是设计和建立与一个公司的业务相调配的体系结构，充分发挥信息技术在企业运行和管理方面的作用，重塑企业的核心能力和竞争优势。信息资源战略的主要任务是挖掘、收集、组织、分析、传播支持企业决策的信息资源，提高决策的质量和成功率，增加产品或服务的信息含量，促进企业的创新活动，加速企业的变革和转型。电子商务战略是企业传统业务的信息化，其主要任务是利用信息技术手段和信息资源能力，支持企业创新，实现大规模个性化定制或服务，创造企业在网络时代的竞争优势。

企业信息系统发展战略以企业战略为主要目标，并与信息技术的发展密切相关，其核心内容随着企业战略的改变而不断改变，随着信息技术的发展而不断发展。一般来说，企业信息系统战略的发展可分为以下三个阶段：

初级阶段：提高效率，降低成本，减少人力投入，节省时间，节省资金。该阶段的必备条件是：计算机广泛应用，企业内外部联网，具有比较完善的信息系统管理机制，业务流程仅需进行微小调整。

中级阶段：加强管理，控制风险，规范业务流程，控制业务风险，改善管理方式，加强管理力度，辅助决策和危机管理。在该阶段，计算机被广泛应用，企业内外部联网，具有非常完善的信息系统管理机制，核心业务流程规范，引入部分联机分析处理（OLAP）和决策支持系统（DSS）工具。

高级阶段：建立 IT 核心能力，确定战略性信息化项目，形成独特的竞争优势。在该阶段，企业内外部联网，信息系统管理机制得到进一步完善，可以应用先进的信息技术，业务流程已经经过重组，核心业务运作规范，企业决策由业务责任者制定，IT 部门成为战略顾问为企业决策者提供支持。

二、网络环境下企业信息系统发展战略的内容、特点和作用

（一）内容

科学技术的发展和网络信息技术的广泛应用，已使全球结合为一个紧密的信息整体，企业制定信息系统发展战略所处的环境发生了根本的改变，导致企业在制定信息系统发展战略时出现了许多新问题。正视这些问题，并采取相应的对策，是企业在新形势下制定基于网络信息新技术的信息系统发展战略所必须进行的工作。

网络环境下的企业信息系统发展战略包括三个方面的内容：网络与信息技术发展预测、信息系统的发展目标和方向、信息系统的作用与范围。信息系统发展战略的核心在于对企业战略和管理需求的充分理解，制定全面的信息化战略，确定信息系统管理建设的总体方向。

（二）特点

（1）信息系统发展战略与企业其他各项战略相辅相成。企业信息系统发展战略是为企业其他各项战略服务的，应当符合企业的其他各项发展战略的要求；同时信息系统发展战略又是企业其他各项战略基础体系的重要组成，企业战略和竞争战略的确立是信息系统发展战略制定的

基础。

(2) 充分考虑网络与信息技术的发展。网络和信息技术是实现信息系统发展战略的基础，网络环境的变化和信息技术的发展势必会导致信息系统发展战略的变化，充分考虑和预测网络与信息技术的发展趋势对于信息系统发展战略规划的制定具有重大意义。

(3) 强调利用网络技术协调与控制企业生产经营的运行。网络环境使企业的生产经营活动发生了很大的变化，网络技术的应用改变了人们决策的方式，提高了决策的有效性。在信息系统发展战略中应重视网络技术的协调作用，使得企业的经营活动稳步、有序地向着实现企业目标的方向开展。

(4) 信息系统发展战略涉及企业各个部门和环节。信息系统发展战略的核心在于对企业战略和管理需求的充分理解，是一个全面的信息化战略，涉及企业的各个部门，渗透到企业经营活动的各个环节，覆盖企业管理的各个层次。

(三) 作用

(1) 辅助企业总体发展战略的实现。信息系统在企业和组织中得到了非常广泛的应用，在企业和组织中不可或缺，信息系统发展战略越来越强调信息系统的目标与组织目标的集成，通过为组织发展提供战略支持而进一步提高组织创造战略竞争优势的能力，推动企业总体目标的实现。

(2) 指明企业信息管理的发展目标和方向。信息是企业重要的战略资源，信息的拥有和有效利用是企业获得竞争优势的重要手段，企业信息管理是企业管理中的一项主要内容。信息系统发展战略的制定为企业信息管理的目标指明了方向。

(3) 促进网络与信息技术在企业发展中发挥作用。网络技术和信息技术是企业创新和发展的动力，新技术的推广和使用是企业面临的一项重要任务。信息系统发展战略充分考虑了网络和信息技术的发展，强调了利用网络和信息技术协调和控制企业生产经营的作用，有步骤、有计划地引导了网络和信息技术在企业中的推广和应用。

(4) 促进企业信息管理工作的持续发展。信息管理工作在宏观层次上包括信息系统的建设和实施、运行和维护，在微观层次上包括信息收集、清理、加工、整理、存储、维护和使用等。信息管理工作是企业的一项重要工作，是一个系统工程，企业必须保证该工作能持续稳定地向前发展。信息系统发展战略从全局利益出发，以企业总体目标为方向，提出了企业信息系统建设的发展思路和具体行动计划，促进了企业信息管理工作的持续发展。

三、企业信息系统发展战略与企业其他战略的关系

(一) 企业战略及其分类

企业战略是企业根据内外部环境和可获得资源的情况，为求得长期生存和持续的均衡发展而进行的总体性谋划。

企业战略按层次的不同可分为：

(1) 公司层战略。它是由企业最高领导层对企业重大问题所制定的总体战略，侧重于对企业经营方向和目标的选择。公司层战略决定企业的目标，提出实现目标的重大方针和计划，主要任务是确定企业的整体经营范围，在全企业范围内合理配置资源。

(2) 业务单元层战略。它是在公司层战略指导下的各业务单元的竞争战略。竞争战略解决企业如何选择企业经营的行业以及如何选择在一个行业中竞争地位的问题。其主要任务是明确如何在市场中竞争，开发哪些产品或服务，这些产品或服务提供给哪些市场。

(3) 经营层战略。经营层战略也称职能战略，是为实现企业总体战略和竞争战略而对企业

内部的各项关键职能活动作出的统筹安排，包括财务战略、人力资源战略、组织战略、研究与开发战略、生产战略和信息战略等，主要任务是确定如何提高企业的竞争力。

每一层战略均有三个要素：方向和目标、政策和约束以及计划和指标。各层次战略的各要素之间有着密切的联系，且相互约束。

（二）企业信息系统发展战略与企业战略

在网络时代，随着企业资源计划（Enterprise Resource Planning，ERP）、供应链管理（Supply Chain Management，SCM）、客户关系管理（Customer Relationship Management，CRM）等系统引入企业运营活动，信息系统在企业中的战略地位越来越重要。信息系统发展战略与企业战略之间的关系如图 3-1 所示。

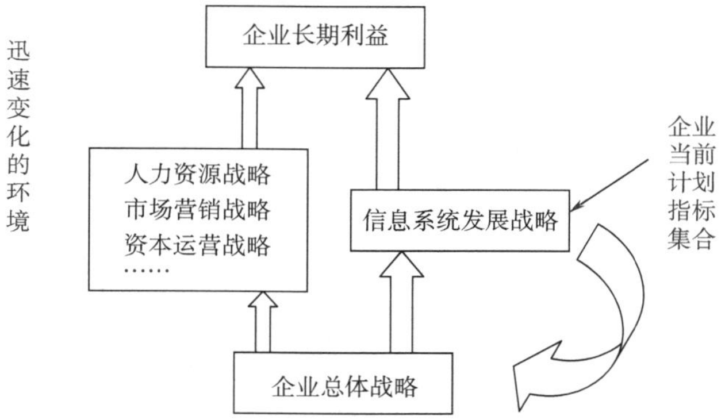

图 3-1 信息系统发展战略与企业战略

企业制定信息系统发展战略，是以网络经济时代企业内外部环境变化为约束条件，以企业长期利益为目标，充分考虑与企业当前利益和计划指标的结合，从企业战略的角度深层次地考虑企业信息化中的问题，比如信息技术与企业组织结构、业务重组的关系，信息技术与企业业务的结合等。

企业信息系统发展战略是为企业发展服务的，应当符合企业的发展战略；同时，信息系统发展战略又是企业战略基础体系的重要组成，企业战略和竞争战略的确立是信息系统发展战略制定的基础。如果企业战略与信息系统发展战略远景和目标之间不相适应，企业战略与信息系统发展战略之间存在断层，例如企业采取非常明确的纵向一体化战略，而信息系统发展战略却并不为实现纵向一体化战略服务，而为实现制造过程服务，或如果企业已经选择了企业联盟的竞争战略，而信息系统发展战略却还将重心投放在企业内部的采购、制造与销售链的体系上，那么信息系统就会失去它存在的价值和意义。

第二节 信息系统规划的内容、特点与作用

人们通常都有这样一个认识：若一个操作错误损失几万元，则一个设计错误就可能损失几十万元，一个计划错误就要损失几百万元，而一个规划错误的损失就能达到甚至上亿元。从这个角度出发，信息系统的规划应摆到战略位置上来，故信息系统规划又称为信息系统的战略规划。大量实践经验和理论研究都表明，从长远的战略目标和战略能力出发，用战略性眼光对企业内、外部的各种信息及资源进行合理规划与利用的信息系统规划是企业信息化建设的成功保障。

信息系统规划是关于信息系统建设的长远规划，是企业战略规划的一个重要组成部分。它在综合考虑企业发展战略的基础上，通过分析现行企业系统状况，制定企业信息系统发展战略总体方案。

信息系统规划和信息系统发展战略之间存在着密切的联系：一方面，信息系统规划是制定信息系统发展战略的主要手段；另一方面，信息系统发展战略又为信息系统规划提供了重要的依据，成为信息系统规划的主要内容。信息系统发展战略目标和相关政策的制定进一步明确了企业的目标，强调了企业追求的利益，为信息系统规划奠定了基础，并成为信息系统规划的主要内容之一。

一、信息系统规划的内容

信息系统规划是从企业全局出发，为了实现企业的长期发展战略，规划一个基本的信息体系结构，统一规划和利用企业的信息资源，利用信息控制企业行为，辅助决策，帮助企业实现战略目标的过程。一般来说，信息系统规划的内容主要有以下三项：

（1）制定与组织发展战略相适应的信息系统发展战略。企业信息系统发展战略是为企业战略服务的，应当符合企业的发展战略。在信息系统规划时制定出与组织发展战略相适应的信息系统发展战略，可以使未来的信息系统满足企业需求，解决企业中存在的问题，有利于企业战略目标的实现。

（2）确定组织的主要信息需求，形成信息系统的总体结构方案。为了制定一个有效的信息系统规划，必须对组织长期和短期的信息需求有一个清晰的了解，并在此基础上建立信息系统的总体结构方案，确定信息系统的功能、类型和子系统划分，进一步明确各子系统的分工、协调和接口。

（3）制定系统建设的资源分配计划和项目开发计划。信息系统建设过程中有许多不同工作同时或交叉进行，需要很多人使用各种资源相互协作才能完成。为了统筹兼顾、分清轻重缓急、合理地组织各项工作，需要在信息系统的规划中制定详细的资源分配计划和项目开发计划，对整个开发过程进行控制和管理。

信息系统规划的核心内容是要从组织目标和信息化战略中抽取信息需求和功能需求，形成组织总体的信息化框架和信息系统整体模型，为进一步的系统分析、设计和实施奠定基础。

二、信息系统规划的特点

一般来说，企业信息系统规划有以下几方面的特征：

（1）信息系统规划是为企业的战略目标服务的，应该和企业的各项战略一致、匹配。信息系统规划应该从业务战略出发，服务于企业的业务战略。在这一过程中，作为中间变量的是组织的体系结构和过程、信息系统的体系结构和过程。其中，信息系统的体系结构和过程又是信息系统规划的核心内容。所以企业在考虑信息系统的建设时，应该综合考虑企业业务战略、组织体系结构和过程、信息系统体系结构和过程三个方面，并使三项内容保持一致，如图3-2所示。

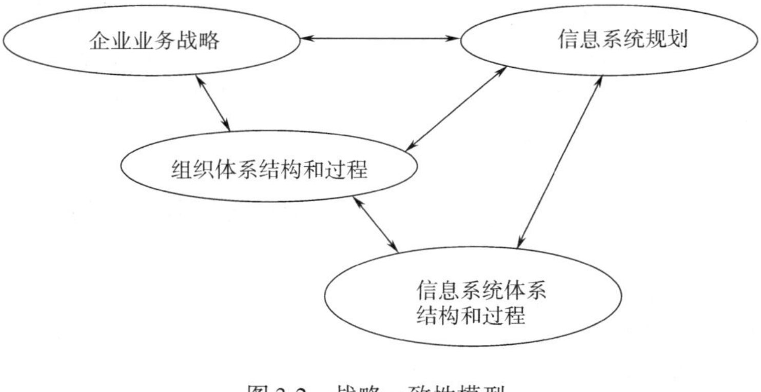

图3-2　战略一致性模型

（2）信息系统规划决定着信息系统投资的有效性，并影响着企业战略目标的实现，是企业战略能力形成的关键。信息系统建设是一个投资巨大、历时时间较长的工程项目，若规划不好，会降低信息系统投资的有效性，不仅会造成自身的损失，而且还会造成企业运行失控的间接损失，从而影响企业战略目标的实现。

（3）信息系统规划是一个战略规划的过程，这个过程所包含的工作和内容是十分丰富的。信息系统规划过程涉及多方面的内容，需要分析企业目标、企业内外部环境，预测影响规划的信息技术发展趋势，提出信息系统建设总体方案等，这些内容通过规划过程被有机地联系起来。

（4）信息系统的规划与组织变革密切相关。组织为了适应不断变化的环境，寻求新的发展，引进新产品、新技术，或者拓展新市场等，都需要进行变革。业务流程重组（业务再造）作为一种新的组织变革理念，对信息系统规划产生了非常重要的影响。如果企业在未考虑企业变革的情况下贸然开始信息系统规划，那么这样的信息系统将无法适应企业变革后的组织变化和流程变化。因此企业组织变革、企业流程变革应该是企业信息系统规划的先决而且是必要条件。

三、信息系统规划的作用

信息系统规划是关于信息系统的长远计划，是企业战略规划的一个重要组成部分。信息系统规划帮助管理层建立以组织战略为导向、以外界环境为依据、以业务与IT整合为重心的观念，从而正确定位IT部门在整个组织的作用，保证信息系统的战略目标能够和组织发展目标相协调。其作用表现在以下几个方面：

（1）通过信息系统规划可以合理分配和利用组织信息资源，节省信息系统投资。

（2）制定信息系统规划的过程中，可以找出企业存在的问题，进一步识别出企业为实现其战略目标需要改进的问题和必须完成的任务，在信息系统和用户之间建立良好的关系，促进信息系统的使用。

（3）通过信息系统的规划，更能保证企业信息的一致性，提高企业决策的及时性和正确性，为组织带来更多的经济效益和社会效益。

（4）企业信息系统的规划可以明确信息系统开发人员的工作方向和工作进度，用规划作为考核系统开发工作的标准，指导信息系统的开发。

信息系统规划过程本身是促使组织的高层管理人员对过去的工作进行回顾和对未来的发展进行思考的过程，也是对信息系统所涉及的知识进行全面梳理的过程。重视信息系统的开发而忽视信息系统的规划将给信息系统的应用造成严重的负面影响。

第三节　信息系统规划的组织

信息系统规划的组织是系统成败的最关键因素，为了保障规划目标能够在企业内推行，需要有信息系统规划组织机构保证总体战略目标能够从上而下贯彻执行。

一、信息系统规划的组织机构

信息系统规划的制定，决定着信息系统最终能否开发成功。因此，制定信息系统规划需要一个规划工作组，并进行相关人员的培训，同时明确规划工作的进度。

（一）组织机构的组成

规划工作组是一支在高层领导倡导、支持下的强有力的规划队伍。这个队伍在高层领导者的直接领导下，由负责全面规划工作的核心人员组成，通过一批用户分析员和广大的最终用户相联系。规划工作组成员能在系统规划时从新技术发展角度，提出可行的业务发展模式，充分理解企业的战略规划和前瞻性，思考信息技术的合理应用。由高层领导担任组长的系统规划工作组的建立，对整个企业信息系统规划工作起到把握全局、协调指挥、果断决策、统一安排的重要作用。因此，企业信息系统规划首先就是要成立规划工作组。一般来说，规划工作组由三个小组组成，如图3-3所示。

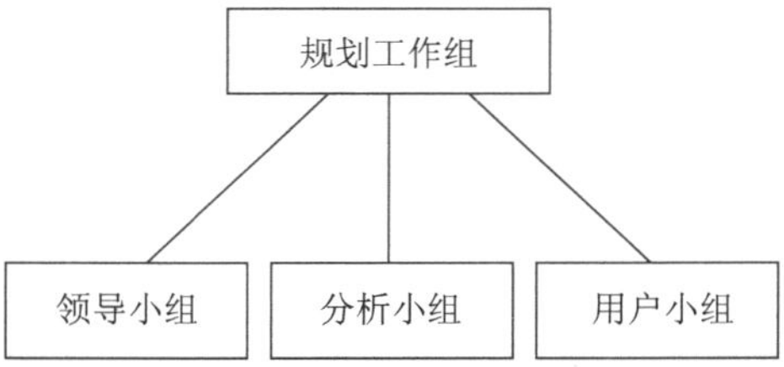

图3-3　规划工作组组成

其中，领导小组由企业各部门高层领导组成，负责协调和安排规划工作，审批各类规划报告，作出规划决策。在这个小组中，组长一般由主抓企业全面信息工作的副总裁担任。他主要负责领导小组的协调工作，指挥规划工作的进行，其作用在整个规划过程中至关重要。分析小组由企业计算机和网络技术人员、被委托方的分析人员（当信息系统开发以委托方式进行时）、外聘专家组成，主要负责具体的规划制定、规划报告的撰写等，是规划工作的直接完成者。该小组受规划领导小组组长的直接领导。用户小组由企业各部门精通业务并且有一定的计算机网络知识的人员组成，其职责就是提出需求建议，提供业务资料，协助分析小组开展规划工作。该小组受规划领导小组组长的直接领导。

（二）规划领导小组的作用

规划领导小组组长的能力和作用决定了信息技术对企业经营活动支持的程度，直接影响企业规划和信息系统规划的内容与过程。

在信息系统规划中，规划领导小组的参与是非常必要的，其作用表现为以下几个方面：

(1) 任何重要的资源都需要从高层开始规划，信息资源也不例外。高层领导最了解各项战略决策中的信息需求，所以高层领导必须亲自参与规划，制定规划的内容，把握规划方向。

(2) 当规划中出现了争议和问题时，只有高层领导出面才能解决。例如总体规划需要对下一步各项子系统的开发提出优先顺序，并作出开发预算，这些内容也必须由高层领导作出最后的决策。

(3) 规划中经常会发现一些管理机制上的弊病，导致管理机构的调整，这种调整的最终决策权在高层领导。

(4) 信息系统开发的效率是至关重要的，为了避免信息资源开发上的浪费，必须有一个自顶向下的全局范围的信息结构，这种信息结构必须得到高层领导的确认。

信息系统规划组织机构建立之后，为了使参与规划的各类人员顺利开展规划工作，还要对高层管理人员、分析人员和规划核心小组其他成员进行培训，使他们正确掌握制定信息系统规划的方法。

此外，明确了规划方法之后，应该召开规划工作启动大会，讨论规划工作的重要意义，颁布规划工作组领导及人员的任命，公布规划工作各种政策、制度和规定的解释、进度安排、各部门的协助要求等内容。会议一般由企业最高负责人主持，规划工作组和各部门领导参加。

二、信息系统规划的步骤

规划组织机构建立后，规划工作开始。一般来说，信息系统规划可按图 3-4 所示的步骤开展。

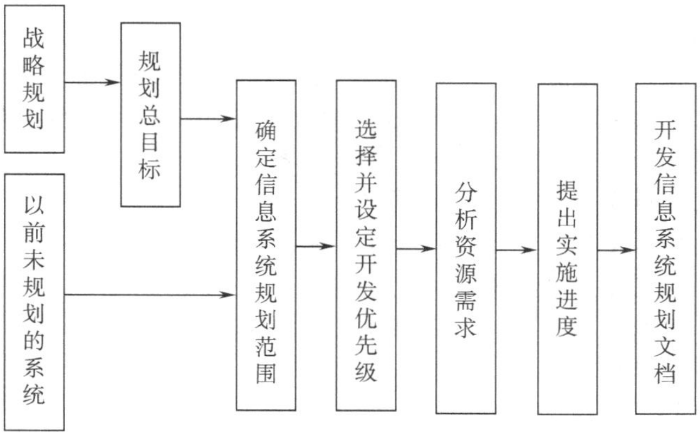

图 3-4　信息系统规划的步骤

企业信息系统是为企业战略目标的实现服务的，信息系统规划是企业战略规划的一部分。信息系统的目标通常是从组织战略计划的相关部分中筛选出来的。所以为了进行企业信息系统规划，首先要明确企业的发展战略规划，以明确信息系统规划的总目标。信息系统规划总目标的明确，必须分析企业发展战略，即必须分析企业所处的国内外宏观环境、行业环境，分析企业具有的优势与劣势、面临的发展机遇与威胁，同时还要理解企业发展战略在产业结构、核心竞争力、产品结构、组织结构、市场、企业文化等方面的定位。只有透彻理解这些内容，才能制定一个符合企业发展战略的信息系统规划总目标。

信息系统规划实施的最终成果表现为构造一个集成的企业信息系统，这个集成的信息系统涉及企业各个方面，因此，为了充分发挥现有的人力、财力和物力的效用，必须明确信息系统覆盖范围，明确开发优先次序。这就要求充分考虑以前规划过和未规划过的系统，在系统总目标的要求下，充分考虑不同系统间的整合，在此基础上提出信息系统的初步框架，其中包括子系统的划分。

所有需要开发的系统，应按照它在组织中的优先级进行评价。选择与设定系统开发的优先级，通常需要高层管理人员的参与和支持，除此之外还应考虑完成选定系统所必需的一些资源，包括人员（系统分析员、程序员及其他人员）、软件设备、硬件设备等，并进一步提出实施计划。

最后将完整的信息系统规划形成文档，经企业领导批准后生效。

第四节　信息系统规划的方法

作为企业的战略指南，信息系统规划关系到企业未来的发展方向。信息系统规划方法的应用有利于规范规划行为，提高规划质量。信息系统规划的方法有很多，这里重点介绍企业系统规划法和关键成功因素法。

一、企业系统规划法

企业系统规划（Business System Planning，BSP）法是20世纪70年代末由美国IBM公司提出的基于全面调查分析的方法。它是一种以业务过程分析驱动的系统规划方法，通过对企业业务流程的分析，抽象出业务和数据之间的关系，并由此规划系统的结构和子系统的功能及接口。这种方法由于其目标清楚，可操作性好，所以在企业信息系统的开发中得到了广泛应用。

企业系统规划法是为指导企业信息系统的开发而建立起的一种结构化方法，可帮助企业作出信息系统规划，以满足其近期和长期的信息需求，企业系统规划法有以下三个主要目标：

（1）把企业的任务、战略、目标和结构转换成信息系统的任务、战略、目标和结构。

（2）确定信息系统的优先权，为支持企业目标的高回报项目分配信息系统资源。

（3）规划基于企业可持续发展的长生命期的信息系统。

企业系统规划法的基本思路是组织的信息系统应该自上而下规划和自下而上实现。图3-5说明了这一观点。

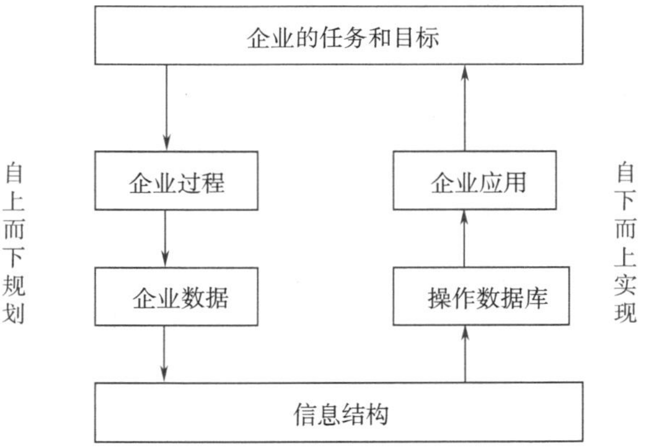

图3-5　企业系统规划法的基本思路

自上而下规划首先是识别企业的任务和

目标，其次是确定实现这些任务和目标的企业过程，然后是检测支持这些基本过程的数据类型，最后设计出定义数据类型和企业过程关系的信息结构。自下而上实现包含了终端用户和信息系统专家实施的应用开发活动，这些是专门的信息系统应用，它依赖于信息结构决定的数据库。每一个应用服务于一个支持组织的任务和目标的企业功能。

企业系统规划法的主要步骤是：定义企业目标→定义企业过程→定义数据类→定义信息系统总体结构。

1. 定义企业目标

定义企业目标是在企业各级管理部门中取得一致的看法，明确企业的发展方向，使信息系统支持企业不同层次的目标。

2. 定义企业过程

企业过程就是企业资源管理所需要的、逻辑上相关的一组决策和活动。企业过程演绎了企业目标的完成过程，而又独立于具体的组织机构变化，是建立企业信息系统的基础。了解企业过程是了解信息系统需求和关键数据需求的基础，定义企业过程是BSP法的核心。

任何企业的活动均由三方面组成：计划和控制，产品和服务以及支持资源。计划和控制是指企业长期的总体计划、投资计划、资源开发计划。产品和服务是指从企业各工作部门职责和业务流程中提取成果的活动。支持资源包括企业必需的人、财、物等资源。将来自于以上三方面的活动汇总、归类和合并后，即可定义出企业的主要过程。

通过定义企业过程，可以充分理解企业如何完成它的总使命和目标，使信息系统独立于组织机构的变化，为从操作控制过程中分离出战略规划和管理控制、决定信息系统的范围和建立开发的优先次序提供依据，为定义关键的数据需求提供分析基础。

3. 定义数据类

定义数据类是企业经营数据按逻辑上的相关性进行分析和归并，以减少数据的冗余，为数据开发作准备。具体过程如下：

（1）识别数据类。数据类主要有：用于记录资源状况、支持经营管理活动，仅和一个资源直接有关的存档类数据；反映由于获取或分配活动引起存档类数据变更的事务类数据；用于战略计划、预测、操作日程、预算和模型的计划类数据；用于对企业进行度量和控制的统计类数据。

（2）给出数据类定义。对识别出的数据类进行描述，并给出含义明确的数据类名称。

（3）建立数据类与过程的关系。BSP法使用过程/数据类矩阵（又称U/C矩阵）来表达两者之间的关系。其中，字母U（Use）表示过程对数据类的使用，字母C（Create）表示过程对数据类的创建，如表3-1所示。

表3-1　U/C矩阵

数据类 过　程	产品	零件	材料	成本	计划	财务	雇员
财务计划					C	U	U
资本寻求						C	
预测	U				U		
设计开发	C	C	U			U	
成本计划				C			
预算				U	U	U	U
人员计划						U	C
招聘							U

原则上，每一个列只能有一个 C，如果没有 C，则可能是数据收集时有错（第三列中没有 C，是由于表格的非完整性）。如果有多个 C，则有两种可能：其一是数据汇总有错，误将其他几处引用数据的地方认为是数据源；其二是因为数据栏是一大类数据的总称，应将其细化。原则上，每一列至少有一个 U，如果没有 U，则一定是调查数据或建立 U/C 矩阵时有误。原则上不能出现空行或空列，如果出现空行或空列，则可能是下列两种情况：其一，数据项或业务过程的划分是多余的；其二，在调查或建立 U/C 矩阵的过程中可能漏掉了它们之间的数据联系。

通过定义数据类，可以具体了解各种数据的内容、范围、可控性等，认识数据的共享要求和数据政策，以及数据使用中的问题，使信息系统规划能够满足数据管理的要求。

4. 定义信息系统总体结构

BSP 法将过程/数据类矩阵作为定义企业信息系统结构的基础。该步骤利用过程/数据类矩阵，把过程和数据按逻辑上的相关关系分组排列，以便确定相应的业务过程簇。具体做法是通过调整行、列顺序使 C 尽量汇聚在矩阵的对角线上，将 U 和 C 密集的地方框起来组成过程簇。该过程簇就是潜在的信息系统项目及其子系统划分，而簇外的 U 表示各簇之间的联系。表 3-2 是 U/C 矩阵的变换结果，图中用灰度底色的粗框表示了不同的过程簇。

表 3-2 U/C 变换矩阵

数据类 过程	计划	财务	产品	零件	材料	成本	雇员
财务计划	C	U					U
资本寻求		C					
预测	U		U				
设计开发		U	C	C	U		
成本计划						C	
预算	U	U				U	U
人员计划		U					C
招聘							U

定义信息系统总体结构是对数据流程进行合理组织的过程，具体包括识别出系统和各个子系统以及它们所支持的企业过程，从而将企业目标转化成信息系统的目标。通过该步骤所识别出的子系统有四个：过程为财务计划和资本寻求组成的财务管理子系统，过程为预测和设计开发组成的市场管理子系统，过程为成本计划和预算组成的成本核算子系统，过程为人员计划和招聘组成的人力资源管理子系统。

信息系统总体结构能帮助企业查出产生数据的过程和机构，以确定数据管理责任；信息系统总体结构还有助于数据管理部门进行有效的数据逻辑结构设计和对分布式数据的处理。

BSP 法具有良好结构和信息一致性，在实践中得到了广泛的应用。该方法把企业目标和实现目标的过程作为未来信息系统开发的信息结构，而这种结构又强调了共享数据库的方法和数据的统一规划管理，保证信息的一致性。该方法能够保证信息系统独立于企业的组织机构，使信息系统具有对环境变化的适应性，即使将来企业的组织结构或管理体制发生变化，信息系统的结构体系也不会受到太大的冲击。在该方法的应用中，企业高层领导和最终用户都参与了信息系统的规划过程，从而使规划的信息系统既支持企业的战略目标，又能满足用户的实际需求。

BSP 法的不足之处在于：虽然它强调目标，但它没有明显的目标确定流程，所以必须先获取企业目标，才能得到信息系统目标。

二、关键成功因素法

关键成功因素（Critical Success Factors，CSF）法，是美国麻省理工学院教授 John Rockart 于20世纪70年代末提出的一种信息系统规划方法。关键成功因素指的是对企业成功起关键作用的因素。关键成功因素法就是通过分析找出使得企业成功的关键因素，然后再围绕这些关键因素来确定系统的需求，并进行规划。

在大多数企业中，都存在着对该组织成功起关键性作用的因素，一般称为企业经营的关键因素。每个企业通常有3~6个关键因素。为使企业获得成功，关键性的任务必须特别认真地完成。关键因素与企业的业务处理以及所需要的关键领域有关。任何组织的关键因素都会随着时间的改变而改变，某个时期很一般的因素可能成为另一个时期的关键因素。例如汽车工业的关键因素是：燃料的节约，汽车的样式，高效的供货组织，生产成本的严格控制。关键因素可以通过因果图的形式表示出来，如图3-6所示。

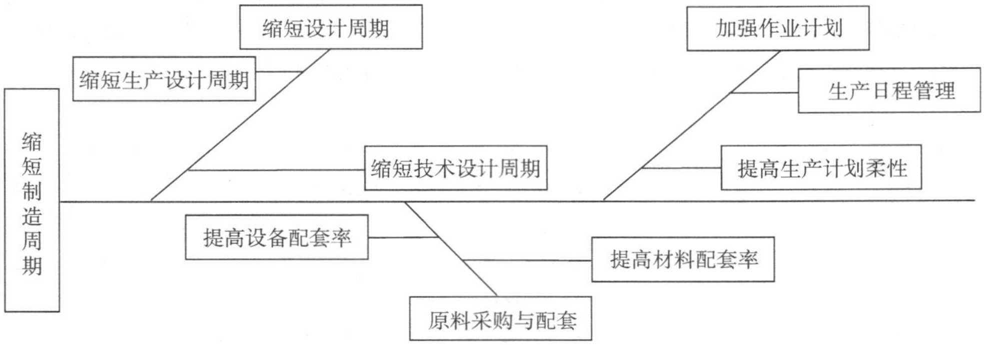

图3-6 关键因素表示

关键因素来源于以下几个方面：①特殊的行业结构；②竞争策略、行业地位与地理位置；③环境因素；④暂时性因素。

CSF法主要包括以下步骤：

（1）了解企业的战略目标。通过与高级管理者的交流，了解企业的发展战略及其相关的企业问题。

（2）识别所有成功因素。可采用逐层分解的方法找出影响战略目标的各种因素以及影响这些因素的子因素。

（3）确定关键因素。对所有成功因素进行评价，根据企业的现状及目标确定出关键因素。可采用德尔菲法或模糊综合评判法等。

（4）识别性能指标与测量标准。给出每个关键因素的性能指标与测量标准。

CSF法的优点是：①能够使所开发的系统具有强烈的针对性，能够较快地取得收益。这种方法可以迅速将问题的焦点集中在少数关键因素上，不同的企业有不同的关键因素建立方法，不同的竞争策略会产生不同的信息系统，因此这种方法产生的系统对一个组织来说是量身定做的。②会把组织及主管所面对的多变环境考虑在内。这种方法明确要求主管去检测环境以及考虑他们对环境的分析应如何决定他们的信息需求。这对信息系统的开发非常重要。

CSF法的缺点是：①分析整合关键因素的过程是非结构化的过程，结果可能不如预期。②个人认为的关键因素对组织来说不一定重要，而且环境和个人主观意见随时在变，信息系统就需要不断调整，而用关键因素开发的信息系统无法克服这个困难。

应用CSF法需要注意的是，当关键因素解决后，又会出现新的关键因素，就必须再重新开发系统。

CSF 法能抓住影响系统成功的关键因素进行分析以确定组织的信息需求，从而提供了实现目标的关键和需要的测量标准。BSP 法虽然也首先强调目标，但它没有明显的目标引出过程。识别企业过程是 BSP 法的中心，这个中心可以将企业目标转化为系统目标。

系统规划方法还有很多，每一种方法都从某个方面为系统规划提供了思路。在实际应用中，应根据具体问题的需要，采取一种或多种方法，为企业信息化进程作科学、合理的规划，从而避免盲目信息化投资给企业带来巨大的损失。

第五节　信息系统规划报告的撰写与审查

信息系统规划工作的最终结果是信息系统规划报告。信息系统规划报告为系统开发指明了方向，是规划阶段一个重要的文档性资料。

一、规划报告的撰写内容

1. 企业的远景与战略

主要回答的问题是：

(1) 企业正在向何处发展？

(2) 组织打算实现怎样的目标？

2. 信息系统对企业远景和战略的支持

主要回答的问题是：

(1) 信息技术如何支持企业发展方向？

(2) 信息技术在阐明企业发展方向中起什么作用？

(3) 上一次信息计划是何时制定的？

(4) 下一次计划将在何时制定？

3. 现存的信息系统

主要回答的问题是：

(1) 当前存在哪些信息系统？

(2) 它们是如何支持业务的？

(3) 现存的系统仍然适用吗？

(4) 打算作哪些改变？

4. 打算建立的信息系统

主要回答的问题是：

(1) 已经选择了哪些要开发的信息系统？

(2) 通过这些信息系统的实现能够支持哪些企业行为？

(3) 如何评价这些系统？

5. 信息系统应急计划

主要回答的问题是：

(1) 有什么计划用以保护系统免遭灾难？

(2) 如何选择保护系统？

6. 信息系统预算

主要回答的问题是：

(1) 信息系统计划的成本是多少?

(2) 信息系统计划的效益是多少?

7. 信息系统开发时间计划

主要回答的问题是:

(1) 何时开始开发选定的系统?

(2) 开发进度如何安排?

二、规划报告审查

信息系统规划对后续信息系统的开发和设计工作影响至关重要，因此需要引起高度的重视。如果信息系统目标制定不清晰、系统需求不明确、系统划分不合理，就会给信息系统的开发和实施带来很大风险。这些风险表现在以下几个方面：①最终用户不满意；②费用超支，计划拖延；③高层人员调整，缺少有经验的员工，过多依赖一两个关键人员；④出现频繁的软硬件错误，用户请求积压，计算机响应时间长；⑤产生大量流产或搁置的开发项目，缺少持续规划；⑥软硬件频繁升级、未经验证的或未授权的软硬件购买；⑦过多的异常报告，并未对异常报告进行追踪；⑧不良动机。

因此，需要对信息系统规划从以下几方面进行全面审查：

(1) 规划制定的战略是否支持企业发展战略。信息系统规划的主要特征表现在信息系统发展战略必须支持企业的发展战略，通过信息系统规划应该能够把由单纯信息处理或内部技术支持转向参与全局性的信息系统规划与企业规划，实现二者的战略统一，从而进一步提高企业的竞争优势。所以，在对规划报告的审查过程中首先要考虑信息系统的总体方案是否对企业发展战略具有影响，例如是否能够提高服务响应速度、改善客户满意度、提高企业形象和声誉、促进企业市场成长等。另外还要考虑企业外部环境的不确定性对信息系统规划的影响，如政策、客户需求、供应商等外部因素的改变使企业规划过时或不实用等。这是必须要进行审查的内容，对信息系统规划的成败起着至关重要的作用。

(2) 规划在技术上是否有前瞻性。信息系统规划是对未来信息系统发展战略的思考，其最终目的是通过规划建立能够解决企业问题的信息系统。信息系统规划产生的方案和制定的战略要在系统的实际开发过程中实施，所以规划在技术上是否可行，是否具有前瞻性，是否能适应外部环境的变化，成为审查规划报告的主要内容之一。

(3) 规划的计划、费用、系统的划分等内容是否合理。信息系统规划应该能够节省信息系统的投资，通过规划应该能够保证信息系统在实施阶段有一个合理的总体布局，并能够针对具体应用项目的优先顺序实现资源上的合理分配和具体实施。规划报告审查应该加强这方面的力度，从而避免项目费用超支、计划拖延情况的发生，使得项目得以顺利完成。

(4) 规划是否满足解决问题的需要。信息系统成功的关键表现在是否能够满足用户的需求。在对规划报告进行审查时，应重点审查信息系统发展战略的制定是否能够解决企业中存在的问题，信息系统的总体方案是否能够使最终用户满意。

第六节　系统规划案例

本案例以高校管理为背景，示意性地介绍系统规划的全过程，以便读者对整个系统规划过程有一个较为全面、系统的认识，并加深对系统规划的概念和方法的理解。

一、学校发展战略

某大学是一所以工为主，理工结合，工学、理学、管理学、文学、法学、经济学、教育学等多学科相互渗透、协调发展的省属重点大学。该大学自1999年组建和2001年再建设新校区以来，实现了令人瞩目的发展，形成了“团结、勤奋、求是、创新”的优良校风。为了把该大学建设成一所优势突出、特色鲜明、整体实力强、办学水平高、在国内具有较大影响的重点大学，学校高层领导提出了“科学定位、找准目标、办出特色、发挥优势”的发展战略。

现代大学组织是工业文明的产物。在技术和经济高速发展的形势下，它正面临着智能化、数字化和网络化的挑战。这些挑战将改变学校的环境、秩序和规则，也影响着专业设置、课程结构和培养模式。

教务管理是高等院校管理的重要组成部分，一直在高校管理中具有不可替代的地位和极其重要的作用。随着高等教育改革的不断深入，教务管理工作面临着一些新的情况和特点：在我国高等教育高速发展的背景下，传统教育观念正经受着当代先进的教育理论和思想的冲击，落后的管理观念和低效的管理技术手段难以适应当前发展和教育改革的需要。这样的情况对教务管理工作来说不仅是挑战，也是发展机遇。

二、学校信息系统战略

本案例从学校的战略目标出发，利用关键成功因素法，分析影响学校战略目标实现的关键因素和主要流程，从而了解学校的战略目标对于教务管理工作的总体要求。这些要求是：进一步深化教务体制改革，不断采用高效的教务管理信息手段，将教务管理过程中产生的大量信息需求及时、动态地进行处理，提高管理效率，逐步建立和完善面向信息网络，开放、安全、高效的现代教务管理信息网络系统。

目前，国内高校纷纷建立了自己的教务管理信息系统，为学校的动态管理和分析决策带来了极大的便利。教务管理信息系统的建立经历了几代的发展，功能也日趋完善。第一代是主要以DOS作为操作系统平台，使用简单程序和小型数据库系统，用以完成单一教务管理功能的管理系统，后期发展到借助Novell网络进行数据交换。第二代信息系统以Windows 32/98作为操作系统平台，使用小型数据库系统，借助内部局域网，实现了几个功能模块的集成和部分数据共享，用户界面也更为友好，但数据交换仅限于内部，系统和数据的安全性不高。目前正在开发的是第三代教务管理信息系统。这一代是在Windows 2000/XP或Linux平台上建立的，使用中型数据库系统进行开发，网络交换协议以TCP/IP为主，强调系统的稳定性和安全性以及数据交换的速度，用户接口也更多。这一代系统的结构将更为合理，功能更为全面，用户界面更为友好，信息交换更为安全和便捷。

三、教务管理信息系统的总体规划过程

1. 定义目标

本项目的总体目标是：梳理教务综合管理流程，吸收、借鉴先进的管理理念，再结合该大学的具体情况，实现教务综合管理流程再造，使教务管理体系更加科学化和规范化。在此基础上，以校园网为平台，开发“教务综合管理系统”，完成教务综合管理的信息化、集成化和自动化建设。

按照项目的总体目标，确定了“教务综合管理系统”应达到如下指标（该指标可作为未来系统验收测试的标准）：

（1）系统应符合该大学教务处“教务综合管理”的管理流程和管理工作的实际需求，真正成为教务管理人员的得力助手。

（2）按教育部有关文件和该大学教务处的有关规定，对系统所涉及的各类信息进行规范化

建设。

(3) 从教务管理的实际流程出发，将所有数据处理集成在一起，真正实现数据共享，彻底解决数据安全问题。

(4) 按该大学教务处的组织结构与分工，将教务综合管理中诸多烦琐的工作分解到各职能部门，责任到人。自动处理各种统计信息，自动形成各种标准报表，从而最大限度地减轻教务管理人员的工作负担。

(5) 系统运行可靠，具有较强的容错性能和异常处理功能。

(6) 系统界面友好、风格一致，操作简单、灵活方便。

(7) 系统设计充分考虑到将来教务管理模式的变更，具有较强的可维护性、可扩充性。

(8) 在充分调研的基础上，全盘考虑我国各类高校教务管理模式的差异，使系统具有较强的通用性，力争形成软件产品。

2. 定义业务过程

教务综合管理工作是一项复杂的工作，所涉及的环节多，信息量大，责任性强。下面分述各项工作的具体任务。

(1) 院、系、专业管理。对学校所有院、系、专业进行规范化分类并编号，相关信息登记入册。

(2) 教学培养计划管理。为学校各个专业制定各学年、学期的教学培养计划，相关信息登记入册。

(3) 教学实施计划管理。以教学培养计划为依据，结合学校的教学资源，为每个专业制定当前学期可实施的教学计划，确定每门课程的学时、学分及任课教师和所使用的教材。

(4) 选课管理。学生根据学期教学实施计划，按自己的具体情况和兴趣、学校的有关规定及课程资源约束，选择公选课、专业选修课等课程。

(5) 排课管理。根据学期教学实施计划、学生选课情况、教学资源信息及其他约束条件（如教师需求、节假日等），为每一门课程排定上课教室、上课时间。

(6) 课程调度。对已排好的课程表，按具体需求，根据教学资源信息、排课信息，调整课程表。

(7) 考务管理。根据课程表、教学资源信息及其他约束条件，为每一门功课安排考试地点、考试时间及监考教师。

(8) 教师管理。对教师的基本信息进行管理，计算教师的工作量，对教师的教学情况进行评估。

(9) 教材管理。对教材计划、书目、库存、采购、订单、入库、销售等信息和环节进行管理。

(10) 教室管理。对可利用教室的基本信息、使用情况进行登记，为排课、考务和课程调度提供信息。

(11) 招生管理。提供新生的基本信息。

(12) 学籍管理。对学生的基本信息及注册、简历、入学、奖励、处分、异动等进行管理。

(13) 成绩管理。对学生所学各门功课的成绩进行管理，具体包括成绩登记、成绩统计分析、成绩查询等。

(14) 毕业管理。对学生毕业进行管理，具体包括毕业审核、学位及证书授予和校友信息等。

这些活动构成了教务管理的基本业务过程。

3. 定义数据类

通过过程分析可知，这些过程所涉及的数据类主要包括以下几个方面：院、系、专业信息，开课教师信息，课程教材信息，班级信息，学籍信息，学生基本信息，试卷信息，选课信息，成绩，教室信息，证书，考务信息，调度信息，课程表，教学培养计划和教学实施计划等。

BSP 法使用 U/C 矩阵来表达业务过程和数据类之间的关系。表 3-3 是教务管理的 U/C 矩阵。

表 3-3　教务管理的 U/C 矩阵

数据类 / 过程	院、系、专业信息	开课教师信息	课程教材信息	班级信息	学籍信息	学生基本信息	试卷信息	选课信息	成绩	教室信息	证书	考务信息	调度信息	课程表	教学培养计划	教学实施计划
院、系、专业	C															
选课		U			U			C								
排课				U				U		U				C		
课程调度													C	U		
考务管理										U		C		U		
教学培养计划	U														C	
教学实施计划		U	U	U											U	C
教室管理										C			U			
招生						C										
学籍管理	U			C	C	U										
成绩管理								U	C							
毕业管理								U	U		C					
试卷管理							C							U		
教材管理			C													

4. 定义信息系统总体结构

U/C 矩阵的求解过程是通过表上作业来完成的。其具体操作方法是：调换表中的行或列，使得“C”元素尽量地朝对角线靠近。然后再以“C”元素为标准，划分子系统。这样划分的子系统独立性和凝聚性都是较好的，因为它可以不受干扰地独立运行。表 3-4 是调整后的 U/C 矩阵。

系统逻辑功能划分的方法是在求解后的 U/C 矩阵中划出一个个的小方块，用灰度底色的粗框表示不同的方块。划分时应注意：沿对角线一个接一个地画，既不能重叠，又不能漏掉任何一个数据和过程。方块的划分是任意的，但必须将所有的“C”元素都包含在小方块之内。划分后的小方块即为今后新系统划分的基础。每一个小方块即一个子系统，如表 3-4 所示。

通过该过程所识别出的各子系统如图 3-7 所示。

表 3-4　行或列调整后的 U/C 矩阵

过程 \ 数据类	选课信息	课程表	调度信息	考务信息	院、系、专业信息	教学培养计划	开课教师信息	教学实施计划	教室信息	学生基本信息	学籍信息	班级信息	成绩	证书	试卷信息	课程教材信息
选课	C						U				U					
排课	U	C							U			U				
课程调度		U	C													
考务管理		U		C					U							
院、系、专业					C											
教学培养计划					U	C										
教学实施计划						U	U	C				U				U
教室管理			U						C							
招生										C						
学籍管理					U					U	C	C				
成绩管理	U												C			
毕业管理	U												U	C		
试卷管理		U													C	
教材管理																C

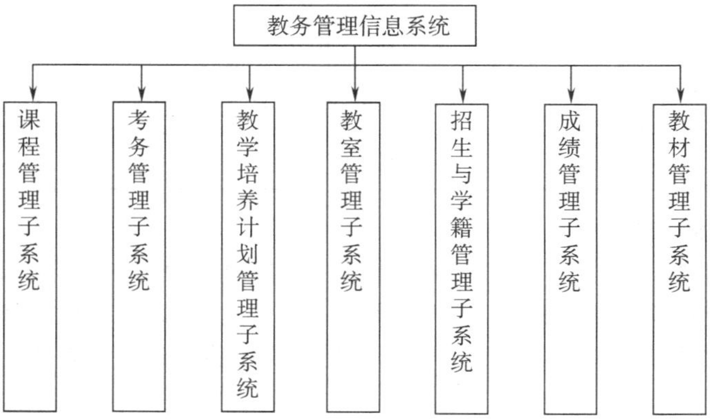

图 3-7　教务管理信息系统子系统划分

思　考　题

1. 什么是信息系统规划？
2. 信息系统规划的内容是什么？

3. 什么是企业系统规划法？其基本思路是什么？
4. 什么是关键成功因素法？其基本思路是什么？
5. 论述信息系统发展战略和整个组织发展战略的关系。
6. 信息系统规划有几种方法？试比较它们的优缺点。
7. 试利用企业系统规划法对你熟悉的现实信息系统进行子系统划分。

案例分析

在美国，银行考虑它能为顾客做些什么时，审计并不是首先想到的任务。但当美国国家银行的管理者们考虑他们的审计过程（保证财务信息合法化的过程）时，注意到需要占用350个人几个月的时间，以整理堆积如山的报表。他们认识到是进行一个信息系统规划的时候了。

他们从核查为顾客增加价值的过程的价值链开始，同时还考虑了那些不同过程的成本。他们发现虽然审计工作在银行是一项重要的工作，但它却不会为顾客增加任何价值。他们还发现，审计过程耗费了国家银行的大量资源，而其他银行采用的是更高效的审计方法。管理者们开始考虑各种解决方案。一种是并行工作的解决方案，它改变了对独立的营业点进行审计的办法。美国国家银行资深副总裁John Curry说："审计工作是以小组为基础进行的，这些小组从一个营业点转到另一个营业点表示已完成审计工作。"后来，美国国家银行开始设想，如果小组审计能并行运作，那审计过程会怎么样呢？为了达到这一目的，各审计小组就要具备获取所需大量信息的能力。参与这项计划的信息系统专家们建议以组件和客户机/服务器技术来支持并行审计过程。

在实际开发一个支持这一新工程的信息系统之前，美国国家银行必须将审计小组的信息需求以及依赖这些信息的所有人员的情况用文档记录下来，这些文档记录构成了组织信息框架的基础。同时，必须将打算建立的信息系统和其他系统进行比较。

最后，美国国家银行建立了一套基于Lotus Notes软件的组件系统，它能支持在全国范围内同时对多家营业点进行审计。现在，审计文件伴随在不同地点考察审计报告的审计人员进行电子化传输，而以前的审计人员必须从大量的报告中找出这些支持性文件。美国国家银行的信息系统已经产生了巨大的效益。正如John所说的那样："对我们来讲，所拥有的这种多途径存取和并行工作通信的能力，和顺序操作相比具有巨大的优势。"

讨论：

1. 美国国家银行是如何确保它的信息战略支持企业战略的？是否还有其他使这些战略结合的方法？

2. 美国国家银行是用什么方法识别信息需求的？这是一种好的选择吗？还有哪些可用于识别信息需求的方法？支持这些选择的依据是什么？

3. 除了识别信息需求外，当需要信息系统支持时，美国国家银行还需要识别什么？什么方法可用于这种识别？为什么？

4. 外部因素的哪些变化要求美国国家银行对系统规划过程进行重新考虑？美国国家银行怎样才能保证及时掌握这些变化发生的时间？

第四章
系统分析

内容提要

1. 概括介绍了系统分析的概念、目的、特点和内容。
2. 介绍了可行性分析的内容与方法，给出了可行性分析报告的撰写格式。
3. 较为详细地说明了业务分析的内容与方法。
4. 重点介绍了数据流程分析的内容与方法。
5. 简要说明了数据字典的内容与建立方法。
6. 介绍了新系统逻辑模型的内容与建立方法。
7. 简要介绍了系统分析报告的撰写方法，给出了系统分析报告的标准格式。

第一节　系统分析概述

一、系统分析的概念

系统分析是应用系统的思想和方法，把复杂的对象分解成简单的组成部分，找出这些部分的基本属性和彼此之间的联系。

在结构化信息系统开发过程中，应该遵循系统化和结构化的工作思路来进行。具体来说，就是应该按照先进行逻辑模型设计后进行物理模型设计的工作步骤进行开发。所谓模型，是对现实世界进行抽象的有力工具。模型可以帮助人们进一步确认系统中各构成因素的功能、地位、相互关系以及与环境的关系，通过各种模型的建立和相互之间的转换，可以在较短的时间内保证系统开发的连贯性，提高信息系统的质量。

逻辑模型主要是指呈现在用户和系统开发人员面前的对系统的目标、功能及其关系的描述。新系统逻辑模型的形成是以对原信息系统的详细调查为基础的，在这个过程中逐步运用各种系统开发的理论、方法和技术等确定系统应该具有的功能及结构，再由一系列的图表和文字描述出来，为物理模型的设计提供依据。

物理模型主要是指为了完成系统功能的要求，确定合适的计算机处理方法和计算机总体结构及系统配置。它是针对一些诸如计算机、存储器等物理要素所形成的配置方案，是在保证逻辑模型实现的基础上，为提高系统性能而设计的与计算机系统有关的设计方案。

从现实的当前系统到信息系统分析设计后得到的目标系统，要经过如图 4-1 所示的过程。

二、系统分析的目的

系统分析的对象是现行系统(包括手工系统和已采用计算机的信息系统)，目的是在充分认

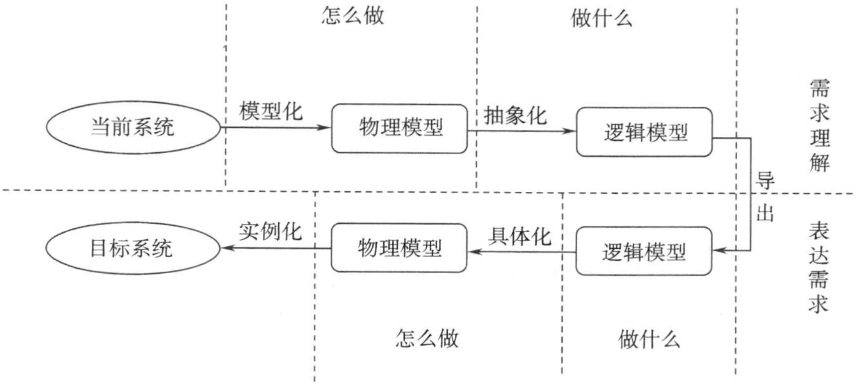

图 4-1　当前系统到目标系统的转换过程

识原系统的基础上，通过可行性分析、业务流程分析和数据流程分析等手段，发现问题和薄弱环节，最后完成新系统的逻辑方案的设计，即确定新系统的逻辑模型。系统分析主要是确定用户对信息系统功能的需求及其解决方法，完成新系统的逻辑方案设计或称逻辑模型设计。逻辑方案不同于物理方案，前者解决系统“做什么”的问题，是系统分析的任务；后者解决系统“怎么做”的问题，是系统设计的任务，而前者是后者的依据。

简单地说，系统分析就是分析用户和市场的需要和要求。信息系统开发基本上分为两大类：一类是针对最终（具体）用户开发；另一类是针对市场开发。目前，第一类开发较多。但是，随着时间的推移，第二类信息系统会逐渐多起来。无论是针对用户还是针对市场进行开发，系统分析工作都应该是系统开发过程中最关键也是最重要的步骤。

在系统分析中，应该首先明确新系统和原系统之间的关系，对于那种认为原系统一无是处的观点应予以更正。拟建的信息系统既要源于原系统，又要高于原系统，两者之间是密不可分的。所谓“高于原系统”，就是要比现行系统功能更强、效率更高、使用更方便。但新系统不是无源之水、无本之木。“源”就是现行信息系统。因此，系统分析员必须在前面总体规划的基础上，与用户密切配合，用系统的思想和方法，对企业的业务活动进行全面的调查分析，详细掌握有关的工作流程，收集票据、账单、报表等资料，分析现行系统的局限性和不足之处，找出制约现行系统的“瓶颈”，确定新系统的逻辑功能，根据企业的条件，找出几种可行的解决方案，分析比较这些方案的投资和可能的收益。

系统分析的主要任务是深入到企业进行实地调研，通过详细调查，将所得到的文档资料集中到一起，对组织内部整体管理状况和信息处理过程进行分析。它首先侧重于从企业组织的结构和业务过程的角度进行分析，而分析的最终目的是从业务过程中将数据的处理和存储的情况进行剥离，以便进一步明确业务和数据的流程是否通畅、是否合理；其次，明确数据、业务过程和实现管理功能之间的关系，原系统的管理模式和管理方法是否适应企业未来的发展，是否有必要进行重组等。因此，系统分析的目的就是将用户的需求及解决方法确定下来，以便进行详细、全面的分析和评价。

三、系统分析的原则

1. 逻辑模型与物理模型分开考虑的原则

系统的逻辑模型是根据用户的具体情况，规定出所设想的系统应该做些什么，应该具有什么功能。所谓逻辑，是与物理相对而言的，是从抽象的信息处理的角度看待系统，而不考虑这些功能用什么具体的技术手段来完成，也不考虑这些任务用什么具体的处理方式来实现。把逻辑模型和物理模型分开考虑是从大量经验中得出的一条重要原则。只有这样做，才有可能集中精力把真正重要的问题在短时间内解决，不会浪费资源在其他无关的和次要的问题上。将两种模型混为一谈，或结合起来进行分析，只能造成该做的事情没有完成，而应在下一阶段完成的任务也因为分析深入不够而没有做好。比如，人们往往在开始使用计算机时，马上就想要编程序，这样会造成许多麻烦，常常是多次返工。因此，在系统分析阶段，只需考虑逻辑模型，而在下一阶段才开始设计系统的物理模型。

2. 系统研制人员与用户相互沟通，满足用户要求的原则

新系统逻辑模型是否能满足用户需求，是系统开发所面临的重要问题。在系统分析阶段中，要使用户和系统研制人员把共同的理解明确地表达出来，常常是很难做到的。因为用户和系统研制人员之间缺乏共同语言，双方交流时存在着隔阂，用户熟悉本身的业务但不熟悉计算机技术，系统研制人员则熟悉计算机技术而不了解用户的业务。系统研制人员考虑的是程序结构、程序语言、数据结构等问题，而用户并不能确切地理解这些概念。如果系统研制人员急于求成，在未明确新系统究竟应该“做什么”的情况下就开始进行模块设计、程序编写等工作，而用户却不清楚开发人员在设计一个怎样的系统，就会导致系统完成之后用户才发现它们不符合要求。这是造成系统开发失败的重要原因之一。

3. 采用结构化分析的原则

结构化分析（Structured Analysis，SA）方法是由美国 Yourdon 公司提出的一种分析大型数据处理系统的方法，在信息系统开发中经常使用，也是一般系统工程的常用方法之一。它经常与结构化设计（Structured Design，SD）方法和结构化程序设计（Structured Programming，SP）等方法衔接起来使用。这种方法比较符合人们解决复杂问题的一般规律，即实现一个复杂完整的系统由大到小、由表及里地逐步分解、逐步细化，也就是通过对系统功能的不断分解，逐步模块化。模块是指完成一个独立逻辑功能的规模最小的最简单的系统。按照这样的方式，不论系统多么错综复杂，分析工作都可以有计划、有步骤、有条不紊地进行。

结构化分析的基本思想是以抽象和分解为手段，对系统进行自顶向下的逐步细分，逐步求精，从而达到易于理解的目的。分解就是把一个复杂的问题分割成若干个较小、较易解决的问题，然后分别处理。

要善于运用分解这个手段，很重要的一点就是在分解时必须采用抽象的方法。抽象就是把复杂的处理内容隐蔽起来，例如在系统最顶层把系统内部如何处理的细节都隐蔽了，只反映系统总的目标及系统与外界的信息关系。由于将大量细节隐蔽在下一层，使得上一层得到简化，如此不断细分，逐步求精，往往最后一层就单一地表达具体做什么的细节。这种从抽象入手、逐步具体的方法使复杂系统得到简化，使系统研制人员容易掌握系统的本质问题。就算系统规模再大，分析的复杂程度也不会随之增大，只是多分解几层而已。这样将问题简单化，有效地控制了系统的复杂性。

4. 尽量提升系统功能的原则

拟建的信息系统既要源于原系统，又要高于原系统。信息系统不是简单地使用计算机之后对现行系统的再现和复制，因为最终目标是要通过新系统的开发为企业带来效益和创造新机会。高于原系统是指要比现行系统功能更强、效率更高、使用更方便。因此，在新系统中要充分发挥计算机的作用，使用计算机不仅只是提高工作效率，更重要的是优化管理的方法和手段，使管理的性质发生根本的变化，提高管理水平。

5. 内部条件和外部条件相结合的原则

内部条件和外部条件的变化将直接影响到信息系统的功能和结构。在进行系统分析时，必须把内部和外部各种有关因素结合起来进行综合分析。这里所说的外部条件，就是环境因素。例如建设一个工厂，作为一个系统而言，不仅受到工厂本身的各种因素，如各种生产类型、生产环节、生产过程、物流和信息流的相互制约，而且还受到政府的有关规定、法规、制度的约束和控制，同时还受到外部的自然环境系统、运输系统、市场情况等因素的影响。

6. 当前利益和长远利益、局部利益和整体利益相结合的原则

选择一个良好的方案，不仅要从当前利益出发，而且要考虑到将来的利益。如果采用的方案对目前和将来都有利，则它是最理想和完美的；若对目前不利，而对长远促进作用很大，那也是可取的；而那些鼠目寸光只盯住眼前利益、忽视企业长远发展的做法是不可取的。

此外，因为系统是一个有机的整体，由若干个相互联系的子系统组成，所以存在着系统的整体利益和某一个子系统的利益相冲突的问题。人们对系统的要求是整体效益最大化，为此，局部利益应该服从整体利益，从整体目标出发进行分析研究。

7. 定量分析与定性分析相结合的原则

在系统分析时，应依据目标的性质和特点采用定量分析与定性分析相结合的方法。定量分析是指可利用数量指标进行的分析，即可以利用模型、公式、函数、货币方式来分析。定性分析是指对非数量指标的分析。这种非数量指标不容易用定量的标准表示出来，如法规、政策和经验因素等。这些因素只能根据经验统计分析来解决。在系统分析过程中，既要对诸如企业的组织结构、管理功能等工作进行定性调查，同时也要对各种原始凭证、输出和输入报表等内容进行定量调查，以保证从整体到局部、从宏观到微观各个方面对系统有全面、详细的认识。

四、系统分析的特点

1. 图形工具应用较多

为了提高分析工作的效率和质量，必须选择适当的图形工具。和文字相比，图形工具在描述复杂问题时会表现出极大的优势。例如：在业务流程分析时利用业务流程图，在数据流程分析时利用数据流程图等，可以避免语言描述带来的理解上的偏差，保证系统分析员能够正确理解现行系统；同时，系统分析员在理解的基础上所产生的新系统的逻辑模型仍然是用图形工具来描述的，也使用户能够充分理解新系统的大致功能，提出修改意见。

2. “自上而下”工作

在系统分析阶段，处处体现“自上而下”的工作特点。所谓“自上而下”工作，是根据人们认识事物及处理问题的规律，同时根据系统的层次性特征，采用从整体到局部、从长远到近期的工作思路。这样做能够由粗到细、由表及里地分析和认识一个复杂的系统，这也是贯穿信息系统开发过程始终的工作特点。例如，数据流程图的绘制过程就是从顶层依次向下分解，最后形成一套完整的流程图。

3. 重视逻辑模型的建立而不是物理实现

系统分析所采用的结构化方法的一个优点就是明确区分不同工作阶段的不同工作任务。系统分析阶段的主要任务是确定新系统能够实现用户提出的哪些需求、能够实现什么目标，至于用什么类型的计算机、用什么技术、怎么去实现等问题，不是系统分析阶段所要解决的，而是设计阶段的工作内容。这样做的优点在于系统分析员在分析阶段可以不用考虑具体的实现细节，而把精力放在逻辑功能的确定上，首先确保设计基础是正确的，进而才能保证未来系统的正确性。

4. 强调文档资料的管理

系统文档在系统开发过程中扮演着十分重要的角色，它既是本阶段工作的总结和记录，同

时也是联系各阶段工作环节的重要手段。甚至有的软件分析专家认为，软件系统就等于程序和文档的结合。在系统分析的各个环节中，系统分析员的重要任务就是不断收集大量单据、凭证和报表，同时也会不断产生各种数据，所有这些资料都是以文档的形式加以保存和管理的。这些系统分析资料一方面可以用来与用户进行交流，另一方面用来进行系统设计，大大增强了系统开发的一致性。正确而规范的文档资料又可以提高系统的可修改性，当然它并不能保证系统分析不出错。实际上，系统分析阶段中的分析过程也是文档资料的编制过程，其中无论是可行性分析还是管理业务分析，都要真实、准确地体现在系统分析报告当中。因此，强调文档管理的重要性，不仅在系统分析阶段，而且在系统开发的整个过程中，都是一个很显著的特点。

5. 分析内容复杂程度较高

信息系统分析与其他工作阶段相比的另一个显著特点是，它不仅是一项与机器设备打交道的技术性工作，而且是一项经常与人进行沟通的社会性工作。因此，从这个角度来说，系统分析的工作复杂性较高，难度较大。系统分析是围绕管理问题展开的，但要涉及现代信息技术的应用。分析人员既要和各级、各类管理人员打交道，又要了解相关技术，如计算机硬软件技术、数据库技术、计算机网络和通信技术的应用与发展情况。由于系统分析工作的主要任务是明确问题、确定目标、了解用户的信息需求，所以完成这类任务可能遇到的困难，需要解决的问题及工作量，甚至工作进程，都难以预先估计，工作的不确定性大，因此说分析的内容复杂程度较高。

6. 面向组织管理问题

系统分析是要明确信息系统在支持管理决策方面要解决什么问题，因此必须对管理系统进行描述。由于管理系统以人为主，人的思想与行为，如决策过程和信息需求的描述是系统分析的主要困难之一。因此，综合运用定性、定量分析方法和有关知识与经验，对组织行为和管理决策过程进行科学分析，对各级、各类管理人员的信息需求进行深入的了解就成为系统分析的又一特点。

7. 追求的是有限目标

在信息系统建设中，由于用户单位各部门各类人员的信息需求和目标的多样性，有些目标和需求不一致，甚至相互冲突。例如工业企业中，生产部门常常希望销售部门尽早提供较准确的产品需求信息，以便对生产作出合理的安排，而销售部门则希望生产部门跟踪市场的变化而及时调整生产计划。而且，信息系统的建设是长期任务，不是一次项目开发所能全部完成的。因此，在一次系统开发中，系统分析工作实现目标的有限性就成为系统分析的一个特点。一次开发不可能把现有系统的所有问题都提出来，更不可能都去解决。因而一次系统开发只能满足用户的部分信息需求，做到各有关用户人员大体满意，其他问题需留待后续的系统开发项目解决。所以在系统分析中，既要明确本次系统开发项目要集中力量解决哪些问题，又要明确系统开发任务的边界。

五、系统分析的内容

（1）可行性分析。用户提出了开发要求，并不一定意味着开发一定可以在此时此地进行，必须从经济、技术、管理等各个方面对系统的开发环境、开发条件进行科学的分析，最终确定系统开发的迫切性和必要性。

（2）业务流程分析。业务流程分析是以对原系统进行详细调查为手段，顺着原系统信息流动的过程，全面、充分和详细地调查研究，弄清企业资源和约束情况、现行系统的边界、组织结构、人员分工、业务流程，以及各种计划、单据和报表的格式、种类及处理过程等，充分了解用户需求，为系统数据流程分析做好准备工作。

(3) 系统数据流程分析。根据上一步分析的结果，把其中的信息和数据的传递流动和处理的过程独立出来，并用数据流程图来描述，而把那些诸如组织机构、工作场所、信息载体、物质材料等要素舍去，仅从数据的本质上来考察实际业务。这就是系统的数据流程分析，也是系统分析阶段最重要的内容。

(4) 创建数据字典。数据字典是对数据流程图中出现的数据流和处理加工所作的进一步补充说明。它是在数据流程图的基础上，由对数据流程图中的每一个成分，即每个外部实体、数据流、数据处理、文件或数据存储给出的详细描述所组成的按一定次序排列的集合。显然，不同的系统都有它们各自的数据流程图和数据字典。数据流程图结合数据字典，就可以从图形和文字两方面对系统的逻辑模型进行完整的描述。

(5) 建立新系统逻辑模型。在业务流程分析和数据流程分析的基础上，针对分析过程中了解到的用户需求及原系统业务和数据流程中存在的问题，利用一组图表工具来表达和描述对问题的改进，并重新描述新系统应具有的业务流程和数据流程，最终形成新系统的逻辑模型。

(6) 提出系统分析报告。系统分析阶段的成果就是系统分析报告。该报告主要是将系统分析各阶段研究分析的内容以统一的格式进行整理归并，形成一个完整的系统分析报告。该报告是系统分析阶段的总结和向有关领导提交的文字报告，反映这个阶段调查分析的全部情况。该报告将被提交给用户领导、监理单位或有关专家审批。审批通过，此报告将是下一步系统设计的工作依据。

第二节　可行性分析

可行性分析是指分析在当前组织内外的具体条件下，进行某项目的必要性和可能性，或者进一步确定系统开发工作必须具备的资源和条件，看其是否满足系统目标的要求。

事实上，可行性分析是任何一项大型工程正式启动之前都必须进行的一项工作。这对于保证资源的合理使用、避免浪费是十分必要的，也是项目一旦开始以后能顺利进行的重要保证。管理信息系统的建设是一项投资大、时间长的复杂工程，可行性分析更为重要。

一、可行性分析的原则

(1) 经济性原则。在实现一定的经济效益的条件下，费用较小的方案价值较高。在能实现给定收益目标的前提下，应从可以实现目标的备选方案中选取费用最小的方案。体现经济性原则的评价方法主要有最小费用法、投资回收期法等。

(2) 效益性原则。效益就是有用成果减去费用后的余额。贯穿经济评价过程始终的一项基本活动，是通过收益与费用对比来分析经济效益，要求以尽可能少的费用，取得尽可能多的有用成果。体现效益性原则的经济评价方法主要有净现值法等。

(3) 可靠性原则。可行性分析的对象绝大部分是拟采用的方案，方案中的基础数据大都来自预算和估测，具有不确定性，这将会带来实际效果的变动，使可行方案具有较大的潜在风险。评价方案的可靠性，需要对经过初步评价的可行方案作不确定性分析。这对投资较大的、寿命较长的大系统来说尤为重要。可靠性评价中，不确定性分析的主要方法有盈亏平衡分析敏感性分析等。

(4) 可比性原则。可行性分析的实质，就是对实现某一预定目标的多个方案进行比较，从中选出最优方案。而要比较就要建立共同的比较基础和条件，具体包括：

1）满足需要可比。任何一个可行方案都要满足一定的需要。

2）消耗费用可比。对所有替代方案，不仅要计量项目开发一次性投入的货币费用和使用与维护过程中的货币费用，而且要考查它的非货币费用，如人力投入、物力投入等。同时，在计算消耗费用时，必须用统一的费用种类、计算原则和方法。

3）价格可比。所谓价格可比，是指对不同时期的价值指标对比时，需扣除价格变动的因素，以确切反映物价的变化。按可比价格计算有两种方法：一种是直接用产品产量乘某一年的不变价格计算；另一种是用价格指数换算。在可行性分析评价中，只有对不同可行方案采用相同的价格标准，才有可能真正从本质上分析出两种方案的优劣。如果实际价格与价值相差较大，则应对其实际价格进行修正。这样做的目的是将两种方案的比较限制在同一标准下，真正做到科学和公平。

4）时间可比。时间可比和前面的价格可比、消耗费用可比等比较类似，即计算时必须采用相同的计算期作基础，另外必须考虑各方案费用和收益的时间先后和期限。对于不具备时间因素可比的方案，可通过适当的方式，折算成同一时间因素的量再进行比较。

不论采用哪种评价方法，都应当符合以上的各种可比性要求。

二、可行性分析的方法

进行可行性分析工作，首先应该完成初步调查，了解系统的运行现状，明确问题的背景和企业对各项资源的占有情况。接下来对企业开发信息系统应该具备的各项客观条件进行综合评价。其中最主要的就是对投资和收益进行评估，判断项目是否值得开发。在这个过程中，可以采用净现值法或投资回收期法。选择一个适当的方法，是取得准确而科学的结论的前提，下面就对这两种方法进行简要介绍。

（一）净现值法

净现值法又称“财务净现值法”。运用净现值法分析可行性方案，可使评价更加符合实际。同时，净现值法还具有简便、准确、在理论上较其他方法更完善的特点。净现值法是把项目建设期和投产期间发生的资金流入量和资金流出量，都按折现系数换算成现值收入和现值支出，然后对比现值收入和现值支出，来评价信息系统开发项目的投资财务效益。在采用净现值法评价项目投资财务效益时，要进行以下计算：

（1）计算建设期和投产期内各年与项目有关的资金流入量和资金流出量，求出净资金流量。凡资金流入量超过资金流出量的，净资金流量用正值表示；资金流出量超过资金流入量的，净资金流量用负值表示。

（2）将各年净资金流量都按折现系数折算成现值，并加总求得净现值。净现值的计算公式为：

$$\text{净现值} = \sum_{t=0}^{n} \text{第}\, t\, \text{年净资金流量} \times \text{第}\, t\, \text{年折现系数}$$

式中，n 为折现年限；t 为 0 时表示当前时点，t 为 $1,2,\cdots,n$ 时表示各年末时点。

折现年限包括项目建设期和经济寿命期。折现也称贴现，是把今后某一日期收到或支付的款项，折算为现值的过程。不同时期 t 的 1 元资金的现值，叫做贴现系数或折现系数。贴现（折现）系数的计算公式为：

$$\text{贴现(折现)系数} = \frac{1}{(1+\text{贴现率})^t} \quad t = 0,1,2,\cdots,n$$

在实际工作中，贴现系数可从现成的贴现（折现）系数表中查得，无表可查时可参照当前银行利率决定贴现率大小。

(3) 如净现值为正值，表示发生投资净收益，有财务效益，该项目可取；如净现值为负值，则表示该项目不可取。如果有两个以上建设方案进行比较时，则仅靠计算净现值的大小还不足以判别哪个方案较好。因为各个方案的投资可能不同，所以还要通过净现值率的大小来比较各个方案的投资财务效益。净现值率是反映各个项目净现值与现值投资支出对比关系的指标，它说明单位现值投资产生的净现值。其计算公式为：

$$净现值率 = \frac{净现值}{现值投资支出} \times 100\%$$

净现值率是一个相对投资财务效益指标，净现值率越大，说明方案的投资财务效益越好。净现值法的优点是考虑了项目整个寿命期的收益和资金的时间价值。它的缺点是难以确定贴现率。同时，净现值仅说明设定贴现率折算的资金流量，反映不出项目确切的收益率。

例 4-1　进行某项管理信息系统的投资有 A、B 两个备选方案，根据预测的结果，这两个方案的经济效益资料如表 4-1 所示。

表 4-1　A、B 投资方案经济效益比较

（金额单位：千元）

年份（t）		0	1	2	3	4	5	年均利润
A方案	可获得的收益		150	150	150	150	150	150
	净资金流量	-1000	350	350	350	350	350	
	年末未收回投资额		-650	-300				
B方案	可获得的收益		250	200	150	100	50	150
	净资金流量	-1000	450	400	350	300	250	
	年末未收回投资额		-550	-150				

假设项目的资本金贴现率为 10%，

$$A方案净现值 = \sum_{t=0}^{5} 第 t 年净资金流量 \times \frac{1}{(1+10\%)^t}$$

$$= -1000千元 \times \frac{1}{(1+10\%)^0} + 350千元 \times \frac{1}{(1+10\%)^1} + 350千元 \times \frac{1}{(1+10\%)^2} +$$

$$350千元 \times \frac{1}{(1+10\%)^3} + 350千元 \times \frac{1}{(1+10\%)^4} + 350千元 \times \frac{1}{(1+10\%)^5}$$

$$= 326.85千元$$

$$A方案的净现值率 = \frac{326.85千元}{1000千元} \times 100\% = 32.69\%$$

$$B方案净现值 = \sum_{t=0}^{5} 第 t 年净资金流量 \times \frac{1}{(1+10\%)^t}$$

$$= -1000千元 \times \frac{1}{(1+10\%)^0} + 450千元 \times \frac{1}{(1+10\%)^1} + 400千元 \times \frac{1}{(1+10\%)^2} +$$

$$350千元 \times \frac{1}{(1+10\%)^3} + 300千元 \times \frac{1}{(1+10\%)^4} + 250千元 \times \frac{1}{(1+10\%)^5}$$

$$= 362.45千元$$

$$B方案的净现值率 = \frac{362.45千元}{1000千元} \times 100\% = 36.25\%$$

计算结果表明，B 方案优于 A 方案。

（二）投资回收期法

投资回收期又称“投资返本年限”，是指从项目开发之日起，用项目各年的净资金流量将全部投资收回所需的年限。此方法将初步计算出来的新系统可能获得的年净收入（年收入减年支出）与系统投资相比较，从而估算出投资回收期。

投资回收期的计算公式为：

$$\sum_{t=0}^{n} \text{第 } t \text{ 年净资金流量} = \text{项目投资总额}$$

上式是一个方程，其中 n 为未知数，求解 n 即得到项目投资回收期。

如果项目每年的净资金流量相等，则项目投资回收期可以用下式计算：

$$\text{项目投资回收期} = \frac{\text{项目投资总额}}{\text{年净资金流量}} + \text{项目开发期}$$

如果项目每年的净资金流量不相等，则要求解出变量 n，即一个能够使得收益总额等于投资总额的最小的 n。如果需要解出的 n 在两个整数之间，则可将收益与时间看成是线性的关系，从而求解出 n 的小数部分，这一小数的值为最后未收回投资额与下一年正净资金流量之商。

投资回收期法的优点是：易于理解，计算简便，只要算得的投资回收期短于行业基准投资回收期，就可考虑接受这个项目。其缺点是：①只注意项目回收投资的年限，没有直接说明项目的获利能力。②没有考虑项目整个寿命期的盈利水平。③没有考虑资金的时间价值。这种方法一般只在项目初选时使用。

例 4-2　某项信息系统项目投资可有 A、B 两个方案，两个方案都为当年投资就有收益，即项目开发期为零。根据预测的结果，这两个方案的经济效益资料如表 4-1 所示。

$$\text{A 方案的投资回收期} = \frac{1000\text{ 千元}}{350\text{ 千元/年}} = 2.86\text{ 年}$$

对于 B 方案来说，由于它全部收回初始投资是发生在了第 3 年年中，所以该方案的投资回收期就是整数 2 与一个小数部分的和。其计算如下：

$$\text{B 方案的投资回收期} = 2\text{ 年} + \frac{150\text{ 千元}}{350\text{ 千元/年}} = 2.43\text{ 年}$$

计算结果表明，由于 B 方案的回收期 2.43 年小于 A 方案的回收期 2.86 年，所以 B 方案要优于 A 方案。

除了净现值法和投资回收期法，可行性分析的方法还包括最小费用法、盈亏平衡分析法和敏感性分析法等方法，这里就不一一赘述。最好运用各种方法综合进行比较，得到较为科学的分析结果。

三、可行性分析的内容

（一）经济可行性分析

可行性分析的核心是进行经济可行性分析。技术上、管理上的先进与可行，不能离开经济的合理性，如经济上不合理或不利，则技术上再先进与可行，也不足取。经济可行性分析也叫做投资/效益分析或成本效益分析，它分析信息系统项目所需要的花费和项目开发成功之后所带来的经济效益。

经济可行性分析主要是预估项目的费用支出和经济效益。在费用支出方面，不仅要考虑主机费用，而且要计算外围设备费用、软件开发费用、人员培训费用和将来系统投入运行后的日常费用（如管理、维护费用）和备件费用。在费用估计时，维护费用是一个经常被忽略的问题，一些单位只考虑购买设备的费用，虽然这样一次性投资审批可以通过，但每年的维护费用却没有预算，出现买得起、用不起的局面。

经济效益应综合考虑，一部分是可以用货币计算出来的效益，如加快流动资金周转、减少资金积压等，即直接效益；另一部分是难以用货币表示的，或在短时间内很难计算出准确数字的效益，例如提供更多的更高质量的信息，提高取得信息的速度，提高企业员工的素质等，即间接效益。大部分人都比较关注直接效益而忽视间接效益。然而，大量从事数据处理的信息系统，目前主要表现出的是间接的经济效益，比如提高了工作效率从而提高了企业的管理水平，节省了人力，减轻了有关业务人员手工处理的工作负担，及时给企业领导提供决策信息，提高了企业素质，促进了业务的规范化、程序化等。因此，在考虑经济效益时，一定要重视间接经济效益。

（二）技术可行性分析

技术可行性分析主要是分析在特定条件下，技术资源的可用性和这些技术资源用于解决信息系统问题的可能性和现实性，主要包括硬件的性能要求、软件的性能要求等。在进行技术可行性分析时，一定要注意下述几方面的问题：

（1）应该全面考虑开发过程所涉及的技术问题。信息系统开发过程涉及多方面的技术、开发方法、软硬件平台、网络结构、系统布局和结构、输入输出技术、系统相关技术等。应该全面和客观地分析这些技术的成熟度和现实性。

（2）尽可能采用成熟技术。成熟技术是被多人采用并被反复证明行之有效的技术，因此采用成熟技术一般具有较高的成功率。另外，成熟技术经过长时间、大范围的使用、补充和优化，其精细程度、优化程度、可操作性、经济性要比新技术好。鉴于以上原因，在开发信息系统过程中，在可以满足系统开发需要、能够适应系统发展、保证开发成本的条件下，应该尽量采用成熟技术。

（3）慎重采用先进技术。在信息系统开发过程中，有时为了解决系统的一些特定问题，为了使所开发的信息系统具有更好的适应性，也需要采用某些先进或前沿技术，在选用先进技术时，需要全面分析所选技术的成熟程度。许多先进技术和科研成果实际上仍处在实验阶段，其实用性和适应性并没有得到完全解决，也没有经过大量实践验证，在选择这种技术时必须慎重。

（三）人力资源可行性分析

人力资源可行性分析主要是分析系统开发队伍中是否具备高素质的开发技术人员，人员条件是否与具体的开发环境和开发方式相适应。如果企业选择外购商品化软件这种开发方式，则对企业内部人员的分析、设计和编程的能力要求较低；而如果企业选择自行开发或联合开发，那么对内部人员的工作能力、工作水平就有较高的要求。但无论如何，都要尽量提升企业人员的自身素质，经常进行系统操作和日常维护的相关培训，以适应新技术、新系统的应用。

许多技术总的来看可能是成熟和可行的，但是在项目开发队伍中如果没有人掌握这种技术，而且在项目开发队伍中又没有引进掌握这种技术的人员，那么这种技术对本系统的开发仍然是不可行的。

另外，一个新的计算机系统的实施必然会引起某些方面的变化，如业务工作流程的改变、陈旧规章的变革等。而从人的本性来说，人通常对变化总是持抵触情绪，尤其一些改变可能涉及个人利益时，这对新系统的实施会产生一系列不利的影响，严重的甚至可能使整个系统不能正常运行。因此，在进行可行性研究时还必须考虑到人员的抵触情绪对计算机信息系统的妨碍程度。

（四）管理可行性分析

管理可行性是指管理人员对开发应用项目的态度和管理方面的条件。科学管理的基础工作是建立管理信息系统的前提。只有在合理的管理体制、完善的规章制度、稳定的生产秩序、一套科学的管理方法和程序，以及完整、准确的原始数据基础上，才能有效地建立管理信息系统。一些企业管理基础工作薄弱，管理水平与先进的信息处理技术手段不匹配，原始数据的来源与正确性和及时性没有得到保证。这样的企业必须先在企业管理方面作一番改进，或者是先开发一些比较规范的、见效快的业务系统，然后在开发中逐步积累经验，改进管理，再逐步过渡到建立整个企业的管理信息系统。

（五）操作可行性分析

操作可行性应从用户的角度来考虑。当系统实施以后，能否有效地处理相关的日常事务，在系统实施时是否会遇到大的阻碍，用户是否愿意使用等，都是操作可行性要分析的内容。

此外，操作人员的素质，包括道德修养、文化程度、业务熟练程度、计算机水平、对于某些网络化的操作方式能否适应、是否有通过培训的能力等，也必须受到充分的重视。

四、撰写可行性分析报告

根据国家标准《计算机软件文档编制规范》（GB/T 8567—2006）的相关指导性说明，可行性研究报告的编写内容如图 4-2 所示。

1. 引言
    - 1.1　标识
    - 1.2　背景
    - 1.3　项目概述
    - 1.4　文档概述
2. 引用文件
3. 可行性分析的前提
    - 3.1　项目的要求
    - 3.2　项目的目标
    - 3.3　项目的环境、条件、假定和限制
    - 3.4　进行可行性分析的方法
4. 可选的方案
    - 4.1　原有方案的优缺点、局限性及存在的问题
    - 4.2　可重用的系统，与要求之间的差距
    - 4.3　可选择的系统方案 1
    - 4.4　可选择的系统方案 2
    - 4.5　选择最终方案的准则
5. 所建议的系统
    - 5.1　对所建议的系统的说明
    - 5.2　数据流程和处理流程
    - 5.3　与原系统的比较（若有原系统）
    - 5.4　影响或要求
        - 5.4.1　设备
        - 5.4.2　软件
        - 5.4.3　运行
        - 5.4.4　开发
        - 5.4.5　环境
        - 5.4.6　经费
    - 5.5　局限性
6. 经济可行性（成本—效益分析）
    - 6.1　投资
    - 6.2　预期的经济效益
        - 6.2.1　一次性收益
        - 6.2.2　非一次性收益
        - 6.2.3　不可定量的收益
        - 6.2.4　收益/投资比
        - 6.2.5　投资回收周期
    - 6.3　市场预测
7. 技术可行性（技术风险评价）
8. 法律可行性
9. 用户使用可行性
10. 其他与项目有关的问题
11. 注解

附录

图 4-2　可行性研究报告的编写内容

可行性分析报告反映了系统研制人员对系统开发的看法。这一报告应该提交到正式会议上讨论，这种会议除了用户的领导、管理人员、系统研制人员之外，还应该尽可能地邀请一些有经验的局外人员参加。这是因为初步调查所形成的概念还是粗略的，在这种情况下作出判断，很大程度上要靠经验，靠与其他开发项目的类比，有必要请非本系统开发人员来共同讨论，充分估计各种可能出现的问题，集思广益，作出尽可能符合实际的判断。

如果可行性报告通过了，那它就成为一个正式文件，文件中确定的系统的目标和范围就成为下一阶段工作的依据。如果由于某些条件还不成熟，可行性报告没有通过，则要创造条件，或改变系统目标，再重新进行可行性论证。如果可行性报告完全不可行，则要放弃系统开发。

第三节 业 务 分 析

经过了系统开发人员和用户共同进行的可行性分析和论证之后，系统的开发工作就进入了实质性阶段，也就是进行详细的调查，深入地进行业务分析，为系统分析和新系统逻辑模型的建立提供详尽的、完整的、系统的资料，使开发工作在摸清系统现状、明确用户需求和充分占有资料的基础上进行。

业务（Business）通常是指为实现组织目标和功能，组织实体的有序活动过程。业务分析是信息系统开发的基础性工作，是在初步调查分析的基础上进行可行性分析之后开展的。因此，在开展业务分析时要注意真实性、全面性、规范性。

一、业务分析的目的、特点与内容

（一）业务分析的目的

业务分析（Business Analysis）是分析和认识现行组织系统。信息系统是为现行组织系统服务的，现行组织系统也是信息系统的基础和赖以存在的环境，只有对现行组织系统做到全面的解剖和分析，才能够开发出符合组织要求的信息系统。

业务分析的目的是：在系统分析员的主持下，由开发人员和用户一起，对现行组织系统的目标、组织机构、职能作用、业务流程进行深入分析，以建立起反映现行组织系统的业务模型，为新系统的建立打下基础。

（二）业务分析的特点

业务分析是一项复杂、工作量大而又十分重要的工作，必须认真对待。业务分析具备以下特点：

（1）真实性。业务分析是对现行组织系统的调查、分析、认识和描述。在业务分析过程中，要求分析人员充分尊重客观现实，认真调查业务实际，建立的业务模型应该完整、准确地反映实际组织系统。在业务分析过程中，要求分析人员既要有实事求是的工作态度，又要有认真、扎实的工作作风，还需要做深入、细致的调查和分析工作。

（2）整体与局部辩证统一性。业务分析是整个开发工作的前奏和基础，只有对现行组织系统形成客观、正确的认识，才有可能开发出满足组织需要、符合客观实际的信息系统。业务分析又是一项庞杂、琐碎的工作。在业务分析过程中，既需要分析人员从决策者的角度，宏观把握现行组织系统的使命、目标、战略和发展趋势；又需要从管理者的角度，全面客观地认识组织的机构、职能、管理和业务；还需要从实施者的角度，细致地了解组织各项业务和实体活动的具体过程。因此，必须坚持整体与局部、宏观与微观辩证统一的原则，既能够高屋建瓴地宏观把握组织总体，又能够细致入微地深入到各个具体的业务细节之中；既能够从宏观上把握各个部分在总体中的作用与地位，又能够从微观角度对每一个部分和细节进行深入分析。

（3）全面与重点辩证统一性。虽然整个分析工作需要全面铺开，并要重视每一个必要的细节，但是各个部分对现行组织系统以及要开发的信息系统的重要性并不相同。有些部分在组织系统中起着关键作用，另一部分可能只起陪衬和从属作用。这就要求对在系统中起关键作用的部分给予更大的关注，投入更多的精力。而对于处于辅助位置的部分，则可以少花精力。尤其对于与业务分析有关，但又属于组织系统之外的内容，只限于关注它与现行系统有联系的部分，其他可以不予关心，这样才能保证把注意力集中于现行组织系统本身。

（三）业务分析的内容

业务分析的主要内容包括：业务调查，组织目标、机构与职责分析，业务流程分析。下面将对这三方面内容作详细介绍。

二、业务调查

业务调查（Business Investigation）是指对组织的目标、规模、机构、职能、产品、市场、设备、业务、管理、决策和人员等方面进行的调查研究。业务调查是一项十分艰苦和细致的工作，需要高度重视、精心组织和细致工作。

（一）业务调查的原则

进行业务调查时，应该遵循以下基本原则：

（1）客观真实原则。业务调查必须从客观实际出发，坚持实事求是的原则。业务调查的结果将作为现行组织系统分析和信息系统开发的依据，任何虚假和不客观的调查内容都会给将要开发的信息系统留下隐患。因此，绝对不能仅凭调查人员自己的猜想和臆断对组织的业务过程进行曲解或歪曲。

（2）调查、分析、记录相结合原则。调查的过程是学习的过程，也是分析的过程。如果不加分析，将无法弄清楚所调查的内容。因此需要强调调查与分析相结合。另外，对调查的结果应该采用规范的形式及时记录下来。

（3）全面性原则。任何系统都是由许多子系统有机地组合在一起而实现其功能的。系统调查中如果疏忽大意或偷工减料，就容易忽略某些处理过程或漏掉某些账表。这些被忽略的部分如果在分析、设计中仍未被发现，待系统实现后再添加进去，即使是可能的，其花费也要成倍增长，有时根本就无法添加到系统中去。

（4）规范性原则。信息系统一般都比较复杂而且庞大。全面、真实地表达信息系统的逻辑模型，就需要有一套循序渐进、逐层深入的调查步骤和层次分明、通俗易懂的规范化逻辑模型描述方法。例如利用一系列直观的图表，把要调查的内容全面、详细地列出来，既可提高调查质量，又可建立一套调查文档。

（5）启发性原则。调查是开发者通过与业务人员的沟通获得信息的过程。能否真实地描述一个系统，不仅需要业务人员的密切配合，更需要调查人员的逐步引导，不断启发；尤其在考虑计算机处理的特殊性而进行的专门调查中，更应善于按使用者能够理解的方式提出问题，打开使用者的思路。

（二）业务调查的内容

业务调查应该涵盖组织的全部内容，范围十分广泛，涉及组织的内部和外部，主要包括企业的生产、经营、管理、资源与环境，以及组织的业务、管理和决策的各个方面。业务调查的范围也应该根据信息系统项目开发的具体任务而定。业务调查可以从系统的定性调查和定量调查两个方面进行。

1. 系统的定性调查

定性调查主要是对现有系统的功能进行总结，包括以下各方面：

（1）组织结构的调查。调查现行系统的组织机构、领导关系、人员分工和配备情况等，不仅可以了解现行系统的构成、业务分工，而且可以进一步了解人力资源，还可发现组织和人事等方面的不合理现象。

（2）管理功能的调查。所谓功能，指的是完成某项工作的能力。为了实现系统目标，系统必须具有各种功能。各子系统功能的完成，又依赖于下层更具体的功能的完成。管理功能的调查是要确定系统的功能结构。

（3）业务流程的调查。不同系统有着不同的功能，它们进行着不同的处理。分析人员需要尽快熟悉业务，全面、细致地了解整个系统各方面的业务流程，重点是发现和消除业务流程中不合理的环节。

（4）数据流程调查。在业务流程的基础上舍去物质要素，对收集的数据及统计和处理数据的过程进行分析和整理，整理出原系统的数据流程图，为下一步分析作好准备。

（5）处理特点的调查。调查处理特点是为了确定有效的处理方式，需要紧密结合计算机处理方式和可能的规模来完成。其内容包括数据汇集方式、使用数据的时间要求、现行处理方式及有无反馈控制等。

（6）系统环境的调查。系统环境是指不直接包括在计算机信息系统之中，但对计算机系统有较大影响的因素的集合。环境不是设计的对象，但对设计产生影响和限制。环境调查的内容包括处理对象的数据来源，处理结果的输出时间与方式等。

2. 系统的定量调查

定量调查的目的是弄清数据流量的大小、时间分布和发生频率，掌握系统的信息特征，据此确定系统规模，估计系统建设工作量，为下一阶段的系统设计提供科学依据。

（1）收集各种原始凭证。通过这些凭证的收集，统计原始单位的数量，了解各种数据的格式、意义、产生时间、产生地点和向系统输入的方式，并估计每张单据信息所占字节数，得出每月、每日、每时系统数据的流量。

（2）收集各种输出报表。通过输出报表的收集，统计各种报表存储的字节数和印刷行数，分析其格式的合理程度。

（3）统计各类数据的特征。通过对各类数据平均值、最大值、最大位数及其变化率等的统计，确定数据类型，重点弄清对系统影响大的静态数据的存储格式和存储量。

（4）收集与新系统对比所需的资料。收集现行系统手工作业的种类、业务工作量、作业周期、差错发生数等，供新旧系统对比时使用。

（三）业务调查的方法

对于大型复杂的组织系统进行调查，应该针对其各自不同的情况，周密计划，精心安排。首先，应该明确调查的任务、范围和调查对象，并对调查工作作出基本的估计；然后，成立由使用单位的业务人员、领导人员和设计单位的系统分析员、系统设计员等组成的调查小组；接着，确定调查采用的方法、工作规程、描述规范，以及所采用的工具；最后，制定详细的调查计划。

调查时，原则上应该采用自上而下、由粗到精、步步深入的调查策略，同时采用以组织目标为基准、以组织机构为脉络、以业务流程为主线的路线。具体来说，通常采用的调查方法有以下五种：

1. 发调查表征求意见

这种方式适用于需要向许多单位进行调查，而调查的信息量又不太大的情况。调查表要抓住中心，提问要简单、直接。

调查表由问题和答案两部分组成。问题由主持调查工作的系统分析人员列出，答案主要由被调查单位的业务人员给出。利用调查表进行调查可以减轻被调查部门的工作负担，方便系统调查人员，且得到的调查结果系统、准确。

系统调查人员在编制系统调查表时，应当充分考虑各种情况。问题本身提得全面、周到且明确无二义性，得到的答案就会比较完整与准确。用系统调查表进行调查，最大的困难在于设计调查表的各种问题。如果问题设计得不准确或不全面，那么得到的调查结果就不能令人满意。

一般来说，业务需求调查需要设计三份表格，即组织机构调查表、目标功能调查表、信息需求调查表。对于每一张表格都必须按照企业实际状况进行设计。各表格一般应包括的内容如下：

（1）组织机构调查表。其内容包括：

1）本单位的名称、上一级组织机构（领导）的名称和下一层机构的名称。

2）本单位的主要领导及工作分工。

3）本单位的主要任务（可通过文字叙述或通过流程图进行描述）。

（2）目标功能调查表。其内容包括：

1）单位局部目标。

2）实现目标的关键因素。

3）实现目标所需的信息和现有信息来源。

4）为实现目标，哪些信息尚无法得到或很难得到，并试分析其原因。

（3）信息需求调查表。其内容包括：

1）信息名称（报表名称、文件名称、票据卡片名称，每一种要有带有数据的复印件）。

2）信息来源及频度。

3）信息去向及频度。

4）信息保密要求。

5）信息用途。

2. 访问

访问方式是收集数据的主要方式之一。通过调查人员与被访问者的自由交谈，充分听取各方面的要求和希望，获得较为详细的定性、定量信息。另外，改变系统往往涉及管理体制改革、人员再安排等具体问题，涉及各类人员的切身利益，势必有人赞成，也有人反对。访问可以充分听取各方面对系统的要求，保证能够开发出一个切实可行的系统。

访问时应从系统的输入、输出，信息的来源、去向，数据的存储及处理等方面提出问题。

访问一般是对于企业中的高层管理者采取的调查方式。调查前要准备一组问题，这样一方面可以引导调查工作的进行，另一方面也可以保证调查工作的完备性。例如，这些问题可以包括下面几个方面：

1）你所在的工作岗位是什么？

2）你的工作任务是什么？

3）你每天的工作时间怎样安排？

4）你的工作同前/后续工作是如何联系的？

5）你所接触的报表、数据有哪些？这些数据在准确度、全面性、获取速度及方式上有哪些问题？

6）从企业全局考虑，你认为企业的哪些管理业务可以改进？

7）你认为新的信息系统应该着重解决哪些问题？

访问的方式除了用于了解企业高层管理人员对信息系统的需求以外，有时还可以用于对其他调查方法的补充和调查结果的确认。

3. 开调查会

开调查会是一种集中征询意见的办法，适用于对系统的全面的定性调查。可按两种组织方式进行：一是按职能部门召开座谈会，了解各个部门的业务范围、工作内容、业务特点以及对新系统的想法和建议；二是召集各类人员联合座谈，着重听取使用单位对目前作业方式存在问题的介绍和对新系统解决问题的要求等。调查会要求吸收生产指挥人员和技术骨干参加。

调查会是在业务调查中应用比较广泛也比较有效的一种方法，但是该方法要邀请各个业务部门的骨干参加，牵扯面较大，所以不易经常组织。对于大规模的调查会，尤其要注意明确目的，有效地利用时间解决问题，避免频繁地召集开会，浪费时间。

4. 直接参加业务实践

要真正地了解系统，最好亲自参加实践。通过跟班学习，可以较深入地了解手工作业的数据发生、传递、加工、存储、输出等环节的工作内容，这对以后建立模型或进行人工模拟都是至关重要的。

深入实际的调查方法是完善信息系统调查工作的一种重要方式，这种方法一般用于了解业务处理中的不规范处理情况和处理细节。应当说，企业的大部分管理过程都是规范的，但是，在这些过程的运行过程中却需要处理许多不规范的情况。对于这些不规范情况的了解，必须要采用深入实际的调查方法。因为业务人员对于这些不规范的业务并没有形成全面、系统的认识，所以也不能对之作出全面、系统的描述。

5. 电子问卷

电子问卷是目前成本最小、技术含量最高、范围最广的一种获取信息的方式。它主要采用电子邮件或者网页调查方法，可以以较低的边际成本获得大范围的调查结果。如果企业已经建有内部网络应用平台，这种方法可以方便、快捷地获得成效。

以上五种调查方法，要灵活应用，根据实际相互结合。在调查研究中，要注意系统性和完整性，详细了解管理过程的方方面面和来龙去脉，并以此为基础全面分析企业管理现状，避免从局部出发得出不符合实际的结论。

三、组织目标、机构与职责分析

（一）组织目标分析

组织目标是组织战略规划的一个重要部分，是组织长远发展的计划。了解组织发展的目标是进行系统开发的基础。这个目标既可以通过阅读组织相关资料获得，也可以通过访问相关高层人员获得。

1. 组织目标分析的内容

在信息系统规划阶段，已经对组织目标作了分析。但当时的分析工作主要是围绕着信息系统建设的长远规划而展开的，对组织近期目标和详细的指标体系注意不够。在本阶段，应该在信息系统规划阶段目标分析的基础上，对组织近期目标和指标体系进行详细分析。

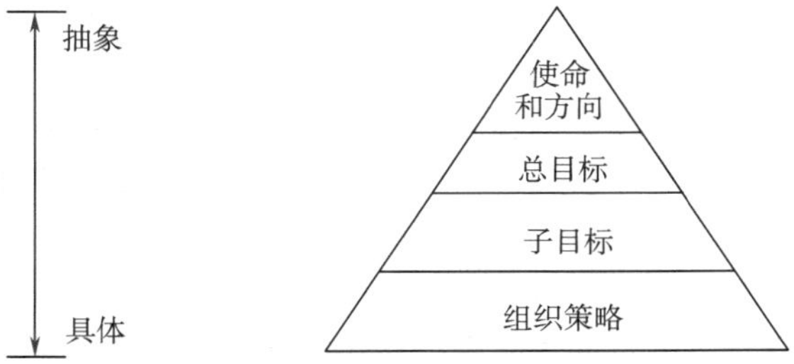

图 4-3　组织目标层次结构图

组织目标分析的内容主要包括组织使命和方向分析、组织目标结构分析和组织目标的实现策略分析等内容，如图 4-3 所示。其中，组织使命是组织存在的意义和价值，组织方向是组织发展的长远路线和趋势；组织总目标是为了实现组织的使命，在一段时间内组织所要达到的总体目的和结果；组织子目标是对总目标的分解，子目标可以逐层分解，形成目标树；组织策略是为了实现组织目标所采取的对策和举措，是实现组织目标的运筹和保证。在以上叙述的各项内容中，对于组织总目标和子目标的分析应该是工作的重点。

组织的使命、目标和策略是组织本身固有的，组织目标分析的工作重点是了解和认识组织的使命、目标和策略，而不是对它们进行评价。因此，这些内容只能通过调查得到。组织的目标虽然是组织的根本，但有些组织领导未必能够清楚地认识这些内容，有些组织虽然也按照既定的目标在发展，但是并没有成文的材料。这就要求分析者通过与组织高层领导进行深入的交谈，对组织的各种资料和文件进行分析归纳，确定出组织的使命、目标和策略。

下面以某校图书馆为例（见表4-2）来说明其组织目标分析的全部工作内容。

表4-2　某校图书馆组织目标分析的内容

组织的使命和方向	以优质服务和具有竞争力的价格，向校内读者提供丰富的图书，以使本馆能够顺利发展
组织总目标	向本校读者提供一流服务，使本馆图书借阅率达到20%
组织子目标	最方便地供读者阅读和购买图书，减少30%的读者购书时间 近三年每年增加30%的新图书品种 能够快速掌握国内最新出版的各类图书 能够快速统计和掌握本校读者的购书要求，及时掌握畅销书、滞销书的信息 入库、出库、盘库的工作效率每年提高20%
组织策略	开架摆放读书、桌椅，为读者提供方便的阅读和购书条件 更改售书结算方法，减少读者结账时间，提高工作效率 建立全国出版社、供书商数据库，掌握最新图书动态 修改购书资金计划，每年增加30%的购书资金，以增加图书品种 对销售图书进行动态统计，及时掌握畅销书、滞销书的信息 修改库存管理办法，提高效率，方便管理 更新结算系统 建立图书馆图书管理信息系统，全面提高管理水平和工作效率

2. 组织目标分析的方法

组织目标分析的方法步骤是：根据系统调查的结果，分析和归纳现行系统中的关键问题并且列出问题表；根据问题表，列出目标树；在目标树中，顶层是总目标，下面依次为各层的子目标，最下层是为实现目标应该具备的功能；分析各子目标以及子目标之间的关系，确定解决目标冲突的方法和各项具体措施的考核方法；最后分析各子目标在系统中所起作用的重要程度，重新排列问题表。

在对总目标和子目标进行分析时，所利用到的图形工具是目标树。在目标树中主要是分析各类目标的层次关系和权重关系，分析各项子目标之间的协调与冲突关系，了解系统目标是否与环境适应等，图4-4是某施工企业现行系统的目标树。

绘制目标树时应注意：①突出目标的层次关系和各目标的权重关系。层次高的目标在上层，权重大的目标在左边。②分析各项子目标之间的关系，确定解决目标冲突的方法，使得各子目标趋向“共振”而不是“内耗”。③了解系统目标是否与环境相适应，因为这是决定系统能否维持和生存的一个重要因素。

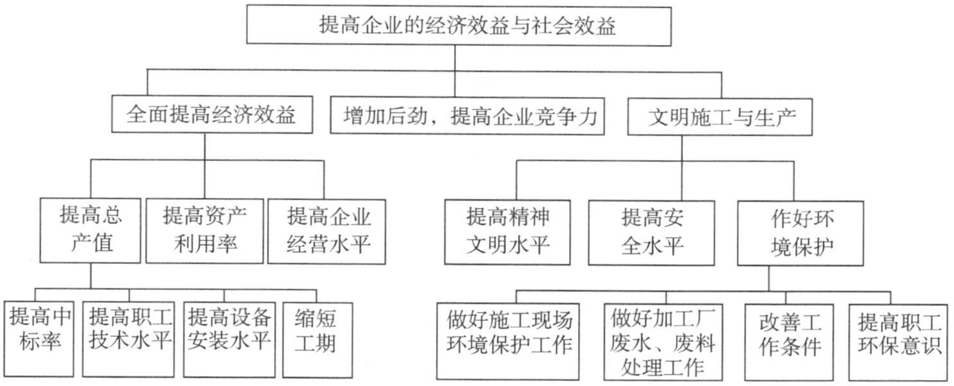

图 4-4　某施工企业现行系统的目标树

（二）组织机构分析

组织机构指的是一个组织（部门、企业、车间、科室等）的组成以及这些组成部分之间的隶属关系或管理与被管理的关系。组织机构的调查是业务调查的一项基本工作，也是首要的工作。

1. 组织机构分析的内容

组织机构分析（Organization Analysis）的工作内容主要是理清组织的结构和岗位设置，以及各机构之间的隶属领导关系和职能指导关系，理清系统中各部门间物资流动、资料传递与资金流动等关系。此外，还应详细了解各级组织存在的问题以及对新系统的要求等。

2. 组织机构分析的方法

组织机构分析一般通过组织机构图来表现。组织机构图是组织机构分析的主要工具，它可以清晰地描述组织的管理层次、管理人员分工和职权范围等。组织机构图的绘制比较简单，就是把组织分成若干部分，首先标明行政隶属关系，然后逐步补充物资流动关系、资料传递关系、资金流动关系等各种关系。组织机构图之所以要画上以上几种关系，是因为这些关系都伴随着信息流，也就是说，这些关系中都包含着信息交换，需要抽象出来。

组织机构图绘制的注意事项有以下几项：

第一，不能只画组织上的从属关系，即领导与被领导的行政关系。如前所述，凡是有物质交换、资金流动、资料流动的地方，几乎都伴随着信息的流动，应该标示出来。

第二，切实了解各部门的职责。组织中现行的行政机构的名称有时并不能正确反映该部门实际负责的工作，所以不应该单凭名称去主观猜想部门的职责，而要切实地去了解每一部门究竟实际在干什么，根据这些画出组织机构图。在这种情况下，可能要考虑变更组织机构的问题，根据实际工作的密切程度予以归并。

第三，在组织机构图中重点画出与信息系统有关的部分。有些明显与所开发系统关系不大的部分，可以不画。图 4-5 是某工厂组织机构图的示例。

（三）组织职责分析

组织职责是为了实现组织使命和目标，赋予组织的职责和功能。有时把组织职责也称为组织功能。例如，一个大学为了实现其使命和目标，就需要具有招生、教学、科研、学生管理、财务、人事、设备、资产、后勤等功能。

1. 组织职责分析的内容

组织机构分析侧重于组织内部和上下级之间的关系，而组织职责分析则主要是分析组织内

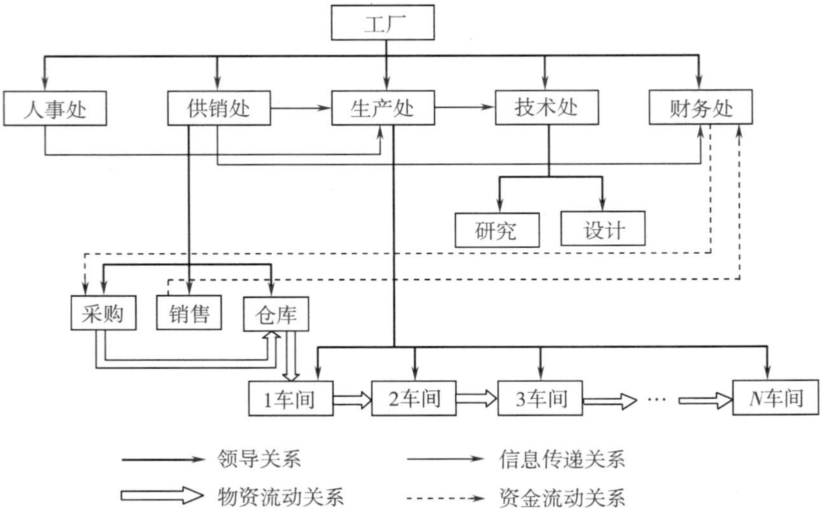

图 4-5　某工厂组织机构图

部各部分之间的联系程度、组织各部分的主要业务职能和它们在业务过程中所承担的工作等。这些工作将会给后续的业务、数据流程分析和过程/数据分析等带来很大的帮助。

2. 组织职责分析的方法

目前通常采用组织/业务关系表和业务功能一览表来反映组织各部分在承担业务时的关系。下面将分别予以说明。

（1）在进行信息系统开发过程中的组织职责关系分析时，可以利用组织/业务关系表来进行说明，如表 4-3 所示。组织/业务关系表中的横向表示各组织名称，纵向表示业务过程名，中间栏填写组织在执行业务过程中的作用。

表 4-3　组织/业务关系表

序号	组织 业务	计划科	质量科	设计科	工艺科	机动科	总工室	研究所	生产科	供应科	人事科	总务科	教育科	销售科	仓库
1	计划	*					✓		×	×				×	×
2	销售		✓											*	×
3	供应	✓							×	*					✓
4	人事										*	✓	✓		
5	生产	✓	×	×	×		*		*	×				✓	✓
6	设备更新				*	✓	✓	✓	×						

注：“*”表示该项业务是对应组织的主要业务；“×”表示该组织是参加协调该项业务的辅助单位；“✓”表示该组织是该项业务的相关单位；空格表示该组织与对应业务无关。

（2）在组织中，如果组织的各个部分并不能完整地反映该部门所包含的所有业务，那么必须以功能为准绳来设计系统。如此设计出来的系统对于组织结构的变化有一定的独立性，并具有较强的生命力。所以，在分析组织情况时还应该画出其业务功能一览表。这样做可以使人们在了解组织结构的同时，对依附于组织结构的各项业务功能也有一个概貌性的了解，也可以对于各项交叉管理、交叉部分各层次的深度以及各种不合理的现象有一个总体的了解。

业务功能一览表是一个完全以业务功能为主体的树形表。其目的是在于描述组织内部各部分的业务和功能。图4-6就是某厂业务功能一览表的一部分。

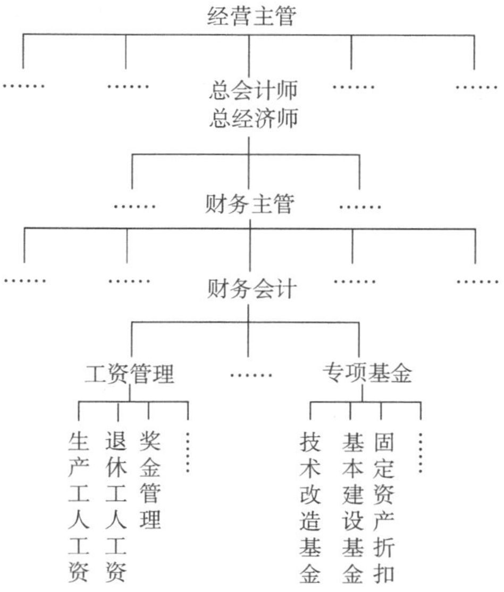

图4-6 业务功能一览表

四、业务流程分析

业务流程是组织的业务活动过程。业务活动过程也是组织实体围绕着实现组织的某些目标的活动过程。在业务流程中伴随着组织中大量的人流、物流、资金流等实体流和信息流，但所有实体流最终都要反映为能够被人们接收和处理的信息流。业务流程分析是业务分析中的一个很重要的内容，只有对业务流程进行深入分析，才能够深入地理解业务过程，了解业务活动所涉及的各种组织实体，了解业务的过程、步骤、规则和方法，并发现系统的薄弱环节和不尽合理之处，以便修改和删除原系统的不合理部分，寻找优化和改进的方法。

（一）业务流程分析的内容

业务流程分析主要应从以下几个方面进行：

1. 业务功能分析

业务功能分析就是在调查研究的基础上，按照企业组织机构，详细列出企业功能。由于企业业务会经常变化，而基本的管理功能则相对稳定，按功能设计系统，将会使系统相对独立于流程和组织。业务功能的分析一般是和组织分析一道，画出组织的业务功能一览表，在了解组织机构的同时对依附于组织机构的各项业务功能有概括的了解，对业务功能在组织间的交叉、各业务功能在管理层次上的深度，以及一些不尽合理的现象，也要有初步的认识。

2. 业务关系分析

企业业务是逻辑上相关、时间上继承的一系列活动，每个活动即为业务功能。在调查研究过程中已经对业务功能进行了细致的调查，明确了每个活动所要完成的工作、使用的资源以及与其他活动的联系。但各个活动是分别考虑的，没有考虑到各个活动间的依存关系。业务关系分析就是对流程中各个活动间的逻辑联系、时序关系、数据联系、资源约束和活动的相关性等进行分析。

3. 业务流程优化

新信息系统应用必然会给业务运行过程提供变革的可能性。在现有业务流程分析的基础上进行业务流程优化，是系统分析的重要内容之一。

在业务流程优化之前应该首先对现有业务流程进行分析，即分析现有业务流程中的各个处理过程是否有存在的价值，哪些过程可以删除、合并或者进行改进和优化。接下来可以完成对原来业务流程的优化，即按计算机信息处理的要求，分析哪些过程存在冗余信息处理，哪些活动可以变串行处理为并行处理，变事后监督为事前或事中控制，产生更为合理的业务流程。

通过这些分析，可以设计出符合信息处理特点的新流程，从而使新系统的业务流畅，数据流动和处理简洁、方便，充分发挥信息技术的应用效果。

（二）业务流程分析的方法

业务流程分析应沿着原系统信息流动的过程依次进行，内容包括各环节的处理业务、信息来源、处理方法、计算方法、信息去向、提供信息的时间和形态（报告、单据、屏幕显示等）。

描述管理业务流程的图表主要有业务流程图和表格分配图。

1. 业务流程图

业务流程图（Transaction Flow Diagram，TFD）是一种表明系统内各单位、人员之间业务关系、作业顺序和管理信息流动的流程图，它可以帮助分析人员分析业务流程中不合理的流程，发现现有系统需要改进之处。业务流程图基本上按照业务的实际处理步骤和过程绘制。换句话说，业务流程图就是一本用图形方式来反映实际业务处理过程的“流水账”。绘制出这本“流水账”，对于开发者理顺和优化业务过程是很有帮助的。业务流程图的基本符号和画法如图 4-7 所示。

图 4-7　业务流程图的符号

业务流程图的绘制并无严格的规则，只需要简明、扼要地如实反映实际业务过程即可。

某企业物资管理业务活动的业务流程图如图 4-8 所示。

其处理过程是：车间填写领料单到仓库领料，仓库主任根据用料计划审批领料单，未批准的领料单退回车间。库工收到已批准的领料单后，首先查阅库存台账，若有货，则通知车间前来领取所需物料，并登记用料流水账，否则将通知采购人员。同时，库工定期统计库存情况，生成库存报表上交有关部门。

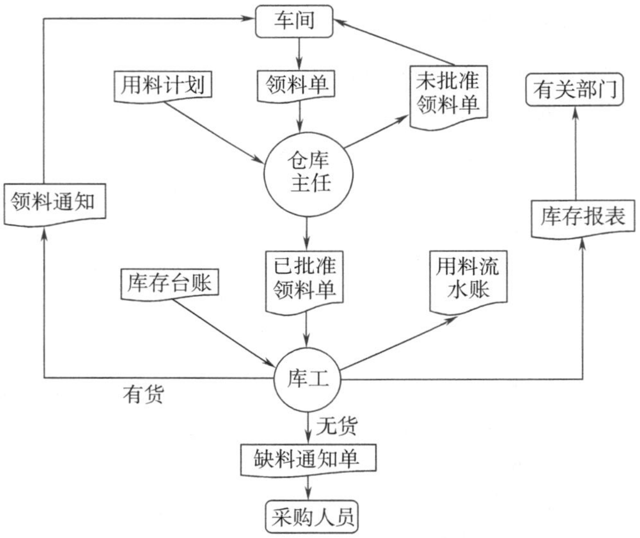

图 4-8　某企业物资管理业务活动的业务流程图

绘制业务流程图无论是对系统分析还是系统设计都具有重要的作用。制作流程图的过程也就是系统分析员全面了解系统业务处理概况的过程，业务流程图是系统分析员作进一步系统分析的依据；业务流程图是系统分析员、管理人员、业务操作人员相互交流思想的工具；系统分析员可直接在业务流程图上模拟出可以实现计算机处理的部分，明确计算机的处理范围、计算机处理所涉及的部门以及计算机处理与人工处理的衔接情况；可以用业务流程图来分析业务流程是否合理。

业务流程图的符号简单明了，所以非常易于阅读和理解。但它的不足是对于一些专业性较强的业务处理细节缺乏足够的表现手段，比较适用于反映事务处理类型的业务过程。同时，它在绘制过程中掺杂了一些物质的要素，这对系统的设计和实施是不利的，因此还需剔除其物质的要素，这部分工作要在数据流程分析中进行。

2. 表格分配图

这种图可帮助分析人员表示出系统中各种单据和报告都与哪些部门发生业务关系。图 4-9 是一张能反映采购过程的表格分配图，其中，每一列表示一个部门，箭头表示复制单据的流向，每张复制单据上都标有号码，以示区别。由图 4-9 可知，采购单一式四份：第一份交给卖方；第二份交到收货部门，用来登记收货清单；第三份交给财会部门，登记应付账；第四份存档。到货时，收货部门按待收货清单核对货物后填写收货单四份。其中，第一份交财务部门，通知付款；第二份通知采购部门取货；第三份存档；第四份交给卖方。

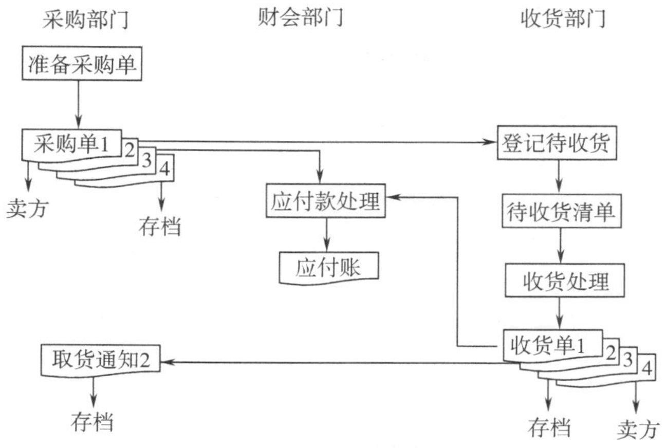

图 4-9 表格分配图

第四节 数据流程分析

数据流程分析是把数据在组织（或原系统）内部的流动情况抽象地独立出来，舍去了具体组织机构、信息载体、处理工作和物资材料等，单从数据流动过程来考查实际业务的数据处理模式。数据流程分析主要包括对信息的流动、传递、处理、存储等的分析。数据流程分析的目的就是要发现和解决数据流动中的问题。

一、数据流程分析的内容

数据流程分析把数据在组织中的流动过程抽象出来，专门考虑业务处理中的数据处理模式，目的在于发现和解决数据处理中的问题。数据流程分析的内容主要包括：

（1）数据整理汇总。在业务调查中获得了各种数据，这些数据涉及企业的各个过程，形式多样，来源和目的不明确，为了建立合理的数据的流程，必须对这些数据进行整理汇总，通过归纳和甄别，确定每个流程中的实际数据流的内容。为此，在分析中要把业务调查研究中获得的资料，按业务过程分类编码，按处理过程的顺序整理。要弄清各环节上每一栏数据的处理方法和计算方法，把原始数据和最终处理结果单独列出。

（2）数据特征分析。分析各种单据、报表、账本的制作单位、报送单位、存放地点、发生频度，每个数据的类型、长度、取值范围，以及整个业务流程的业务量以及与之相应的数据流量、时间要求、安全要求等。按照数据的来源、管理的职能与层次、共享程度、数据处理层次等特征对数据进行分类。数据的分析与数据的调查不能截然分开，在分析过程中，还需要不断调查，补充完善。

（3）数据具体流程分析。数据具体流程分析的目的是要发现和解决数据流程中存在的问题，包括数据流程不畅、数据处理过程不合理、前后数据不匹配等。这些问题可能是由于原系统管理混乱，数据处理流程本身有问题，也可能是调查分析有误。通过流程分析，建立畅通、高效的数据处理过程，是新系统设计的基础。

二、数据流程分析的方法

（一）数据流程图的特性

描述系统数据流程的工具是数据流程图及附带的数据字典、处理逻辑说明等图表。

数据流程图（Data Flow Diagram，DFD）是描述现行系统数据输入、数据输出、数据存储及数据处理之间关系的一种强有力的工具，也是与用户进行紧密配合的有效媒介。通过这一阶段的数据流程分析，既可以将原系统的业务流程特点和用户需求展露无遗，分析系统的数据流向及其相互调用关系，又可以为系统设计打下基础。数据流程图的特点是：

（1）抽象性。在数据流程图中，具体的组织机构、工作场所、物资流动等已经去掉，只剩下信息和数据的存储、流动、使用以及加工的情况，可以抽象地总结出信息处理的规律。

（2）概括性。它把系统对各种业务的处理过程联系起来考虑，形成一个总体，给出系统的全貌。无论手工操作部分还是计算机处理部分，都可以用它系统地表达出来。

（二）数据流程图的组成

数据流程图共有四个基本元素，它们的代表符号及名称如图4-10所示。

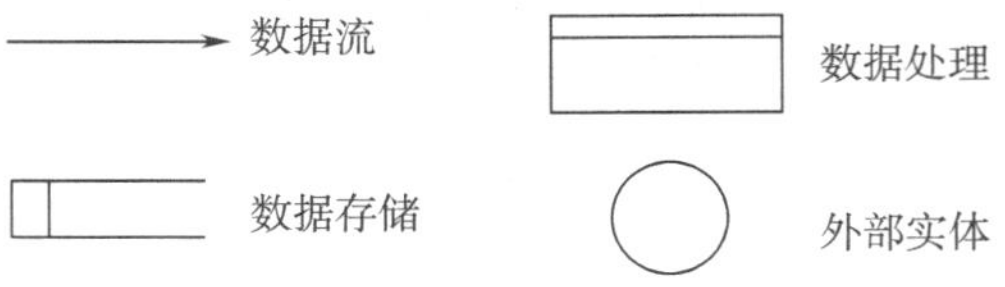

图4-10　数据流程图的符号

1. 外部实体

外部实体（External Entity）简称S，又称为数据源/去向（Data Source/Sink），是指本系统之外的人或单位。它们和本系统有信息传递关系，是系统输入信息的源和输出信息的宿。在绘制某一子系统的数据流程图时，凡属本子系统之外的人或单位，都被列为外部实体，例如顾客、供应商、政府机构、银行、咨询机构等。

外部实体的名称为名词，应写在外部实体的圆圈内。

2. 数据流

数据流（Data Flow）简称D。数据流表示流动着的数据，数据流可以表示各种输入输出的报表、单据和凭证，也表示数据存储和处理逻辑之间的输入数据和输出数据。对于数据存储来说，输入的数据流表示写入，输出的数据流表示读取；对于处理逻辑来说，输入的数据流表示处理逻辑加工的原始数据，输出的数据流则表示加工处理的结果。

通常在数据流符号的上方或左边标明数据流的名称。数据流的名称应为名词字句，例如存单、订货单等。如果难以命名数据流，则很有可能数据流并不存在。数据流可以从一个处理流向另一个处理，也可以从处理流进或流出到文件，还可以从外部数据源流向加工或从加工流向数据终点。

对数据流的表示有如下约定：

（1）流进或流出到文件的数据流不需标注其名字，因为文件本身就足以说明数据流。画其他的数据流则必须标出名字，名字应能反映数据流的含义。

（2）数据流不允许同名。

（3）两个数据流在结构上相同是允许的，但必须体现对数据流的不同理解。例如图4-11a中的订单与合格订单两个数据流，它们的结构相同，但后者体现了对其检验的处理过程。

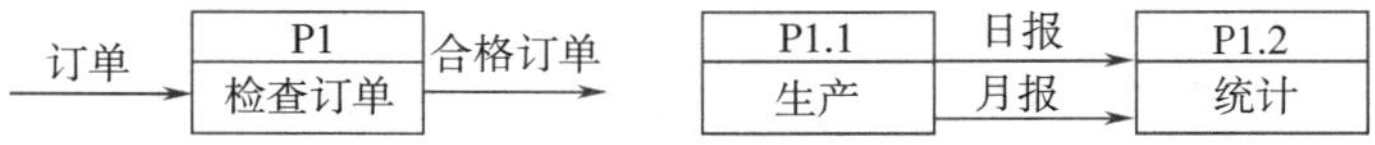

a）　　b）

图4-11　数据流示例

（4）两个加工之间可以有几股不同的数据流，这是由于它们的用途不同，或它们之间没有联系，或它们的流动时间不同，如图4-11b所示。

3. 数据处理

数据处理（Process）又称加工，简称P。它是对数据进行的操作，它把流入的数据流转换为流出的数据流。它用一个带横线的长方形表示。图形下部填写处理的名称，如开发票、打印报表等，如图4-11a中数据处理的“检查订单”；上部填写唯一标识该处理的标志，如图4-11a中的“P1”。每个加工都应取一个名字表示它的含义，名字中必须包含一个动词。

如果一个处理逻辑仅接受输入数据流，但不输出数据流（有输入，无输出），则称之为黑洞。出现这种情况，可能是疏忽了有关的输出数据流。如果一个处理逻辑仅有输出，无输入，则称之为奇迹。这种情况可能是忘记了输入的数据流。如果一个处理逻辑的输入数据流的数据不足以产生输出数据，则称之为灰洞。这通常是由于考虑不周而造成的。

4. 数据存储

数据存储（Data Store）简称F。它是指通过数据文件、文件夹或账本等存储数据，用一个右边开口的长方形表示。图形右边填写存储的数据和数据集的名字，左边填入该数据存储的标识。从数据存储中流入或流出的数据流，其含义可能表示为数据的使用、移动、创建、删除、修改等，要根据实际情况理解它们的不同意义。

需要注意的是，流入或流出数据流时，数据流的方向是很重要的。如果是读文件，则数据流的方向应从文件流出，写文件时则相反；如果是又读又写，则数据流是双向的。在修改文件时，虽然必须首先读文件，但其本质是写文件，因此数据流应流向文件，而不是双向或其他。

例如，在图4-12中，检查合理性加工时，只从库存账目文件中读出库存信息与领料单核对，所以数据流从“库存文件”流出，箭头指向“库存检查”处理。

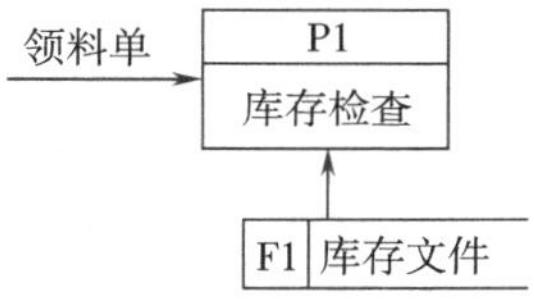

图4-12 数据存储使用示例

从上面的介绍可知，数据流程图可通过四个基本符号直观地表示，但它不能表达每个数据和加工的具体、详细的含义，这些信息需要在“数据字典”和“处理逻辑说明”中详细说明。

图4-13是一个教学管理系统的数据流程图示例。从图中可以看到，其中外部实体主要包括

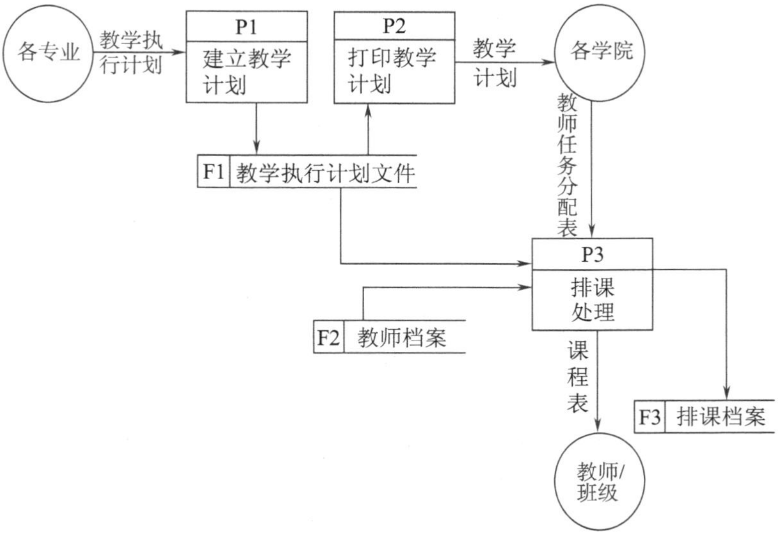

图4-13 教学管理系统的数据流程图

各专业、各学院以及校内各班级和授课教师。他们与教学管理人员有工作上的关系，但是对于系统开发而言，他们只作为数据的来源和去向体现在流程图中。此外，教学管理系统的数据流程为：各专业将自己拟定的教学执行计划上报给教学管理人员，由教学管理人员负责存档，即完成建立教学计划处理，同时将信息存储到教学执行计划文件当中；教学管理人员整理教学执行计划文件，给各学院打印完整的教学计划；根据各学院上报的教师任务分配表，查询教师档案信息，调取教学执行计划文件，进行排课处理，将排课结果存档并通知各授课教师和班级。

（三）数据流程图的画法

现代化的管理信息系统是以目前的手工系统为基础，同时又高于传统人工管理的系统。所以，在系统分析时，首先必须画出当前系统的业务流程图。下面研究如何画出当前系统的数据流程图，至于从它过渡到新系统的数据流程图的方法，则将在后面进行说明。

绘制数据流程图应该遵守“由外向里”的原则。即先确定系统边界或范围，再考虑系统的内容，先画处理的输入和输出，再画处理内部。具体实行可按下述步骤进行：

（1）识别系统的输入和输出，即确定系统的边界。在系统分析初期，系统的功能需求还不很明确，为了防止遗漏，不妨先将范围定得大一些。系统边界确定后，那么越过边界的数据流就是系统的输入和输出。

（2）绘制系统内部数据流。系统内部数据流的绘制应该按照从输入端到输出端的顺序依次绘制，逐步通过数据存储和加工处理连接起来，当数据流的组成或值发生变化时，就在该处画一个“处理”方框。首先应集中精力画出主要的数据流，然后再补充上出错处理等。

在绘制时，如果需要反映数据的存储或者在处理时需要利用其他文件时，就应该画上文件，以反映各种数据的存储，并表明数据流是流入还是流出文件。

最后，再回过头来检查系统的边界，补上遗漏但有用的输入、输出数据流，删去那些没有被系统使用的数据流。

（3）由外向里分解处理。同样运用“由外向里”的方式对处理进行分解。如果在处理内部还有数据流，则可将该处理分成若干个子处理，用这些数据流把子处理连接起来。

（4）其他注意事项。一般应先给数据流命名，再根据输入/输出数据流名的含义为处理命名。名字含义要确切，要能反映相应的整体。若碰到难以命名的情况，则很可能是分解不恰当，应考虑重新分解。

应从左到右地画数据流程图。通常左侧、右侧分别是数据源和数据终点，中间是一系列处理和存储。正式的数据流程图应尽量避免线条交叉，必要时可用重复的数据源、终点和文件符号。

画数据流程图时，先只考虑稳定状态，即系统启动后正常工作状态，稍后再考虑系统启动和终止的问题。画数据流程图是一项艰巨的工作，要作好重画的思想准备。重画是为了消除隐患，不断改进。

（四）数据流程图的逐层分解

对于一个规模较大、结构复杂的信息系统，它的数据流程图可以包括几千个加工处理，几万个数据流。要把它们都画在同一张纸是不可能的，即使能够在一大张纸中画上，则图形也将极其庞大、复杂，不方便理解和使用。为了控制复杂性，结构化分析采用“自顶向下，逐层分解”技术，通过分解获得一套由抽象到具体的数据流程图，称这一套数据流程图为分层数据流程图。它比仅用一张数据流程图来描述系统的所有细节更便于理解和使用。

下面从四个方面讨论画分层数据流程图时应注意的问题。

1. 合理编号

数据流程图的顶层称为 0 层，称它是第 1 层的父图，而第 1 层既是 0 层图的子图，又是第 2

层图的父图，以此类推。

为了便于管理，应按下列规则为数据流程图和其中的处理编号：①子图号就是父图中相应处理的编号。②子图中处理的编号由处理标识 P、子图号、小数点和局部号组成。

例如，在图 4-14 中，第一层处理编号为 P1，第二层其子图处理编号分别为 P1. 1、P1. 2、P1. 3……按上述规则，子图的编号既能反映出它所属的层次，也能说明它的父图编号等信息。

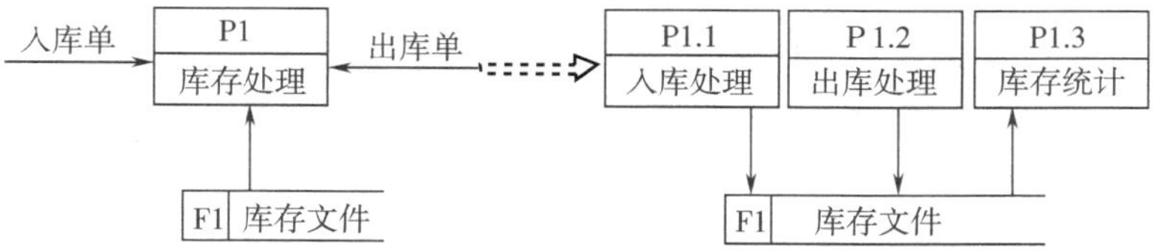

图 4-14　数据流程图父图和子图的编号

2. 子图与父图的平衡

子图与父图的数据流必须平衡，这是分层数据流的重要原则。这里的平衡指的是子图的输入与输出数据流必须与父图中对应处理的输入与输出数据流相同。但两种情况是允许的。一是子图的输入与输出流比父图中相应处理的输入与输出流表达得更详细。例如，在图 4-15 中，父图的“订货单”数据流由客户、品种、账号、数量四部分组成，则图中的子图和父图是平衡的。在实际中，检查该类情况的平衡，需借助于数据字典进行。二是考虑平衡时，可以忽略枝节性的数据流。例如图 4-15，在子图的加工 P4. 3 中增加一个输出，表示出错的数据流（如虚线所示），则子图和父图仍可看做是平衡的。

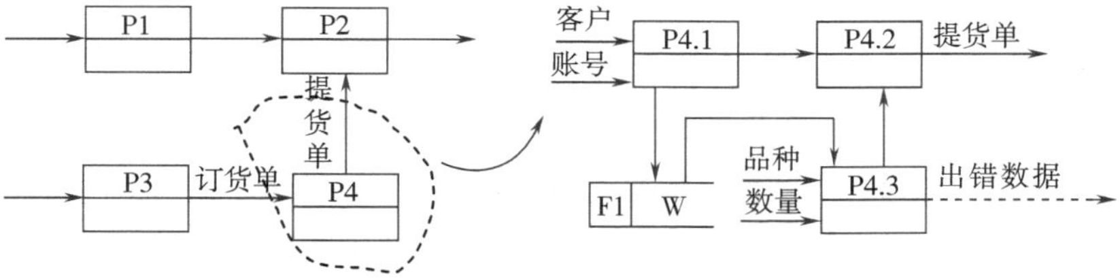

图 4-15　数据流程图子图和父图的平衡示例

3. 局部文件

图 4-15 中的父图和子图是平衡的，但子图中的文件 W 并没有在父图中出现。这是由于对文件 W 的读、写完全局限在处理 P4. 3 之内，该文件是子图局部文件。

应当指出的是，如果一个文件被用作某层数据流程图中的某些处理之间的交界面，则在该数据流程图中就必须画出这个文件。一旦文件被单独画出，那么也须画出这个文件同其他部分之间的联系。

4. 分解的程度

对于规模较大的系统的分层数据流程图，如果一下子把一个处理直接分解成基本处理单元，一张图上画出过多的处理，将使人难以理解，也增加了分解时的复杂程度。然而，如果每次分解产生的子处理太少，会使分解层次过多而增加了作图的工作量，阅读也不方便。经验表明，一般说来一个处理每次分解最多不要超过七个为宜。同时，分解时应遵循以下原则：

（1）分解应自然，概念上要合理、清晰。

（2）上层可分解得快些（即分解成的子处理个数多些），这是因为上层是综合性描述，对可读性的影响小。而下层应分解得慢些。

（3）在不影响可读性的前提下，应适当地多分解，以减少分解层数。

一般说来，当处理可用一页纸明确地表述时，或处理只有单一输入与输出数据流时（出错处理不包括在内），就应停止对该处理的分解。另外，对数据流程图中不再作分解的处理（即功能单元），必须作出详细的处理说明，并且每个处理说明的编号必须与功能单元的编号一致。

（五）数据流程图的修改

前面已经介绍了画数据流程图的基本方法。对于一个大型系统来说，由于在系统分析初期人们对于问题理解的深度不够，在数据流程图上也不可避免地会存在某些缺陷或错误。因此还需要进行修改，才能得到完善的数据流程图。这里介绍如何从正确性和可读性两方面面对数据流程图进行改进。

1. 数据流程图的正确性

数据流程图的正确性应该从以下几个方面进行分析：

（1）数据守恒。一个处理的数据流仅由它的输入数据流确定，这个规则绝不能违背。数据不守恒的错误有两种：一是漏掉某些输入数据流；二是某些输入数据流在处理内部没有被使用。虽然有时后者并不一定是个错误，但也应认真考虑。对于确实无用的数据就应该删去，以简化处理之间的联系。

（2）文件使用。在数据流程图中，文件与处理之间数据流的方向应按规定认真标注，这样也有利于对文件使用正确性的检查。例如，在图4-16中，因为文件1和文件2好像一个“渗井”，数据只流进不流出，显然是一个错误。

（3）子图与父图平衡。造成子图与父图不平衡的一个常见原因是在增加或删除一个处理时，忽视了对相应父图或子图的修改。在检查数据流程图时应注意这一点。

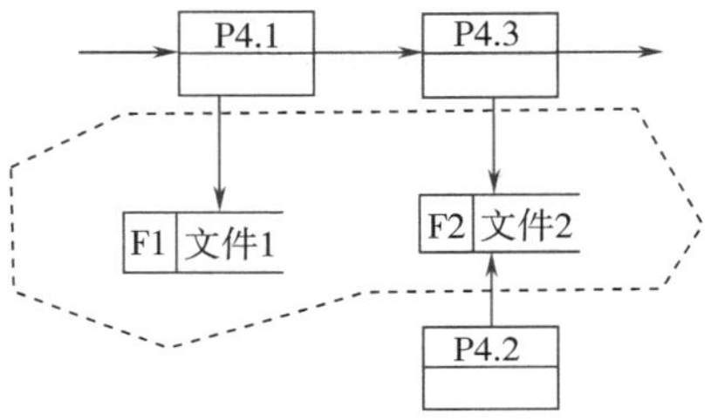

图4-16　数据流程图文件使用示例

（4）处理与数据流的命名。处理与数据流的命名必须体现被命名的全部内容而不是一部分。对于处理的名字，应检查它的含义与被处理的输入与输出数据流是否匹配。

2. 数据流程图的可读性

数据流程图的可读性可以从以下几个方面来提高：

（1）简化处理之间的联系。各处理之间的数据流越少，各处理的独立性就越高，因此应当尽量减少处理之间数据流的数目。必要时可采用后面将要介绍的步骤对数据流程图重新分解。

（2）分解应当均匀。在同一张数据流程图上，应避免出现某些处理已是功能单元，而其中一些处理却还待继续分解好几层的情况出现。否则应考虑重新分解。

（3）命名应当恰当。理想的处理名由一个具体的动词和一个具体的宾语（名词）组成。数据流和文件的名字也应具体、明确。

有时需要对部分或全部数据流程图作重新分解，步骤如下：①把需要重新分解的所有子图连成一张。②根据各部分之间联系最少的原则，把图划分成几部分。③重建父图，即把第②步所得的每一部分画成一个圆圈，各部分之间的联系就是处理之间的界面。④重建各张子图，只需把第②步所得的图按各处的边界剪开即可。⑤为所有处理重新命名、编号。

三、数据流程分析工具——Microsoft Visio

Microsoft Visio是系统分析人员进行流程分析的重要工具，它可以用图解的方式详细展示复杂的业务过程和数据流程。与传统的手工绘制流程图相比，采用Microsoft Visio工具可以在很大程度上保证图形的标准化和规范化。此外，运用Microsoft Visio工具也能较好地弥补手工绘制流程图时不易修改、不易传递等缺陷。因此，灵活掌握这种工具的使用方法，对增强系统开发人员之间的交流、提高系统开发的效率和信息系统的质量都有着重要的帮助。

这里结合前面叙述过的教学管理系统的案例，对其中数据流程图的绘制过程进行说明。

数据流程图一共包括四种基本的符号，即外部实体、数据流、数据存储以及数据处理，每种符号表达的具体含义以及手工绘制应注意的事项在前面已经进行了详细的解释和描述。利用Microsoft Visio 软件可以清晰地实现这些描述，同时利用 Microsoft Visio 软件规范化的绘图功能，可以有效地检查并发现流程分析中可能出现的错误。

对于 Microsoft Visio 软件的具体术语如模板、模具、绘图页等已经在第二章中介绍了，不再详细重复说明。

从总体来说，用 Microsoft Visio 工具绘制流程图共需要经过五个步骤，下面分别结合图示说明：

步骤 1：开始创建图表。首先选择“文件”菜单的“新建”选项。在“模板类别”区域下，单击“软件和数据库”，出现如图 4-17 所示的各种模板，例如其中包括数据库模型图、UML 模型图等。在其中，选择要建立的“数据流图表”模板，出现如图 4-18 所示的绘图页。后面所有的模具将在此绘图页上进行绘制。在绘图页左侧显示的是所有数据流程图的符号及各自说明。

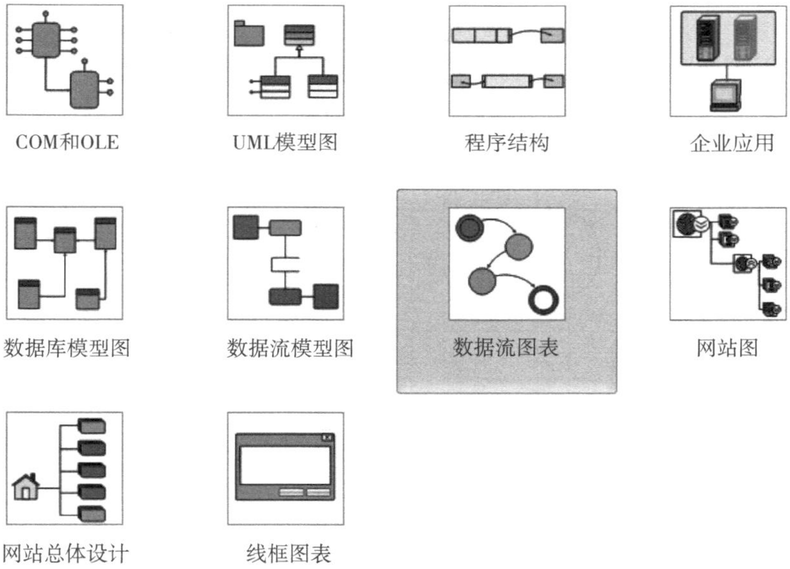

图 4-17 选择数据流程图模板

步骤 2：选择适当的模具，添加形状，设置形状的大小和具体的位置。在已选定的“数据流图表”模板和“基本流程图”模板中，可以看到许多具体的模具，在其中依次挑选出“数据流”、“数据存储”、“数据处理”、“外部实体”这四种形状，将其拖到绘图页的适当位置，并根据要求调整其形状，如图 4-19 所示。此外，也可以通过绘图工具等建立属于自己的模具，具体方法是在常用工具栏中选择“形状”按钮，单击“新建模具”选项即可。

步骤 3：添加文本。选择具体的形状，双击使形状处于文字编辑状态，然后键入文本。在本例中，应在外部实体内键入“各专业”、“教师”等信息，在数据处理内键入“建立教学计划文件”、“打印文件”等内容，其他依照前面所述依次按要求输入文本，如图 4-20 所示。

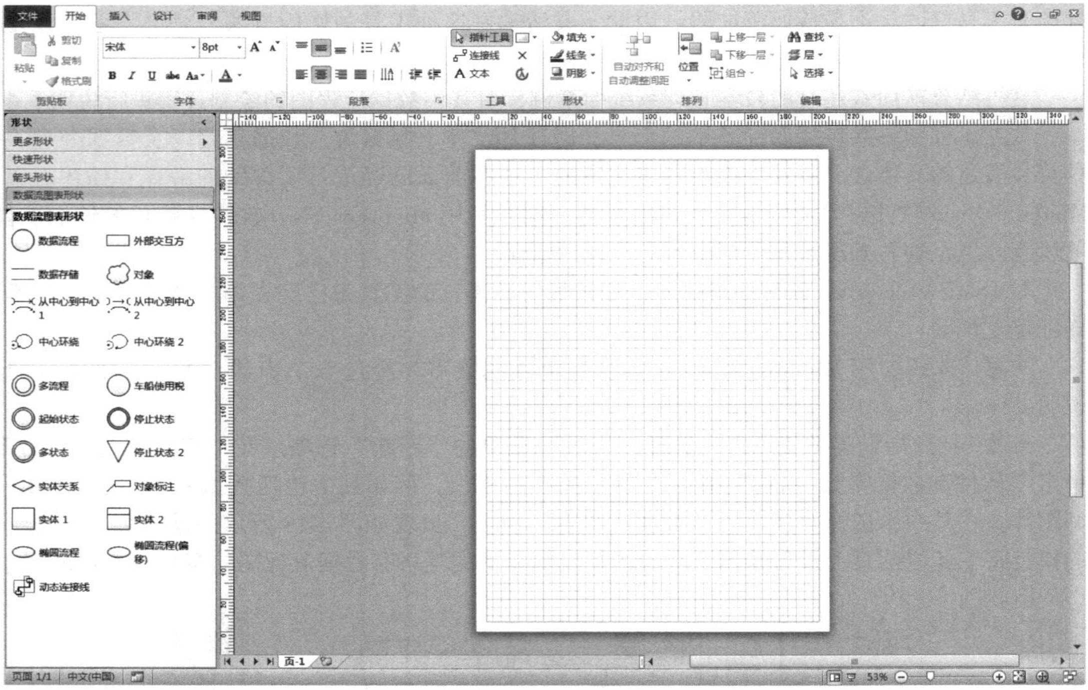

图 4-18　创建图表

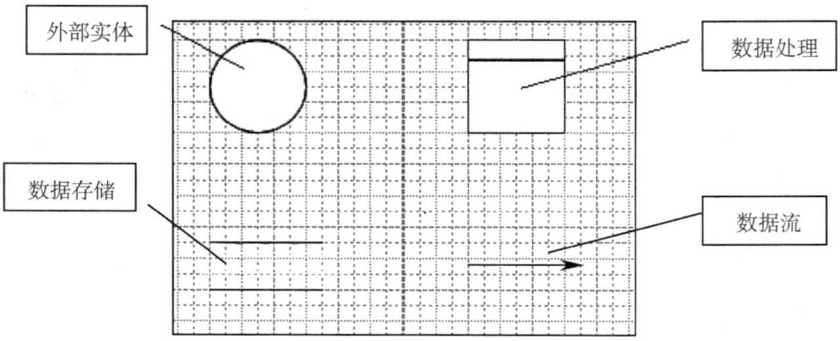

图 4-19　添加形状

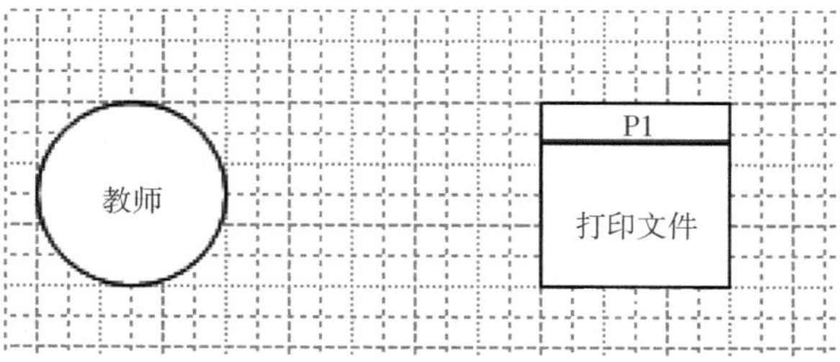

图 4-20　添加文本

步骤4：连接形状。在数据流程图中，外部实体和系统内各处理模块之间应该存在着数据传递关系，这表示为数据流，而各项数据处理之间除了数据流动之外还通过数据存储文件进行连接。因此，在各个形状添加完成之后，要按照系统内数据传递的关系、数据处理的顺序、数据存储的位置等信息来依次连接形状。这样，一个比较详细而准确的数据流程图大致就完成了，如图4-21所示。

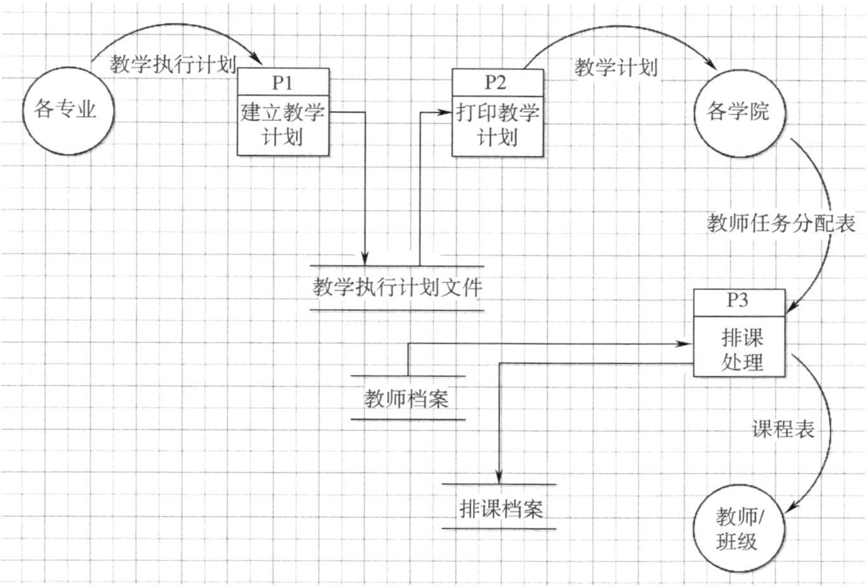

图4-21　连接形状

步骤5：保存和打印图表。在“文件”菜单上，单击“保存”选项进行文件保存。如果要打印，在“文件”菜单上，单击“打印”。在“名称”列表中，选择一台打印机。在“页面范围”下，选择要打印的页面范围。

从上面的介绍中，可以了解到用Visio完成整个绘制过程非常简单，同时也比较易于学习和使用。另外，也可以通过批注等手段在图形空白处配以一定的文字说明，这样就更有利于开发人员之间进行沟通和交流。

第五节　数据字典

数据流程图抽象地描述了信息系统数据处理的概貌，描述了信息系统的分解，即信息系统由哪些子系统组成，各子系统之间有什么联系，但是它却不能说明系统中的各个成分具体是什么，也不能表达系统中各个处理的详细内容。因此，还需要对数据流程图中出现的数据流和处理加工作进一步补充说明，这就是数据字典产生的原因。

一、数据字典的概念与作用

（一）数据字典的概念

在数据流程图的基础上，对数据流程图中的每一个成分，即每个外部实体、数据流、数据处理、文件或数据存储都应有详细的描述，把这些描述所组成的集合按一定次序排列起来称为数据字典（Data Dictionary）。显然，不同的系统都有它们各自的数据流程图和数据字典。数据流程图结合数据字典，就可以从图形和文字两个方面对系统的逻辑模型进行完整的描述。

（二）数据字典的作用

通常数据字典有如下三种用途：

（1）确保系统内数据的一致性和完整性。从数据字典的组成结构来分析，其中包括对一切动态数据（数据流）和静态数据（数据存储）的数据结构和相互关系等的说明，同时能提供标准的术语和词汇，指出系统内各种数据、各个处理逻辑之间的关系，因此能确保数据在系统中的完整性和一致性。例如，在开发信息系统时，往往直到进入程序设计阶段时才发现某个数据元素被遗漏了，或是有冗余的数据元素。数据字典有助于检查数据的一致性和完整性，也有利于系统分析、系统设计和程序设计的顺利进行。

（2）确保开发人员使用统一的数据定义。在整个系统的开发过程中，包括系统交付运行使用后的维护阶段，开发人员一直在充实和修改这部数据字典，在修改和调整的过程中，始终保持使用统一的标准和定义。

（3）是系统设计、实施与维护的重要依据。从数据字典建立初始，它就成为了联系系统开发各个环节的重要纽带和各项工作的实施基础。系统设计人员要根据它制定系统设计方案，程序设计人员在对系统进行修改或扩充功能时，也必须以这部数据字典为依据，必要时要修改或充实它。因此，它是系统开发人员在各个阶段的必不可少的依据，是保证系统科学工作的重要前提。

二、数据字典的内容

数据流程图中已经使用了外部实体、数据流、数据处理、数据存储四种基本符号，为对数据流程图进行更为细致的描述，在数据字典中除了对上述四种符号进行描述外，又增加了数据项和数据结构两种，共计六个方面的内容。下面以教学管理子系统的数据流程图为例，对其数据字典中的各个项目分别进行说明。

（一）数据项的定义

数据项又称数据元素，是数据的最小单位。分析数据特性应从静态和动态两个方面去进行。在数据字典中，仅定义数据的静态特性，具体包括：①数据项的名称、编号、别名和简述；②数据项的类型；③数据项长度和小数位数；④数据项的取值范围。例如：

数据项编号：I01—01

数据项名称：教师编号

别　　名：教师编码

简　　述：某个教师的代码

类　　型：字符型

长度及小数位数：4，0

取 值 范 围：“0001”—“9999”

（二）数据结构的定义

数据结构描述某些数据项之间的关系。一个数据结构可以由若干数据项组成，也可以由若干数据结构组成，还可以由若干数据项和数据结构组成。例如，表4-4所示的课程表就是由四个较小的数据结构组成的数据结构，表中用DS表示数据结构，用I表示数据项。数据字典中对数据结构的定义包括以下内容：数据结构的名称和编号；简述；数据结构的组成。

如果是一个简单的数据结构，只要列出它所包含的数据项。如果是一个嵌套的数据结构（即数据结构中包含数据结构），则需列出它所包含的数据结构的名称，因为这些被包含的数据结构在数据字典的其他部分已有定义。例如：

数据结构编号：DS03—01

数据结构名称：课程表

简　　　述：由排课人员按教师教授的课程安排的课程表

数据结构组成：DS03－02＋DS03－03＋DS03－04＋DS03－05

表 4-4　课程表的数据结构

DS03—01：课程表			
DS03—02：课程表标识	DS03—03：教师信息	DS03—04：课程信息	DS03—05：班级信息
I1：课程表编号	I3：教师代码	I6：课程代码	I10：班级名称
I2：排课人员编号	I4：教师名称	I7：课程名称	I11：班级代码
	I5：所属学院	I8：课程学分	I12：班级人数
		I9：课程性质	

（三）数据流的定义

数据流由一个或一组固定的数据项组成。定义数据流时，不仅要说明数据流的名称、组成等，还应指明它的来源、去向和数据流量等。例如：

数据流编号：D03—01

数据流名称：教师任务分配表

简　　　述：各学院统计后上交的本学院教师任务分配表

数据流来源：各学院

数据流去向：排课模块

数据流组成：教师编号＋课程编号＋班级编号＋课时数

数 据 流 量：1 份/学期

高 峰 流 量：1 份/学期

（四）数据处理的定义

数据处理的定义仅对数据流程图中最底层的处理逻辑加以说明，例如：

数据处理编号：P1

数据处理名称：排课

简　　　述：安排教师的授课任务

输入的数据流：教师任务分配表，来源于各学院；教学执行计划，来源于教学执行计划数据存储；教师信息，来源于教师档案文件

处　　　理：根据各学院上交的教师任务分配表，查询教学执行计划表，同时根据教师档案数据安排课程，将课程表传递给班级和授课教师

输出的数据流：数据流“课程表”分别传递给班级和授课教师。

处 理 频 率：每一学期处理一次

（五）数据存储的定义

数据存储在数据字典中只描述数据的逻辑结构，而不涉及它的物理组织，例如：

数据存储编号：F03—08

数据存储名称：教师档案文件

简　　　述：存储任课教师的基本信息

数据存储组成：教师编号 + 教师姓名 + 出生日期 + 参加工作时间 + 职称 + 工作部门
关　键　字：教师编号
相关联的处理：P3

（六）外部实体的定义

外部实体的定义包括外部实体编号、名称、简述及有关数据流的输入和输出，例如：
外部实体编号：S03
外部实体名称：班级
简　　　述：进行学习的一个组织单位
输入的数据流：课程表
输出的数据流：无

三、数据字典的建立

有了数据字典对于数据流程图的辅助说明，可以主要解决如下四个问题：①可以查出没有指明来源或去处的数据流。②可以查出没有指明数据存储的数据元素，以及没有指明所属数据流的数据元素。③可以查出作为输入到某一处理逻辑中去，却没有被这个处理逻辑使用的数据流。④可以查出应该使用某些数据元素，但输入的数据流却没有包含这些数据元素，或是存在根本没有输入或输出数据流的处理逻辑。系统很大时，要想用人工方式解决上述四个问题是比较困难的。

数据字典实际上是“关于系统数据的数据库”。在整个系统开发以及系统运行后的维护阶段，数据字典是必不可少的工具。

数据字典的建立方式有两种：手工方式和计算机方式。用手工方式构造，其建立过程如下：①对每个要定义的条目建立一张卡片。②在卡片顶部写上条目的名字及类别（如数据流、文件或数据项）。③写上该条目的组成、结构及其他特性和注释等。④把卡片按条目名字的字典顺序（对汉字名可按拼音字母序或笔划次序）排列起来。

在开发过程中，若用户的要求有变化，则字典应作相应的修改。因为字典的容量一般比较大，对它的建立和维护非常费时，可用计算机代替人来完成这项机械而又烦琐的工作。负责该项工作的程序系统称为“字典管理程序”，它应具有如下基本功能：①规定一套字典条目的格式，即为各种类型的条目规定一组语法。②按上述格式输入字典条目。③提供对字典条目进行修改、删除、插入等编辑的手段。④能自动产生各种查阅报告和字典清单。⑤具备一定的完整性、一致性检查能力，即能发现并报告某些错误，如语法不对、重复定义、循环定义等。

值得注意的是，为了保证数据的一致性，数据必须由专人即数据管理员进行管理，其职责就是维护和管理数据字典，保证数据字典内容的完整、一致。任何人，包括系统分析员、系统设计员、程序员，若要修改数据字典的内容，都必须通过数据管理员。数据管理员要把数据字典的最新版本及时通知有关人员。

第六节　新系统逻辑模型

经过前面的业务流程调查、数据流程的抽取以及数据分析，系统分析员已经对现行系统有了比较深刻的认识。这时，需要对最终用户进行需求分析，即进一步调查与分析用户对新系统的功能需求、系统性能需求、运行需求以及预测将来可能的需求，以便对其业务流程、数据流程进行优化，并在此基础上建立新系统的逻辑模型。新系统逻辑模型的建立仍然是采用“自顶向下”的方式进行，即先建立新系统的总体逻辑模型，然后明确处理方式，最终提出系统分析报告。

一、新系统逻辑模型的概念

新系统逻辑模型指的是经分析和优化后，对新系统拟具有的功能和功能实现方法所给出的方案。它不同于计算机配置方案和软件具体实现方案等结构方案，因此只是逻辑方案。新系统逻辑方案的建立是系统分析阶段的最终成果。它对于下一步的设计和实现都是基础性的指导文件，是系统分析向系统设计过渡的桥梁。

新系统逻辑模型来源于现行系统，是在对现行系统分析和修改后得到的。这些修改的内容一般是对原系统不足之处的改动，以及用户对系统提出的新的需求。一般来说，对现行系统进行分析和修改通常可以从如下几个方面去进行：

（1）对现行系统在整体功能上进行分析和修改。例如是否需要增删功能或调整子系统的划分等。通过分析，进一步明确新系统的目标，确定新系统的结构及其涉及的组织实体和业务范围。

（2）对业务流程中是否有缺少或多余的环节进行分析和修改。对原系统没有但又必需的环节要增补，不必要的多余环节要删去，重复的环节则要合并。要理顺内部各个部门之间的业务关系，使业务流程更加科学、合理和讲求效率。

（3）对数据流程中是否有不合理的数据流向和数据存储结构进行分析和修改。不合理的流向要修改，不必要的数据冗余要消除。要使数据完整、结构严谨、流向合理而且清晰。

（4）对数据处理功能进行分析和修改。这是判断数据处理功能是否需要修改或优化，例如调整不合理的输入、输出，以及处理原则、优化算法等数据处理功能，以符合系统目标的要求。

在进行了全面的一系列分析活动之后，就可以开始建立新系统的逻辑模型了。该模型由一组图表工具组成，它们在逻辑上表示了要实现的新系统目标所具备的各种功能，同时还表示了输入、输出、数据存储、信息流程、系统界限和环境等新系统的概况。这些图表工具相互补充、配合使用，构成新系统的逻辑模型，并以系统分析报告的形式整理成文。用户可以通过逻辑模型了解未来的新系统，提出改进意见和要求。

二、表达处理逻辑的工具

虽然数据流程图和数据字典结合起来能够比较全面地说明系统所涉及的数据传递和数据存储等内容，但它们只是对系统开发最重要的数据处理功能进行了一般性的描述，这种描述是高度概括的。为了详细地了解处理过程的细节，就要利用几种专门表达处理逻辑的工具，即结构化语言、判定表和判定树。

（一）结构化语言

结构化语言是受结构化程序设计思想启发而扩展出来的。这是一种模仿计算机语言的处理逻辑描述方法。结构化程序只允许三种基本结构，结构化语言也只允许三种基本语句，即简单的祈使句、判断语句、循环语句。结构化语言与程序设计语言的差别在于它没有严格的语法规定，结合了自然语言的简单易懂和计算机语言的规范框架。

例如，在教学管理系统中，对于学生成绩等级的判定可用以下语言表示：

如果　成绩大于或等于 90 分，小于等于 100 分　则　等级定为“优秀”
如果　成绩大于或等于 80 分，小于 90 分　则　等级定为“良好”
如果　成绩大于或等于 70 分，小于 80 分　则　等级定为“中等”
如果　成绩大于或等于 60 分，小于 70 分　则　等级定为“及格”
如果　成绩小于 60 分　则　等级定为“不及格”

（二）判定表

判定表是用表格方式来描述处理逻辑的一种工具。如果用文字表达一种多元的逻辑关系，则不仅十分烦琐，而且阅读困难。采用判定表可以清晰地表达条件、决策规则和应采取的行动之间的逻辑关系，比较容易为管理人员和系统分析人员接受。判定表的缺点是建立过程较复杂，表达方式不如结构化语言和判定树简便。表 4-5 就是一个判定表示例。

表 4-5　奖学金发放条件检查的判定表

决策规则号		1	2	3	4
条件	英语成绩达到四级	Y	Y	Y	Y
	英语成绩达到六级	N	N	Y	Y
	计算机成绩达到二级	N	Y	Y	Y
	计算机成绩达到三级	N	N	N	Y
应采取的行动	院级 B 类奖学金	✓			
	院级 A 类奖学金		✓		
	校级 B 类奖学金			✓	
	校级 A 类奖学金				✓

表 4-5 是奖学金发放条件检查的判定表，表中有 1 ~ 4 种决策规则，它们有各自的具体条件，每一列中的“✓”号表示根据各具体的条件应当采取的行动。例如，当英语成绩达到四级但未达到六级，计算机成绩达到二级但未达到三级，则应该采取决策规则 2，即给予院级 A 类奖学金。

（三）判定树

判定树本质上同判定表一样，是一种用树形分叉图形表示处理逻辑的工具。它由两部分组成，左侧用分叉表示条件，右侧表示采取的行动。判定树与判定表相比，其直观性更强，特别是针对那些条件数目较多，且比较复杂的情况。图 4-22 是某校奖学金政策的判定树示例。

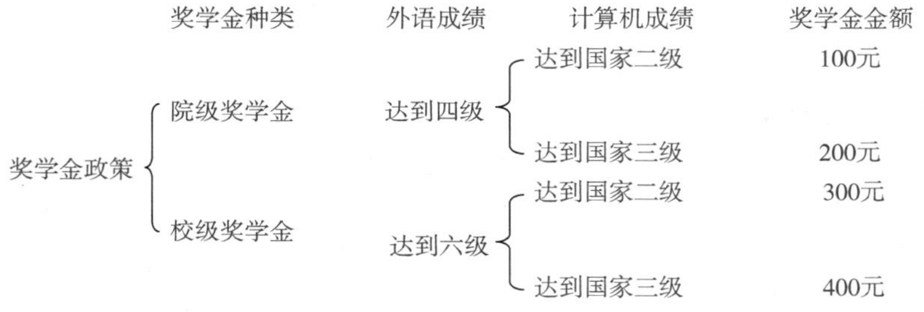

图 4-22　“奖学金政策”判定树

（四）三种工具的比较

这三种表达逻辑的工具各有优点，除了前面谈到的几个方面以外，其直观性、可修改性等方面的比较如表 4-6 所示。

表 4-6　三种表达处理逻辑工具的比较

	结构化语言	判　定　表	判　定　树
直观性	一般	一般	很好
用户检查	不便	不便	方便
可修改性	好	差	一般
逻辑检查	好	差	一般
机器可读性	很好	很好	差
机器可编程	一般	很好	不好

这三种工具的适用范围可概括如下：

（1）判定树适用于10～15种行动的较为复杂的决策。有时可将判定表转换成判定树，便于用户检查。

（2）判定表适合于多个条件的复杂组合，但过于庞大使用也不便。

（3）如果一个判断包含了一般顺序执行的动作和循环执行的动作，则最好用结构化语言表达。

三、新系统逻辑模型的内容与建立方法

新系统逻辑模型的建立是系统分析阶段的最终成果。它是系统开发者和用户共同确认的新系统处理模式，是系统设计和实现的依据。

新系统逻辑模型的内容和建立方法、步骤如下：

（一）明确新系统目标

系统分析通过详细调查、业务流程分析和数据流程分析步骤后，可能发现可行性分析报告中提出的系统目标有不切合实际之处，需要对项目的可行性和必要性进行重新考虑，并根据系统分析结果，修正系统目标，使新系统目标适应组织的管理需求和战略目标。由于系统目标对系统建设具有举足轻重的意义，必须经过仔细论证才能修改，最终明确新系统目标。

（二）改进原系统业务流程，形成新系统业务流程

分析原有系统中存在的问题是为了在新系统建设中予以克服或改进。系统中存在的问题可能是管理思想和方法落后、业务流程不尽合理，也可能是因为计算机信息系统的建设为优化原业务流程提供了新的可能性。这时，就需要在对现有业务流程进行分析的基础上进行业务流程重组，产生新的更为合理的业务流程。例如，高校新生入校身份核实业务，原系统是人工根据新生档案核实；新系统建立了新生档案数据库后，新生入校身份核实业务流程就发生了很大的变化，由人工变为自动核实。

原系统业务流程可按如下方法进行改进：

（1）原有流程的分析。分析原有业务流程的各处理过程是否具有存在的价值，其中哪些过程可以删除或合并，原有业务流程中哪些过程不尽合理，可以进行改进或优化。

（2）业务流程的优化。分析原有业务流程中哪些存在冗余信息处理的过程可以按计算机信息处理的要求进行优化，流程的优化可以带来何种好处。

（3）确定新的业务流程。画出新系统的业务流程图。

（4）新系统的人机界面。确定新的业务流程中人与机器的分工，即哪些工作可由计算机自动完成，哪些必须有人的参与。

（三）改进原系统数据流程，形成新系统数据流程

数据流程是系统中信息处理的方法和过程的统一。由于原系统中的数据处理是建立在手工处理或陈旧的信息处理手段基础上的，因此新的信息技术条件将为数据处理提供更为有效的处理方法。与业务流程的改进和优化相对应，数据流程的分析和优化一直是系统分析的重要内容。原系统数据流程可按如下方法改进：

首先进行原系统数据流程分析，即分析原系统数据流程的各处理过程是否具有存在的价值，其中哪些过程可以删除或合并；原系统数据处理流程中哪些过程不尽合理，可以进行改进或优化。

其次对原系统数据流程进行优化，即判定原系统数据流程中哪些过程存在冗余信息处理，可以按计算机信息处理的要求进行优化，流程的优化可以带来什么好处。

最后确定新系统数据流程，画出新的数据流程图。

（四）新系统结构的划分

新系统结构的划分就是将系统划分为子系统，明确各子系统的功能。把系统划分为子系统

可以大大简化设计工作，因为划分以后，只要子系统之间的接口关系明确，每一子系统的设计和调试基本上可以互不干扰地独立进行。将来，如果要修改或扩充系统，可以在有关子系统范围内进行调整而不至于牵动全局。

应当指出，到目前为止，关于划分子系统还没有形成一套世人公认的方法。在实际工作中，划分方案往往受到个人经验、企业原有业务处理关系以及是否便于分阶段实施等多种因素的影响。对于大系统来说，划分子系统的工作应在系统规划阶段进行，划分方法常用采用 U/C 矩阵法。划分子系统的下一步工作是确定各子系统的目标和下属功能。为此，有必要根据系统及子系统目标，利用模块树方法，给出系统划分结构与功能。

（五）提出新系统的逻辑方案

提出新系统的逻辑方案是新系统逻辑模型建立的最后步骤。在这一步骤中，主要是对新系统逻辑模型建立过程中形成的关于新系统的目标、业务流程、数据流程，以及系统结构划分各种报告、图表进行整理归纳，形成新系统的逻辑方案，提交用户审批。新系统的逻辑方案主要包含以下内容：①新系统目标体系结构图及其说明报告；②新系统业务流程图及其说明报告；③新系统数据流程图及其说明报告；④新系统划分成各子系统的结构图、新系统及其子系统功能结构图，以及对这些图表的说明的报告。

第七节　系统分析报告

系统分析报告是系统分析阶段的成果，反映这个阶段调查分析的全部情况，全面地总结了系统分析工作，是下一步系统设计与实现的纲领性文件。系统分析报告形成后，必须组织各方面人员，包括单位领导、管理人员、专业技术人员、系统分析人员等，一起对报告以及形成的逻辑方案进行审查，尽可能地发现其中的问题、误解和疏漏，并及时纠正。对于有争论的问题则要重新核实原始调查资料或进一步深入调查、研究；对于重大的问题，甚至可能需要调整或修改系统目标，重新进行系统分析。

当信息系统的开发采用委托方式进行时，用户需求说明书是开发单位与用户间交流的桥梁，同时也是系统设计的基础和依据。当采用独立开发或合作开发时，系统分析是系统开发中最重要的工作，其工作成果就是系统分析报告（或叫做系统分析说明书）。系统分析报告的内容要求如图 4-23 所示。

1. 引言 　1. 1 编写目的 　1. 2 背景 　1. 3 定义 　1. 4 参考资料 2. 任务概述 　2. 1 目标 　2. 2 用户的特点 　2. 3 假定的约束 3. 现行系统情况简述 　3. 1 现行系统的组织情况分析 　3. 2 现行系统的业务流程情况分析 　3. 3 现行系统的数据流程情况分析	4. 新系统的目标 　4. 1 对功能的规定 　4. 2 对性能的规定 　4. 3 输入输出要求 　4. 4 数据管理要求 　4. 5 故障处理要求 　4. 6 其他专门要求 5. 新系统的逻辑方案 　5. 1 新系统的结构 　5. 2 新系统的业务流程 　5. 3 新系统的数据流程 　5. 4 新系统软、硬件初步配置 　5. 5 新系统中使用的管理模型 6. 新系统开发的费用预算与进度安排

图 4-23　系统分析报告的内容要求

1. 引言

在引言中应主要对文档编写的目的、问题产生的背景、文档中的术语以及写作中使用的参考文献等进行介绍。

2. 任务概述

这部分主要是对项目的目标、用户自身的特点以及限制目标实现的一些约束条件等进行说明。其中，约束条件主要是指企业目前的技术力量、管理水平和经济情况等，这也是判断系统是否值得开发、是否能够取得成功的前提条件。

3. 现行系统情况简述

现行系统情况简述主要是对分析对象基本情况的概括性描述。它包括现行系统的主要业务、组织结构、存在的问题和薄弱环节，现行系统与外部实体之间物质及信息的交换关系，用户提出开发新系统请求的主要原因等。

4. 新系统的目标

这部分内容包括：新系统的总目标是什么，其子目标如何；新系统拟采用什么样的开发战略、开发方式和开发方法；人员、资金以及时间进度安排；新系统计划实现后，各部分应该完成什么样的功能；在精度、灵活度等性能指标方面预期达到什么样的水平；有哪些工作是对现行系统功能的完善和补充，预计达到的效果等。

5. 新系统的逻辑方案

这部分主要反映系统分析的结果和对今后建造新系统的设想。它主要包括以下五个方面的内容：

（1）系统的结构以及系统所涉及的范围。即新系统的功能结构和子系统划分。

（2）新系统数据流程的详细说明。说明新系统在人机接口、对数据的加工处理的方式、数据流动的频率和数据存储等方面有哪些主要变化，重点是计算机处理和数据存储部分。

（3）输入和输出的要求。这部分反映了系统与环境的接口，也就是对一些输入/输出的单据、报表和凭证的种类、形式和使用要求等的一般性说明。

（4）新系统计算机软、硬件初步配置方案。根据新系统目标及功能的设定，进一步对计算机软件、硬件，工作环境的性能、使用要求等作概要性的说明，为日后详细设计打下基础。

（5）建立与新系统相配套的管理制度和运行体制。信息系统的建立应该是一项技术和管理紧密融合的系统工程，因此为了更好地实现新系统的目标，不仅要对一些诸如业务流程、数据处理等技术环节进行改良，更要从深层次上分析是否在管理思想、管理制度等软环境方面有所欠缺，然后针对这些因素进行适当调整，引入先进的管理制度和管理方法。

6. 新系统开发的费用预算与进度安排

费用和时间是开发中必须要考察的两个重要因素，与系统成功与否关系密切。为使有关领导在阶段性审查中获得更多关于开发费用和工作量的信息，在系统分析阶段需要对费用和时间进行初步估算，具体包括：逐项列出各项工作所需要的劳务费、办公费、资料费等，对各项工作的预定开始日期和完成日期以及规定任务完成的先后顺序、工作步骤进行说明。

系统分析说明书是系统分析阶段的技术文档，也是这一阶段的工作报告，是提交审议的一份工作文件。系统分析说明书一旦审议通过，它就成为一个具有约束力的指导性文件，成为用户与技术人员之间的技术合同，成为下一阶段系统设计的工作依据。除非发现开发人员对系统的认识有比较重大的遗漏或误解，否则用户和开发小组都不能随意更改。

第八节　系统分析案例

本案例以高校管理为背景，示意性地介绍了系统分析的全过程，以便读者对整个系统分析过程中较为分散的众多概念和方法有一个较为全面、系统的认识和理解。

一、可行性分析

（一）背景

经过几十年的经济改革，我国的宏观经济体制从计划经济逐步转向市场经济，这种新形势给学校传统管理特别是教学管理提出了严峻的挑战。在新的市场经济体制下，竞争日趋激烈，学校的管理模式、管理方法和管理手段也发生了很大的变化。因此，学校对管理信息系统建设也提出了新的要求，主要表现为以下几个方面：

（1）学校体制发生变化。目前，国有学校的改革已经成为我国经济体制改革的重点任务之一，建立现代学校制度将成为学校改革的方向，对学校的战略性改组，将使学校体制及行为全面走向现代化。这种体制的变革使传统的管理方式无法继续适应新形式的需求，新的管理模式必将顺势而出。

（2）信息技术的作用日益突出。随着科学技术的发展，特别是计算机技术和信息技术的飞速发展，人类社会正不断向着技术社会和信息社会过渡。学校的生产经营活动更多的是依靠智力和信息，人的知识、智慧成为学校的宝贵财富。“知识型学校”、“虚拟学校”以及“计算机化学校”等新的学校形态开始出现。

（3）学校管理模式发生变化。计算机网络的广泛应用，特别是 Internet/Intranet 的广泛应用，使学校内部之间各部门的联系、学校与学校之间、学校与学生之间的联系都更为方便和快捷，学校管理从手工管理演变为计算机化管理，管理工作更加协调一致。

新的管理模式以追求学校整体效益和效率的提高为目标，而学校应用先进的管理信息系统是实现集成管理的必要手段。为了实现现代化集成管理和成功运行管理信息系统，必须对学校各项管理尤其是其中的核心环节即教学管理过程进行调整。

（二）要求

为了实现新时期高校的目标，适应当代网络化的高校环境，要求新系统应该主要具有教务管理、学生管理、教材管理、学生成绩管理、查询统计、新闻公告/BBS（信息发布管理）、教师管理以及系统维护等功能。通过这些功能实现对学生、课程、教师、教材等教学系统中几个关键要素的科学管理，同时实现准确排课、即时查询、按照各项要求灵活完成报表统计，以及对校内各种资源进行统一、科学的管理。

（三）目标

针对我国高校目前的需求，新的管理信息系统软件首先应该是一种一体化的系统，它依据新的学校管理模式，采用客户机/服务器结构、Internet/Intranet/Extranet、Web 等最新的软件技术开发而成，为用户提供学校级的整体解决方案。其次，新的管理软件还要充分考虑我国现状，既不能因循守旧，也不能生搬硬套国外的软件。最后，新的学校管理信息系统软件应该具有明确的针对性。

（四）技术、经济、管理可行性分析

1. 技术可行性分析

对于高校来说，其本身工作的特殊性使得其对于信息技术的研究和应用一直走在各行业的前

面。在本案例中，为了保证系统的可靠性和安全性，主要采用浏览器/服务器（B/S）方式和基于微软的 Windows 2000 体系结构，将开发出安全、有效并且具有可伸缩性及可用性的网络应用系统。

本系统应是一个统一的教学/学习、信息发布、课件开发（主要指内容整合）、网上辅导及讨论、自我测验（交互式）的系统平台。所有的教学及教学管理软件全部基于 B/S 模式，具有实时性、交互性很强的特点。由于 B/S 技术模式一直在不断成熟和完善，所以本系统开发所采用的技术模式是先进的、可行的。

此外，高校内教师由于本身素质较高，有较强的使用和维护计算机软、硬件系统的能力，同时比较乐于接受新鲜的事物，因此，在技术上此系统的开发是完全可行的。

2. 经济可行性分析

大多数高校均已建立了自己的网站，因此，在各项硬件购置以及软件系统开发中不必再追加过多资金，而只需要利用学校现有的资源就可以基本完成系统的开发实施工作。这就是说对于新系统的开发资金投入已不成问题。同时，新系统的引用，必将提高处理的效率、降低管理的成本、加快信息的传递，这些间接效益将为学校带来极大的益处。此外，学校也可以利用系统进行网络教学工作，最终用户将高达到几万人。因此，无论是从直接效益还是从间接效益进行分析，新系统的开发在经济上都是可行的。

3. 管理可行性分析

系统开发要想取得成功，没有完善的管理机制、规范的管理制度是绝对不行的。而对于高校来说，各项原始资料保存完好、基础数据管理规范，其本身管理的科学性、规范性在很大程度上为系统实施创造了良好的环境，既保证了系统的基础数据、文件、报表的准确性和时效性，同时在一定程度上也提高了系统的信息输入质量，最终保证系统开发的成功。因此，新系统的开发在管理方面上具有可行性。

综上所述，新系统开发是完全可行的。

二、业务分析

（一）业务调查

1. 组织机构调查

从目前高校内部管理体制和管理组织机构及运行机制来看，可以根据高校管理的主要职能机构来确定高校管理系统的子系统。原因在于高校管理系统的目标大多是辅助那些结构化程度较高的管理工作，而且这样的划分也有利于系统及时对基础数据进行整理输入和处理，同时信息系统的输出信息也更容易被管理人员及时接受，起到辅助管理的作用。下面就对其组织机构进行说明，如图 4-24 所示。

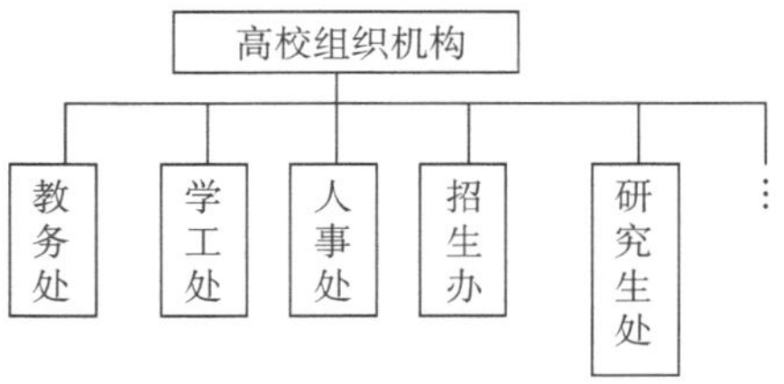

图 4-24 高校组织机构图

其中，教务处是学校教学管理机构，主要职能是本科学生教学及学籍管理，同时负责学校专业、课程、教材建设及教学研究等工作。教务处下设综合科、教研科、教务科、考试中心、教材科等科室。

学工处全称学生工作处，下设两个科：学生教育管理科和舍务管理科。其中，学生教育管理科主要负责学生的思想政治教育和安全教育，查处学生违纪事件，处分违纪学生，评选、表彰、奖励优秀学生个人和集体，审批发放学生奖学金、副食补贴，管理违纪毕业生档案以及负责学工网站的建设和管理。舍务管理科主要负责分配、调整学生寝室，采购、供应学生住宿用品以及学生寝室及其设备的小型维修等。

人事处主要负责教师的招聘、培养、晋升、调职以及教师津贴、薪酬的设定等工作。

招生办的工作任务是设定招生计划、进行专业介绍、提供学生录取查询服务以及发布招生政策等工作。

研究生处主要负责研究生的招生、学生管理、学位管理和研究生培养等工作。

2. 管理功能调查

从前面对高校组织机构的分析，可以总结出高校的各项基本职能，如图4-25所示，大体包括教务管理、学生管理、招生管理、教师管理、研究生管理等，而其中每一项职能都可以是高校整体管理信息系统中的一个子系统。这样进行系统的划分，使得子系统的划分与主要职能机构协调，不仅有助于信息系统更好地为管理服务，也有助于各级领导对信息系统本身的管理。

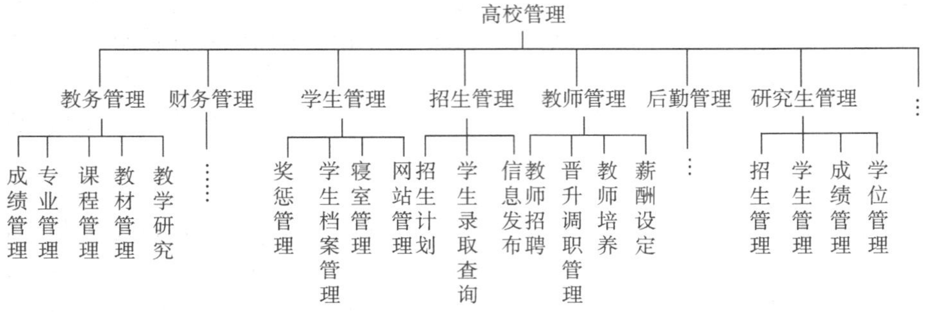

图 4-25　高校业务功能一览表

3. 信息需求调查

了解组织内各个部门的原始凭证、输出单据的名称、内容、使用频率以及传递的过程是系统分析过程中比较重要的工作，同时也是对分析员能力要求较高的工作。表 4-7 是对系统中各部门信息需求进行调查后得到的各种报表的情况。

表 4-7　各部门信息需求调查表

部门名称	原始凭证、输出单据调查
教务处	学生成绩单，缓考通知单，考试作弊认定通知，学生留、降级报告，学生转系申请，休学证明，复学证明，试读请求，补发学生证证明，各院系开课计划，各院系使用教材计划，各院系专业设置说明
学工处	学生档案，违纪学生档案，奖学金评定档案，寝室入住档案，网站资料
招生办	招生计划，学生成绩文件，学生成绩查询结果，学校、学院、专业简介
人事处	教师档案，教师培养计划，教师进修档案，教师晋升、调职档案，薪酬设定档案
研究生处	研究生档案，研究生成绩，研究生招生文件，研究生学位档案
⋮	⋮

（二）组织目标、机构与职责分析

在高校推行目标化管理，必须要注意应联系实际，提出切实可行的管理目标。目标定得太高，可望不可及，就容易使人丧失信心；目标定得过低，唾手可得，就容易失去目标的激励作用。在提出目标之后，应根据目标之间的关联关系建立目标结构，使目标形成层次分明的目标结构关系图。通常目标结构关系图中最底层的目标就是实现上层目标的措施或职责。图 4-26 是一个对国内高校的目标用目标树形式表达的组织目标、机构与职责关系图。

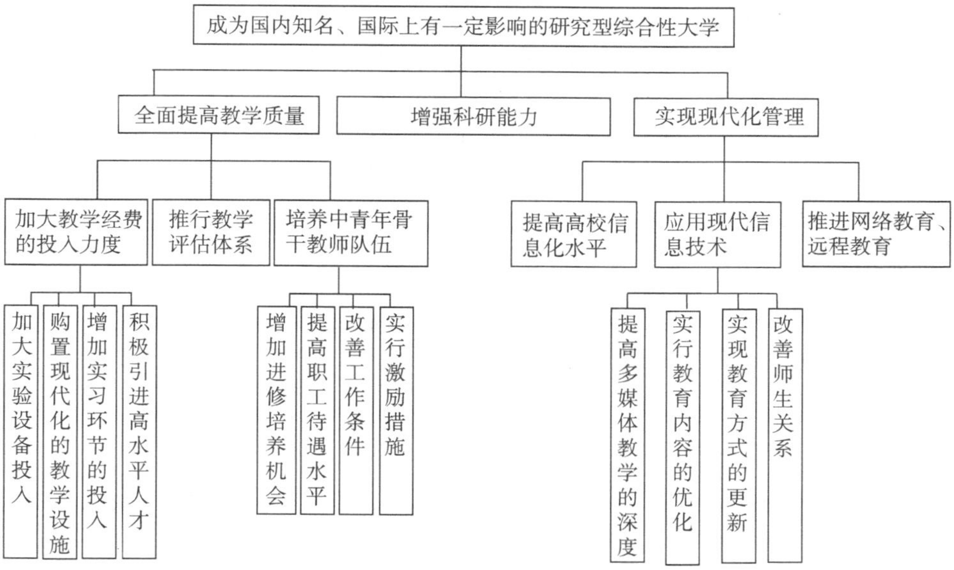

图 4-26　高校系统目标树

（三）业务流程分析

下面仅对系统中成绩管理子系统进行业务流程分析。经过调查，高校传统的手工成绩管理过程为：各任课教师将期末成绩单一式三份上交学院教学管理工作人员，各学院教学管理工作人员进行汇总审核后将一份存档，一份发到各班级供学生查询，另一份上交学校教学管理工作人员，由学校教学管理工作人员存入学生学籍档案。如果该学期学生不及格科目超过三科，将通知学生，给予警告。在下学期补考结束后，各教师将补考成绩单按上述流程上交学院教学管理工作人员，由教学管理工作人员上交学校教学管理工作人员。具体的业务流程如图 4-27 所示。

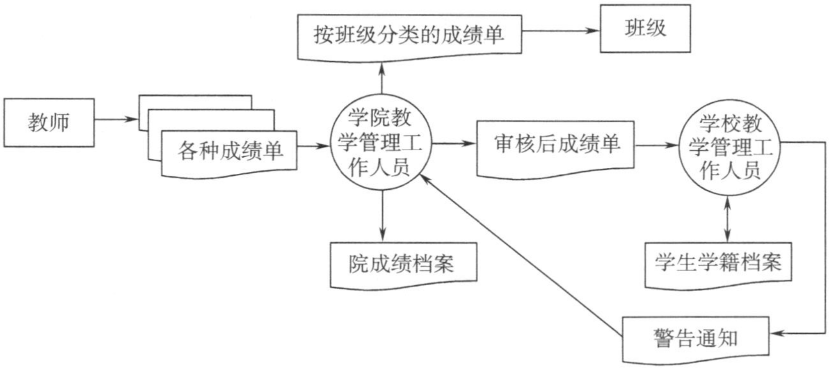

图 4-27　成绩管理子系统的业务流程图

通过以上对手工成绩管理业务流程的调查发现，这种管理方式和管理手段存在较大的缺陷。无论是系统之外的教师、学生、班级，还是系统内的教学管理工作人员，对现状都不满意，具体表现如下：①系统处理过程烦琐，加工方式落后，大部分单据由手工填写、手工上报，受到时间和空间的限制，影响了工作的效率。②单据传递缓慢，传递环节受到人为因素的影响，安全性不强，有时甚至出现成绩被人擅自修改的情况，影响了工作的质量。③由于实行学院、学校两级管理，信息被重复存储，容易造成信息的不一致性。④学生、班主任查询成绩不便。由于期末考试结束后学生、教师放假回家，所以只能通过打电话等传统方式查询，在传递过程中降低了信息真实性和时效性，特别是对于需要补考的同学，没有充分的时间进行复习，影响补考。⑤信息资源利用率不高，缺乏必要的统计和汇总功能，缺少有针对性的分析和决策的职能。

综上所述，传统的手工成绩管理必须要利用先进的信息技术进行根本性的重新设计，最终形成适合目前学校发展的较为科学、合理的基于计算机和网络的信息系统。

三、数据流程分析

根据上述的业务流程，对其中的数据处理、数据存储以及数据流动过程进行抽象，得到了系统的逻辑模型，即系统的数据流程图，如图 4-28 所示。

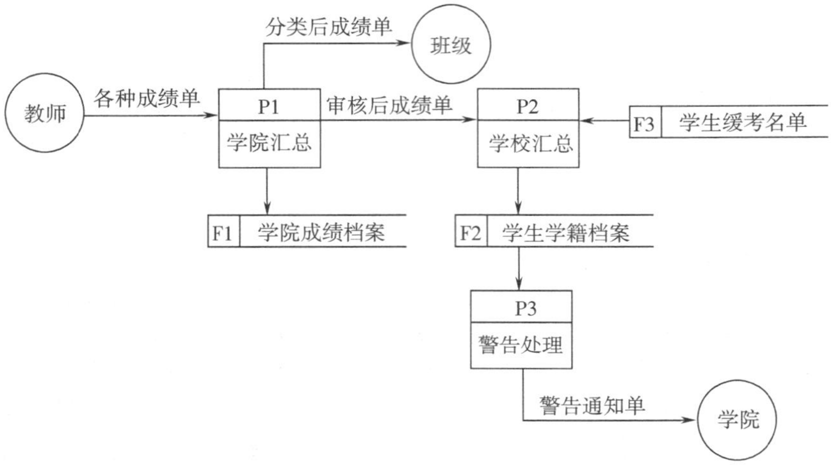

图 4-28　成绩管理子系统的数据流程图

在图 4-28 中，教师将学生考试后的成绩单、补考成绩单等各种成绩单上交学院进行汇总，由学院教学管理工作人员进行存档并将分类后的成绩单以班级为单位供学生查询。接下来由学院将审核无误后的成绩单上交学校汇总存入学生学籍档案中。在这个过程中，需要对照学生缓考名单，将其录入到学生档案。同时由学校教学管理工作人员定期统计学生不及格科目数量，以便及时将学生的警告通知单发往各学院。

四、数据字典

数据字典是对数据流程图的详细、全面的描述，通过数据字典和数据流程图的相互对照，可以便于发现流程图中的问题，下面对系统中的一部分数据字典内容进行介绍。

（一）数据项

编号：I1

名称：学生学号

简述：学校内的学生的编号

类型：字符型

宽度：11 位

编号：I2

名称：教师编号
简述：学校内的教师的编号
类型：字符型
宽度：5 位

编号：I3
名称：课程代码
简述：对各教学计划中设置的各门课程编写的代码
类型：字符型
宽度：7 位

（二）数据流

编号：D1
名称：学期成绩单
简述：考试结束后任课教师提交的成绩表
组成：学年 + 学期 + 班级 + 课程名称 + 课程类型 + 教师姓名 + 考试时间 + 学分 + 学生学号 + 学生姓名 + 成绩 + 缺考原因 + 任课教师所在院系
来源：外部实体各授课教师
去向：学院汇总处理模块

编号：D2
名称：警告通知
简述：对学期内不及格科目超过三科的学生发送警告通知单
组成：学年 + 学期 + 班级 + 不及格课程名称 + 学生学号 + 学生姓名 + 成绩 + 备注
来源：警告处理模块
去向：外部实体学院

（三）数据存储

编号：F1
名称：学院成绩档案
简述：对本学院内各科成绩进行汇总
组成：学年 + 学期 + 班级 + 课程名称 + 学生学号 + 学生姓名 + 成绩 + 教师姓名
关键字：学生学号 + 课程名称

（四）数据处理

编号：P1
名称：学院汇总
输入：各类成绩单
处理：对成绩单进行汇总
输出：学院成绩档案

编号：P2
名称：学校汇总
输入：经学院审核过的成绩单
处理：对成绩单进行汇总
输出：学生学籍档案

（五）外部实体

编号：S1
名称：教师

简述：在学校内授课的教师
输入的数据流：无
输出的数据流：各类成绩单

编号：S2
名称：学院
简述：学校内各个学院
输入的数据流：警告通知单
输出的数据流：无

五、新系统的逻辑模型

根据对原系统的业务流程、数据流程调查的结果，可以得到新系统的逻辑模型，在这里，必须要打破传统思想的禁锢，以提高系统的效率和为学校带来效益为最终目标，对现行系统的业务处理过程、处理顺序、处理方式等进行大刀阔斧的改进，充分发挥信息技术的作用。其改进包括：变手工管理为计算机管理，其中包括成绩的录入、修改、输出等；变人工传递为利用网络传递、人工审核为系统审核；变在固定时间、固定地点的成绩查询为随时随地进行查询，同时增加如成绩分析、成绩统计、报表打印等辅助功能。详细的数据流程图如图4-29所示。

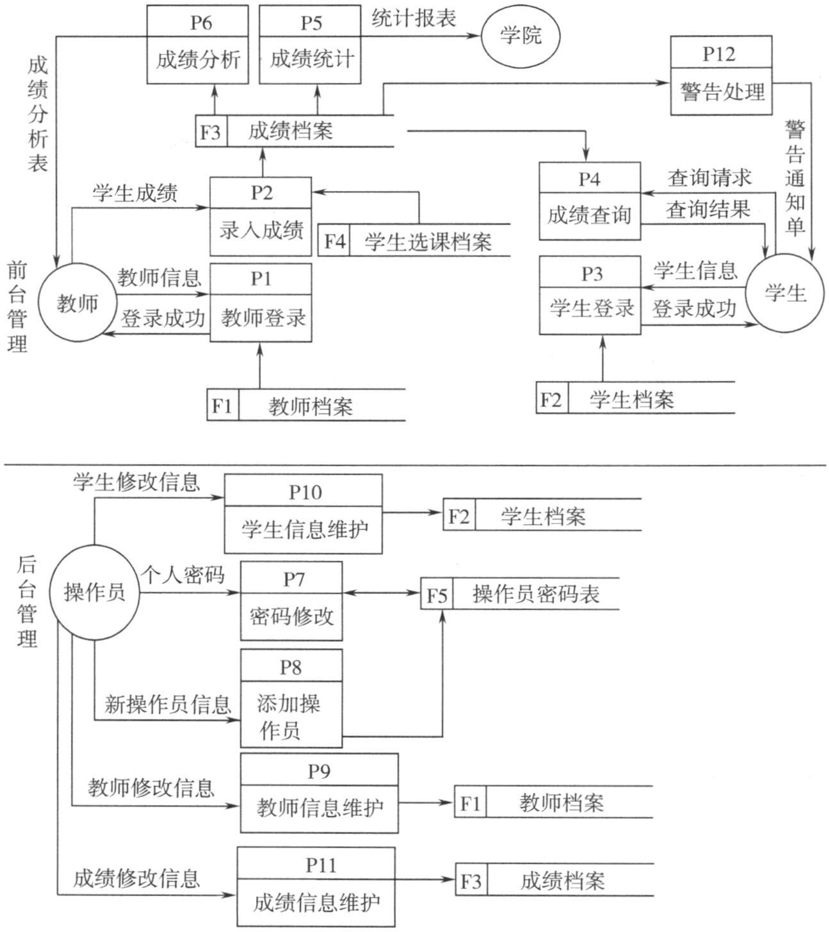

图4-29　新系统的数据流程图

从图4-29中可以看到，新系统根据网络的特点可以分为前台管理和后台管理两部分。其中，前台管理主要是为系统终端用户也就是教师、学生和各个学院提供登录、查询、统计、打印等功能；而后台管理是指对于操作员的管理以及对各个数据存储进行的后台维护工作。

思考题

1. 系统分析的目的是什么？为什么说系统分析是管理信息系统开发过程中最重要的一环？
2. 什么是系统的物理模型？什么是系统的逻辑模型？试分析两者之间的联系和区别。
3. 业务调查的原则主要是什么？应该从哪些方面来进行调查？
4. 进行系统可行性分析的目的和意义是什么？你认为应该从哪些方面来进行？
5. 在进行组织机构分析时应该注意哪些问题？
6. 在进行业务调查时，可以使用几种方法？你认为其中哪一种是应该主要采取的方法？
7. 数据流程图的绘制原则、绘制步骤是什么？
8. 系统业务流程图和数据流程图之间的关系是什么？
9. 数据字典的作用是什么？请试着自己开发一个数据字典编辑的软件。
10. 试述新系统逻辑模型的形成。
11. 系统分析说明书有何作用？主要应包括哪些内容？

设计题

1. 根据下面的文字描述画出其业务流程图和数据流程图。

学生到学校的图书馆借书，按规定，只有办理图书证的学生才可以借书，且每个人不能借超过三本的图书，如果有一本没有归还，则不能再继续借书；在借书的时候，还可以先通过图书管理员对所借图书的信息及是否在馆内进行查询，以方便借书；在还书的时候，如果发现超期或书籍破损、遗失的情况，则需要交一定的罚款，并把罚款信息记入罚款台账；图书借阅员需要根据图书管理员上报的图书丢失及破损的情况进行图书定期维护。

2. 通过你亲自的调查，了解你所在学院内部成绩管理的业务过程及具体的工作细节，使用Microsoft Visio软件将其数据流程描述下来，并且有针对性地提出改进其不合理业务的方案。

3. 某中学根据学生期末考试成绩和平时作业完成情况来确定总评成绩。判定的方法是：当期末考试成绩在90分和90分以上时，作业完成情况好则总评成绩为优，作业完成情况差则总评成绩为良；当期末考试成绩在75分和75分以上且小于90分时，作业完成情况好则总评成绩为良，作业完成情况差则总评成绩为及格；当期末考试成绩在60分和60分以上且小于75分时，作业完成情况好则总评成绩为及格，作业完成情况差则总评成绩为不及格；当期末考试成绩在60分以下时，不管作业完成情况如何，总评成绩均为不及格。请画出表示上述评定总评成绩的判定树和判定表。

第五章
系统设计

内容提要

1. 概括介绍了系统设计的原则、特点与任务。
2. 介绍了网络环境下计算机系统设计的要点。
3. 全面介绍了系统功能及其结构的设计方法。
4. 重点介绍了系统功能模块处理的设计方法。
5. 详细说明了数据库设计方法及其设计工具 ERwin 的应用。
6. 介绍了编码的种类及其设计方法。
7. 较为详细地说明了系统输入/输出的内容及设计方法。
8. 简要介绍了系统设计报告的撰写格式与内容。

第一节　系统设计的原则、特点、任务和步骤

系统分析阶段解决了系统“做什么”的问题，而在系统设计阶段将要根据系统分析阶段得到的新系统的逻辑模型，进行新系统的物理模型的设计，也就是要解决系统“怎么做”的问题。具体地说，就是根据新系统的逻辑模型所提出的各项功能要求，结合企业实际的设计条件，详细地设计出新系统的处理流程和基本结构，并为系统实施阶段的各项工作准备好全部必要的技术资料和有关条件。

系统设计阶段是开发管理信息系统的关键环节之一，因此它的工作质量直接影响到新系统的稳定性、可靠性、精确性和运行费用的高低。所以，整个系统设计过程的各项工作都必须按照科学的方法和原则进行。下面，首先就系统设计的原则、特点、任务和步骤进行论述。

一、系统设计的原则

在系统设计中，应遵循以下原则：

（1）系统性原则。系统性是系统设计要考虑的首要原则。系统是作为统一整体而存在的，因此，在系统设计中，要从整个系统的角度进行考虑。例如，系统的代码要统一、设计规范要标准、界面风格要一致，系统数据要做到数出一处、全局共享，使一次输入得到多次利用。

（2）适应性原则。系统的适应性是指系统适应环境的能力，有时也叫做系统的可修改性或灵活性。现代化企业的特点之一，就是对外界环境的变化有很强的适应能力，为企业服务的信息系统也必须具有相应的灵活性。系统的适应性并没有一个定量的标准，而是通过比较得出的结果。大体来说，系统应具有较好的开放性和结构的可变性。在系统设计环节中，应尽量采用

模块化的结构，以提高各模块内部的独立性；而模块间的耦合度应尽量减小，即尽量使各子系统间的依赖程度减至最低，既便于模块的修改，又便于增加新的内容，较好地体现系统的适应性原则。

（3）通用性原则。系统的通用性是指同一软件在不同使用单位的可应用程度。系统使用的范围越广，系统的通用性就越好，同时系统的经济效益也就能更明显地体现出来。提高软件系统的通用性，可以扩大它的使用范围，降低研究成本，减少系统扩充时的工作量和费用，增加系统的生命力。提高系统的通用性应该在完善系统功能的同时加强处理业务的规范化、标准化。

（4）可靠性原则。可靠性是指系统抵御外界干扰的能力及受外界干扰时的恢复能力。它既是评价系统设计质量的一个重要指标，又是系统设计的一个基本出发点。在系统设计中，可以采用代码校验、建立系统运行日志和信息追踪、对文件存取实施安全保密限制，以及提高检错与纠错能力和抗病毒能力等措施，来提高系统的可靠性。

（5）经济性原则。系统应该给用户带来相应的经济效益，这是判断项目是否值得开发的首要指标，也是在系统设计工作中必须要遵循的原则。所谓经济性原则，是指在满足系统需求的前提下，尽可能减少系统的开销，以提高系统的性价比。因此，经济性原则要求在系统设计过程中，一方面，在硬件、软件等投资上不能盲目追求技术上的先进，而应以满足应用需要为前提；另一方面，不必强求实现难度较大的功能，各模块应尽量简洁，以便简化工作流程、减少处理费用。

（6）简单性原则。简单性原则是指在实现系统预定目标的条件下，应该使系统尽量简单、适用，力求避免一切不必要的复杂化。一般来说，用户总是希望得到一个操作简单、使用方便、功能完善、易于修改和维护的系统。因此在系统设计过程中，必须考虑到简单性原则，必要时还要根据企业管理状况简化其业务流程，消除冗余处理过程，调整输入数据的格式和内容，使系统结构清晰、合理。

（7）管理可接受原则。在系统设计时，除了要考虑到以上几条基本原则以外，还要考虑在管理上可以接受的程度。因为信息系统不仅是一个技术系统，更是一个社会系统，所以评价设计方案的优劣必须要考虑到在管理上是否可以接受，这也是信息系统顺利实施的重要基础。管理可接受原则主要受到用户的业务类型、用户的基础工作、用户的人员素质、人机界面的友好程度、掌握系统操作的难易程度、系统的适用范围和使用条件等诸多因素的影响。在系统设计时，必须充分考虑到这些因素，使设计出的系统能够容易被用户接受。

（8）综合平衡性原则。系统设计的各项原则，即系统的系统性、适应性、可靠性、经济性、通用性等指标之间，是相互联系而又彼此制约的，在一定程度上甚至是相互矛盾的。这就需要从系统的目标出发，在各个相互制约的原则之间权衡利弊，保证各项原则的综合平衡。例如，为了提高系统的可靠性，需要采取一些校验和控制措施。这时，系统的效率就要受到一定的影响。但从另一个角度看，由于系统可靠性的提高、抗干扰能力增强，系统能不间断运行，因此又提高了系统的效率。某些系统对可靠性要求很高，需要选取可靠性高的设备，甚至要采用双机结构，这显然会使系统成本大幅度增加，经济性下降。再如，为了增加系统的可变性，采用模块结构，系统的效率也会有所降低。这种彼此制约的关系说明，在系统设计时，应根据系统的具体情况有所侧重。对于可靠性要求高的系统，如涉及财务及其某些高度机密信息的系统，首先要保证其可靠性，不惜增加成本、在一定程度上降低效率；对于实时性要求高的系统，如飞机订票系统，首先应保证效率，不妨增加一些存储空间的开销。

从系统开发的整体角度看，对以上各种方面综合衡量，应把系统的适应性放在优先考虑的地位上，这是因为无论是系统研制过程还是今后的运行阶段，它对其他因素都有直接的影响。

即如果一个系统便于维护和修改，就为提高系统的可靠性和通用性等创造了条件，同时也会增强系统的生命力。另外，除了前面这些系统设计的一些基本原则以外，还要根据系统设计的具体目标和条件，考虑其他一些具体设计的要求和原则。

二、系统设计的特点

与系统分析相比，系统设计具有以下特点：

（1）设计性。设计不同于分析，设计是根据系统的要求，得出实现系统的方案。所以，系统设计是根据需求确定系统方案的过程。

（2）具体化。相对于系统分析的概念性而言，系统设计不能停留在概念层次上，必须具体化和细致化。具体化和细致化主要体现在以下几个方面：首先，需要对系统分析所得出的分析模型进行深化。分析模型停留在较抽象的概念层次上，一般不过多涉及细节。但系统设计要得出可以指导实现的设计方案，必须全面考虑所有细节，不然无法指导实现。其次，设计模型要考虑非功能性需求，如系统的效率、安全性、可靠性、适应性等。最后，要考虑系统实现的环境。分析模型不依赖于系统的实现环境，可以适应多种环境。但是，设计模型是针对确定的实现环境得出的，如果实现环境发生改变，设计方案也必须调整。

（3）复杂性。系统设计涉及具体细节，工作量大、头绪繁多，一般要比系统分析多出好几倍的工作量。

（4）往复性。一个成熟的设计方案并不是一次完成的，而是需要经过多次的迭代反复才能够完成。这种往复有时会牵扯到系统分析阶段，可能会导致系统分析的某些局部工作重做。

（5）“自上而下”与“自下而上”相结合地设计。“自上而下”的设计，是从整体到局部、从长远到近期的设计思想。这种设计思路尤其适合于大型系统；而“自下而上”的设计，是一种从部分到整体、从近期到长远的设计思路，比较适合于底层业务处理过程比较明确的小型系统。对于系统设计而言，既要考虑系统的整体性，同时又要考虑系统实施的可操作性。因此，把两种设计思路结合在一起，能够真正提高工作的效率，提升系统设计的质量。

（6）采用结构化设计。结构化设计的基本思想是使系统模块化，即把一个系统自上而下逐步分解为若干个彼此独立而又有一定联系的组成部分，这些组成部分称为模块。对于任何一个系统，都可以按功能逐步由上向下、由抽象到具体，逐层分解为一个多层次的、由具有相对独立功能的模块所组成的系统。这样，系统设计工作就可以把一个复杂的系统转换成为一个易于实现、易于维护的模块化结构系统，提高系统的可变更性。

三、系统设计的任务和步骤

在信息系统开发中，突出信息系统特征的业务、管理和决策等因素已经在前面的阶段中被消化和解决。到了系统设计阶段，信息系统的设计与一般软件系统的设计已经没有太大的区别，软件工程对软件设计的思想、方法、技术和过程完全适应于信息系统的设计。

系统设计的任务是，为实现信息系统逻辑模型所规定的功能和性能要求，考虑信息系统实现环境，通过对信息系统逻辑模型的理解和细化，确定出信息系统的设计模型。

系统设计过程一般分初步设计和详细设计两个阶段。初步设计阶段的主要任务是完成对系统总体结构和基本框架的设计，如系统功能结构设计、处理流程设计等内容。在初步设计工作完成后，设计人员要向用户和有关部门提交详细报告，说明设计方案的可行程度和更改情况，得到批准后转入详细设计。系统详细设计阶段的主要任务是在初步设计的基础上，将设计方案进一步具体化、条理化和规范化，如数据库设计、编码设计、输入/输出格式的详细设计、处理流程图的详细设计和编写程序设计说明书等内容。

在实际系统设计工作中，以上两个阶段的内容是相互交叉和关联的，设计过程中需要反复地进行。为了便于讨论，先将系统设计两个阶段的工作内容归纳在一起，规划出下面的设计步骤，然后按此步骤逐一进行详细设计：

- 网络化环境下的计算机系统设计。
- 系统功能及其结构设计。
- 系统功能模块及其处理设计。
- 数据库设计。
- 编码设计。
- 输入/输出设计。
- 系统设计报告撰写。

第二节 网络化环境下的计算机系统设计

一、设计原则

随着信息技术的发展，各种计算机软硬件产品竞相投放市场。多种多样的计算机技术产品为信息系统的建设提供了极大的灵活性，同时也给系统设计工作带来了新的困难，那就是如何兼顾众多厂家产品的性能要求，使系统设计能够更加广泛地适应各厂家产品的要求。

因此，在网络化环境下进行计算机系统设计，要从系统的吞吐量、系统的响应时间、系统的可靠性、数据的处理方式、企业的地域范围和数据管理方式等几个方面的原则进行全面衡量。

（1）系统吞吐量的原则。系统每秒钟处理的数据量被称为系统的吞吐量。系统的吞吐量越大，则系统的处理能力越强。系统的吞吐量与系统软硬件的选择有着直接的关系。如果要求系统具有较大的吞吐量，就应当选择具有较高性能的计算机和网络系统。比如，要估算出整个网络系统的吞吐量，首先必须估算在不同时间平均有多少用户在此平台上工作；每个用户平均会有多少个进程在为其工作服务；每个进程平均占用的系统资源，包括内存、文件系统、硬盘空间和中央处理器（CPU）时间等。有了这些基本参数，大致上可以估算出网络需要达到的吞吐量，据此可以初步确定网络平台的服务器规模及组成形式。

（2）系统响应时间的原则。系统的响应时间是指从用户向系统发出一个作业请求开始，经系统处理后，给出应答结果的时间。如果要求系统具有较短的响应时间，就应当选择 CPU 运算速度较快的计算机及具有较高传递速率的网络通信线路，如实时应用系统对应答速度就有较高的要求。在网络环境下进行系统设计，尤其要注意用户对系统响应时间的要求，尽量避免传输较大的文件。图像的传输要运用压缩技术，以缩小图像文件。

（3）可靠性原则。系统的可靠性可以用连续工作时间表示。例如，对于每天需要 24 小时连续工作的系统，则系统的可靠性就应该很高，这时可以来用双机双工结构方式，即两台或多台服务器同时工作，且同时运行相同的应用，保证整体的性能，也实现了负载均衡和互为备份。

（4）数据处理方式的原则。目前系统处理数据的方式主要有两种——集中式和分布式。如果一个系统的处理方式是集中式的，则信息系统既可以是主机系统，也可以是网络系统；如果系统的处理方式是分布式的，则采用网络将更能有效地发挥系统的性能。

（5）地域范围原则。对于分布式系统，要根据系统覆盖的地理范围决定采用广域网还是局域网。

（6）数据管理方式的原则。如果数据管理方式为文件系统，则操作系统应具备文件管理功能；如果数据管理方式为数据库管理方式，系统中应配备相应的数据库管理系统。

二、计算机硬软件配置

计算机硬件的选择取决于数据的处理方式和要运行的软件。通常一个大型信息系统对计算机的基本要求是速度快、容量大、通信能力强、操作灵活方便。但计算机的性能越高，相应其价格也就越高。因此，在计算机硬件的选择上应全面考虑。一般来说，如果系统的数据处理是集中式的，系统应用的主要目的是利用计算机的强大计算能力，则可以配置较高性能的大中型计算机作为主机；如果系统的数据处理具有分布式特点，则可采用多台小型计算机或高性能微机作为主机，分布式布置，使系统更为灵活、经济。

确定了数据处理方式以后，在计算机机型的选择上则主要考虑应用软件对计算机处理能力的需求，包括：①计算机内存；② CPU 频率；③ 输入/输出和通信的通道数目；④ 显示方式；⑤ 外接转储设备及其类型。

由于现在微机在性能上已经有了很大提高，甚至超过了早期大型机的水平，而价格又相对较低，一般企事业单位选择微机作为硬件支撑环境较为适宜。

计算机应用软件要根据应用需求进行系统配置，这样得到的系统最容易满足用户的特殊管理要求。但随着计算机产业的发展，也出现了许多商品化应用软件，这些软件技术成熟、设计规范、管理思想先进，直接应用这些商品化软件既可以节省投资，又能够规范管理过程、加快系统应用的进度。这时，就不一定要重新开发，而可以选用这些成熟的商品化软件。

三、网络设计

如何将初步规划中的各个子系统用局域网连接起来，以及今后内部系统如何与外部系统相连接的问题，就是网络设计问题。

网络设计并不是去设计或开发出一个网络，而是根据实际业务的需要去考虑如何选择网络产品和配置网络结构。

网络设计首先要根据用户的需求选择网络的拓扑结构；然后根据系统结构划分的结果，进行网络的逻辑设计；最后就是根据实际业务的要求选择操作系统、配置网络系统等。通常将这个过程称为网络设计的三步曲。确定了这三步的内容并设计好整个系统后，就可以通知提供网络产品的公司，按要求建立起网络系统。

（1）网络拓扑结构的选择。网络拓朴结构一般有总线型、星形、环形、混合型等。在网络拓扑结构的选择上，应根据应用系统的地域分布和信息流量进行综合考虑。一般来说，应该尽量将信息流量最大的应用放在同一网段上，不同网段由路由器连接，跨路由器访问的速度要低于同一网段内的访问速度。

（2）网络的逻辑设计。通常首先按软件将系统从逻辑上分为各个子系统，然后按需要配备设备，如主服务器、主交换机、分系统交换机、子系统间的集线器（Hub）、通信服务器、路由器和调制解调器等，并考虑各设备之间的连接关系与结构。

（3）网络配置。网络配置通常包括操作系统的选择、划定网络各节点的级别、确定管理方式、确定数据读写的权限、选择相应的软件系统等。网络配置与所选择的操作系统有密切关系。目前，流行的网络操作系统有 UNIX、Windows NT 等。UNIX 历史最早，是唯一能够适用于所有应用平台的网络操作系统，目前往往集中于高端应用，如银行、税务、网络服务提供商等。Windows NT 由于其 Windows 软件平台的集成能力，随着 Windows 操作系统的发展和客户机/服务器模式向浏览器/服务器模式的延伸，无疑是很有前途的网络操作系统。中小企业通常选用 Windows 网络操作系统。选定网络操作系统之后，网络的配置主要就是利用网络操作系统具有的网络安全权限管理功能针对被访问对象进行用户创建、用户控制权限级别设定等。

四、网络系统运行模式选择

目前，网络系统运行模式主要有客户机/服务器（Client/Server，C/S）模式和浏览器/服务器（Brower/Server，B/S）模式。一般来说，在局域网环境下，网络系统运行模式可选择 C/S 模式；在 Internet 环境下，网络系统运行模式可选择 B/S 模式。B/S 模式已成为目前信息系统运行模式的首选。网络系统运行模式的选择决定着程序设计方式和程序设计开发工具。

1. C/S 模式及其优缺点

在 C/S 模式中，服务器通常采用高性能的微机、工作站或小型机，并采用大型数据库系统，如 Oracle、Sybase、Informix 或 SQL Server。客户端需要安装专用的客户端软件。

C/S 模式的优点是能充分发挥客户端微机的处理能力，很多工作可以在客户端处理后再提交给服务器，因此可以减轻服务器的压力。这虽然对客户机的要求较高，但对应的优点就是客户端响应速度快。其缺点主要有以下两个：①只适用于局域网。而随着互联网的飞速发展，移动办公和分布式办公越来越普及，这需要系统具有扩展性。这种方式的远程访问需要专门的技术，同时要对系统进行专门的设计来处理分布式的数据。②客户端需要安装专用的客户端软件。首先是安装的工作量；其次是任何一台计算机出问题，如病毒、硬件损坏，都需要进行安装或维护；还有，系统软件升级时，每一台客户机需要重新安装，维护和升级成本非常高。

2. B/S 模式及其优缺点

对于以存储和查询数据为主要工作的信息系统来说，数据大都存储于数据库中。在 B/S 结构中，数据库是信息系统的核心，客户机和服务器分别发挥不同的作用。客户机上只安装一个浏览器（Browser），如 Netscape Navigator 或 Internet Explorer，服务器安装诸如 Oracle、Sybase、Informix 或 SQL Server 等数据库。浏览器通过网络服务器就能同数据库进行数据交互，达到远程分布式存储和查询数据的目的。

B/S 最大的优点就是可以在任何地方进行操作，客户机上不用安装除浏览器外的任何专门软件，只要有一台能上网的计算机就能使用。客户端系统的应用非常容易，只要能上网，再由系统管理员分配一个用户名和密码就可以使用了。其缺点是：①采用B/S 结构，客户端只能完成浏览、查询、数据输入等简单功能，绝大部分工作由服务器承担，使得服务器的负担很重。②由于客户端使用浏览器，使得网上发布的信息必须是以 HTML 格式为主，其他格式文件多半是以附件的形式存放，而HTML格式文件（也就是网页）不便于编辑修改，给文件管理带来了许多不便。

第三节　系统功能及其结构设计

系统功能及其结构设计是从计算机实现的角度出发，对已划分的子系统进一步细分，明确系统及其各子系统功能模块的组成。

一、系统及其子系统功能的定义与关系

为了实现目标，系统必须具备一定的“功能”。所谓“功能”，是指做某项工作的能力。目标和功能的关系如图 5-1 所示。图中每一矩形框代表一种功能，目标可以看做是系统，第二层功能可以看做是子系统，再下面就是被分解的各项更具体的功能。

在系统分析阶段，系统划分为子系统，子系统可以看做是系统下面的第一层功能，第一层功能的实现保证了系统目标的实现。为了实现第一层功能，还需要依靠其下层功能，因此下面

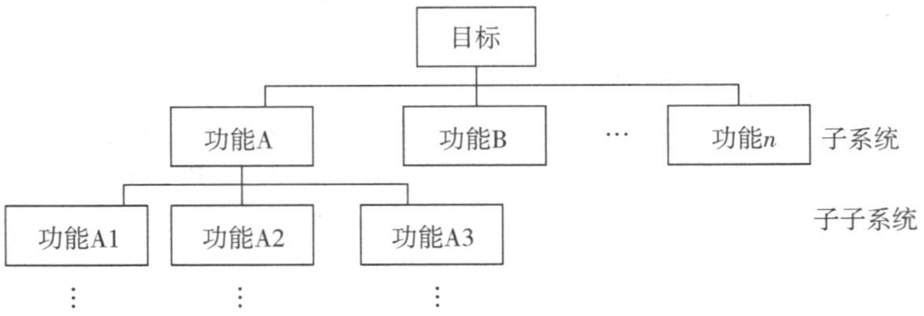

图 5-1　目标和功能的关系

又分解出第二层、第三层甚至更多层的功能。从概念上讲，上层功能包括（或调用、控制）下层功能。越上层的功能越抽象，越下层的功能越具体。功能分解的过程就是一个由抽象到具体、由复杂到简单的过程。通常把按功能从属关系绘制的图表叫做功能结构图。一般的系统功能结构图如图 5-2 所示。

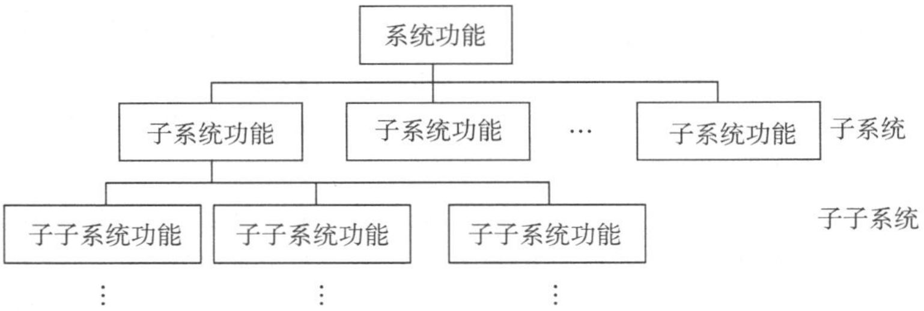

图 5-2　系统功能结构图示例

功能结构图是定义和表达系统功能及其结构的有效方式。图中每一个方框称作一个功能块，框中标明功能块名称。每一个功能块的名称，都是对系统及其子系统和子子系统的功能定义。功能块的名称既要高度抽象，又要能反映出该功能的内容，一般用动宾或主谓短语来表示。功能结构图通常是在系统分析阶段对业务流程的分析和系统划分结果的基础上得出的。功能结构图规定了功能模块设计的范围，是功能模块设计的基础。

功能结构图不仅有效地表达了系统和各子系统的功能，而且也表达出了系统和各子系统功能之间的隶属关系，即上层系统的功能规定了下层子系统功能实现的范围和边界，下层各子系统功能的实现保证了上层系统总功能的实现。

图 5-3 是一个教学管理系统中学生管理子系统的系统功能结构图的示例。

在图 5-3 中比较清晰地对学生管理子系统的各项功能进行了说明：学生管理工作基本上可以分为学生信息服务和学生数据管理两部分。学生信息服务主要是指系统前台为学生提供的各项服务功能，包括学生信息查询、学生成绩查询、学生课表查询、学生选课查询以及学生统计查询等功能。学生数据管理主要是为学生工作管理人员提供后台服务，对学生数据进行更新和维护，保证信息的准确性和真实性，包括学生数据采集、学生数据修改和学生数据输出等功能。

二、系统功能结构设计的原则

（1）独立性原则。独立性原则是指子系统功能的划分必须使得子系统内部功能模块的内聚性较好。在实际中，人们都希望每个功能与功能模块相对独立，尽量减少各种不必要的数据调用和控制联系，并将联系比较密切、功能近似的功能模块相对集中，这样对于以后的搜索、查

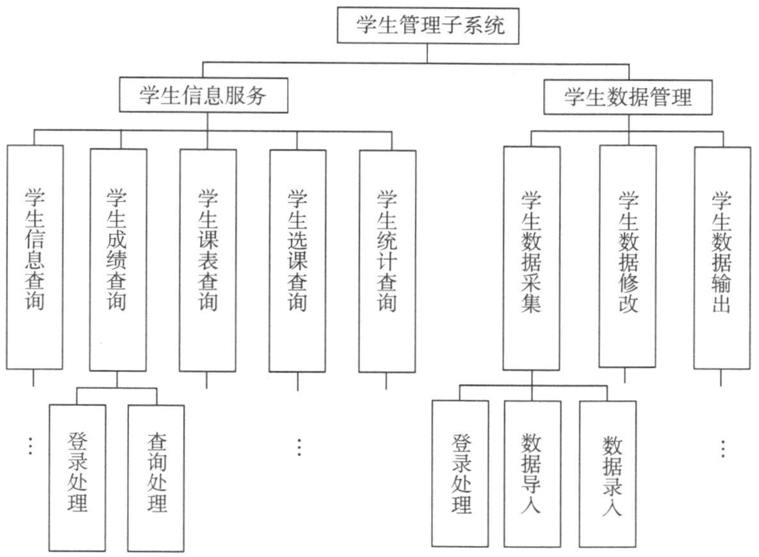

图 5-3　学生管理子系统的系统功能结构图

询、调试、调用都比较方便。

（2）重用性原则。重用性也称为复用性，简单地讲，就是能重复地利用同一资源。它与资源有效共享的思想相互渗透，有着很密切的联系。重用性原则是提高软件生产率的一条重要原则。重用性高，可以做到一次开发多次使用。好的系统功能的划分应该使得其中的功能实现方法可以大量重用，这样必然会减少系统开发的工作量，软件生产率也随之提高。

（3）无依赖原则。无依赖原则是指在系统功能结构设计中要保证子系统之间的联系尽量少，接口要简单、明确。一个内部联系强的子系统对外部的联系必然很少。所以功能划分时应将联系较多的功能都划入同一个子系统内，余下的一些分散、跨度比较大的功能，就成为这些子系统之间的联系和接口。这样划分的子系统功能，对将来进行调试、维护、运行等工作都是非常有利的。

（4）数据共享原则。数据共享原则也就是子系统功能划分的结果应使数据冗余尽量减小。如果忽视这个问题，则可能引起相关的功能数据分布在各个不同的子系统中，大量的原始数据需要调用，大量的中间结果需要保存和传递，大量计算工作将要重复进行，从而使得程序结构紊乱，数据冗余，不但给软件编制工作带来很大的困难，而且系统的工作效率也大大降低了。

（5）发展性原则。发展性原则是说子系统功能的划分应考虑今后管理发展的需要。子系统功能的划分仅靠上述系统分析的结果是不够的，因为现存的系统由于这样或那样的原因，很可能都没有考虑到一些高层次管理决策的要求。为了适应现代管理的发展，对于原系统的这些缺陷，在新系统的研制过程中应设法将它弥补上。只有这样才能使新系统不但能够更准确、更合理地完成原系统的业务，而且还可以支持更高层次、更深一步的管理决策。

三、系统功能分解的方法

有关系统功能结构设计的方法目前主要有五类，下面分别介绍。

（1）按业务处理功能分解。按业务处理功能分解是与企业内部的管理模式相适应的方法。这种分解方法功能划分明确，易于运行管理，是目前最常用的方法之一。例如，很多企业按职能部门的管理功能将系统划分为生产计划、销售、库存管理、财务、劳资等子系统，这样的划分方法自然就将系统功能进行了分解。

（2）按业务处理顺序分解。这种方法由于按业务的处理顺序划分系统功能结构，与管理事务的流程一致，模块之间的关系清楚、结构紧凑，比较适合于子系统内部的功能模块分解，也是目前常用的方法之一。例如，账务系统的功能可以按照其业务处理顺序依次分解为凭证录入功能模块、凭证汇总功能模块、记账功能模块等。

（3）按通信方式分解。按通信方式进行功能分解是根据目前信息技术的发展，特别是网络技术在企业当中的应用现状，是有线还是无线网络、是局域网还是互联网等进行区分，相应地分解模块。这样做对于日后系统的实施，以及在网络上对系统进行扩展有一定的帮助。

（4）按业务处理方式分解。这种方法进行功能分解的特点是把业务或加工对象具有相同处理方式的功能聚合在一起，不同处理方式的功能相分离。这种方法可能将不相关的功能聚合在一起，仅仅是因为这几项功能处理方式一样，因此模块内部的功能呈现多元化，聚合性比较差。

（5）按业务处理时间分解。这种方法根据业务处理时间上的分水岭，将系统功能进行分解。这种分解可能将某些不相关的功能聚合在一起，仅仅因为它们需要在同一时间内处理才组合在一起。因此，模块内部的功能呈现多元化，聚合性比较差。

表5-1是对五种系统功能分解方法在联结形式、可修改性等方面进行的比较。但是这些比较指标是相对一般情况而言的。在实际对系统进行设计时仍应以具体系统分析的结果而定，不能笼统、绝对地评价好坏。

表5-1　系统功能分解方法比较

序号	方法分类	划分方式	联结形式	可修改性	可读性	紧凑性
1	功能分解	按业务处理功能分解	好	好	好	非常好
2	顺序分解	按业务处理顺序分解	好	好	好	非常好
3	通信分解	按通信方式分解	中	中	较差	一般
4	方式分解	按业务处理方式分解	中	中	较差	较差
5	时间分解	按业务处理时间分解	较差	较差	较差	较差

第四节　系统功能模块及其处理设计

利用系统功能分解方法，绘制系统功能结构图，可以完成系统及其子系统功能结构的设计，但系统功能结构图最底层功能的实现过程，在系统功能结构设计阶段并没有给出。系统最底层功能的实现过程必须在充分分析最底层功能应具有的输入、处理和输出要求及约束的基础上，设计出实现最底层功能的功能模块的连接方式和处理过程，才能真正实现整个系统的功能，实现系统设计目标。

一、功能模块连接方式设计

功能模块是指实现系统功能结构中最底层功能的处理模块。最底层功能一般是由多个功能模块共同相互作用来实现的。实现某一功能的功能模块相互之间具有输入、输出和调用关系，这些关系决定着功能模块之间的连接方式。设计一种合理的功能模块连接方式是系统功能有效实现的基础，也是系统程序代码设计的重要依据。功能模块连接方式的设计通常使用模块结构图来实现。

模块结构图，或称结构图（Structure Chart），是1974年由W. Stevens等人从结构化设计的角度提出的一种工具。它的基本做法是将系统划分为若干子系统，子系统下再划分为若干个模块，大模块内再分为若干个小模块，而模块是具备输入/输出、逻辑功能、运行程序和内部数据四种属性的一组代码。

模块结构图主要关心的是模块的外部属性，即上下级模块、同级模块之间的数据传递和调用关系，而不关心模块的内部。换句话说，就是只关心它是什么、能够做什么的问题，而不关心它是如何去做的。至于模块如何去做的问题，在模块功能处理过程设计阶段考虑。

（一）模块结构图符号及含义

模块结构图中的主要成分包括模块、调用、数据及控制信息四个部分，具体如图 5-4 所示。下面分别对它们进行说明。

1. 模块

图 5-4　模块结构图符号示例

结构图中的模块是“具有四种属性的一组程序语句，这四个属性分别是输入/输出、逻辑功能、运行程序、内部数据”。一个模块中的输入来源和输出去向都是同一个调用者，也就是这一模块从调用者那里获得输入；然后再把产生的数据返回给调用者；模块的逻辑功能是指它能够做什么事情，表达了它把输入转换成输出的功能。输入/输出和逻辑功能是模块的外部属性，是在系统设计阶段要讨论的问题；而运行程序和内部数据是模块的内部属性，应该放在程序设计中讨论。因此，模块功能设计仍然属于逻辑设计，但却与计算机的物理性能密切相关。

在模块结构图中，用矩形来表示一个模块，模块的名称写在矩形框的里面，如图 5-5 所示。模块名称应尽量使用简短的语句来表达这个模块的功能，也就是指出每一次调用时该模块应该完成的任务。模块的名称一般至少由一个动词和一个作为宾语的名词组成。这与在系统分析阶段数据流程图中数据处理的命名大体一致。

图 5-5　模块

2. 调用

调用是指一个模块和它的下属模块之间的从属关系，一般用从上级模块指向下级模块的箭头表示。在表示调用关系的时候，还要具体区分是哪一种调用，即无条件调用、选择调用还是循环调用。三种调用关系的表示方法如图 5-6 所示。

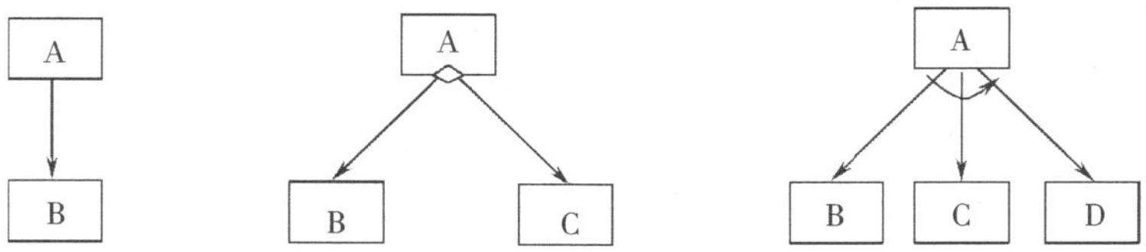

a）无条件调用　　b）选择调用　　c）循环调用

图 5-6　模块调用示例

应该明确的是，在结构图中，一个模块只能与它的上一级模块或下一级模块发生直接联系，而不能越级或与同级模块发生直接联系。若要进行联系时，则必须通过它的上级或下级模块进行传递。

3. 数据

数据是描述两个模块之间的数据传递关系。这也是反映模块之间关系的一个重要手段。数据通过两模块之间带圆圈的小箭头来表示，例如，图 5-7a 表示模块 A 调用模块 B 时，A 数据将数据 x、y 传送给 B，B 将处理结果数据 z 返回给 A。

4. 控制信息

在两个模块之间不仅只包括调用及数据传递的关系，还包括控制两者执行顺序的重要信息，这就是控制信息。这对模块之间工作的灵活性有很大的帮助。比如下级模块返回给上级模块的控制信息为："此数据并不存在，请退出系统。"当上级模块接到此信息时，将执行退出系统的动作。例如，图 5-7b 中，"无此学生"就是用来表示送来的学号有误的控制信息。

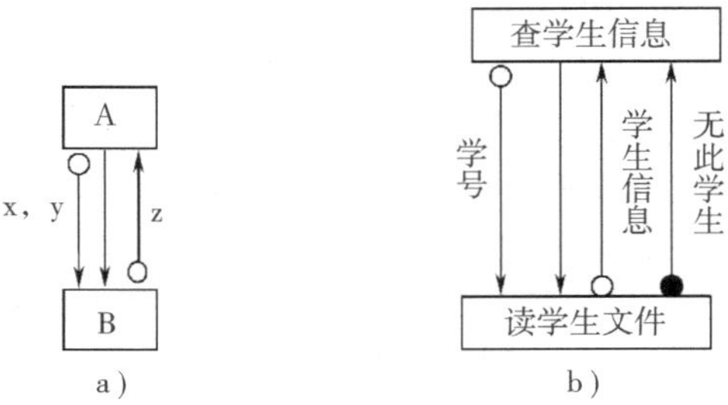

图 5-7　模块间的通信

（二）模块划分的标准

结构化设计要解决的主要问题是把系统分解成一个个模块，并用模块结构图的形式表达出其内在的联系。因此，模块划分得是否合理，直接影响到系统设计的质量，影响系统开发的时间、开发成本以及系统实施和维护等。为了能够合理地划分系统的各个模块，应该使其具有较强的独立性。所谓模块独立性，是指软件系统中的每个模块只具有软件要求的具体子功能，而与软件系统中其他模块的接口是简单的。模块独立性体现了模块化、抽象、信息隐蔽和局部化等概念。

在划分模块时要遵循的总原则是：尽量把密切相关的子问题归到同一模块；把不相关的子问题归到系统的不同模块。模块的独立程度可以由内聚和耦合两个标准来度量。耦合表示不同模块间互相连接的紧密程度；内聚则表示一个模块内部各个元素彼此结合的紧密程度。下面就分别对这两方面进行详细说明。

1. 模块的耦合

模块耦合是描述模块相互之间联系的标准。它是影响系统复杂程度的一个重要因素。耦合度越低，则表示模块之间的联系越少，模块之间的独立性就越强，就越容易独立地进行编程、调试和修改，一个模块中产生的错误对其他模块的影响也就越小。对于模块之间的耦合度，具体可以从以下四个方面进行衡量和评价：

（1）模块之间的联系方式。如果一个模块直接调用另一个模块内部的数据指令，这说明被调用模块内含有多方面不相关的内容，导致模块间联系增多，修改一个模块将直接影响其他模块，降低了模块的独立性。从总体上来说，联系方式有两种："直接引用"和"用过程语句调用"。直接引用是指一个模块直接存取另一个模块的某些信息，如全程变量或共享的通信区等。这种耦合也称公共环境耦合。这使耦合度随耦合模块的个数增多而显著上升。因此在系统设计时，应尽量避免使用这种联系方式。降低这种耦合度的办法是局部化，也就是把一个公共区分成许多子区，使每个子区上耦合的模块个数减少。而用过程语句调用即通过被调用模块的名称来调用整个模块，使其完成一定的功能，一个模块只有一个入口，所有数据来往都是以参数形式出现。但是，两个模块共享数据很多时，参数传递也不方便。

（2）来往信息的作用。模块间的来往信息可以作数据用，也可以作控制信息用。若两个模块间传递的信息只作数据用，即一个模块的输出数据作为另一模块的输入数据，则这种耦合称为数据耦合（Data Coupling），这种耦合当然是需要的。如果两个模块间传递的信息作控制信息用，这种耦合称为控制耦合（Control Coupling）。例如图 5-8a 中，模块 A 将参数"最高/平均"传递给模块 B，模块 B 按这个参数的值是"最高"还是"平均"去取相应的成绩送回到 A。这里的参数"最高/平均"实际上是一个开关量，作用是控制模块 B 如何工作，这就是控制耦合。

控制耦合会给模块理解和修改带来一些不便。第一，需要理解开关量；第二，在具体理解

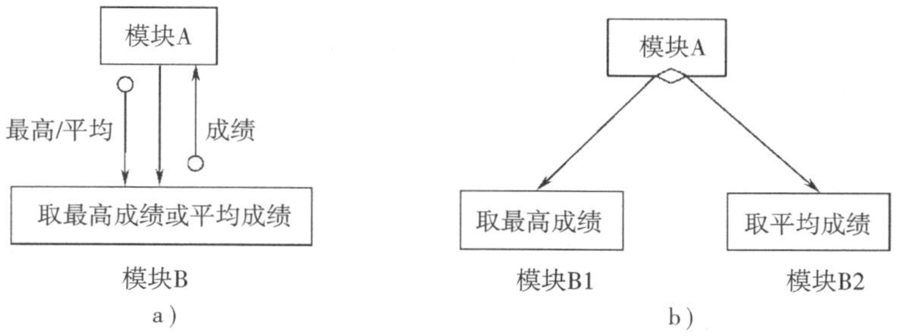

图 5-8　模块间的控制信息往来

开关量的同时，还要记住开关值是“最高”还是“平均”，以便从模块 B 返回后作相应处理。其实，在系统设计中，这种耦合是可以避免的。在这个例子中，只要改为图 5-8b 中所示的形式就行了，模块 A 根据需要调用模块 B1 或 B2。

(3) 模块之间传送数据的数量。模块之间通过调用关系传送数据，是一种比较理想的联系方式。但是，如果模块之间传递的数据过多，同样会给理解和修改模块带来困难，降低系统的可变更性。

(4) 模块之间使用控制信息的数量。在程序调用过程中过多地使用控制信息必然会增加模块之间的联系，影响模块的独立性。因此，在模块之间应尽量不用或少用控制信息。对于在模块之间含有控制信息的调用关系时，可以通过功能分解来消除控制信息的影响。

要降低模块之间的耦合度，除了从以上几方面考虑之外，还可以从模块界面的清晰性来考虑。模块之间的界面越简单、清晰、易于理解，则耦合度越低，模块的独立性也就越强。

2. 模块的内聚

内聚是用来表示模块内部各组成成分间联系程度的概念。它是信息隐蔽和局部化概念的自然扩展。简单地说，具有理想内聚形式的模块只完成一个子功能。按照模块内部联系程度的不同，模块的内聚可以分为以下七类：

(1) 偶然内聚。偶然内聚是指为了节约空间，减少程序量，把各个模块中共同的操作抽出来，组成一个模块，而实际上这些语句并没有什么内在的联系。造成这种内聚的原因是在计算机产生初期，内存空间很少，程序员强调缩短程序的长度，以至于将没有联系的语句组织在一起。另外，人们为了坚持结构化程序设计，避免 GOTO 语句，也会引起这种情况。这种偶然内聚的模块不便于修改，因为模块内一个语句的修改不一定对与它相关联的所有模块都适合。

(2) 逻辑内聚。将几个逻辑上相似的功能放在一个模块中，其块内联系就是逻辑内聚。如图 5-8a 中的模块“取最高成绩或平均成绩”就属于这一类。把“取最高成绩”和“取平均成绩”这两个相似的功能放在一起而组成一个模块，这个模块的程序流程如图 5-9 所示。这需要模块 A 传递一个开关量，根据开关量判定执行哪一个分支。这样做也是出于节约空间的考虑。其缺点是修改困难，如果现在不仅要知道最高成绩是多少，而且还要打印出获得最高成绩的人的姓名，这一修改就很难适应“取平均

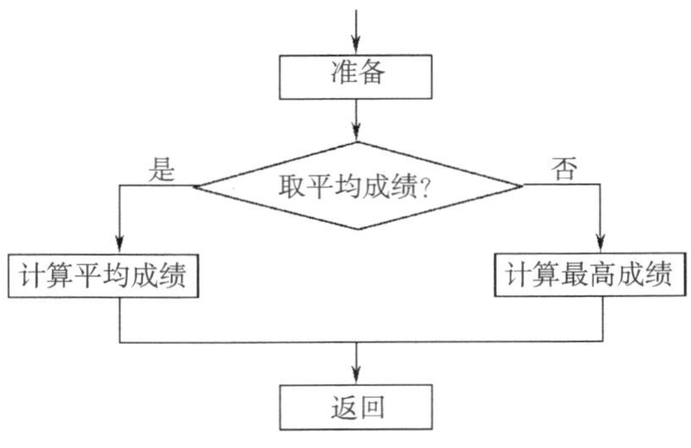

图 5-9　逻辑内聚

成绩”的要求。

（3）时间内聚。这是指把需要在有限时间间隔内处理的成分放在同一模块内。例如一些初始化模块。这种模块的内聚程度比前两种稍高一些，但仍是一种较低层次的内聚。

（4）步骤内聚。如果模块内的元素属于一个公共步骤单元，则称为步骤内聚。步骤内聚的程度比时间内聚模块要高，但往往导致模块间有相当紧的耦合。这样，当进行修改时，需要同时调整与之相关的多个模块。

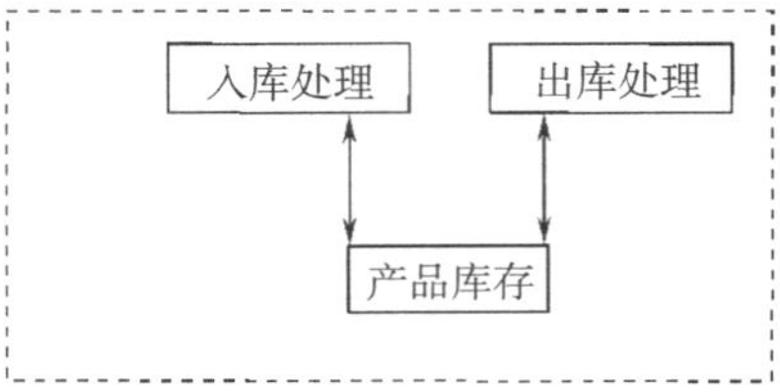

图5-10　通信内聚

（5）通信内聚。通信内聚是指模块内的成分引用共同的数据。如图5-10所示，其中入库处理和出库处理都是对产品库存数据进行的处理。根据数据流程图很容易判断出一个模块是否是通信内聚。通信内聚的程度已足够高，找不到更高的内聚结构时，这种结构是完全可以接受的。

（6）顺序内聚。顺序内聚是指模块中某个成分的输出是另一个模块的输入。如图5-11中的两个模块都属于这一类。与通信内聚相比，顺序内聚的内聚程度更高，因为不论从数据的角度还是从执行的顺序来看，模块内各成分的关系都更紧密。

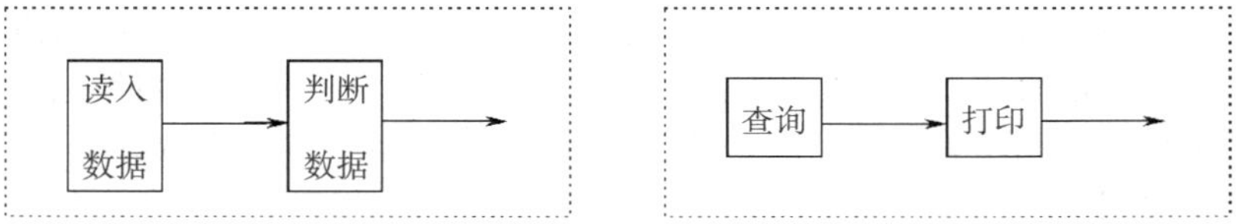

图5-11　顺序内聚

（7）功能内聚。若一个模块包括且仅包括为完成一个具体任务所需要的所有成分，则这个模块是功能内聚的。这种模块的聚合程度是最高的，结构化设计的目标就是获得这种模块。比如，解一个方程、求平方根、计算利息等就是典型的功能内聚的例子。

判断一个模块是否是功能内聚，简单、有效的办法是：把它从调用者的角度看，用一个短句简单明确地描述这个模块做什么，分析这个短句就可以发现这个模块是完成一个任务还是多个任务，或者做一些彼此无关的杂事。

各种内聚方式在可修改性、可靠性等性能指标上的比较如表5-2所示。

表5-2　各种内聚方式比较

类　型	划分方式	连接形式	可修改性	可靠性	紧凑性
功能内聚	按业务处理功能	好	好	好	10
顺序内聚	按业务处理顺序	好	好	好	9
通信内聚	按通信方式	中	中	不好	7
步骤内聚	按业务处理步骤	中	中	不好	5
时间内聚	按业务处理时间	不好	不好	差	3
逻辑内聚	按处理逻辑顺序	差	差	差	1
偶然内聚	基本不用	差	差	差	0

以上七种内聚方式优劣分明。在系统设计过程中应该尽量采用内聚程度高的形式，以提高模块的独立性。中等程度的内聚也是可以采用的，而且效果和高内聚相差不多，但是低内聚绝对不要使用。

耦合和内聚这两个标准是测量一个模块化系统优劣与否的重要标志。两个概念并不是完全独立的，而是密切相关的，模块内的高内聚往往意味着模块间的松耦合。内聚和耦合都是进行模块化设计的有力工具，但是实践表明内聚更重要，应该把更多注意力集中到提高模块的内聚程度上。

（三）模块的扇出与扇入

模块的扇出是指模块的直属下层模块的个数。如图5-12所示，模块的平均扇出数是2。一般认为，好的系统设计的平均扇出数是3或4。

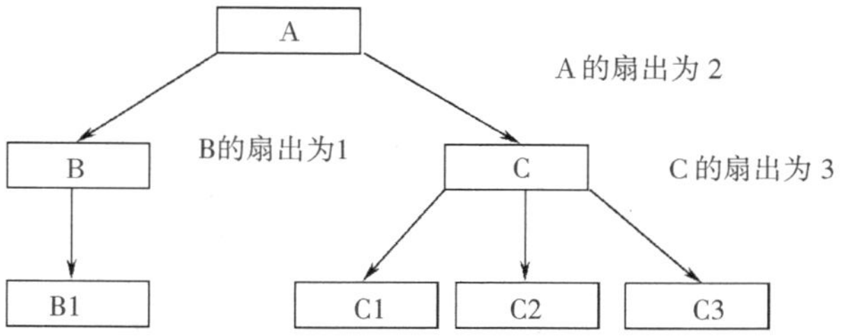

图5-12　模块的扇出

一个模块的扇出数过大或过小都不理想，扇出数过大比过小更为严重，一般认为扇出的上限不能超过7。扇出过大意味着管理模块过于复杂，需要控制和协调过多的下级，其解决办法是适当增加中间层次。

一个模块的扇入是指有多少个上级模块调用它。扇入越大，表示该模块被越多的上级模块共享，这当然好，但是不能为了获得高扇入而不惜代价。例如把彼此无关的功能凑在一起构成一个模块，这样虽然扇入数高了，但其模块内聚程度必然低，应尽量避免。

专家通过观察大量软件系统后发现，设计优秀的软件结构通常顶层扇出比较高，中层扇出较少，底层扇入到公共的实用模块中去。

（四）模块结构图的深度和宽度

模块的扇入与扇出考查的是单个模块的结构情况，而模块结构图的深度和宽度则从总体上考查所有模块的结构情况。

结构图的层数称为深度。它和程序长度之间应该有粗略的对应关系。如果层数过多，则应该考虑是否有许多管理模块过于简单，需要适当合并。一个层次上的模块总数称为宽度。一般说来，宽度越大系统越复杂。对宽度影响最大的因素是模块的扇出。从整体上观察，结构图可以看做是一棵倒长的树，这棵树的高度和宽度反映了树的大小，实际上也反映了系统结构的复杂程度。例如在图5-12中，此模块结构图的深度为3，宽度为4。在进行系统设计的时候，必须考虑到模块的层数和结构图的宽度，因为如果一个系统的层数过多或宽度过大，则系统的控制和协调关系也就会相应变得复杂，系统的规模也要相应增大，结果是造成设计和维护的困难增大。

（五）模块结构图的绘制

模块结构图的绘制可以分成两个阶段进行。第一阶段是从数据流程图出发导出初始结构图，即首先把整个系统看做是一个模块，然后对其逐层分解。分解时，要遵守前面介绍的划分模块的基本原则和完成数据流程图所规定的各项任务及其处理顺序。每分解出一层模块，都要标明信息传递情况并考虑每一模块的实现方法，同时还要考虑系统结构的层数。第二阶段是对模块结构图进行改进，即从提高模块的独立性目标出发，检查每一个模块，考虑是否还可以降低关联度，提高聚合度，如果可以，就要对其进行改进，直到理想为止。

由于系统结构的设计是一件非常复杂的工作，不可能一次就设计出满意的方案。因此，以上两个阶段往往需要反复进行，才可能设计出合理的模块结构图。

在数据流程图中存在着两种典型的结构：一种是变换型的数据流程图；另一种是事务型的数据流程图。与此相对应，也有两种结构图的设计方法，即变换分析方法和事务分析方法。前者用于将高层数据流程图转换成结构图，其优点是能够把一个大的、复杂的系统分解成若干个较小的、简单的系统；后者通常用于将低层次的数据流程图转换成结构图，它将数据流程图中的处理功能分解成具有输入、中心变换、输出功能的简单模块。这两种方法的基本设计过程都是先设计出最上层的主模块，然后由上向下逐层分解，直到得出一个满意的模块结构图为止。下面分别讨论这两种结构图的设计方法。

1. 变换分析方法

变换分析方法是从变换型的数据流程图中导出模块结构图的一种方法。变换型的数据流程图是一种线状结构，它可以清晰地分为输入、主处理和输出三部分，其主要功能是完成对输入数据的变换。图5-13是一个典型的例子。图中，第一部分是输入功能，它的特点是对数据的变换只作一些形式上的加工，如编辑、验证、排列等。第二部分是执行变换功能，它对数据流进行实质性的变换，即进行真正的处理。第三部分是输出功能，它对数据流进行形式上的加工，如排列显示格式等，然后输出符合要求的数据流。

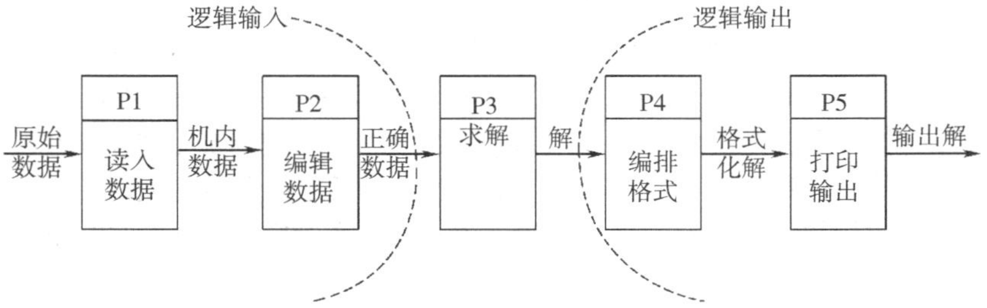

图5-13　变换型数据流程图示例

变换分析过程一般可以分为三步。

首先把数据流程图划分为主处理和逻辑输入、逻辑输出三部分。在数据流程图中，往往几股数据流的汇合处就是主处理部分，而在它两边所对应的分别就是逻辑输入和逻辑输出。但是，从分析当中可以看出，逻辑输入、逻辑输出的划分涉及对数据流的理解，由于每个人的理解不同，结果就有差异，但一般出入不会太大。

其次是以主处理为中心，设计结构图的最上层模块和下一层模块。数据流程图的主处理，决定了结构图最上层模块的功能和位置。有了最上层模块之后，就可以在此基础上分别按输入、变换和输出设计出下一层模块。

第一层模块按输入、变换、输出等分支来处理：为每一个逻辑输入设计一个输入模块，其功能是为顶层模块提供相应的数据；为每一个逻辑输出设计一个输出模块，它的功能是输出顶层模块的输出信息；为主处理设计一个变换模块，它的功能就是将逻辑输入变换成逻辑输出。第一层模块与最上层模块之间传送的数据应该同数据流程图相对应。

最后是设计中、下层模块。这一步是从上向下对模块逐层分解和细化的过程。对输入和输出部分，要一直分解到数据流程图的输入端和输出端为止。而对于变换部分，由于没有一定的规律可循，因此需要根据数据流程图中主处理部分的实际情况，应用耦合、内聚等知识，再进行分解模块的设计。由图5-13经转换得到的模块结构如图5-14所示。

2. 事务分析方法

事务分析方法是从事务型的数据流程图中导出模块结构图的一种方法。图5-15是事务型的数据流程图示例。在这种结构中，某个处理将它的输入分离成一串平行的数据流，然后分别执行后面的某些处理。对于这种类型的数据流图，可以通过事务分析（Transaction Analysis）得到相应的结构图。

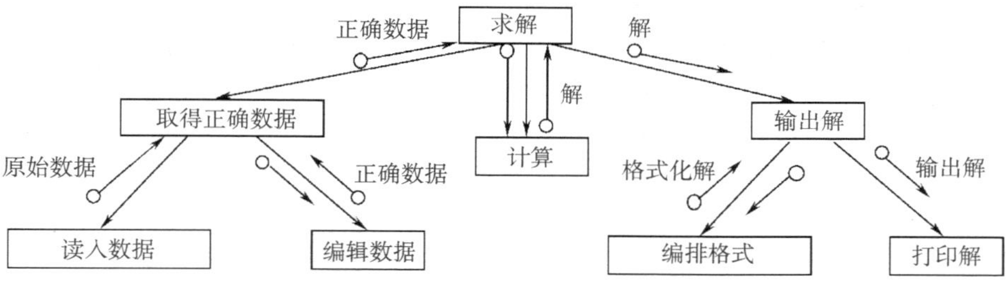

图 5-14 用变换分析方法得到的模块结构图

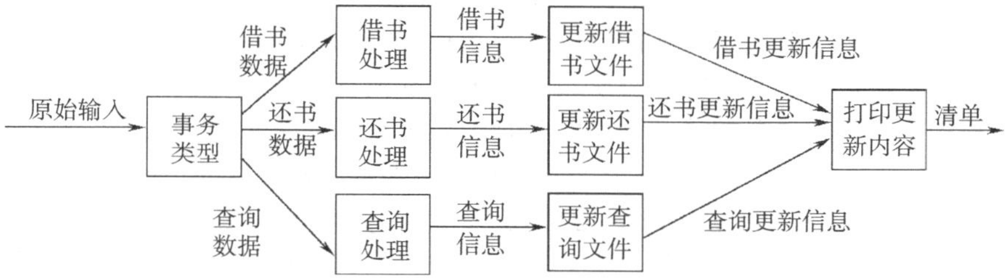

图 5-15 事务型的数据流程图

事务分析也是按“自顶向下，逐步细化”的原则进行的。先设计主模块，其功能就是整个系统的功能。下面有一个“分析模块”和“调度模块”。前者分析事务的类型，后者根据不同的类型调用相应的下层模块。这样得到与图 5-15 相应的结构图，如图 5-16 所示。这里作用范围可能在控制范围之外，从而产生控制耦合。对于不太复杂的系统，可以通过在主模块判别事务类型来解决这一问题。对于复杂的问题，还需要分开设计模块。

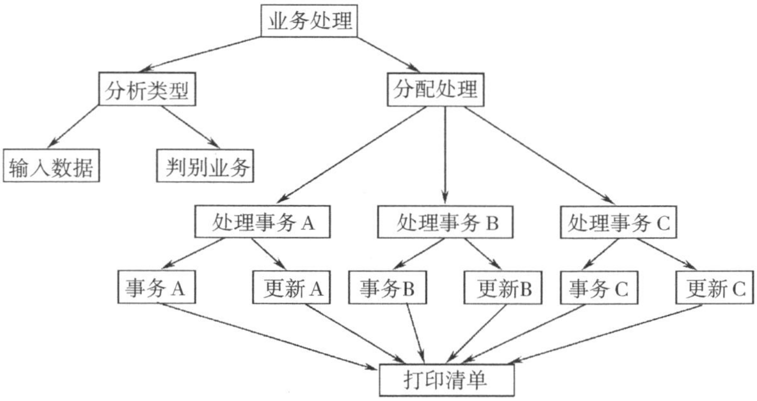

图 5-16 用事务分析方法得到的模块结构图

前面已经分别讨论了变换分析和事务分析方法。在实际应用中，这两种分析方法往往交替使用。数据流程图的某一个局部可能是变换型，另一个局部可能是事务型。这时，一般以变换分析为主，辅以事务分析。各个系统有不同的特点，初始结构图的设计方法也不同。凡是满足系统说明书要求的结构图都可以作为初始结构图。这里称之为初始结构图，是因为数据流程图并没有完全反映出用户的要求（如查询要求、控制流等）。因此，按数据流程图导出的结构图还要参照处理逻辑说明、查询分析等文档进行调整。

二、功能模块处理过程设计

进行功能模块处理过程设计的主要工具是 HIPO（Hierarchy Plus Input-Process-Output）图。它是美国 IBM 公司于 20 世纪 70 年代建立并逐步完善的一种软件设计工具。HIPO 图可以描述系统结构，也可以描述模块内部处理功能。

HIPO 图由一组 IPO（Input-Process-Output）图加一张 HC 组成。HC 是层次结构图（Hierarchy Chart）的英文缩写，描述了整个系统的设计结构以及各类模块之间的关系，HC 中的每一个模块，均可用一张 IPO 图来描述。IPO 图则描述了在某个特定模块内部的输入（I）、处理（P）、输出（O）三部分，能够直观地显示输入、处理、输出三者之间的联系。因此，HIPO 图一般由一张总的层次结构图和若干张具体模块内部展开的 IPO 图组成。

关于层次结构图的绘制过程，前面已经进行了比较详细的介绍，因此接下来主要对 IPO 图的绘制方法给予具体说明。在系统分析阶段产生的数据流程图，在经转换和优化形成系统模块结构图的过程中，将产生大量模块。这些对于日后系统编程非常重要的模块，必须由开发人员详细说明。IPO 图就是配合层次化的模块结构图详细说明每个模块内部功能的一种工具。IPO 图的设计可因人因具体情况而异，但无论怎样设计，它都必须包括输入（I）、处理（P）、输出（O），以及与之相应的数据库、文件，以及在总体结构中的位置等信息。

IPO 图使用的基本符号少而简单，因此很容易学会使用。它的基本形式是在左边的框中列出有关的输入数据，在中间的框中列出主要的处理，在右边的框中列出产生的输出数据。在 IPO 图中，输入、输出数据来源于数据字典。IPO 图的主体是处理说明部分，也是其中最重要的部分，必须重点说明。特别是对于一些处理过程较为复杂的模块，用自然语言描述其功能十分困难，并且文字描述可能产生二义性问题。因此，如果这个环节处理不好，将会给后续编程工作造成混乱。该部分可采用在系统分析阶段介绍过的结构化语言、判定表、判定树等工具进行描述，只要能够准确而简明地描述模块的执行细节就可以了。

图 5-17 是一张学生成绩查询登录的层次结构图，经过逐层分解，最终得到了三层模块结构，比较清晰地体现了密码数据从登录密码输入模块依次经过各层模块的处理最终进入系统的过程。

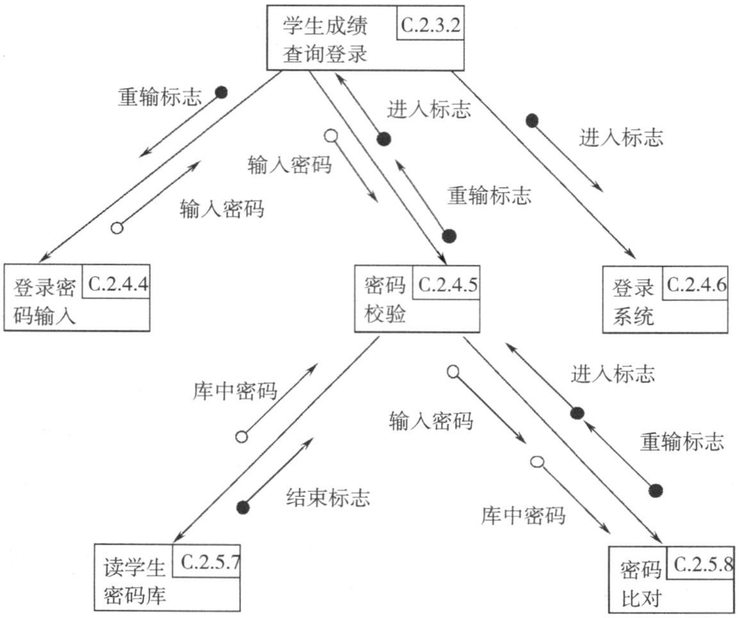

图 5-17　学生成绩查询登录的层次结构图

其中，各模块之间的层次关系、数据传递关系、控制执行关系等都已表达得比较准确，对于其中每个模块内部的输入、处理、输出则应在各自的 IPO 图中进行描述。图 5-18 即密码校验模块的 IPO 图，是层次结构图中若干 IPO 图中的一张，主要对模块的编号、名称、相关数据库编号、输入、处理、输出等内容进行了说明。

<table>
<tr><td colspan="3">IPO 编号（模块号）：C. 2. 4. 5</td><td colspan="2">HIPO 编号：C. 2. 0. 0</td></tr>
<tr><td colspan="3">数据库设计文件编号：C. 3. 2. 2</td><td colspan="2">编码文件号：C. 2. 3</td></tr>
<tr><td>模块名称：密码校验</td><td colspan="2">设计者：×××</td><td>使用单位：×××</td><td>编程要求：VB</td></tr>
<tr><td colspan="2">输入部分（I）</td><td colspan="2">处理部分（P）</td><td>输出部分（O）</td></tr>
<tr><td colspan="2">• 上级模块传入用户输入密码
• 从数据库中读取密码
• 下级模块传来对比正确进入标志
• 下级模块传来对比错误重输标志</td><td colspan="2">输入次数计数器 = 0
Do while 输入次数计数器 < 3
　If 输入密码≠库中密码
　　输入次数计数器 = 输入次数计数器 + 1 ；
　　输出重输密码标志；
　Else
　　输出进入系统标志；
　　退出循环；
　End if
End do
If 输入次数计数器 = 3
　退出系统；
End if</td><td>• 进入标志
• 重输标志</td></tr>
</table>

图 5-18　密码校验模块的 IPO 图

在开发过程中，工作人员不仅可以利用 IPO 图进行模块设计，而且还可用它来评价总体设计。用户和管理人员可以利用 IPO 图编写、修改和维护程序。因此，IPO 图同模块结构图一样也是系统设计阶段的一种重要文档资料。

第五节　数据库设计

数据库设计是在选定的数据库管理系统基础上建立数据库的过程。数据库设计的关键是如何建立一个数据模型，使其能够正确地反映用户的现实环境，向用户及时、准确、全面地提供所需要的信息，支持用户对所有需要处理的数据进行处理，并且还要使其具有较高的运行效率，易于维护。由于数据库的设计是围绕着数据模型的建立而展开的，所以要求系统设计者必须详细了解整个系统的信息处理现状和各种信息流，并对其进行分析和概括，同时还要熟悉数据库管理系统的特点，以便利用各种工具进行数据库设计。

用软件工程的观点来分析数据库设计的全过程，可以把它分成用户需求分析、概念结构设计、逻辑结构设计和物理结构设计等四个阶段。由于数据库系统已形成一门独立的学科，所以，当把数据库设计原理应用到管理信息系统开发中时，数据库设计的几个步骤就与系统开发的各个阶段相对应，且融为一体。数据库设计与系统开发各阶段对照如图 5-19 所示。

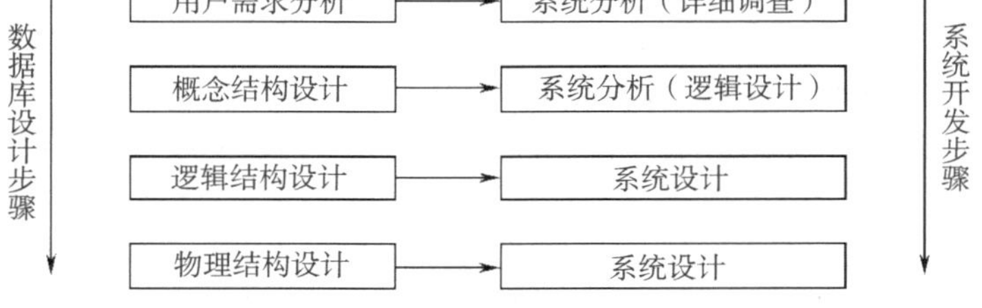

图 5-19　数据库设计与系统开发各阶段对照

对于信息系统开发来说，数据库系统设计中用户需求分析已经在系统分析阶段的系统调查、业务分析、数据流程分析和数据字典创建中得到充分进行，这里不再赘述。下面对接下来的三个步骤进行详细介绍。

一、概念结构设计

概念结构设计是根据用户需求分析的结果，设计数据库的概念数据模型（简称概念模型）。概念模型反映的是现实世界中的事物及其相互联系，是现实世界到计算机世界的一个中间层次。概念模型一方面应该具有较强的语义表达能力，能够方便、直接地表达应用中的各种语义知识，另一方面还应该简单、清晰，易于用户理解。目前用于建立概念模型的方法有许多种，其中最常用、最著名的方法是实体—联系方法，即 E-R 图法。下面就对 E-R 图的组成符号以及绘制方法进行详细说明。

（一）E-R 图的组成符号（元素）

E-R 图由三种符号组成，如图 5-20 所示。

图 5-20　E-R 图的组成符号

“实体”（Entity）是现实世界中描述客观事物的概念。实体可以是人，也可以是物或抽象的概念，如一个人、一件物品、一个部门等都可以称为一个实体。实体符号可用一个矩形方框表示，方框内写上实体的名称。

“属性”（Attribute）一般是指实体具有的某种特性。属性用来描述一个实体，如职工实体可由职工号、姓名、性别、年龄、工作时间等属性来刻画。属性符号用椭圆形表示，在椭圆形内写上属性的名称，用无向边把属性与实体相连。在实际应用中，有时属性也可能用来描述联系，比如用工作量来描述教师讲授课程这个联系，对于这种情况，也应该在 E-R 图中表示出来。

“联系”（Relationship）可以分为两类：一类是实体内部的联系，如组成实体的各属性之间的关系；另一类是实体之间的联系。这里主要讨论实体之间的联系。联系符号用菱形表示，在菱形内写上联系的名称，用无向边把菱形与相联系的实体连接起来，无向边上标注联系的类型。

（二）实体之间联系的类型

实体之间的联系可分为三种类型：

（1）一对一联系。如果对于实体集 A 中的任何一个实体，实体集 B 中至多只有一个实体与其发生联系，而 B 中的每一个实体至多对应 A 中的一个实体，则称 A 与 B 是一对一联系。例如，在教学管理系统中，任何一种教科书只能被一门课程所使用，任何一门课程至多只能使用一种教科书，所以教科书和课程这两个实体间是一对一的联系，如图 5-21a 所示。

（2）一对多联系。如果对于实体集 A 中的每一个实体，实体集 B 中有一个以上的实体与之发生联系，而 B 中的每一个实体至多只能与 A 中的一个实体对应，则称 A 与 B 是一对多的联系。例如，在教学管理系统中，任何一个学生只能在一个班级内学习，而任何一个班级都可以由多个学生来组成，所以两个实体间是一对多的联系，班级是一方，学生是多方，如图 5-21b 所示。

（3）多对多联系。如果实体集 A 中至少有一个实体对应于实体集 B 中一个以上的实体，而 B 中也至少有一个实体对应于 A 中一个以上的实体，则称 A 与 B 为多对多联系。例如，在教学管理系统中，任何一个学生可以选择多门课程学习，而任何一门课程也都可以由多个学生来学习，所以学生和课程这两个实体之间是多对多的联系，如图5-21c所示。

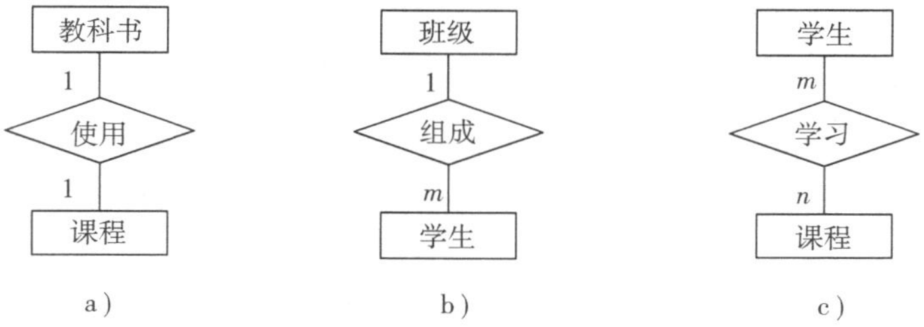

图 5-21 实体之间的联系

（三）基于 E-R 图的概念结构设计

E-R 图直观易懂，能比较准确地反映出现实世界的信息和联系，并从概念上表示了一个数据库中信息的组织情况。在进行数据库概念结构设计时，常用的一种方法是自下向上的设计方法。这种方法通常分为以下两步：

1. 局部 E-R 图设计

局部 E-R 图设计也被称为外模式设计，其任务是从用户角度设计出能反映局部现实数据关系的局部概念结构。局部 E-R 图设计分为以下三个步骤：

（1）确定范围。局部 E-R 图的范围通常根据不同部门、不同业务来进行自然划分。例如，企业的不同部门对数据处理的要求是不同的，就可以设计出针对不同部门数据要求的局部 E-R 图。有时，一个部门的业务比较复杂，部门中的不同用户或工作岗位对数据处理的要求也存在明显差异，就应该设计针对部门中不同用户的局部 E-R 图。甚至同一个用户从不同角度对数据处理的要求也可能不尽相同，此时也可以设计出针对同一用户不同数据处理要求的局部 E-R 图。

（2）识别实体。实体是组织中的各种事物。它可以是存在于业务过程中的订单、卡片、报表、账册，也可以是组织中的人员、设备、产品、计划、工资等。

（3）实体分析。实体分析包括实体属性分析和实体关系分析，并用 E-R 图描述分析结果。

2. 全局 E-R 图设计

全局 E-R 图也被称为全局概念结构，它是完整表示一个信息系统合理的、一致的数据库概念结构。全局 E-R 图设计就是把各个局部 E-R 图综合成为最终的全局 E-R 图。在综合过程中，需要进一步对实体和联系是否作为全局 E-R 图的一部分进行确认，并消除各局部 E-R 图之间存在的冲突，得出合理、一致的全局 E-R 图。

局部 E-R 图是从实际业务出发，描述业务过程中各实体以及实体相互之间的联系。但是这并不意味着局部 E-R 图中的所有实体都将作为全局 E-R 图的一部分。例如，零售企业的销售系统中，因为是由顾客从货架上选择商品，为了反映实际业务过程中的商品购买情况，“顾客”作为一个实体出现在 E-R 图中。但顾客具有动态性强和流动量大的特点，而顾客信息的获取又需要很大的工作量，并且顾客信息在此销售系统中的存储也没有太大的实际意义，因此在全局E-R 图中就不需要再出现“顾客”实体。

局部 E-R 图中存在的冲突主要表现在不同 E-R 图的实体中存在的“同名异义”和“异名同义”两种情况。

“同名异义”是指同一个实体名在不同 E-R 图中描述的实体含义不完全相同，具体又分为两种情况。第一种情况是同一个实体名描述了两个根本不同的实体。例如，在书店系统中，图书采购和图书销售两个业务中都存在“发票”实体，但图书采购中的“发票”是由供书商给书店开的“购书发票”，而图书销售中的“发票”则是由书店给读者开的“售书发票”。对这种情况，需要给实体更名，把实体区分开来。第二种情况是实体名描述的确实是同一个实体，但实体的属性在不同 E-R 图中存在差异，使得实体在不同局部 E-R 图中的意义存在着差异。这种冲突的消除需要综合实体在不同 E-R 图中的属性，最终给出能够满足局部和全局要求的一致的属性。

“异名同义”则是指由不同的实体名描述了同一实体的现象。例如，在书店信息系统的多个局部 E-R 图中，出现了“店员”、“职工”、“工作人员”等实体名，实际上它们描述的是同一种实体。对这种冲突需要统一实体名，比如把这三个实体名最终统一为“职工”。

“同名异义”和“异名同义”的现象不只出现在实体描述中，在实体属性的描述中也经常出现，需要注意消除存在于实体属性中的冲突。消除冲突之后的全局 E-R 图是概念上不存在矛盾的概念数据库结构，但它并不一定是合理的概念数据库结构。一个好的全局 E-R 图，除了能够准确、全面反映用户的功能需求外，还应该满足实体个数尽可能少、实体的属性尽可能少、实体间的联系无冗余等条件。为了保证其合理性，还需要对全局 E-R 图进行优化。

下面通过一个实例具体介绍 E-R 图的绘制方法。

例 5-1　通过调查得知，课程管理系统中主要涉及的实体包括学生、教室、教科书、课程、教师、班级。

由于一个学生可以选修多门课程，而一门课程可以被多人选修，所以课程与学生之间是多对多联系。由于一个教师可以为多个学生上课，而一个学生可以听多个教师讲课，因此教师与学生之间也是多对多联系。假定一个教室在不同的时刻可以开设多门课程，而一门课程可以在多个教室开设（如多媒体教室），因此教室与课程之间是多对多联系。假定一门课程同一学期由多个教师讲授，而一个教师可以讲授多门课程，则课程与教师之间是多对多联系。由于一个班级可在多个教室上课，而一个教室可供多个班级使用，因此班级和教室之间是多对多联系。由于一门课程只能有一本教材作为正式的教科书，一本教材只对应于一门课程，所以课程与教科书是一对一的联系。这样得到课程管理系统的局部 E-R 图如图 5-22 所示。

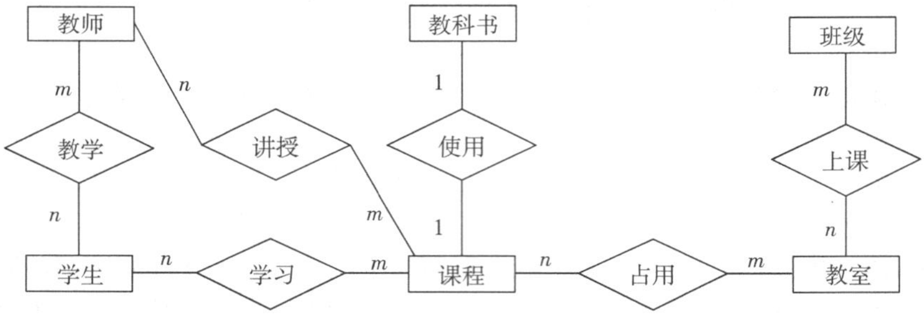

图 5-22　课程管理系统 E-R 图

为图示简明，属性未在图中标出。各实体的属性分别为：

学生：(<u>学号</u>，姓名，年龄，出生日期，系名，年级)

课程：(<u>课程号</u>，课程名，学分，课时)

教师：(<u>职工号</u>，姓名，性别，职称)

教科书：(<u>书号</u>，书名，单价，出版社)

教室：(<u>教室编号</u>，地址，容纳人数，教室类别)

班级：(<u>班级编号</u>，班级人数)

其中，带有下划线的属性是相应实体的关键字，建立实体数据表时可按关键字进行索引。

要注意实体间的联系有时也具有属性，如班级和教室之间的上课联系可有时间属性。

用同样的方法，可以得到学籍管理系统的局部 E-R 图，如图 5-23 所示。

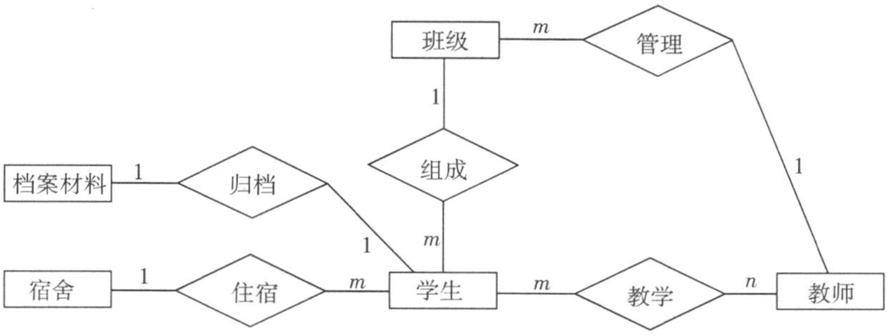

图 5-23　学籍管理系统 E-R 图

得到课程管理系统和学籍管理系统的局部 E-R 图后，需要调整冲突的实体属性，消除冗余数据和冗余联系。例如，学生实体中的年龄属性可以由出生日期推算出来，属于冗余数据，应该去掉。这样不仅可以节省存储空间，而且当某个学生的出生日期有误须进行修改时，无须再修改年龄，减少了产生数据不一致的机会。此外，教师实体与学生实体之间的教学联系以及教师与课程之间的讲授联系、课程与学生之间的学习联系可以进行整合。最终，课程管理系统和学籍管理系统的局部 E-R 图修改与重构完成后可得到如图 5-24 所示的 E-R 图。

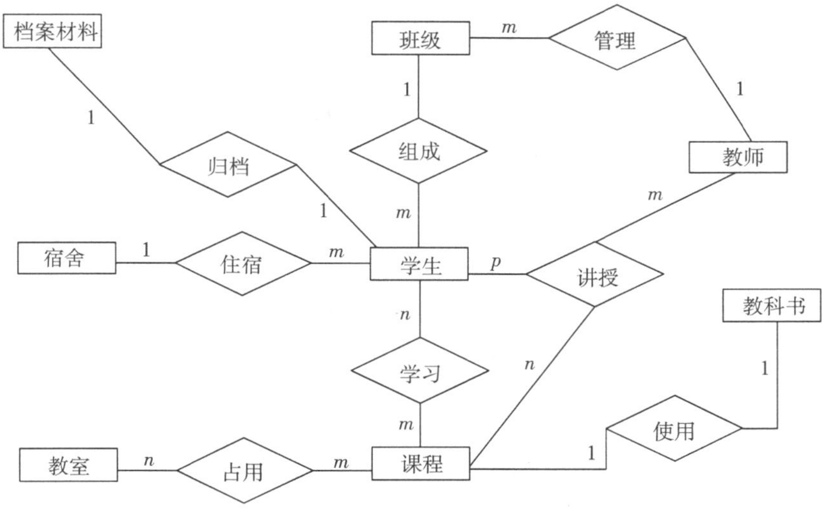

图 5-24　学生管理子系统 E-R 图

从前面对于 E-R 图的介绍可以知道，其实从其组成的符号来看，绘制 E-R 图并不是十分复杂的工作。但是在实际工作中，人们往往没有很成功地完成这项工作，原因在于并没有真正体会 E-R 图的绘制关键。因此在绘制之前必须详细、全面地了解用户需求，只有在这个基础之上，才有可能真正地表达出用户的实际需要，才有可能得到一个切实可行的 E-R 图。

二、逻辑结构设计

逻辑结构设计是将概念结构设计阶段完成的概念模型转换成能被选定的数据库管理系统（DBMS）支持的数据结构模型（简称数据模型）。数据模型可由 E-R 模型转换而来。通常，不同的 DBMS 其性能不尽相同，为此，数据库设计者还需深入了解具体 DBMS 的性能和要求，以便将一般数据模型转换成所选用的 DBMS 能够支持的数据模型。

数据模型通常分为关系数据模型、层次数据模型和网状数据模型。目前，关系数据模型已成为数据模型设计的主流模型。关系数据模型是一组关系模式的集合，而 E-R 图则由实体、实体的属性和实体之间的联系三要素组成。所以，将 E-R 图转换为关系模型实际上就是将实体、实体属性和实体之间的联系转换为关系模式。

（一）转换原则

将实体、实体属性和实体之间的联系转换为关系模式一般应遵循如下原则：

（1）一个实体可以转换为一个关系模式。实体的属性就是关系的属性，实体的关键字就是关系的关键字。在这里，关系的关键字就是关系的一个属性组，这个属性组的值能唯一地标识一个元组，该属性组也称候选关键字（Candidate Key）。若一个关系中有多个候选关键字，则选定其中一个作为主关键字（Primary Key）。主关键字的诸属性称为主属性（Prime Attribute）。不包含在任何候选关键字中的属性称为非关键字属性（Non-Key Attribute）。在最简单的情况下，候选关键字只包含一个属性。在最极端的情况下，关系中的所有属性组成一个组，是这个关系的候选关键字，称为全关键字（All-Key）。一个关系如果只有一个候选关键字，该关键字就是主关键字。例如在学生管理子系统中，教师实体可以转换为如下关系模式：

教师（职工号，姓名，性别，职称）

其中，职工号为教师关系的主关键字。同样，宿舍、学生、班级、课程等都应分别转换为一个关系模式。

（2）一个一对一联系可以转换为一个独立的关系模式，也可以与任意一端对应的实体关系模式合并。如果转换为一个独立的关系模式，则与该联系相连的各实体的关键字以及联系本身的属性均转换为关系的属性，每个实体的关键字均是该关系的候选关键字；如果与某一端对应的实体关系模式合并，则需要在该端关系模式的属性中加入另一端关系模式的关键字和联系本身的属性。例如在前面的图 5-23 中，“归档”联系为一对一联系，则可按前面介绍的规则将其转换为一个独立的关系模式：

归档（档案号，学号）

（3）一个一对多联系可以转换为一个独立的关系模式，也可以与多端对应的关系模式合并。如果转换为一个独立的关系模式，则与该联系相连的各实体的关键字以及联系本身的属性均转换为关系的属性，而关系的关键字为多端实体的关键字；如果与多端对应的关系模式合并，则需要在多端关系模式的属性中加入另一端关系模式的关键字和联系本身的属性。例如在前面的图 5-23 中，“住宿”联系为一对多联系，将其转换为关系模式的一种方法是使其成为一个独立的关系模式：

住宿（学号，宿舍编号）

其中学号为“住宿”关系的主关键字。

（4）一个多对多联系转换为一个关系模式时，与该联系相连的各实体的关键字以及联系本身的属性均转换为关系的属性。而关系的关键字为各实体的关键字的组合。在上例中，“学习”联系是一个多对多联系，可以将它转换为如下关系模式（其中，学号与课程号为关系的组合关键字）：

学习（学号，课程号，成绩）

（5）三个或三个以上实体间的一个多元联系转换为一个关系模式时，与该多元联系相连的各实体的关键字以及联系本身的属性均转换为关系的属性，而关系的关键字为各实体关键字的组合。在上例中，“讲授”联系是一个多元联系，可以将它转换为如下关系模式（其中，课程号、职工号和学号为关系的组合关键字）：

讲授（课程号，职工号，学号）

（6）具有相同关键字的关系模式可合并，合并方法是将其中一个关系模式的全部属性加入到另一个关系模式中，然后去掉其中的同义属性（可能同名也可能不同名），并适当调整属性的次序。例如，住宿关系模式中有学号这个主关键字，而学生关系模式中也有该主关键字，所以可以合并为新的学生关系模式：

学生（学号，姓名，出生日期，所在系，宿舍编号，年级）

合并可以减少系统中的关系个数。

（二）逻辑结构设计中的规范化理论

如前所述，信息系统的运行效率在很大程度上取决于数据库系统的效率，而面对任何一个信息系统之中数量极为庞大的数据，应该如何以最优的方式组织这些数据，形成以规范化形式存储的数据库，是信息系统开发中一个十分重要的问题。为使数据存储有一个标准的存储结构，IBM 公司的科德（E. F. Codd）在 1971 年首先提出规范化理论（Normalization Theory），如今这个理论有了很大的发展。规范化理论虽然以关系数据模型为背景，研究如何设计一个关系数据库，但它对一般的数据库的逻辑结构设计同样具有重要的指导意义。

从数据库的应用方面来说，要求随时可以修改数据库，同时应该消除在对数据进行插入、修改和删除时可能产生的不良影响。此外，在导入新的数据时，应该减少对原有数据结构的修改，以便最大限度地减少对应用程序的影响。如何能够较好地解决上述问题，就要用规范化方法和理论来设计数据库的逻辑结构，以提高数据的完整性、一致性和可修改性。

一个结构不合理的数据库常常会出现诸如数据冗余、插入、删除、修改异常等情况。重复存储同一数据的现象被称为冗余。在关系中插入、删除、修改元组（记录）时出现不希望结果的现象称为更新异常。更新异常包括插入异常、删除异常和修改异常。

例 5-2 有一个 SCT 关系，所包含的属性及元组如表 5-3 所示。

表 5-3 学生课程教师信息表

学号	学生姓名	课程号	课程名称	成绩/分	教师姓名	教师年龄/岁	办公室
S1	王小丽	C1	英语	90	李敏	32	301
S1	王小丽	C2	数学	85	王刚	40	301
S1	王小丽	C3	政治	90	刘洋平	29	302
S2	李红	C2	数学	60	王刚	40	301
S3	刘风	C1	英语	75	李敏	32	301
S3	刘风	C1	英语	65	李敏	32	301
S3	刘风	C2	数学	23	王刚	40	301

上述关系中存在下列问题：

（1）数据冗余。如果某门课程有 100 个学生选修，要出现 100 条记录，相应这门课的教师的姓名、年龄、办公室等信息也要重复出现 100 次，由于大量数据被重复存储，造成了数据冗余。

（2）修改异常。对关系中的数据进行修改，可能导致数据不一致的情况。例如，将第一条记录的办公室值改为 303，而第五、六条记录的值仍为 301，会出现李敏老师的办公室号码不一致，除非修改所有李敏老师记录中的办公室号码。

(3) 插入异常。如果某课程决定由张老师担任，但在还不知道哪些学生选修前，无法将张老师的记录插入关系中。因为在SCT关系中，（学号，课程号）是主关键字，在学号不确定的情况下，不能插入该记录。

(4) 删除异常。如果要删除某门课程的所有成绩，则会将教这门课程的教师信息也删除掉。例如，若要删除课程号为“C1”的元组，结果会丢失李敏老师的有关信息。

上述现象的产生，主要是由于关系模式不合理造成的。如果一个关系中，存储了两个或者两个以上实体的数据，一般应将它分解为多个较小的、较为简单的关系，使每个关系只对应一个实体。例如上例中，可以把SCT关系分解为四个关系，S（学号，学生姓名），C（课程号，课程名称），T（教师姓名，教师年龄，办公室），SC（学号，课程号，成绩）。改进后，会使数据量减少，表达能力强，便于理解，修改方便，同时能够在一定程度上消除插入、删除、修改异常。

一般把分解关系模式用以消除异常的过程称为规范化，而把分解后的关系模式的规范形式（或者说把关系模式的分类标准）称为范式。根据要求的宽严不同，可以把范式依次分为第一范式（记为1NF）、第二范式（记为2NF）和第三范式（记为3NF），其余以此类推。对于信息系统开发来说，一般只需规范到第三范式即可。下面就不同范式应满足的条件和整个规范化工作的步骤进行详细介绍。

1. 函数依赖

一个关系模式之所以会有数据冗余大、修改异常、插入异常、删除异常等问题，是由于该模式中存在某些数据依赖引起的。规范化理论正是通过分解关系模式来消除其中不合适的数据依赖，以解决数据冗余、更新异常等问题。因此，正确分析数据依赖关系是进行规范化处理的关键。

函数依赖是从数学角度来定义的数据依赖，它在关系中用来刻画关系各属性之间相互制约而又相互依赖的情况。函数依赖普遍存在于现实生活中。比如，描述一个学生的关系，可以有学号、姓名、所在系等多个属性，由于一个学号对应一个且仅一个学生，一个学生就读于一个确定的系，因而当“学号”属性的值确定之后，“姓名”及“所在系”的值也就唯一地确定了，此时，就可以称“姓名”和“所在系”函数依赖于“学号”，或者说“学号”函数决定“姓名”和“所在系”，记作：学号→姓名、学号→所在系。下面对函数依赖给出确切的定义。

定义1：设$R(U)$是属性集U上的一个关系，x、y是U的子集。若对于$R(U)$下的任何一个包含x与y的可能关系，均有x的一个值对应于y的唯一一个值，称y函数依赖于x，记作$x\rightarrow y$，x称为决定因素；否则，称y不函数依赖于x，记作$x \nrightarrow y$；若再有$y\rightarrow x$，则称x与y相互依赖，记作$x\longleftrightarrow y$。

例如表5-4所示的“院系信息表”关系中，如果学院名称的值是唯一的，即各学院名称均不相同，那么有函数依赖集：

学院代码→学院名称，学院代码→联系电话，学院代码→学院负责人。

此外，学院名称与学院代码相互依赖，记作：学院代码←→学院名称。

表5-4　院系信息表

学院代码	学院名称	联系电话	学院负责人
09	管理学院	4321354	张明
08	人文学院	4321344	刘冬
07	信息学院	4321566	马丽
06	法学院	4321022	孙新

值得注意的是，这个定义也可以这样理解：不可能存在两个元组在 x 上的属性值相等，而在 y 上的属性值不等，则有：$x \to y$。要注意，$x \to y$ 并不排除 x 属性中有不同值的不同元组，它们对应的 y 值相同的情况。例如：在关系模式 Std（学号，系，系主任姓名）中，有学号→系。

定义 2：设 R（U）是属性集 U 上的关系，x、y 是 U 的子集，对 x 的任何一个真子集 x'，若 $x \to y$ 且 $x' \nrightarrow y$，则称 y 完全依赖于 x，记作 $x \xrightarrow{f} y$；否则称 y 部分函数依赖于 x，记作 $x \xrightarrow{p} y$。

显然，当且仅当 x 为复合属性组时，才有可能出现部分函数依赖，而完全函数依赖是说明在依赖关系的决定项（即依赖关系的左项）中没有多余属性，有多余属性就是部分依赖。

例如，在关系模式：学习（学号，课程号，成绩）中，因为（学号，课程号）→成绩，且学号$\nrightarrow$成绩，课程号$\nrightarrow$成绩，所以，（学号，课程号）$\xrightarrow{f}$成绩。

在关系模式：学生（学号，姓名，性别）中，姓名有重名的情况下，因为（学号，姓名）→性别，虽然学号→性别，但姓名$\nrightarrow$性别，所以，（学号，姓名）$\xrightarrow{p}$ 性别。

定义 3：设 R（U）是属性集 U 上的关系，x、y、z 是 U 的子集，在 R（U）中，若 $x \to y$，但 $y \nrightarrow x$，而 $y \to z$，则称 z 传递函数依赖于 x，记作 $x \xrightarrow{t} z$。

例如，在关系模式：Std（学号，系，系主任姓名）中，因为有学号→系，但系$\nrightarrow$学号，而且系→系主任姓名，所以学号$\xrightarrow{t}$系主任姓名。

2. 范式

（1）第一范式（1NF）。如果一个关系模式 R 的所有属性都是不可分的基本数据项，则 $R \in$ 1NF。

第一范式是对关系模式一个最低的要求，不满足第一范式的数据库不能称为关系数据库。但是满足第一范式的关系模式不一定是一个好的关系模式。

例如，在关系模式 S（学号，课程号，班级，班主任，成绩）中，虽然各个属性都不可再分割了，都已经是基本数据项了，但它不是一个好的关系模式。具体分析如下：

关系模式 S 的关键字为组合属性（学号，课程号），函数依赖如图 5-25 所示，其中实线表示完全函数依赖，虚线表示部分函数依赖。

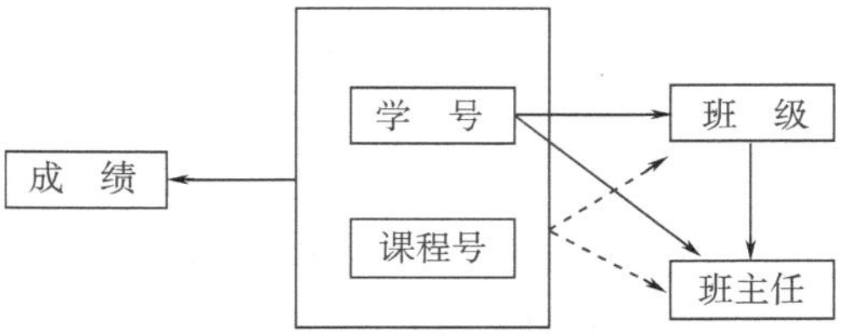

图 5-25 S 函数依赖

关系 S 存在以下四个问题：

插入异常：无法插入未选课的学生，因为插入该学生记录时，由于学号和课程号是主关键字，插入时必须有确定的值，而此时主关键字为空，所以无法插入。

删除异常：删除选课记录会将其他信息也删除。

数据冗余度大：选修 n 次课，班级和班主任就要重复存储 n 次。

修改复杂：如学生从一个班级转到另一个班级，则需要在修改其班级的同时，也要修改班主任的值；另外，如果该学生选修了 n 门课，则必须修改 n 次班级和班主任的值，这就造成了修改的复杂化。

关系模式 S 出现上述问题的原因是班级和班主任对关键字的部分函数依赖，为了消除这种部分函数依赖，应该将其分解为两个关系模式：SC（学号，课程号，成绩）；ST（学号，班级，班主任）。

分解后的两个关系模式中，所有的非关键字属性都完全函数依赖于主关键字了，上面的四个问题也都得到了一定程度的解决。这种解决方法就是满足下面所要介绍的第二范式条件的方法。

（2）第二范式（2NF）。若关系模式 $R \in$ 1NF，并且每一个非关键字属性都完全函数依赖于 R 的主关键字，则 $R \in$ 2NF。

2NF 就是不允许关系模式的属性之间有这样的函数依赖 $x' \rightarrow y$，其中，x' 是主关键字的真子集，y 是非关键字属性。显然，在主关键字中只包含一个属性的关系模式如果属于 1NF，那么它一定属于 2NF。

上例中，ST 关系和 SC 关系都属于 2NF，它们在一定程度上解决了原 1NF 关系中存在的插入异常、删除异常、数据冗余度大、修改复杂等问题，但并不能完全将上述问题消除，即满足 2NF 的关系模式也不一定是一个好的关系模式。

例如：关系模式 ST（学号，班级，班主任）属于 2NF，该关系模式中存在下列函数依赖：

学号→班级

班级↛学号

班级→班主任

学号 $\xrightarrow{t}$ 班主任

ST 关系仍存在以下四个问题：

插入异常：若某个班由于种种原因尚未有学生，则无法将该班级的信息存入该关系中。因为学号为主关键字，而主关键字不能为空。

删除异常：如果某个班级的学生全部毕业了，在删除该班级学生信息的同时，把班主任管理这个班级的信息也删除掉了。

数据冗余度大：班主任的信息大量重复，重复次数与该班级人数相同。

修改复杂：如某班级需要更换班主任，由于班主任信息的重复存储，因此在修改时，必须更新该班级所有学生的班主任的值。

因此，ST 仍不是一个好的关系模式。关系模式 ST 出现上述问题的原因是班主任传递函数依赖于学号。为了消除该传递函数依赖，可以采用分解的方法，把 ST 分解为两个关系模式：SG（学号，班级）；GT（班级，班主任）。

分解后，关系模式中既没有非关键字属性对主关键字的部分函数依赖，也没有非关键字属性对主关键字的传递函数依赖，在一定程度上解决了上述四个问题。这种解决方法就是满足下面所要介绍的第三范式条件的方法。

（3）第三范式（3NF）。若关系模式 $R \in$ 2NF，且每个非关键字属性都非传递函数依赖于主关键字，则 $R \in$ 3NF。3NF 不允许属于 2NF 的关系模式 R（U）中存在这样的情况：主关键字 x、属性组 y，以及非关键字属性 z，使得 $x \rightarrow y$，且 $y \nrightarrow x$ 时有 $x \xrightarrow{t} z$。满足 3NF 的关系可以在一定程度上解决关系模式中的插入异常、删除异常、数据冗余度大、修改复杂等问题，但不能完全消除。

关系模式 STC（学生，教师，课程）中，假设每个教师只教一门课程，每门课程可以由若干个教师讲授，某一学生选定了某门课程，就确定了一个固定的教师。因此关系模式中存在如下函数依赖：

教师→课程

（学生，教师）→课程

（学生，课程）→教师

此关系的候选关键字为（学生，教师）和（学生，课程）。根据定义，不管这两个候选关键字哪个做主关键字，该关系模式中没有任何非关键字属性（学生、教师、课程）对主关键字的部分函数依赖和传递函数依赖，因此，STC 属于 3NF。对于管理信息系统的开发来说，只需要将数据库的关系模式规范到符合 3NF 的条件就可以满足系统的使用要求了。

通过前面的叙述，可以把从 1NF 到 3NF 的规范化过程用图 5-26 进行总结。

1NF
↓　　消除非关键字属性对关键字的部分函数依赖
2NF
↓　　消除非关键字属性对关键字的传递函数依赖
3NF

图 5-26　1NF 到 3NF 的规范化过程

数据库的结构设计经过 E-R 图设计到 E-R 图转换为关系模式，再到用规范化理论规范关系模式，就可以得到一个比较好的关系数据库结构，即更新异常和数据冗余很少的关系模式。要注意的是，一般来说，规范化应该根据数据库设计的一般步骤，在得到关系模式之后实施，但也可以对概念模型中的实体和联系实施规范化，以得到规范的关系模式。如果关系模式本身是规范的，可以不必再对其实施规范化。

三、物理结构设计

物理结构设计是在逻辑结构设计的基础上进一步设计数据存储模式的一些物理细节。物理结构设计通常分为两步：确定数据库的物理结构和评价物理结构。物理结构设计依赖于给定的计算机系统，目的是利用 DBMS 所提供的方法、技术，以适当的关系模式存取方法、合理的数据存储结构，设计出一个高效率的、完整的、可实现的数据库结构。为此，要充分了解所使用的 DBMS 的内部特征，特别是系统提供的存取方法和存储结构。

（一）确定数据库的物理结构

在关系数据库中，数据库的物理结构主要包括两部分：关系模式的存取方法和数据库的存储结构。

1. 选择关系模式的存取方法

关系模式的存取方法就是指关系模式的存取路径。数据库系统是多用户共享的系统，对同一个关系要建立多条存取路径才能满足多用户的多种应用要求。因此，物理设计的一个重要任务就是要确定选择哪些存取方法，即建立哪些存取路径。

数据库管理系统一般都提供多种存取方法。常用的存取方法有三类：索引方法，聚簇方法，哈希方法。其中，索引是数据库中一种非常重要的数据存取路径，若使用索引，则在存取方法设计中要确定建立何种索引，以及在哪些表和属性上建立索引。

2. 设计数据库的存储结构

设计数据库的存储结构主要包括以下两部分：

（1）设计数据的存放位置和方式。其内容包括：

1）数据的存放位置设计。对数据库按不同的存取情况划分为若干个组，把存取频率和存取速度要求高的数据存放在高速存储器上，如硬盘；把存取频率和存取速度要求比较低的数据存放在低速存储器上，如磁带。

2）数据的存放方式设计。存放方式对检索查询等操作有很大的影响。所谓数据存放方式，就是对存储记录在全范围内进行物理安排，主要包括：

① 顺序存放：把一组记录存放在按地址相邻的存储单元里，记录间的逻辑关系用存储单元

的自然顺序关系来表达。顺序存放方式为使用整数编码访问数据记录提供了便利。此外，在排序后的顺序存放方式下，进行记录查询时，平均查询次数为关系记录个数的1/2。

② 链接存放：在记录的存储结构中附加指针字段来存储记录间的逻辑关系。链接存放中，数据记录包括两部分：数据字段存放记录本身的数据，指针字段存放指向其后继记录的指针。链接存放方式适用于那些需要经常进行增删记录的复杂数据结构。

③ 索引存放：顺序存放的一种推广。通过建造一个由整数域Z映射到存储地址域的函数，把整数索引值映射到记录的存储地址，从而形成一个存储一串指针的索引表，每个指针指向存储区域的一个数据记录。索引存放方式适用于对查询响应要求高的系统。

④ 散列存放：索引存放的一种延伸和扩展，利用散列函数进行索引值的计算，然后通过索引表求出记录的指针地址。

⑤ 聚簇存放：将频繁查询的不同记录分配到相同的物理存储区域中去。这可以充分利用物理顺序性优点，提高访问速度。许多关系DBMS为了提高某个属性（或属性组）的查询速度，都提供了聚簇功能。例如，假设学生关系按所在系建有索引，现在要查询一个系的所有学生名单，设该系共有100名学生，在极端情况下，这100名学生所对应的元组分布在100个不同的物理块上，由于每访问一个物理块需要执行一次I/O操作，因此该查询即使不考虑访问索引的I/O次数，也要执行100次I/O操作。但是如果将同一系的学生元组集中存放，则每读一个物理块可得到多个满足查询条件的元组，从而大大减少了访问磁盘的次数。

（2）确定存储分配的参数。确定存储分配的参数就是确定溢出区的大小、块的尺寸、缓冲区的大小和个数等参数。这些参数的设置将影响存取时间和存储分配的策略，设计人员要全面考虑。

（二）评价物理结构

在数据库物理设计过程中，需要对时间效率、空间效率、维护代价和各种用户的要求进行权衡，产生多个方案。数据库设计人员再对这些方案进行细致的评价，从中选择一个较优的方案作为数据库的物理结构。

评价物理结构的方法完全依赖于所选用的DBMS，主要是从定量估算各种方案的存储空间、存储时间和维护代价入手，对估算结果进行衡量、比较，选择一个较优的合理的物理结构。如果该结构不符合用户需求，则需要修改设计。

四、数据库设计工具ERwin的应用

ERwin是关系数据库应用开发的优秀CASE工具。通过使用建模工具，不仅能得到优化的业务功能和数据需求模型，而且可以实现从E-R模型到数据库物理设计的转换。下面就以前面已经分析过的某校教学管理系统当中的课程管理子系统为例，来说明如何使用ERwin工具完成绘制数据库逻辑模型的工作。

利用ERwin软件，可以分别建立逻辑、物理、物理/逻辑的数据模型。逻辑模型包括实体、属性和联系这些内容，物理模型包括数据表、字段、约束条件以及视图等内容。利用同样的ERwin绘图工具，既可以完成逻辑模型的设计，也可以完成物理模型的设计。

利用ERwin软件完成数据库建模，主要工作是完成ERwin框图的设计。ERwin框图中包括三种主要构建块——实体、属性和联系，如果把框图看成是表达业务语句的图形语言，那么实体是名词，属性是形容词或修饰短语，联系是动词。下面就从这三种构件入手来说明框图的绘制过程。

（一）新建一个逻辑模型

具体操作方法是在“文件”菜单下选择“新建”命令，或者单击常用工具栏中的“新建”

按钮，系统弹出新建模型对话框，如图5-27所示。在对话框的新建类型按钮组中共有三种模型可供选择，分别是逻辑模型、物理模型、逻辑/物理模型。在此选择建立一个空白的且所有设置均为默认设置的“逻辑模型”，并命名为“教学管理系统”，最后单击“OK”按钮完成操作。

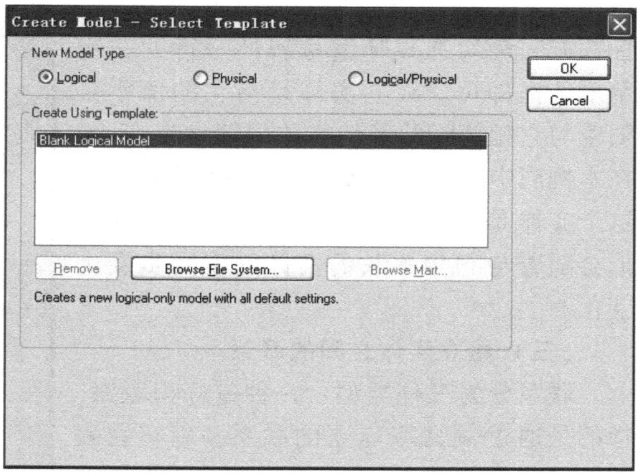

图5-27 新建模型对话框

（二）选择实体，添加相关属性

具体操作方法分为两步：

第一步是单击在主题窗口中的绘图工具栏，选择实体按钮，并在绘图窗口适当位置单击。这时，在绘图窗口就出现了一个实体的图形，如图5-28所示。这是一个带有名字的方框，实体的属性应在框内标明。此外，在这个过程中，我们可以通过拖动鼠标改变其位置；也可以选定实体，当周围出现八个尺寸控制点后，用鼠标拖动控制点改变其大小。

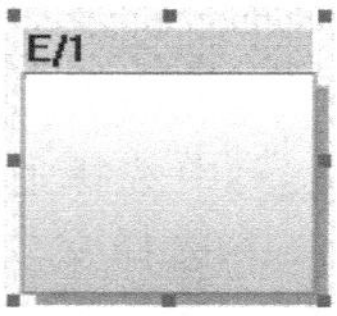

图5-28 新建实体示例

第二步是完成实体名称、相关属性的录入。

通过前面的调查分析已知，在课程管理子系统当中，所涉及的实体主要包括学生、课程、教师、教科书、教室和班级，其中每个实体的属性也已了解得比较清楚了，这为绘制逻辑模型的工作铺平了道路。

具体操作步骤是：在主题窗口中选择已建立好的实体方框，并双击实体，弹出实体属性对话框，单击其右侧的按钮，键入实体的名称，结果如图5-29所示。接下来，右键单击实体方框，在弹出的菜单中选择属性设置，弹出属性对话框，然后就可将实体的属性一一添加进去。在添加属性的过程中必须要选择准确的属性类型，如在图5-30中，描述的是在教师实体中添加一个字符型的教师编号属性。此外，还要注意区分关键属性和非关键属性以及区分独立实体和非独立实体。所谓关键属性，是指能够标识每一条记录的属性，它显示在方框内的上半区，用直角框表示；否则就称为非关键属性，用圆角框表示（可参见图5-32）。

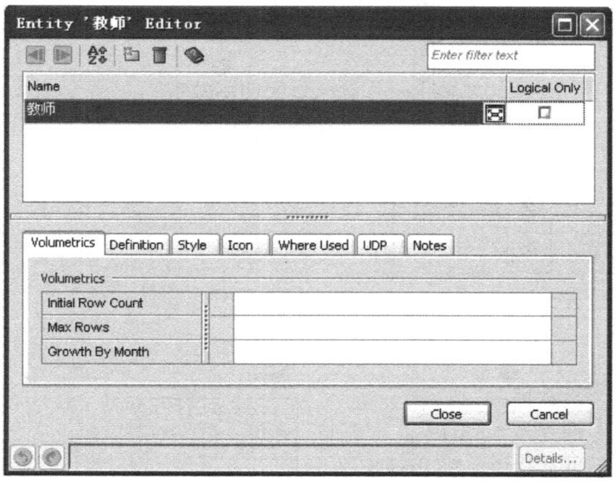

图5-29 实体添加属性对话框

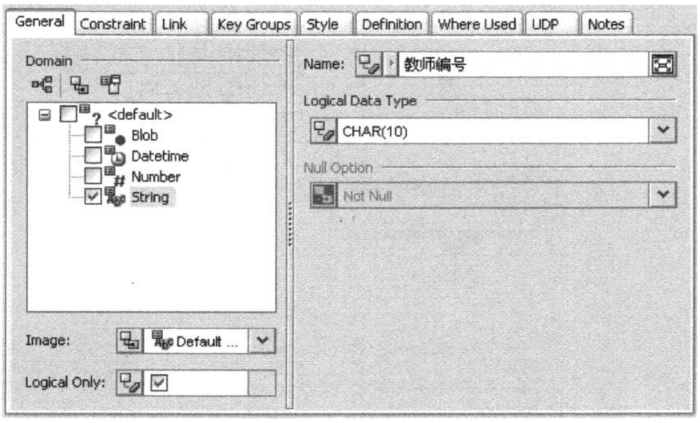

图5-30 教师实体新建属性图例

图 5-31 描述的是将教师编号设置为关键属性，方法是勾选教师编号属性一行的关键字复选框即可。独立实体是指它的值不会随着与它相关联的其他实体的值发生变化。在本例当中，教师的关键属性是教师编号，这个实体是一个独立实体。非独立实体的值会随着与它相关联的实体的值同步发生变化。

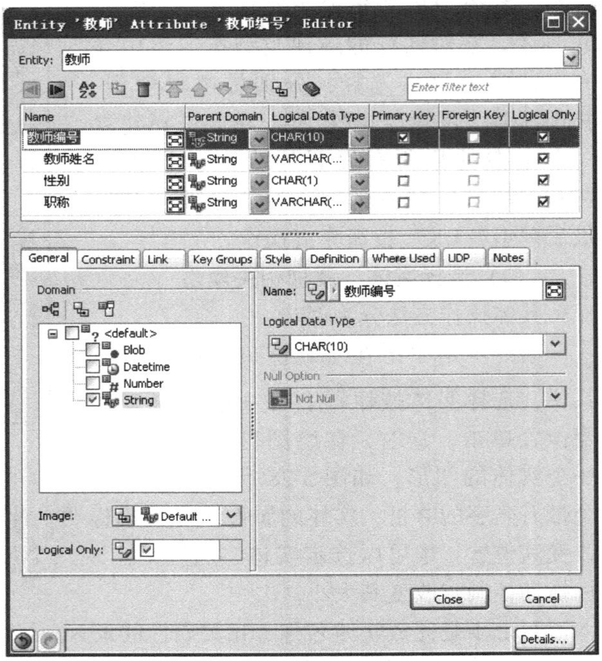

图 5-31　设置关键属性图例

（三）建立实体之间的联系

联系分为三种类型：一种是标识联系，指的是通过关键字建立的联系，用实线表示；另一种是非标识联系，是通过非关键字建立的联系，用虚线表示；最后一种是多对多的联系。ERwin 软件所提供的创建联系的方法很多，例如，可以单击在主题窗口中的绘图工具栏，选择联系按钮，即在  中选择适当的联系。接下来在主题窗口中选择父实体和子实体进行连接，再双击连接实体的联系线段，键入联系的名称即可。对于课程管理系统来说，经过调查可知，教师和学生之间、学生和课程之间、课程和教室之间、教室和班级之间存在着多对多的联系，课程和教科书之间存在着一对一的联系，教师和课程之间存在着一对多的联系，这些都需要在图中表示出来。操作步骤是先选择联系类型，然后分别单击存在联系的两个实体，这时就会在其中出现表示实体联系的线段，具体如图 5-32 所示。

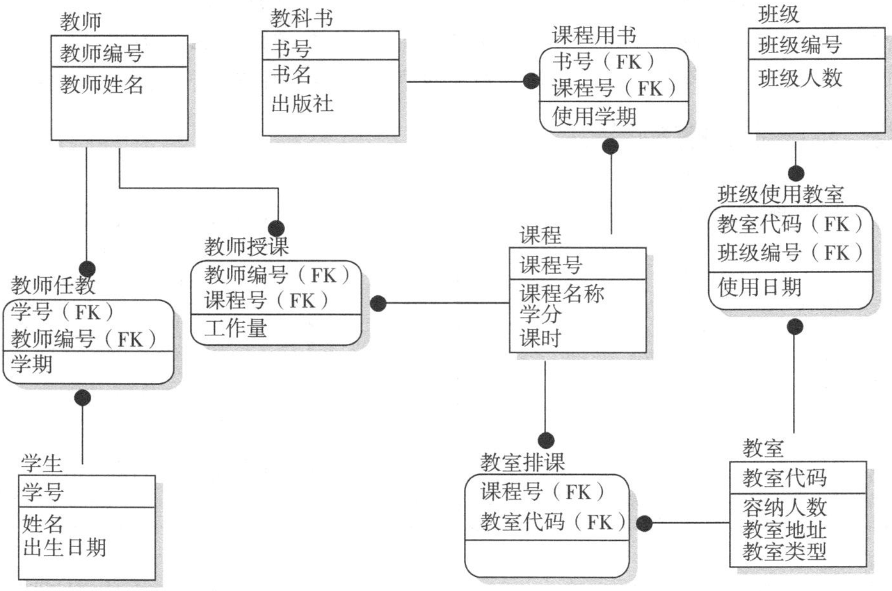

图 5-32　课程管理系统逻辑模型

在使用 ERwin 软件时，要注意的是，如果只要求完成文档工作，则可以选择建立逻辑模型；如果要进行完整的数据库设计的项目开发，则应该既选择逻辑模型，又选择物理模型，在物理模型中，ERwin 不仅可以定义对应的表、列，同时可针对各种数据库管理系统将其自动转换为适当的类型，总之，ERwin 是一个非常优秀的数据库设计 CASE 软件，灵活掌握其使用方法不管是对于信息系统开发还是对于数据库设计工作都是有极大帮助的。

第六节 编码设计

一、编码在系统中的作用

编码是指代表事物名称、属性、状态等的符号，它以简短的符号形式代替具体的文字说明。例如中国邮政编码采用了一种 6 位的编码来表示省、市、地区等信息。设计出一个好的编码方案对系统的开发工作具有重要作用。

（1）编码能反映数据或信息间的逻辑关系，并使其具有唯一性。例如，对会计科目的编码，可以反映一级科目和明细科目之间的逻辑关系，并且每一个会计科目都有唯一的一个编码来表示。另外，对于不同名称的人或者物，也可以用不同的编码来加以区别，以便于信息的存储和检索。

（2）信息编码化便于利用计算机进行信息或数据的识别和处理。将信息或数据用编码表示之后，利用计算机可方便地完成对信息或数据的传递、分类、合并、更新、检索等，提高了计算机的工作效率和处理精度。

（3）利用编码可以节省计算机的存储空间，提高运算速度。例如在学生档案管理系统中，通过相应的编码就可以反映出学生的性别、民族、籍贯等内容，因此可以减少计算机处理的数据量，提高处理速度，并节省存储空间。

（4）利用编码可以提高系统的可靠性。通过在编码中加入校验码，可以在输入数据时利用计算机进行检验，以保证输入的数据准确可靠，从而可以提高整个系统的可靠性。

二、编码的种类及其设计方法

根据编码对象和从使用方便的角度出发进行考虑，常用的编码主要有以下几种：

（一）顺序码

顺序码是用一串连续的数字来表示系统中的客观实体或实体属性。顺序码是一种人们长期使用的编码种类。例如班级内部学生的学号，从 1 依次向后排列。它的编制方法就是将编码对象按一定顺序给出顺序编号。这种编码的优点是简单、易处理、容易学习和掌握，缺点是因为编码本身没有任何实际含义，所以不能反映编码对象的特点。此外，由于编码按顺序排列，新增加的数据只能排在最后，删除数据会造成空码，缺乏灵活性。所以，建议将此种方法作为其他编码的补充或组成部分。

（二）区间码

区间码是按编码对象的特点把编码分成若干个区段，每一个区段表示编码对象的一个类别。它的编制方法就是按某种分类规则将编码对象划分成若干区段，给每个区段赋予相应的含义进行顺序编号。例如，中国居民身份证就是一种比较典型的区间码，这种编码由 18 位数字组成。18 位身份证号码由 17 位数字本体码和 1 位数字校验码组成，从左至右依次为 6 位数字地址码、8 位数字出生日期码、3 位数字顺序码和 1 位数字校验码。前 17 位数字的含义都比较清楚，最后一位校验码的计算方法如下：

先计算模数 y：

$$y = \mathrm{mod}(\sum_{i=0}^{17} a_i \omega_i, 11)$$

式中，i 表示身份证号码字符从右至左包括校验码（第 0 位）在内的位置序号，即 17、16、15、14、13、12、11、10、9、8、7、6、5、4、3、2、1、0；a_i 表示第 i 位置上的身份证号码字符值；ω_i 表示第 i 位置上的加权因子，其数值依据公式 $\omega_i = \mathrm{mod}(2^i, 11)$ 计算得出，即 7、9、10、5、8、4、2、1、6、3、7、9、10、5、8、4、2、1。

求得模数 y 后，查以下对照表，可得出校验码：

模数 y：0 1 2 3 4 5 6 7 8 9 10

校验码：1 0 X 9 8 7 6 5 4 3 2

校验码通常情况下为数字 0～10，但当为 10 的时候，为了不增加数位，就直接用 X 来表示。

例如，某一北京市朝阳区 1950 年 1 月 1 日出生的女性居民，其居民身份号码应为：11010519500101200X。

区间码的优点是码中数字值和位置都代表一定的意义，从结构上反映了数据的类别，信息比较可靠，同时便于计算机进行分类处理，插入和删除也比较容易。它的缺点是由于编码反映的信息比较全面，包含的区间较多，所以一般编码位数会相对较长，给编码的维护造成一定的困难。

（三）助记码

助记码是指用可以帮助记忆的字母和数字来表示编码对象。例如在企业中，部门众多，名称记起来比较困难，且容易造成不一致。这时，可以使用单位名称的“助记码”，如单位名称拼音的首字母，这样就在很大程度方便了人们的记忆和使用。

助记码的优点是直观形象、便于记忆和使用，缺点是不利于计算机处理，特别是当编码对象较多时，也容易引起联想出错，所以这种编码主要用于数据量较少的信息系统。

（四）缩写码

缩写码是把人们习惯使用的缩写字直接用于编码，例如 kg（千克）、cm（厘米）。缩写码的优点是简单、直观，便于记忆和使用。但是，由于缩写码数量有限，所以它的适用范围也有限。

三、编码的校验

编码是数据的重要组成部分，它的正确与否将直接影响系统的质量。当人们抄写或录入时，发生错误的可能性很大，如抄写错（把 12345 写成 12355）、移位错（12345 写成 12354）、隔位移位错（12345 写成 12543）等。因此，为了保证输入编码的正确性，要在编码本身的基础上，再外加一位校验码，使它成为编码的一个组成部分。利用校验码检查输入的编码是否正确的过程就是编码的校验。

校验码是根据事先规定好的数学方法及编码本身计算出来的。当含有校验码的编码输入计算机后，计算机按照同样的数学方法根据编码本身进行计算，将结果与校验位比较，检验输入的编码是否正确。

校验码的生成过程如下：

设有一组编码为：$C_1C_2C_3C_4 \cdots C_i$。

第一步：为设计好的编码的每一位 C_i 确定一个权数 P_i。

权数可为算术级数：1，2，3，…，或几何级数：2，4，8，16，…，或质数：2，3，5，7，…

第二步：求编码每一位 C_i 与其对应的权数 P_i 的乘积之和 S。

$$S = \sum_{i=1}^{n} C_i P_i$$

第三步：确定模 M，以模除和取余。

$R = \bmod (S, M)$

第四步：得出校验位。

$C_{i+1} = R$ 或 $C_{i+1} = M - R$

最终编码为：$C_1 C_2 C_3 C_4 \cdots C_i C_{i+1}$。

使用时，校验码将与编码一起录入（$C_1 C_2 C_3 C_4 \cdots C_i C_{i+1}$），计算机会按照上述规则通过检测校验码来判断编码的正误。

下面对校验位的确定举例说明。

原设计的一组编码为五位，如32456，确定权数为7，6，5，4，3。

求编码每一位 C_i 与其对应的权数 P_i 的乘积之和 S。

$S = C_1P_1 + C_2P_2 + \cdots + C_iP_i \ (i=1, 2, \cdots, n)$

$= 3 \times 7 + 2 \times 6 + 4 \times 5 + 5 \times 4 + 6 \times 3$

$= 21 + 12 + 20 + 20 + 18 = 91$

确定模 M，$M = 11$。

取余 R，$R = \bmod (91, 11) = 3$。

校验位 $C_{i+1} = R = 3$。

最终编码为：$C_1 C_2 C_3 C_4 \cdots C_i C_{i+1}$，即324563。

在这种方法中，权数和模可有多种取法，其检错率存在一定的差别，表5-5列出了权数和模与检错率的统计规律，具体操作时可参照选择。

表5-5　各种权数和模与相应的检错率

模	权数	抄写错	移位错	隔位移位错	随机错
10	1，2，1，2，1，2	100%	98%	0%	90%
10	1，3，1，3，1，3	100%	89%		
10	7，6，5，4，3，2	87%	100%		
11	9，8，7，4，3，2	95%	100%		
11	1，3，7，1，3，7	100%	89%		
11	7，6，5，4，3，2	100%	100%	100%	

第七节　输入/输出设计

系统输入/输出（I/O）设计是一个在系统设计中很容易被忽略的环节，又是一个重要的环节，它将直接影响用户对于软件系统的评价，从而影响软件产品的竞争力和寿命。良好的输入/输出设计可以提高用户对于软件系统的满意度和使用效率，并为企业决策者提供简捷、有效、实用的管理和控制信息。

一、输入设计

输入是连接用户与软件系统的桥梁，也是与用户交互的首要环节。处理好这一环节，需要系统界面在简单、美观和方便的前提下，能够引导用户输入系统所需要的正确的信息。

（一）输入设计的原则

（1）最小量原则。在满足处理要求的前提下应使输入量尽量小，同一项数据内容不要重复输入，系统能够计算出的数据也不要由用户来输入。这是因为输入量越小，则出错概率越小，同时输入效率越高。

（2）简单性原则。输入过程应尽量简单，以最大限度地减少输入错误的发生。

（3）及早检验原则。及早检验原则是对输入数据的检验应尽量接近原始数据发生点，使错误能及时得到改正，避免错误在系统中不断扩散。

（4）适合使用的原则。输入数据尽量采用用户熟悉的或用户需要的形式记录，以免数据转换存储格式时发生错误。

（5）快速性原则。在网络环境下，一些数据的输入校验会传输到远程服务器上校验，如密码输入的校验就要注意输入速度，要尽量提高系统对用户输入的反馈速度。

（二）输入设计的内容

输入设计的主要工作内容包括输入内容的确定、输入方式的选择、输入格式的设计和数据校验等。

1. 输入内容的确定

原始数据的获得需要考虑数据产生的部门，确定数据收集的时间和方法，了解数据产生的周期、平均发生量及高峰数量等。这些工作有的已在系统规划和系统分析阶段进行了，在这里需要进行整理和调整，以确定输入数据项的名称、数据内容、精度、数值范围等。

2. 输入方式的选择

数据按表现形式不同可分为文字、数字、图像和声音等。不同的数据类型应使用不同的输入方式，如手工输入或计算机自动转入。一类输入数据是从数据产生地直接收集来的原始数据，这类数据由手工输入。另一类输入数据是经计算机处理产生后存入磁介质（如磁盘），或由其他计算机信息系统传输到本系统作为再次输入的数据。在这里侧重讨论前一类原始数据的输入。其输入方式根据数据产生的地点、时间、周期、数量、特性和处理要求等确定。常用的输入方式有以下三种方式：

（1）键盘输入。这是目前最常用的一种输入方式。输入后通过屏幕显示确认，使用较方便。但这种方式输入速度较慢，工作量大，且容易出错，主要适用于常规的、少量的数据输入。

（2）光电设备输入。这是一种直接通过光电设备，对实际数据进行采集并且将其转换成计算机能够识别和接受的数据形式，如：用图形扫描仪输入图形，再通过图形识别系统识别各种文字或符号；利用光学符号阅读器输入条码，将贴于物品包装上的条码转换为计算机能够识别与接受的数据。

（3）声音输入。通过语音识别系统，利用转换器和语音分析手段，与预先存入系统的语音特征参量进行对比，通过逻辑判断完成识别与辨认。

3. 输入格式的设计

这是输入设计的主要内容之一，因为不论采用何种输入形式，数据的记录格式都是用户和信息系统之间直接的交流形式，因而十分重要，好的设计会使工作流程更容易控制，减少数据冗余，增大输入的准确性，最终提高系统的使用效率和使用效果。

输入格式分为两种，一种是原始单据的设计；另一种是人机界面设计。对于原始单据的设计，要求输入数据的记录格式既要便于操作人员录入，又要便于填表人员在现场工作填写。这种记录格式本质上分为两部分：预先印刷部分和插入数据的空格。需手工填写的表格，不仅要注明文字，而且在表格下方也要注明代码说明，这样能给填表人和读表人一定的提示，不用死记编码或反复翻阅代码表，同时又可以提高填写的准确性。

从屏幕上通过人机对话输入是目前广泛使用的输入方式，这种输入方式既简便，又快捷，是一种控制和选择信息输入输出的主要途径。甚至一些专家指出：“对于用户，人机界面就是系统本身。”用户界面设计应简便、实用和易于操作，避免过于烦琐和花哨。具体应遵循下列原则：

（1）以通信功能作为界面设计的核心。人机界面的关键是使人与计算机之间能够准确地交流信息。一方面，人向机器输入时应当尽量采取自然的方式；另一方面，机器向人传递的信息必须准确，不致引起误解或混乱。另外，不要把内部的处理、加工与人机界面混在一起（人机界面程序只是通信），以免互相干扰，影响速度。

（2）界面尽量保持始终一致。一致的人机界面让用户始终用同一种方式思考与操作，不增加用户的负担，最忌讳每换一个屏幕用户就要换一套操作命令与操作方法。Windows 下的应用软件之所以倍受青睐，与其界面的一致性不无关系，例如以问号图标表示帮助，以磁盘图标表示存盘，以打印机图标表示打印等。

（3）界面应当能够提供帮助。绝不可以认为使用程序的用户都是专家，无须提供帮助。有关的提示、信息、说明应该放在用户随手可得的位置。使用超链接技术将使求助功能锦上添花。在多媒体环境下，以语音提示作为操作向导，不会干扰屏幕信息，是一个极佳的选择。在网络环境下，可以设置帮助中心，实施远程在线帮助。

（4）尽量减少用户操作。多数信息系统软件的数据输入量较大，对于一些相对固定的数据，不应让用户频繁输入（特别是汉字），而应让用户用鼠标轻松选择。例如，人事管理系统中的“文化程度”是相对固定的数据，其值一般取“小学”、“初中”、“高中”、“大专”、“大本”、“硕研”、“博研”等。录入这类数据之前，信息系统软件应在相应位置弹出一个列表框，待用户以鼠标单击，而不应让用户每次都输入这些汉字。

（5）输入画面尽可能接近实际。如果某个会计信息系统软件的凭证录入画面是表格式的，一屏可录入多条记录，而且与实际凭证一模一样，甚至连颜色都没有差别，用户在终端上录入凭证，仿佛用笔在纸上填写凭证，则用户对系统的认可就会加深。

（6）提高容错能力。误操作、按键连击等均有可能导致数据误录。巧妙地进行程序设计，可以避免此类因素造成的错误。例如，录入学生成绩时，可以对其范围进行限定，使用户无法输入 0～100 以外的数据。

4. 数据校验

在输入数据过程中不可避免会出现各种错误，对于系统中的主要数据，确保其正确性是非常重要的。这也直接关系到系统的运行和系统的输出。

（1）输入错误的种类。输入错误的种类主要包括数据本身错误、数据数量错误和数据延迟三种。

1）数据本身错误是指由于原始数据填写错误、书写不清等原因引起的输入数据错误。

2）数据数量错误包括数据的多余或不足。这是在数据收集过程中产生的差错，如原始单据的散失、遗漏或重复等原因引起的数据错误。

3）数据延迟是在数据收集过程中所产生的差错，这种差错多由开票、传送等环节的延误而引起，严重时会导致输入的信息毫无利用价值。因此，数据的收集与运行必须具有一定的时间性，在收集和传递时要尽量采用先进的设备进行支持，并要事先确定产生数据延迟时的处理对策。

（2）数据出错的校验方法。数据的校验方法有：由人工直接检查，由计算机用程序校验，以及人与计算机两者分别处理后再相互查对校验等。常用的方法有以下几种，这几种方法可单独使用，也可组合使用：

1）重复校验，即要求两次输入同一数据，然后由计算机程序自动予以对比校验，如两次输入内容不一致，计算机将显示或打印出错信息。

2）视觉校验，即在输入的同时，由计算机打印或显示输入数据，然后与原始单据进行比较，找出差错。视觉校验的查错率与检查者的状态、情绪、水平等有直接的关系，不可能查出所有的差错，其查错率为75%～85%。

3）校验位校验，即利用代码的校验位完成对原始代码的正确性检验，具体步骤参见本章第六节。

4）控制总数校验，即工作人员先用手工求出数据的总值，然后在数据的输入过程中由计算机程序累计总值，将两者对比校验。

5）格式校验，即校验数据记录中各数据项的位数和位置是否符合预先规定的格式。例如，将姓名栏规定为10位，而姓名的最大位数是8位，则该栏的最后两位一定是空白。如不是空白，就认为该数据项错位。

6）逻辑校验，即根据业务上各种数据的逻辑性检查有无矛盾。例如，月份最大不会超过12，否则出错。

7）界限校验，即检查某项输入数据的内容是否位于规定范围之内。比如，商品的单价若规定为50～1000元，则检查是否有比50元小及比1000元大的数目即可，凡在此范围之外的数据均属出错。

8）顺序校验，即检查记录的顺序。例如，要求输入数据无缺号时，通过顺序校验，可以发现被遗漏的记录。又如，要求记录的序号不得重复时，用顺序校验即可查出有无重复的记录。

9）记录计数校验。这种方法通过计算记录个数来检查记录是否遗漏和重复。不仅对输入数据，而且对处理数据、输出数据及出错数据的个数等，均可进行计数校验。

10）平衡校验。平衡校验的目的在于检查对应项目间是否平衡。例如，会计工作中检查借方会计科目合计与贷方会计科目合计是否一致；银行业务中检查普通存款、定期存款等各种数据的合计，是否与日报表各种存款的分类合计相同等。

11）对照校验。对照校验就是将输入的数据与基本文件的数据相核对，检查两者是否一致。例如，为了检查销售数据中的用户代码是否正确，可以将输入的用户代码与用户代码总表相核对。当两者的代码不一致时，就说明出错。当然，凡是出现新的用户，都应该先录入用户代码总表。

（3）出错的改正方法。出错的改正方法应根据出错的类型和原则而异。发现原始单据有错时，应将原始单据送交填写单据的原单位修改，不应由键盘输入操作员或原始数据检查员等随意修改。机器自动检错时，出错的恢复方法有以下几种：待输入数据全部校验并改正后，再进行下一步处理；舍弃出错数据，只处理正确的数据（这种方法适用于作趋势调查分析的情况，这时不需要太精确的输出数据）；剔除出错数据，继续进行处理，出错数据留待下一运行周期一并处理（此种方法适用于运行周期短而剔除错误不致引起输出信息的正确性显著下降的情况）。

（4）确定输入设备。输入设备（Input Device）是人或外部环境与计算机进行交互的一种装置，用于把原始数据和处理这些数据的程序输入到计算机中。现在的计算机能够接收各种各样的数据，既可以是数值型的数据，也可以是各种非数值型的数据，如图形、图像、声音等。计算机的输入设备按功能可分为下列几类：①字符输入设备：键盘。②光学阅读设备：光学标记阅读机，光学字符阅读机。③图形输入设备：鼠标、操纵杆、光笔。④图像输入设备：摄像机、扫描仪、传真机。⑤模拟输入设备：语言模数转换识别系统。

输入设备的确定要根据需要来决定，对高档输入设备选定要考虑项目开发成本，不能一味追求高新技术。

二、输出设计

系统输出设计是用户最为关心的一部分，也是用户对整个系统好坏进行评价的重要内容。一个好的输出设计不仅可以赢得用户的好评，更重要的是可以为用户提供简洁、明了、有效、实用的管理和控制信息。

（一）输出设计的内容

1. 确定输出内容

输出内容一方面是有关输出信息使用方面的内容，包括使用者、使用目的、报告量、使用周期、有效期、保管方法和打印份数等；另一方面是输出信息的内容，包括输出项目、行数、数据形式（文字、数字）。

2. 选择输出设备

信息的用途决定了输出设备。需要送给其他有关人员或者需要长期存档的材料，必须使用打印机打印输出；若是需要作为以后处理用的数据，可以输出到磁带或者磁盘上；如果只是需要临时查询的信息，则可以通过屏幕显示。表5-6为输出设备一览表。

表5-6 输出设备一览表

类型	输出设备	用途和特点
1	行式打印机	打印速度高，用途最广，便于保存
2	绘图机	可输出图形，图形精度高
3	显示终端	显像管显示，可用光管输入，响应灵活，可人机对话
4	缩微胶卷输出器	可放大后阅读，体积小，易保存，通常用在图书馆
5	扬声器	用于音频输出，可输出机器语音、音乐等。由于是数字信号，输出效果好

3. 确定输出信息的格式

输出信息的格式设计，是为了给用户提供一种清晰、美观、易于阅读和理解的信息。因此，输出信息的格式必须考虑到用户的要求和习惯，要尽量与现行系统的表格形式相一致。如果必须作出更改，则要由系统设计人员、系统分析人员和使用人员共同协商，经过各方面人员同意才能进行。

（二）输出报告的设计

设计输出报告时要注意以下几点：

（1）方便使用者，要为系统使用者提供及时、准确、全面的信息服务。

（2）要充分考虑和利用计算机的硬件功能。

（3）要考虑原系统输出格式是否和原系统一致，如有修改，应与有关部门协商，征得用户同意。

（4）对打印字体和打印区域的大小要根据打印机的参数，并在计算机上试打出样品，认真修改后才能正式使用。

（5）输出表格要考虑到系统发展的需要。例如，是否有必要在输出表中留出备用项目，以满足新增项目的需要。

(6) 输出的各种图形或表格要符合使用者的习惯，便于阅读和理解。

设计、打印输出报告之前应收集好各项有关内容，填写到输出设计书上。表5-7是一份空白的输出设计书样例。

表5-7 输出设计书

资料代码		输出名称	
处理周期		输出设备种类	
份数		报送	
项目号	项目名称	类型	位数
1			
2			
⋮			

第八节 系统设计报告

一、系统设计报告的格式

系统设计阶段的最后一项工作是编写系统设计报告，系统设计报告既是系统设计阶段的主要成果，又是新系统的物理模型，也是下一阶段即系统实施的重要依据。

在设计报告中，除了要按照图5-33的撰写格式，对设计方案的具体内容进行详细说明之外，还必须注明报告编写人、撰写时间、审阅人、份数等基本信息，同时要将评审意见及审批人员名单附于系统设计报告之后。经上级部门批准后，系统实施方案方可生效。

系统设计报告
1. 引言
   1.1编写目的
   1.2背景
   1.3参考资料
2. 设计概述
   2.1系统功能
   2.2项目开发者
   2.3系统安全和保密限制
3. 信息系统结构
   3.1信息系统模块结构图
   3.2各个模块的IPO图
4. 计算机系统的配置
   4.1硬件配置
   4.2软件配置
   4.3网络配置
5. 代码设计
6. 数据库设计
   6.1概念结构设计
   6.2逻辑结构设计
   6.3物理结构设计
7. 输入/输出设计
   7.1输入设计
   7.2输出设计
8. 系统实施方案及说明

图5-33 系统设计报告撰写格式

二、系统设计报告的内容

(1) 引言。引言说明项目的背景、编写目的、引用资料和专门术语等。

(2) 设计概述。设计概述的内容有：①系统的功能、设计目标及设计策略；②项目开发者、用户、本系统与其他系统或机构的联系；③系统的安全和保密限制。

(3) 信息系统结构。这是系统设计阶段最主要的工作，它包括：①信息系统模块结构图：描述系统整体模块结构。②各个模块的IPO图：详细说明各个模块的输入、处理、输出信息。

(4) 计算机系统的配置。其主要内容有：①硬件配置：主机，外存，终端与外设，其他辅助设备，网络形态。②软件配置：操作系统，数据库管理系统，语言，软件工具，服务程序，通信软件。③网络配置：计算机系统的分布及网络协议文本。

（5）代码设计。代码设计的内容主要包括系统内各种代码的类型、名称、功能、数量、结构、使用范围及要求等。

（6）数据库设计。数据库设计主要包括数据库设计的目标、主要功能要求、需求性能规定、运行环境要求、逻辑设计方案、物理设计方案等。

（7）输入/输出设计。输入设计包括各种数据输入方式、输入设计的选择，输入数据的格式设计，输入数据的校验方法。输出设计包括选择输出介质及输出内容及格式。

（8）系统实施方案及说明。这主要对实施的计划安排、工作顺序和步骤、实施方案、经费预算等进行说明。

第九节 系统设计案例

本案例以高校管理为背景，示意性地介绍了系统设计的全过程，以便读者对整个系统设计过程中的概念和方法有一个较为全面、系统的认识和理解。

一、计算机系统设计

经过对系统的功能分析和技术可行性分析，最终确定的软、硬件方案如下：

硬件采用的系统配置为：由于此系统涉及各个学院，其地理位置比较分散，因此要求新系统是一个分布式计算机应用信息系统，采用 C/S 体系结构。这样既充分利用了客户机和服务器的资源，又大幅度增加网络传输的数据量，提高了系统效率，保证系统能够运行稳定、信息可靠完整。为了便于内部网连接，网络协议采用 TCP/IP，拓扑结构为星形，通信介质为双绞线和光纤。

本方案后台采用 Windows 2000 Advanced Server 网络操作系统，前端平台采用浏览器，服务器程序开发使用 ASP 技术，能够动态完成网站的交互性工作。后台数据库系统采用微软的 SQL Server 2000 Enterprise，Web 服务器采用 IIS Server 5.0，Media 服务器采用 Windows Media Server，邮件服务器采用 Exchange Server 2000 Enterprise Edition，使用 Active Directory 进行目录和安全性管理。从整体来看，这样所形成的系统具有开放性好、可扩展性好的优点。

二、系统功能及其结构设计

根据实际业务中高校教学管理工作的各项职能，同时结合在系统分析阶段所得到的新系统逻辑模型，可得到如图 5-34 所示的系统功能结构图，它大致表示本系统的各项功能。对其中每一个子系统的具体描述如下：

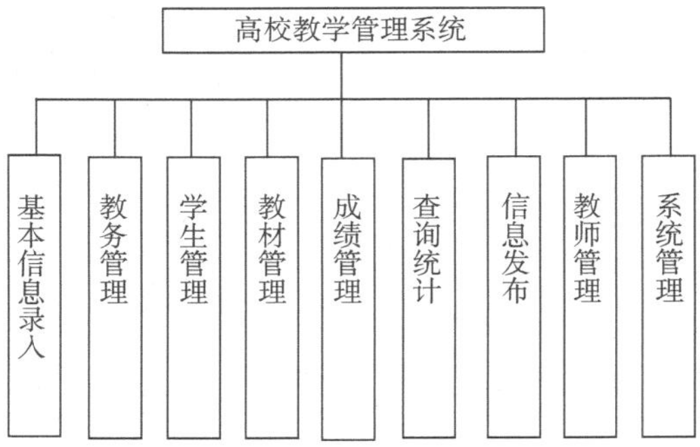

图 5-34 高校教学管理系统的功能结构图

基本信息录入：完成系统的初始化工作，收集教师、学生的信息，确定系统的操作用户，进行信息的录入。

教务管理：教务管理子系统相当于传统教学中教务处所进行的工作，主要完成与学生相关的学籍、成绩等事务管理和各项审核、批准的任务，以及与教师相关的排课管理，与教学相关的专业设置及管理、专业课程设置及管理、课件管理、教务信息管理（如教务信息的发布）等。

学生管理：身份认证、学生入学管理、学生选课管理、学生考试管理等。

教材管理：实现教材的预订、展示，以及教材信息的查询等功能。

成绩管理：对学生的各科成绩完成录入、修改、统计等工作。

查询统计：对学生的选课、课程的安排、各科成绩等信息的查询和统计。

信息发布：通过学校网站发布教学、就业、招聘等信息。

教师管理：实现教师招聘、教师信息管理的功能。

系统管理：完成用户管理、角色和权限管理、数据备份、系统设置和维护的功能。系统管理采用了基于角色的权限管理策略，将用户分配到不同的角色组中。同一角色组中的用户具有该角色组被赋予的权限，对于同一角色组中的指定用户，还可以赋予特定的权限，从而实现对所有用户的权限控制、数据备份、系统设置和维护、允许管理远程操作。

三、系统功能模块及其处理设计

前面已经利用系统功能分解方法，绘制了系统功能结构图，这只是一个比较粗的系统结构。对于系统功能结构图最底层功能的实现过程，即各模块之间的联系，在系统功能结构设计阶段并没有给出。所以，只有设计出实现最底层功能的功能模块的联结方式和处理过程，才能真正实现整个系统的功能，实现系统设计目标，为日后的程序编写提供依据。功能模块联结方式的设计通常利用模块结构图来实现。

下面对成绩管理子系统的模块结构进行说明。通过在系统分析阶段得到的成绩管理子系统的数据流程图，可以明显地看出从整体上它是一种事务型的数据流程图，即具有录入、维护、查询和统计四项功能。所以，必须采用事务分析方法来完成其整体模块结构图的绘制，具体如图 5-35 所示。另外，对于其中每一个独立的处理模块，也应该完成其内部详细过程的说明，例如对于查询处理，可以用图 5-36 来全面地描述其内部工作细节。

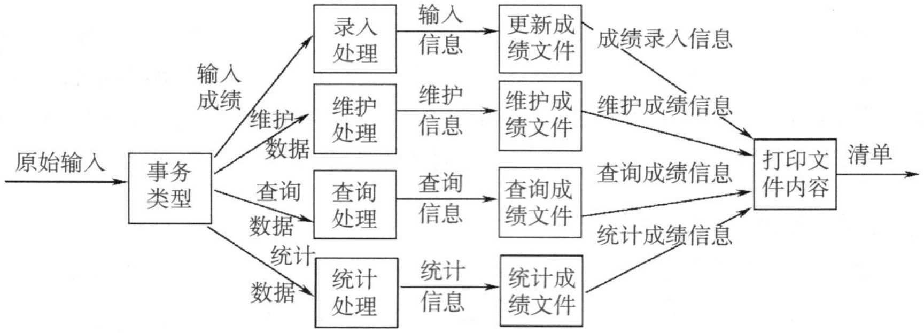

图 5-35　成绩管理子系统整体模块结构图

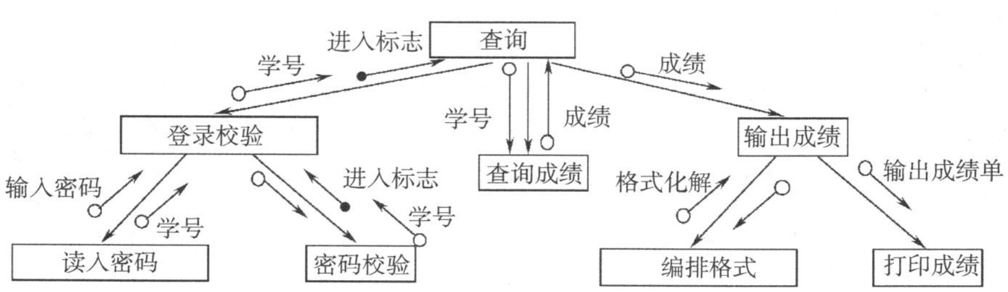

图 5-36　查询处理的子模块结构图

图 5-37 是学生查询成绩模块的层次结构图，由于本身处理过程比较简单，所以经过分解最终得到了两层模块结构。图中清晰地体现了学生学号经过“登录密码校验”模块进入系统，依次经过各层模块的处理最终完成查询结果输出的全过程。对于其中每个模块内部的输入、处理、输出，则应在各自的 IPO 图中进行描述。图 5-38 是层次结构图中若干 IPO 图中的一张，即查询成绩模块。其中对模块的编号、名称、相关数据库编号、输入、处理、输出等内容进行了说明，其余的内容在此省略。

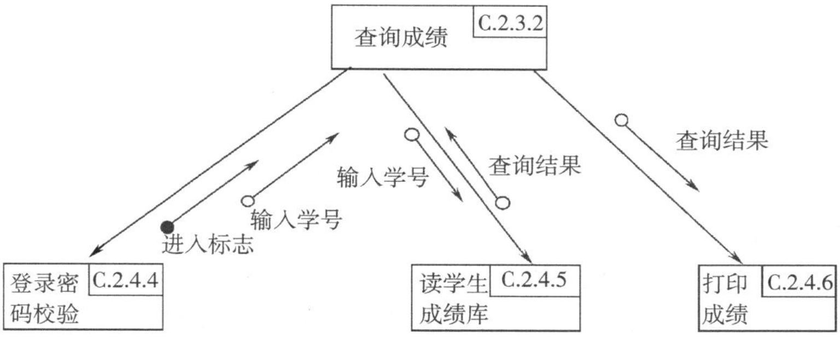

图 5-37　学生查询成绩模块的层次结构图

IPO 编号（模块号）：C. 2. 3. 2			HIPO 编号：C. 2. 0. 0	
数据库设计文件编号：C. 3. 2. 2			编码文件号：C. 2. 3	
模块名称：查询成绩	设计者：×××		使用单位：×××	编程要求：VB
输入部分（I）	处理部分（P）			输出部分（O）

• 上级模块传入的用户进入标志
• 上级模块传入的用户学号
	If 查找到学生学号
	　输出该生本学期所有成绩；
	Else
	　退出循环，查找失败；
	End if
				• 学生成绩

图 5-38　查询成绩模块的 IPO 图

四、编码设计

本系统为了保证新旧系统的一致性，所以在理论上应沿用高校原来的编码规则，这样就能更好地方便用户的学习和使用，其中包括学生学号、教师编号、课程编号等。但在实际工作中经过调查发现，原系统的编码体系尚不完善，则必须重新对编码进行设计。下面对学号、教师编号、课程编号进行详细介绍。

学生学号的设计既要考虑未来学校学生人数的发展，同时也要全面反映学生的个人情况。因此，可以采用区间码来进行设计。具体如下：

代码名称：学生学号；代码类型：区间码；代码长度：10 位

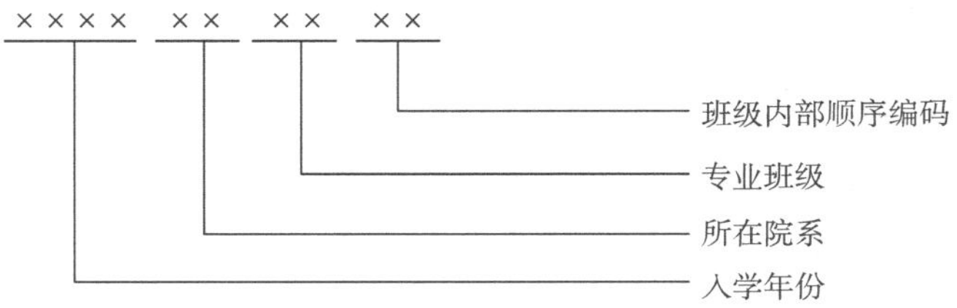

代码名称：教师编号；代码类型：区间码；代码长度：8位

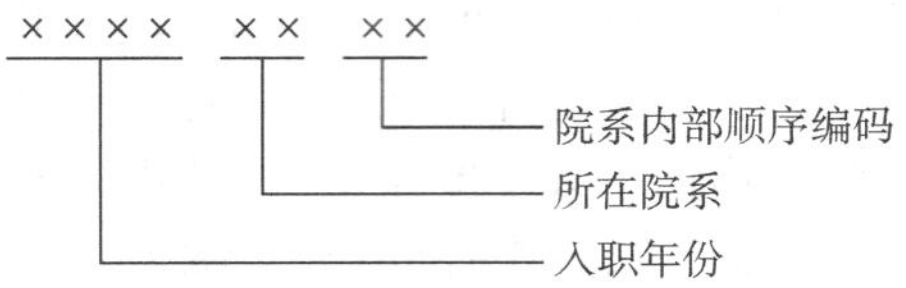

代码名称：课程编号；代码类型：区间码；代码长度：6位

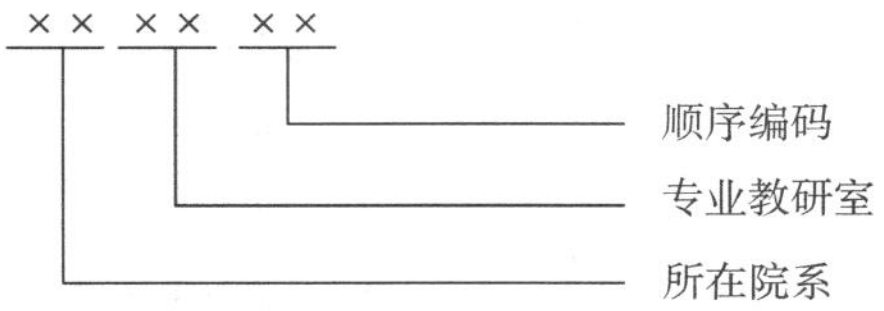

五、数据库设计

一个真正的、完整的信息系统是离不开数据库的，尤其是目前广泛采用的C/S模式的信息系统。如果是少量的数据，如访问人数等，则完全可以存储在文本文件中，但实际应用中，需要保存的数据远不止这些，而且这些数据之间往往还有关联，利用数据库来管理这些数据，可以很方便地查询和更新。下面就对本系统数据库的设计过程进行介绍。

（一）概念结构设计

由于系统比较复杂，所以可以逐步进行局部E-R图的绘制，再整合成整个系统完整的概念模型。在此，可以参考图5-22课程管理、图5-23学籍管理和图5-24学生管理的相关内容，同时根据本系统中系统分析的结果，画出系统的E-R图。以学生成绩管理子系统为例，其概念模型如图5-39所示。

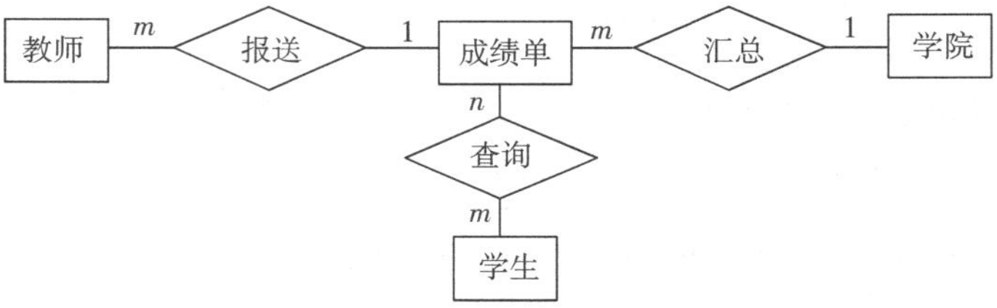

图5-39　学生成绩管理子系统的E-R图

其中各实体的属性如下：

教师（教师编号，教师姓名，职称，性别，学院代码）

学生（学生学号，姓名，出生日期，性别，学院代码）

学院（学院代码，学院名称，联系方式，备注）

成绩单（成绩单代码，课程代码，学生学号，学期，教师编号，成绩，缺考原因）

（二）逻辑结构设计

利用前面介绍的E-R图转换到关系模式的方法，可得到关系数据表，主要包括表5-8、表5-9、表5-10和表5-11。

表5-8　教师信息表

列　名	数据类型	数据长度	可否为空	备　注
教师编号	Character	6	Not Null	主关键字
教师姓名	Character	8	Null	
职称	Character	6	Null	
性别	Character	2	Null	
学院代码	Character	2	Null	

表 5-9　学生信息表

列　名	数据类型	数据长度	可否为空	备　注
学生学号	Character	10	Not Null	主关键字
姓名	Character	8	Null	
出生日期	Date	8	Null	
性别	Character	2	Null	
学院代码	Character	2	Null	

表 5-10　学院信息表

列　名	数据类型	数据长度	可否为空	备　注
学院代码	Character	2	Not Null	主关键字
学院名称	Character	30	Null	
联系方式	Character	8	Null	
备注	Memo	4	Null	

表 5-11　成绩单信息表

列　名	数据类型	数据长度	可否为空	备　注
成绩单代码	Character	3	Not Null	主关键字
课程代码	Character	6	Null	主关键字
学生学号	Character	10	Null	主关键字
学期	Character	1	Null	
教师编号	Character	6	Null	
成绩	Numerical	2，1	Null	
缺考原因	Memo	4	Null	

（三）物理结构设计

1. 选择关系模式的存取方法

目前大多数数据存储结构都采用二维关系数据存储结构，本例采用 SQL Server 关系数据库进行数据存储。首先建立一个学生管理数据库，在该数据库中存放表 5-8 至表 5-11 的关系数据表。由于这些数据表主要用来响应快速查询，所以它们的存取方法确定如下：

（1）在教师信息表中，由于教师编号属性唯一决定每个教师元组，所以对教师信息关系模式建立以教师编号为主关键字的索引，即对教师信息关系模式采取索引存取方法。

（2）在学生信息表中，由于学生学号属性唯一决定每个学生元组，所以对学生信息关系模式建立以学生学号为主关键字的索引，即对学生信息关系模式采取索引存取方法。

（3）在学院信息表中，由于学院代码属性唯一决定每个学院元组，所以对学院信息关系模式建立以学院代码为主关键字的索引，即对学院信息关系模式采取索引存取方法。

（4）在成绩单信息表中，由于成绩单代码、课程代码和学生学号属性唯一决定每个学生每门课程的一个成绩元组，所以对成绩单关系模式建立以“成绩单代码 + 课程代码 + 学生学号”为组合主关键字的索引，即对成绩单关系模式采取索引存取方法。

2. 数据库存储结构设计

由于学生成绩管理子系统中的各类信息频繁地被学生、教师，以及教学管理人员查询，而且要求以较快的速度响应查询，所以在确定数据存放位置时，将该子系统中数据存放在高速硬盘上。

此外，在 SQL Server 系统中，管理的最小空间是页。一个页是 8KB 的物理空间，插入数据的时候，数据就按照插入的时间顺序被放置在数据页上。放置数据的顺序一般与数据本身的逻辑关系之间没有任何联系，因此从数据之间的逻辑关系方面来讲，数据是乱七八糟堆放在一起的。当一个数据页上的数据堆放满之后，数据就得堆放在另外一个数据页上。这种杂乱无章的堆放不利于快速对数据进行检索，为此必须对有关列建立索引。对列建立索引虽然可以大大提高检索速度，但也有不利的方面。第一，创建索引和维护索引要耗费时间。第二，索引需要占物理空间，除了数据表占数据空间之外，每一个索引还要占一定的物理空间，如果要建立聚集索引（物理记录在磁盘物理空间中连续存放在一起），那么需要的空间就会更大。第三，当对表中的数据进行增加、删除和修改的时候，索引也要动态地维护，这样就降低了数据的维护速度。为此，在进行数据存取和分配设计中要注意权衡利弊，合理建立索引。

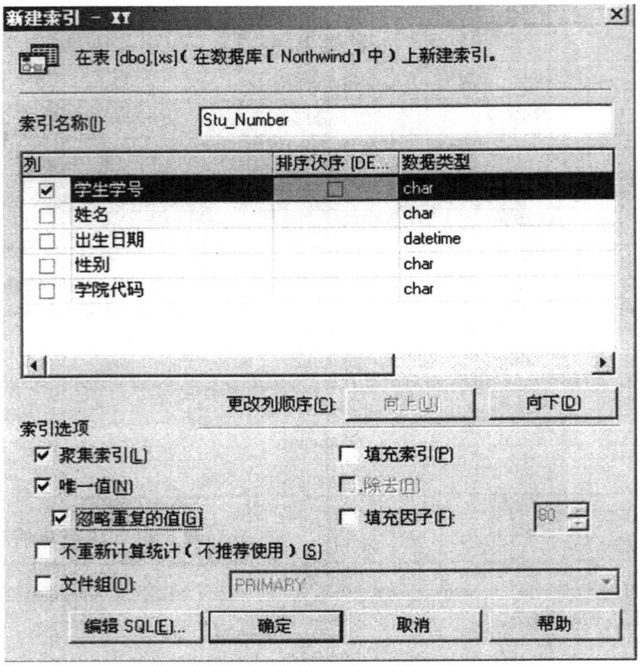

图 5-40　学生信息数据存取与分配设计

本例以学生信息数据的存取为例，由于学生学号具有唯一性，而且该列是经常被检索的列，为此建立以学生学号为关键字的索引列。考虑到该列的频繁检索特性，可以为其建立聚集索引，使被索引的记录在磁盘物理分配空间中连续存放，如图 5-40 所示。

六、系统的输入/输出设计

1. 系统的输入设计

在系统的输入设计工作中，数据录入（尤其是基础数据）是一个费时、费力且容易出错的环节，而一旦输入数据有错，则处理后的输出也必然是错误的。因此，输入设计的目标是方便操作，保证输入的数据正确。图 5-41 是一个学生成绩录入的输入界面，该界面由三个窗体组成，左侧窗体用于选择要录入成绩的班级，右下方窗体用于录入成绩，右上方窗体用于显示已录入的成绩。这种输入界面设计方式可让使用者一目了然，便于录入操作，也有利于提高录入数据的准确性。

2. 系统的输出设计

为适应企业日常管理的需要和提供对内、对外的报告和单据，本系统主要采用两种输出形式：一种是屏幕输出，另一种是打印输出。屏幕输出主要是满足日常管理的需要，用于查询结果的显示；而打印输出主要是为了提供对内、对外的报告和单据。图 5-42 是一个学生成绩输出显示界面，该界面由三个窗体组成，左侧窗体用于选择要输出成绩的班级，右上方窗体用于显示选定班级所有学生的有关信息，右下方窗体用于显示选定学生的各门课程成绩。单击该输出窗体的右上方打印图标可以打印输出选定班级成绩单，单击右下方窗体中的打印图标可以输出

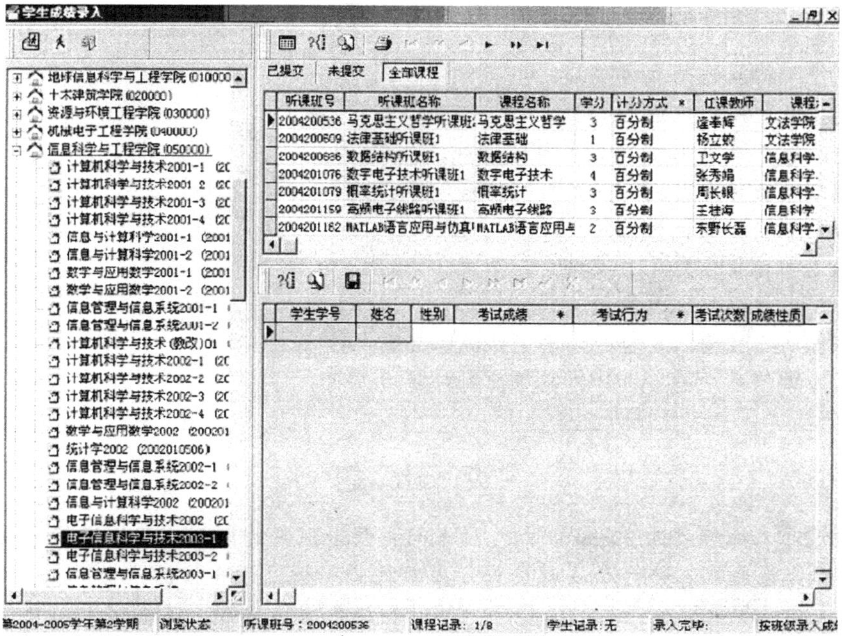

图 5-41　系统输入界面设计示例

选定学生的成绩单。这种输出界面设计方式，使显示输出与打印输出集成于一个窗体，可使使用者一目了然，便于输出操作。

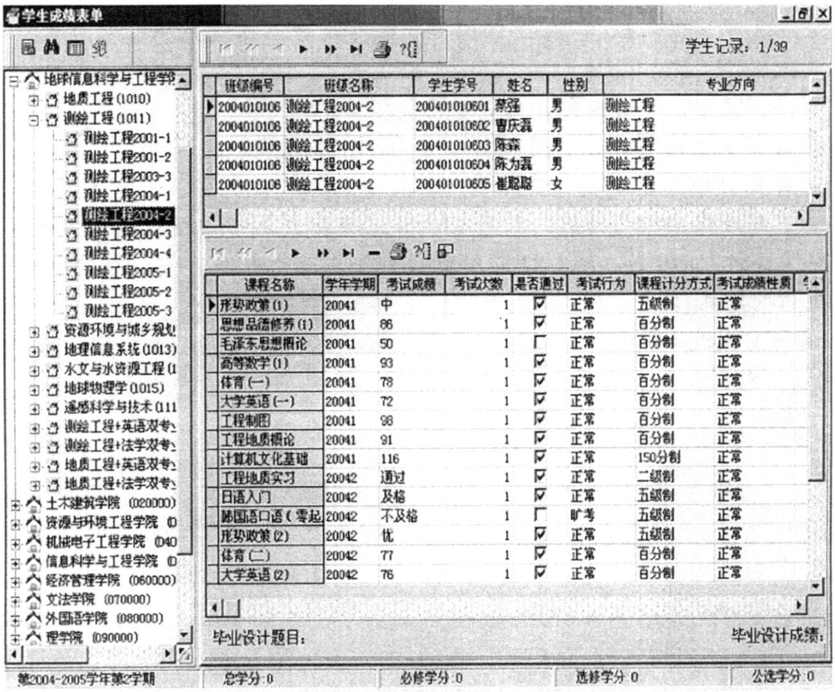

图 5-42　系统输出界面设计示例

思考题

1. 系统设计的原则是什么？
2. 系统设计阶段都包括哪些工作？
3. 试述C/S模式和B/S模式各自的特点。
4. 模块结构图与数据流程图之间的关系是什么？
5. 什么是模块的耦合和内聚？
6. 数据库设计共分为几个步骤？
7. 试比较各种编码种类的优缺点。
8. 举例说明一种输入校验的方法，并说明其重要性。
9. 你认为如何进行输出设计才能保证用户使用方便？
10. 举例撰写一个系统设计报告。

设计题

1. 已知产品入库管理的过程是：从生产车间将制造出来的产品连同填写好的入库单一起送至仓库，仓库检验员首先进行产品质量与入库单检验，检验不合格的产品和入库单退回车间，而合格的产品由保管员进行产品入库处理，同时登记入库流水账。请根据入库管理的过程画出它的模块结构图。

2. 试设计如下过程的E-R图：某高校图书馆借书基本过程为：学生在图书管理员处办理借书证，学生凭借书证进入书库查找自己需要的图书，然后到图书管理员处办理借出手续。

3. 设有关系模式R（职工编号，日期，日营业额，部门名，部门经理），该模式统计商店里每个职工的日营业额，以及职工所在的部门和经理信息。规定：每个职工每天只有一个营业额；每个职工只在一个部门工作；每个部门只有一个经理。通过完成下列问题，使该关系模式满足3NF：

（1）根据上述规定，写出模式R的基本函数依赖。

（2）说明R不是2NF的理由，并把R分解成2NF模式集。

（3）进而将R分解成3NF模式集。

4. 运用第五节数据库相关知识，利用ERwin工具完成图书馆图书管理系统的数据库设计，其中应包括需求分析、E-R图、系统逻辑模型设计等内容，并运用你学过的数据库管理系统完成其在计算机内的建立。

5. 现有编码12367，由左到右取权数为32、16、8、4、2，以11为模，试设计其校验码，体会其作用。

第六章
面向对象分析与设计

内容提要

1. 分析了结构化方法存在的主要问题，介绍了面向对象方法产生和发展的过程。
2. 详细阐述了面向对象方法的基本思想和基本概念。
3. 比较结构化方法，分析了面向对象方法的主要特点和优越性。
4. 详细说明了采用统一建模语言进行分析和设计并进而建模的内容和方法。
5. 重点阐述了面向对象分析的任务、过程和建模方法。
6. 阐述了面向对象设计的任务、过程和建模方法。
7. 通过具体案例说明了面向对象分析和设计的过程和采用统一建模语言的建模方法。

第一节　面向对象方法的形成与发展

本书前面章节已经详细地介绍了结构化的信息系统分析与设计方法，它作为一种成熟的传统方法，对于实现信息系统工程化和规范化开发起到了重要的促进作用，并部分地缓解了软件危机给信息系统开发所带来的严重问题。但是，随着信息系统的规模日益庞大、复杂性越来越高，传统的结构化方法越来越表现出了明显的缺点。信息系统开发的实践证明，在很多情况下，运用传统的方法已难以驾驭系统固有的复杂性，造成系统开发的困难乃至失败。面向对象（Object Oriented，OO）方法正是在这样的历史背景下产生并逐步发展起来的。由于同传统的方法相比，OO 方法表现出其独特的优越性，目前已成为当今软件领域的主流技术。

一、面向对象方法的发展史

OO 起源于 OOPL（Object Oriented Programming Language）。20 世纪 60 年代末，挪威计算中心开发的 Simula 67 第一次引入了类、对象的概念和继承机制。20 世纪 70 年代到 80 年代，Xerox 和 Palo 研究中心（PARC）推出了著名的 Smalltalk 语言，并一直坚持对该语言进行完善与改进，1981 年推出了最完善的版本 Smalltalk-80。它的问世被认为是 OOPL 发展史上最重要的里程碑，绝大部分面向对象的基本概念及其支持机制在 Smalltalk-80 中都已具备，它是第一个完善的、能够实际应用的 OOPL。它的发布使越来越多的人认识并接受了面向对象的思想，引发了计算机软件领域一场意义深远的变革。20 世纪 80 年代中期到 90 年代，诸如C ++ 、Object Pascal、Java 等大批实用的 OOPL 层出不穷，标志着面向对象语言走向繁荣。

由于系统分析、设计、编程之间的必然联系，在系统分析与设计中也逐步引入 OO 方法，自 20 世纪 80 年代后期以来出现了许多 OOA 和 OOD 方法。其中比较著名的包括 Booch 提出的

Booch方法、Jacobson提出的OOSE方法，以及Rumbaugh提出的OMT方法等，各种方法的出现都对面向对象分析与设计（Object Oriented Analysis and Design，OOA&D）技术的研究与发展作出了或多或少的贡献。这种“百花齐放”的繁荣局面表明面向对象的方法已得到广泛的认可和应用。然而，多种方法的同时流行也带来了一些问题，各种面向对象分析（OOA）和面向对象设计（OOD）方法所采用的概念既有许多共同部分，也有一定的差异，在表示体系方面的差别则更为明显。这种情况往往使一些新用户在进行建模方法及工具的选择时感到难以决策，也不利于彼此之间的技术交流。直到20世纪90年代中期，被称为OO“三杰”的Booch、Rambaugh和Jacobson与其他一些专业人士通力合作，几经修改提出了统一建模语言（Unified Modeling Language，UML）。UML统一了OO建模的基本概念、术语及其表示体系，为不同领域的人员提供了一个交流的统一平台，标志着OO方法的进一步成熟。如今，OO方法已成功应用到诸如人工智能、数据库、计算机体系结构等计算机科学的各个分支领域。

二、面向对象方法的基本原理

在面向对象方法中，将软件要解决的问题称为问题空间或问题域，所构建的软件系统称为解空间或实现域，软件开发的实质就是从“问题域”到“实现域”的映射和转化过程。OO方法强调从“问题域”到“实现域”的映射应采用一种直接和自然的映射方法，它以问题域中的事物为中心来认识和描述问题域，并根据事物的本质特征，将其抽象成实现域中的对象。这就使得“问题域”和“实现域”有直接的对应关系，从而使实现域保持了问题域的本来面目，没有对问题域造成扭曲。这是OO方法最突出的优点。

OO方法吸收和运用了人类处理复杂问题常用的方法和原则，它以对象为中心，强调对象是对客观事物的正确抽象，是构成软件系统的基本单位。对象是由属性和服务组成的，属性是对事物静态特征（可以用数据来表示的特征）的抽象，服务是对事物动态特征（事物的行为，通过行为可以调整自我的状态，可以作用于外部世界）的抽象，对象的属性和服务结合在一起构成一个独立的实体，并对外屏蔽内部细节。事物可以被归类，对象同样要被归类，将具有相同属性和服务的对象归为一类，类是这些对象的抽象描述。通过继承机制支持对事物的分类，从而有效地简化了对系统的构造和描述。正如客观事物之间不是孤立的一样，对象之间也存在着各种联系，OO通过消息使对象相互通信、相互协作，实现了对象的动态联系，通过关联实现对象的静态联系，从而使对象组合成一个有机的整体。

OOA、OOD和面向对象编程（Object Oriented Programming，OOP）使用相同的概念和模型分析、描述问题域和实现域，使得软件生命周期各个阶段的衔接平滑而自然。这不仅使系统开发变得简单自然，也使得系统的稳定性和重用性得以大大提高，方便测试和维护，能很好地应对用户需求的变更。

第二节　面向对象方法的主要概念

要想彻底理解一种方法论，必须首先理解其包含的基本概念。OO方法在遵循人的自然思维方式的基础上，提出了一系列新概念，深刻理解这些概念是掌握OO方法的关键。

一、对象

从一般意义上讲，可以将对象定义为“被呈现的或可被感官识别的事物”。对象是客观世界中一个实际存在的事物，它可以是具体的（比如一台设备），也可以是抽象的（比如一项销售计划），它是构成客观世界的一个独立单位。现实世界中的任何事物都可以称作对象。

但是，人们在开发一个软件系统时，通常只是在一定的范围内考虑与系统目标有关的事物，并用系统中的对象来抽象地表示它们。所以 OO 方法所提到的“对象”主要是指事物在系统中的抽象表示，即系统中的对象。为此，可以把其定义为“对象是系统中用来描述客观事物的一个实体，一个对象由一组属性和对这组属性进行操作的一组服务构成”。

属性和服务，是构成对象的两个主要因素。其中，属性是用来描述对象静态特征的一个数据项，比如把一个“大学生”抽象为一个对象，该对象就应该拥有“学号”、“姓名”、“性别”等静态特征；服务是用来描述对象动态特征的一个操作序列，例如“大学生”对象的服务应包括“选课”、“做作业”和“考试”等。对象的属性和服务被结合成一个整体，不能分开。使用对象只需知道它向外部提供的服务而无须知道它内部的实现细节。对象具有的这种较强的独立性和自治性，不仅符合事物的本来面目，而且可以使系统设计保持良好的模块性，为软件的重用奠定了良好的基础。

二、类

把复杂的事物进行分类是人类在认识客观世界时经常采用的思维方法。分类所依据的原则是抽象，即忽略事物的非本质特征，提取其与当前目标有关的本质特征。通过抽象发现事物的共性，把具有共同性质的事物划分为一类，得出一个抽象的概念。例如“课程”、“学生”和“教师”等都是一些抽象概念，它们是由一些具有共同特征的事物所构成的集合，这样的集合被称作类。类的概念使人们能对属于该类的全部个体事物进行统一的描述。例如，“教师是为学生传授知识的所有的人”，这个描述适合所有的教师，每个具体的教师都具有上述描述的特征。

OO 方法中，类可定义为“具有相同属性和服务的一组相似对象的集合”。类的概念体现了抽象的思维方式，它为属于该类的全部对象提供了统一的抽象描述，而不必对单个对象进行一一描述。在 OOPL 中，类是抽象虚无的，类实际上就是一个用户自定义的数据类型，它有一个类名，并包括属性说明和服务说明两个主要部分。类与对象的关系如同一个数据类型和属于这种类型的变量的关系。所以，一个对象又称作类的一个实例（Instance），在程序运行过程中，可根据类定义创建对象。每个对象都拥有自己的存储空间来保存自身的属性值，彼此互不相干。

三、封装

所谓“封装”（Encapsulation），是通过对象将属性和服务组合起来，构成一个不可分割的独立的系统单位，并尽可能隐蔽其内部细节。它是 OO 方法的一个重要原则。可以从两个方面来理解封装的含义。

首先，封装体现了事物的静态特征和动态特征是事物不可分割的两个方面，把对象看成是属性和服务相结合的不可分割的独立单位，就使得对象能够直接对应一个具体的事物。其次，封装体现了信息隐蔽的原则，尽可能隐蔽对象的内部细节，对外形成一个边界，只保留有限的对外接口与外部发生联系，即对象的外部不能直接操作对象的属性，只能通过对象提供的可供外部使用的服务来操作和使用对象。封装使得对象既能对外提供服务，又保持一定的独立性，有效避免了外界对它的不良影响。

另外，封装对于系统维护和开发组织管理工作非常有利。第一，开发人员一旦设计好对象的对外接口后，不需要等待该对象全部实现就可以进行后续开发，方便并行安排开发工作；第二，只要对象对外的接口不变，对象内部逻辑的修改就不会影响其他部件，使得软件的维护工作更加容易；第三，严格的内部保密，使得对象的属性和服务不会随意被更改和利用，对象的状况容易控制，可靠性随之增强。

与封装密切相关的一个术语是可见性，它是指对象的属性和服务允许对象外部存取和引用的程度。上文已讨论了封装的好处，但封装也有它的副作用。如果强调严格的封装，则对象的任何属性都不允许外部直接存取，因此就要增加许多没有其他意义、只负责读或写的服务。这为编程工作增加了负担，增加了运行开销，并且使程序显得臃肿。为了避免这一点，绝大多数OOPL往往采取一种比较现实的灵活态度，允许对象的属性和服务有不同程度的可见性。可见性的代价是放弃封装所带来的好处。

四、继承

人们对“继承”（Inheritance）这一概念并不陌生，常说孩子像父母，实际就是说孩子继承了父母的某些特征。继承意味着“自动地拥有或复制”。

在OO方法中，继承意味着“特殊类的对象可自动地拥有其一般类定义的全部属性与服务”。也就是说，在特殊类中不必重新定义已在一般类中定义过的属性和服务。特殊类的特殊性表现在它既可以复制其一般类的属性和服务，又可以拥有属于自己的新的属性和服务。继承关系具有传递性，即当一个特殊类又被它更下层的特殊类继承时，它继承来的和它自己新定义的属性和服务又全部能被更下层的类继承下去。

继承对于系统开发具有重要的实际意义。首先，它简化了人们对事物的认识和描述。比如在认识了教师的特征之后，考虑大学教师时，由于大学教师也是一种教师，它理所当然应具有教师的全部一般特征，因此只需要把精力用于发现和描述大学教师独有的那些特征。其次，继承较好地实现了软件复用，减轻了开发工作的强度，提高了系统开发效率。通过继承实现软件复用具体体现在两个方面：一是特殊类自动拥有了其一般类的属性和服务；二是可从已有类衍生出新类，不必从零做起。

一个类可以是多个一般类的特殊类，它从多个一般类中继承了属性与服务，这种继承模式被称为多继承。在客观世界中，这种情况是常见的。例如，在职研究生既是一类教职工，又是一类研究生。因此，假定已经定义了教职工和研究生两个类，在设计在职研究生类的时候，如果能让它同时继承教职工和研究生这两个类的属性与服务，则需要为它新增加的属性和服务就更少了，这无疑将进一步提高开发效率。但多继承会带来一些副作用，管理和实现也比较困难，使用时要谨慎处理。本章的后续内容将进一步详细讨论有关多继承的问题。

五、消息

在现实世界中，消息（Message）指的是事物间传递的一种信息，例如，交通信号灯对人和车辆发出的信号、人与人之间的对话和留言等，都可称为消息。

在OO方法中，消息可以被定义为“向对象发出的服务请求”。对象通过消息进行交互与合作，来模拟现实世界的行为。消息的接收者是提供服务的对象，对象对外提供的每个服务都应规定消息的格式，这种规定称作消息协议；消息的发送者是要求提供服务的一方或其他系统成分。消息体现了对象的自治性和对立性，是对象与对象之间通信和合作的唯一途径。

OO方法的初学者往往感到消息的概念不太好理解，其实，在OOPL中，消息就是对对象服务，即一个子程序的调用。作为OO方法中的一个基本概念，之所以采用“消息”这个术语，主要有以下好处：第一，更接近人们日常思维所采用的术语；第二，其含义更具有一般性，而不限制采用何种实现技术。在分布式技术和客户机/服务器技术快速发展的今天，部署在不同网络节点上的对象也可以通过消息进行交互协作。在这种背景下可以看到，“消息”这个术语确实有更强的适应性。

六、关系

客观世界中的事物之间不是互相孤立、各不相关的，而是通过相互间各种形式的联系构成一个有机的整体。在 OO 方法中，用对象类之间的一般—特殊关系、关联关系、整体—部分关系和行为依赖关系来有效地映射和表示问题域中事物之间的关系。

（1）一般—特殊关系。一般—特殊关系又称作继承关系或“is-a-kind-of”关系。如果类 A 不仅具有类 B 的全部属性和服务，而且具有自己特殊的属性和服务，则称 B 是一般类，A 是 B 的特殊类，B 和 A 间的关系为继承关系。类之间的这种一般—特殊关系清晰地表示了问题域中事物的分类关系。例如，研究生是一种学生，它不仅拥有学生全部的特征，而且还具有自身特有的某些特征，因此，学生是一般类，而研究生是学生的特殊类。

（2）关联关系。关联（Association）表示一个对象了解其他对象的程度。如果某两个类的对象之间可以相互感知、彼此连接，则这两个类之间就存在关联关系。关联关系反映对象与对象之间的静态联系。客观世界的事物之间存在着大量关联关系，例如学生和课程之间的关系、教师和课程之间的关系等。这种双向关系在实现中可以通过对象的属性表达出来，例如在一个教师对象中，通过教师所授课程这一属性表明他可以教授的课程。

（3）整体—部分关系。整体—部分关系又称作组合关系或“is-a-part-of”关系。如果对象 A 是对象 B 的一个组成部分，则称 B 为 A 的整体对象，A 为 B 的部分对象，B 和 A 之间的关系为整体—部分关系。客观世界中的事物间存在大量的这种关系，例如培养目标是培养计划的一部分，发动机是汽车的一个组成部分等。按整体对象和部分对象联系的紧密程度，可以将整体—部分关系进一步细分为组成和聚合两种。如果部分不能独立于整体而存在，则称为组成。例如，“牙刷”被废弃，则“刷毛”也就被废弃了。如果部分不依赖于整体也可以单独存在，则称为聚合。例如，一个学院被撤销了，但该学院的教师仍然存在。整体—部分关系与关联关系很相似，实际上整体—部分关系是一种特殊的关联关系，但关联关系没有明显的整体与部分语义。比如，既不能说教师是课程的一部分，也不能说课程是教师的一部分。

（4）行为依赖关系。行为依赖关系描述对象之间的动态联系：若一个对象在执行自己的服务时，需要向另外的一个对象发送消息请求它的某种服务，则称这两个对象之间存在着行为依赖关系。客观世界的事物之间存在大量的这种行为依赖关系，例如，驾驶员要完成驾驶汽车的行为，就要依赖所驾驶汽车的某些行为。

七、多态性

对象的多态性（Polymorphism）是指在一般类中定义的属性或服务被特殊类继承之后，可以具有不同的数据类型或表现出不同的行为。这使得同一个属性或服务名在一般类及其各个特殊类中具有不同的语义。

对象的多态性使得可以在特殊类中重新定义一般类的某些属性和服务，而不需要去修改一般类中的代码。这不仅大大增强了软件的灵活性和重用性，而且简化了对象的使用和理解，为开发者带来了不少方便。例如，“学生”是“本科生”和“研究生”的一般类，“学生”有注册服务，“本科生”、“研究生”也有注册服务，但两者注册的内容不同，借助多态性概念，只要在“本科生”和“研究生”这两个特殊类中对注册服务重新定义，即可保证本科生、研究生对象在接收到注册这个消息时各自会执行不同的注册内容。

与多态性的实现有关的语言功能包括重载（Overload）和动态绑定（Dynamic Binding）。重载实现了在特殊类中对继承来的属性或服务进行重新定义，动态绑定可以在系统运行时根据对象接收的消息动态地确定要连接哪一个对象的哪一段服务代码。

八、永久对象

程序中定义的普通对象，其生存期仅限于程序的运行时间，即当程序运行结束时，程序中定义的对象也都消失了。永久对象（Persistent Object）是OO方法的一个较新的概念，所谓永久对象，就是指其生存期可以超越程序的执行时间而长期存在的对象。

信息系统常常要求把某些对象的属性信息长期保存，并能在下一次系统程序运行时加以恢复。如果没有永久对象，就只好借助文件系统或数据库管理系统来实现，这无疑会给程序员增加很多烦琐的工作。如果OOPL能支持永久对象，则系统能自动解决对象的存储、恢复和格式转换等问题，而无须额外设计和编程。因此，永久对象的概念及其实现技术不仅大大简化了设计和编程工作，而且可实现对象在不同程序之间的动态共享。

但永久对象的实现需要有较强的技术支持，需要解决对象的存储、恢复、共享、并发存取、一致性保护等一系列技术问题，实现难度较大。目前，大部分的OOPL语言还不具备这方面的功能。但采用OO方法开发信息系统必须要解决这一问题，因此，本章后续几节将介绍相关知识。

九、主动对象

前面论述的对象的每一个服务只有在一条消息的驱动下才被执行，可以把这样的对象称为被动对象（Passive Object）。如果用OO方法开发一个有多个任务并发执行的系统，则会感到仅有被动对象的概念很难描述系统中的多个任务。在现实世界中具有主动行为的事物并不罕见，例如交通控制系统中的信号灯、生产控制系统中异步运行的设备等，每个具有主动行为的事物在系统中应该被设计成一个任务，因为它们的行为是主动的，需要并发地执行。为此，本书引入了主动对象（Active Object）的概念。所谓主动对象，就是至少有一个服务不需要接收消息就能主动执行（称为主动服务）的对象。

主动对象这一概念的引入，可以帮助描述问题域中具有主动行为的事物，以及在系统设计时识别和描述并发的任务。在系统实现阶段，主动服务应该被实现为一个能并发执行的、主动的程序单位（例如进程或线程）。由于目前还没有商品化的OOPL能支持主动对象的概念，所以OOA阶段识别的主动对象无法直接地对应为程序中的一个主动对象，需要程序员在现有的语言条件下设法把它实现成一个主动成分。

第三节　面向对象分析与设计工具——统一建模语言（UML）

OOA&D的核心任务是使用各种OO概念，通过建立一组模型来抽象地、完整地定义和描述拟建系统。定义和描述一个复杂的信息系统是一件困难和耗时的事情。系统用户和开发人员希望OOA&D所建模型清晰直观，既易于理解又易于交流。要做到这一点，首先必须采用统一的概念和标准化的表示体系。其次，由于要解决问题本身和系统的复杂性，不可能用一张图对系统的方方面面进行完整的描述，而必须借助一组视图（View）来描述系统。其中，每个视图由一组模型图组成，它代表了完整系统描述的一个抽象层次，集中反映了系统的某一个特定的方面。

统一建模语言（Unified Modeling Language，UML）的诞生彻底解决了上述两方面的问题，在面向对象领域得到了广泛的关注和应用，已成为目前OOA&D标准的建模语言。UML是一种编制系统蓝图的标准化语言，可以实现大型复杂系统的可视化说明、系统模型构造以及系统各种文档的建立。它是一种定义良好、易于表达、功能强大且普遍适用的建模语言。

本节在论述UML的发展及其主要作用的基础上，重点阐述UML所提出的基本概念、OOA&D模型及其模型的表示方法。

一、UML 的发展与作用

（一）UML 发展史

由于 OOA&D 方法本身的优越性，从 20 世纪 80 年代初期开始，众多的方法学家做了大量的研究工作，提出了各自的 OOA 和 OOD 方法。各种方法的出现都对 OOA&D 技术的研究与发展作出了贡献，也带来了一些问题。这些问题突出地表现为各种 OOA&D 方法所采用的概念既有许多共同部分，也有一定的差异，在表示符号、模型及文档组织等方面的差别则尤为明显。这使得使用 OO 方法进行分析和设计的用户在进行建模方法及工具的选择时感到无所适从、难以决策，也不利于彼此之间的技术交流。

为了解决以上问题，1995 年 10 月同在美国 Rational 软件公司工作的 G. Booch 和 J. Rumbaugh 把他们各自提出的 Booch 方法和 OMT 方法结合起来，形成一种“统一方法”，即 UM（Unified Method）0.8。后来，面向对象的软件工程（Object Oriented Software Engineering，OOSE）的提出者 I. Jacobson 也加入了这一行列。经过三人的密切合作，于 1996 年 6 月和 10 月先后发布了二义性较少的 UML0.9 和 0.91 版本。从那时起，“统一方法”改称为“统一建模语言”。1997 年 1 月，他们推出了 UML1.0 版，并提交到对象管理组织（Object Management Group，OMG）作为初步的提案申请。同年，另有几家公司分头向 OMG 提交自己的建模语言提案申请。于是，UML 伙伴组织把这些公司也吸收到自己的行列中来，并于 1997 年 9 月 1 日提出了 UML1.1，并作为最终提案提交到 OMG，该提案在 1997 年 11 月被 OMG 正式采纳为 OO 建模的标准语言。此后不久，OMG 平台技术委员会批准成立 UML 修订任务组，负责收集有关评论，并且提出可以澄清模糊性和纠正细节的修改建议。UML 修订任务组的大多数成员是 UML 伙伴组织中提出 UML1.1 的专家。由 UML 修订任务组产生的第一个主要产品 UML1.2 是一个编辑改进版本，其中只是对 UML1.1 作了些改编，使之与 OMG 的其他规范更为一致，并纠正了印刷错误、语法错误和某些明显的逻辑上的不一致之处，没有涉及重要技术改进。第二个主要产品 UML1.3 是一个技术改进版本。该版本纠正或改善了在 UML1.1 提交时期就被发现的遗留问题，矫正了在此之后发现的许多小错误，改善了活动图的语义和表示法，整理了在各种关系上使用的标准元素。此外，通过引入物理元模型，加强了 UML 模型体系结构与其他 OMG 规范的一致性。UML 修订任务组将 UML1.3 作为其最终草案，于 1999 年 6 月提交给 OMG 组织委员会和平台技术委员会，并获得批准。

目前，UML 的最高版本是 UML2.4.1，但广泛流行的版本主要还是 UML1.3 和于 2000 年推出的 UML1.4。因此，本书所讲解的 UML 模型和表示方法主要是根据 UML1.3 制定的标准。

（二）UML 的主要作用

UML 把许多先进的 OO 思想、概念和方法统一起来，并结合了世界范围内 OO 项目成功的经验，为 OO 方法提供了一种公共的、稳定的、表达能力很强的建模语言。UML 的应用范围非常广泛，不仅支持软件系统全生命周期的可视化建模，也可以用于业务建模以及其他非软件系统的建模。

作为一种建模语言，UML 定义了建立系统模型所需的概念及其标准的可视化图形表示符号，但是它并不介绍如何进行系统建模，因此 UML 并不是一种面向对象的建模方法和过程。实际上，UML 与具体的过程和方法无关，它可以配合不同的过程指导构成不同的建模方法。尽管 Rational 软件公司的专家于 1998 年推出了所谓的统一过程（Rational Unified Process，RUP），但它只是一种基于 UML 的、反映一个流派观点的建模方法，而不是建模方法的标准和规范。但由于 RUP 和 UML 是一个公司的产品，它们之间的结合最为紧密，共同构成了一种优秀的建模方法。

UML 是一种建模语言，而不是一种程序设计语言。用 UML 建立的系统模型不是可执行的程序，但是通过适当的软件工具（例如 Rational Rose），可以把模型的一部分语义转换为可执行程序。UML 不是一种形式化语言。它只是部分地采用了形式化语言的定义方式，但并不是严格的形式化。因此，用它描述的系统模型不能由计算机作编译执行或解释执行之类的自动处理。

UML 是一个可扩展的建模语言。除了由它定义的建模元素之外，它还提供了一些扩展机制，用户可以用这些机制定义 UML 基本元素的特殊变种，从而对语言作适合自己需要的扩展。

二、面向对象分析和设计的 UML 模型结构

要描述清楚一个复杂的系统，至少应描述系统的功能、结构及其动态的行为方式。因此，如图 6-1 所示，UML 将 OOA&D 要建立的系统模型划分为系统功能视图、系统静态视图和系统动态视图。三种视图是对系统三个不同侧面的描述，它们结合起来才能构成对一个复杂系统的清晰、完整的定义和描述。

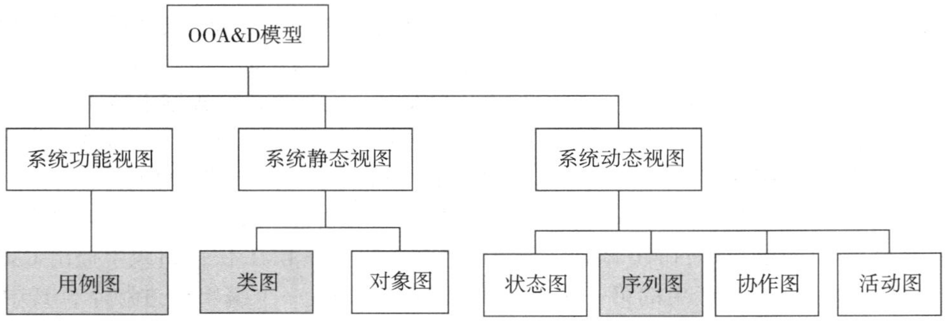

图 6-1　OOA&D 模型结构

功能视图用于展现一个系统应具有的功能集合。UML 提供了用例图（Use Case Diagram）来描述从系统用户的角度看到的或需要的系统功能，它是 OOA 阶段描述用户功能性需求的强大工具。用例图是建立系统其他视图的核心和基础，其他视图的构造依赖于用例图所描述的内容，因为系统开发的最终目标是实现用例图中描述的功能。

静态视图也称为逻辑视图，用于展现系统的静态结构，揭示系统内部的组成元素及它们之间的关系。由于采用 OO 方法建立的系统的基本组成元素是对象，而对象又是类的实例，所以静态视图实际上用于描述类、对象和它们之间的关系。UML 中所提供的"类图"和"对象图"都是用来描述系统静态结构的。每个系统都有唯一的"类图"和多个"对象图"。对象图是类图的必要补充，它描述系统在某个特定时刻的静态结构。

动态视图用于展现系统的动态行为特征。采用 OO 方法建立的系统，其动态行为特征主要体现在对象状态的变化和对象之间的动态协作。因此，UML 中提供了状态图（State Diagram）、序列图（Sequence Diagram）、协作图（Collaboration Diagram）和活动图（Activity Diagram）来刻画系统的动态行为特征。其中，状态图主要描述一个对象状态的变化和转移情况；序列图是按时间顺序描述对象间的交互；协作图是按照时间和空间的顺序描述对象间的关系和交互方式；活动图主要描述对象类服务的动作及其执行过程，以及角色与系统的交互动作及其过程。

不同的信息系统及其要解决问题的规模和复杂性存在较大的差异，而在创建一个实际系统的 OOA&D 模型时，图 6-1 中带阴影的用例图、类图和序列图是任何系统都要建立的不可或缺的基本模型。这三种模型已基本上对系统的功能、结构和行为特征进行了完整的展现。当上述三种模型无法准确刻画系统时，可根据系统的实际情况，来选择其他四种模型来对系统进行补充

描述。建模本身不是目的，建模的真正目的是清晰、准确和完整地定义和描述系统。只要能达到这一目的，建模应该越简单越好。

三、功能视图的概念和表示方法

用例图基本的模型元素包括用例（Use Case）和角色（Actor），主要描述了角色、用例及用例间的关系。用例图中的主要模型元素及其表示符号如图6-2所示。

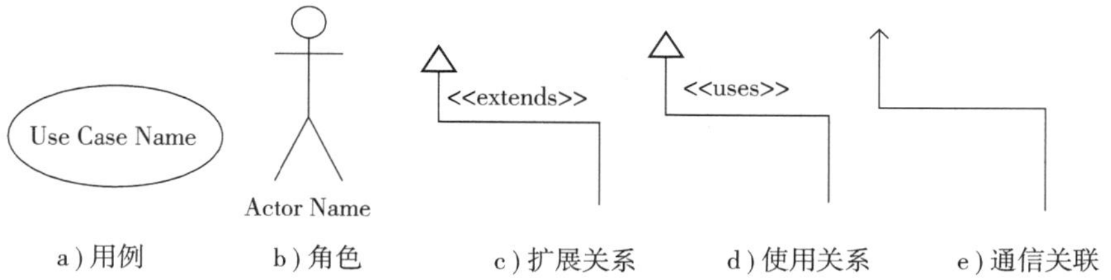

图6-2 用例图的主要模型元素及其表示符号

（一）角色

所谓“角色”，是指在系统边界以外与系统进行信息交互的有关事物。角色是一个群体概念，代表的是能使用系统某个功能的一类人、设备或其他子系统。每个角色都有一个名字（Actor Name），角色名反映了该角色的身份和行为，通常采用名词或名词性词组来命名。角色是启动系统用例的前提条件，一个角色一定会直接或间接地命令系统执行一个或多个用例。

（二）用例

所谓“用例”，是指从系统外部各个角色的角度观察，系统应支持哪些功能。一个用例提供对应系统对外部提供的一项功能，它是对系统功能的宏观描述。用例代表的是系统的一个完整功能，它是一系列动作（Action）的集合。所谓“动作”，是能为某个角色产生输出的系统的一次执行，每个动作由许多步骤实现。例如，在自动售货系统中，当顾客付款以后，系统会送出顾客想要的货物，这就是一个动作。用例必须具备以下主要特征：

（1）用例所代表的功能必须由角色激活。用例和角色间的这种关系被称为通信关联。通信关联用一条带箭头的线表示，其中，带箭头的一端指向一个用例。

（2）用例能为角色提供有价值的输出。

（3）每个用例都有一个名字（Use Case Name），常用动词或动词词组来命名。用例名反映用例实际要执行的功能。

（4）用例代表的是一个类，描述了它所表示功能的方方面面，具有完全性；而用例的实例（也称为脚本）代表系统的一种实际使用方法。例如，在自动售货系统中，存在一个“售货”用例，而张三付款后，获得了欲购的货物，这是售货用例的一个实例。

（三）用例关系

用例间主要有扩展（Extends）和使用（Uses）两种关系。若一个用例A是在另一个用例B的基础上增加了一些新的动作，则称用例A是用例B的扩展用例（或B是A的通用化用例），即A和B间构成了扩展关系。扩展关系允许一个用例扩展另一用例的功能。若一个用例A使用了另一个用例B所提供的功能，则称用例A使用了用例B，即A和B间构成了使用关系。

通过引入用例间的扩展关系和使用关系，便于把已存在用例的共同功能分离到另外的用例中（这些用例被称为抽象用例，可以与角色间不存在通信关联），使系统的功能层次结构更加清晰、直观，同时可有效地减少不必要的重复工作，便于系统的扩展。例如，如图6-3所示的ATM系统中，取款和存款用例都要先验证客户身份后才能进行后续事务，与其在这两个用例中重复详细描述验证过程，不如将该功能分离到另一用例“验证客户身份”中。这样取款和存款用例与验证客户身份用例就构成了使用关系，快取用例是对取款用例的扩展，也可以说是取款用例的一种特殊形式。

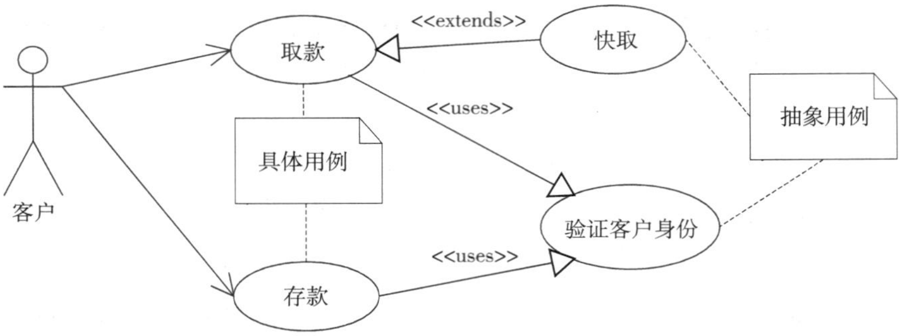

图6-3　用例图示例

四、静态视图的概念和表示方法

UML提供了类图和对象图来刻画系统的静态视图。除了“类”和“对象”的表示符号不同之外，类图和对象图所用到的建模元素及其表示符号都是相同的，因此把它们放在一起来加以阐述。

（一）类和对象的表示

如图6-4所示，UML中，类和对象都用长方形表示，并分成上、中、下三个区域来分别表示类和对象的名字、属性和服务。

为简化模型，可根据模型阅读者的需要，使用类的简化表示，从而隐去“类定义”的属性和服务区。对象的图形表示方式与“类”相似，主要区别体现在两个方面，一是对象的名字下面要加下划线，二是对象的属性值是确定的。对象名字可以由“对象名”和“类名”两部分组成，也可以仅仅包含“对象名”或“：类名”，如果仅仅包含类名，则“：”不能省略。对象的表示也可以采用简化形式。

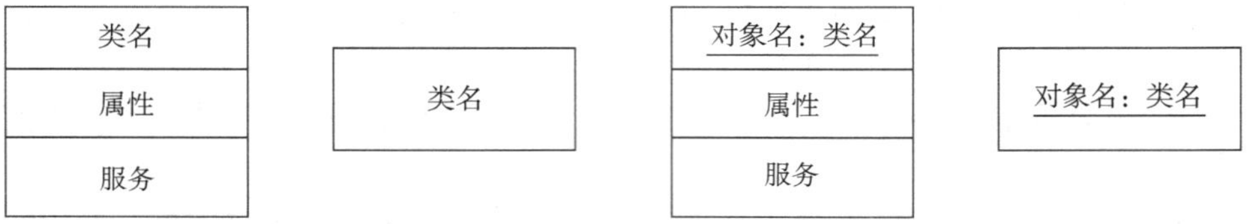

a）类的完整和简化表示符号　　b）对象的完整和简化表示符号

图6-4　类和对象的表示符号

1. 属性

类的属性用来描述该类的所有对象所具有的静态特征；对象的属性用来描述该对象所有的属性值。UML描述属性的语法格式为：

［可见性］属性名：属性类型名［＝初值｛性质串｝］

其中，属性名和属性类型名是不能缺少的，其他是可选的。属性名用来表达某个属性的含义，其命名要使用问题域通用和规范的名词或名词词组；属性的类型可以是程序设计语言能提供的任何一种数据类型，既可以是整型、实型、布尔型、枚举型等基本类型，也可以是类类型、数组、结构类型等构造类型。如图6-5所示，“本科学生”类中，属性“学号”的类型是字符串，属性“出生日期”的类型是日期型。

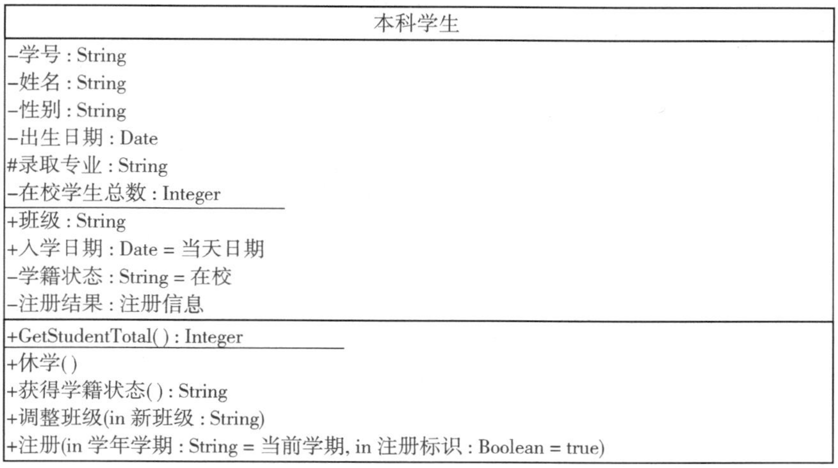

图 6-5　类定义示例

类的属性可以拥有不同的可见性（Visibility），来控制外部对象对它们的访问方式。UML中，属性的可见性通常分为公有的（Public）、私有的（Private）和受保护的（Protected）三种。公有的属性能够被系统中其他任何对象存取；私有的属性只能由定义它的类内部的服务来存取，并且该属性也不能被其子类使用；受保护的属性可以由定义它的类及其子类中的服务来存取。公有类型属性用“+”表示，私有类型属性用“–”表示，受保护类型属性用“#”表示。如图 6-5 所示，“本科学生”类中，属性“学号”的可见性是私有的，属性“班级”的可见性是公有的，属性“录取专业”的可见性是受保护的。

类的属性可以拥有默认值，当创建该类的对象时，具有默认值的属性的值便自动被赋以其默认值。如图 6-5 所示，“入学日期”属性的默认值是当天日期。

能被该类的所有对象所共享的属性称为“类作用域属性”（Class-Scope Attribute）或“类变量”（Class Variable）。类变量表示为带下划线的形式，如图 6-5 所示，“在校学生总数”属性是类作用域属性，对于所有的“本科学生”对象，该属性的值是一致的。

包含在一对大括号内的性质串用于说明类、类属性、类服务的特殊性质。UML 提供了诸如“抽象类”、“永久对象类”、“多态”等一些预定义的有关类、类属性和类服务的性质，用户也可根据自己的需要来扩充性质串的定义。类定义的三部分都可拥有性质串。性质串在“类名”后，通常用于表示该类是否是“抽象类”、“永久对象类”、“主动对象类”等性质；性质串在属性后，通常用于列出属性的取值范围、永久性（Persistent）和不变性等性质，“不变性”用来表示对象的某个属性在对象整个生命周期中必须保持的一种性质；性质串在服务后，通常用于表示该服务是否是“多态”、“主动服务”、“抽象服务”等性质。

2. 服务

类的服务说明了该类能做些什么。它是类的一个组成部分，只能作用于该类的对象。一个类可以有多种服务。每种服务定义的标准语法格式为：

[可见性] 服务名（参数表）：返回值类型 [｛性质串｝]

其中，服务名、参数表和返回值类型是不可缺少的，它们合在一起被称为服务标识。服务标识描述了使用该服务唯一的方式，因此不能重复。每种服务都必须有一个含义清晰、准确的名字，应采用动词或动宾词组，并尽可能准确反映该服务的功能。“参数表”可由多个参数构成，不同的参数间以逗号隔开，表示每个参数标准的语法格式为：

［参数种类］ 参数名：参数类型名 ［ = 默认值］

其中，参数名和参数类型名是不可缺少的。参数默认值的含义是，如果调用该服务时，没有提供实际参数，那么系统就自动将“默认值”赋给该参数。参数种类包括输入参数（用 in 表示）、输出参数（用 out 表示）和输入/输出参数（用 in/out 表示）三种。如图 6-5 所示，“本科学生”类中的“休学”服务不带参数；“调整班级”服务有一个参数；“注册”服务有两个参数，两个参数都有默认值。服务的返回值类型规定了服务执行完毕返回给调用者的数据类型。

服务的可见性同属性的可见性一样，也包括公有的、私有的和受保护的三种，在讲述属性时，已给出了三种可见性的含义，在此不再赘述。

同属性一样，服务也存在类作用域服务，用带下划线的形式表示。如图 6-5 所示，Get Student Total（“获得学生总数”）服务就是类作用域服务。引入类作用域操作的好处在于只有本类的对象才能使用该服务，类作用域服务只能存取本类的类作用域属性。

（二）继承关系的表示

1. 继承关系的表示符号

如图 6-6a 所示，继承关系用一条带空心三角形的直线表示，空心三角形紧挨父类。例如，图 6-6b 中，学生类是父类，其余三个是从其派生出的子类。类的继承关系可以是多层的，即一个子类本身还可以作为另一个类的父类。例如，研究生类是学生类的子类，同时又是在职研究生类的父类。

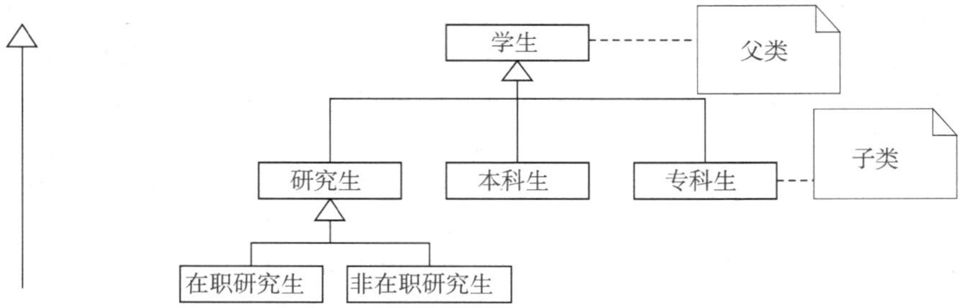

a）继承关系的表示符号　　b）继承关系示例

图 6-6　继承关系表示法

2. 多态

为了支持“多态”这一概念，子类也可以把本来在父类中定义的属性和服务重新进行定义，来达到“名字相同，语义不同”的目的。“多态”是在属性或服务的“性质串”中来说明的。如图 6-7 所示，“考核”服务在“人员”类中已定义，在其子类“研究生”和“教职工”中又定义了名字相同的服务，这表明研究生考核和教职工考核的内容不同，即形成了多态。

3. 抽象类和服务

所谓“抽象类”，是指没有具体对象的类。抽象类一般只作为父类，用于描述其子类的公共属性和服务。抽象类通常都具有抽象服务。抽象服务仅仅用来指定某个类的所有子类应具有哪些行为，但并不指定具体的实现方式。抽象服务的表示方法与抽象类类似，在抽象服务标记后跟随一个性质串｛抽象性 = Abstract｝。例如图 6-7 中的“考核”服务，在抽象类“人员”中定义的“考核”服务只是指明各类人员都要进行考核，但由于各类人员考核的方法不同，在“人员”中无法定义考核的具体实现细节，只能到“人员”类的各个具体的子类中利用多态来重新

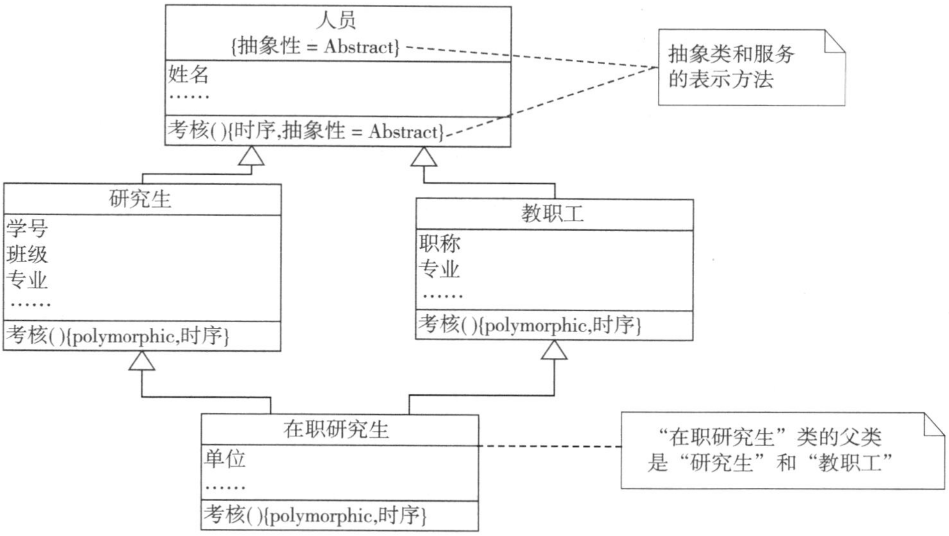

图 6-7　多继承及其抽象类表示法示例

定义“考核”服务来指明考核的实现细节。与抽象类相反的类是“具体类”，具体类都有自己的对象，并且该类的所有服务都有具体的实现方法。

（三）关联关系表示

如图 6-8 所示，一般的关联关系采用一条直线来表示，该直线连接了具有关联关系的两个类或对象，大多数关联都是这种普通的二元关联。为了更清晰地说明一个关联关系，可以进一步有选择地使用关联名称、角色名、多重性和导向性等。

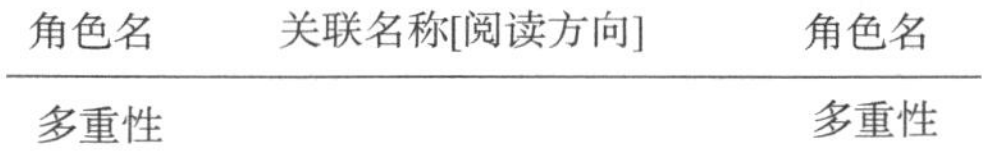

图 6-8　关联关系表示法

1. 关联名称

使用关联名称可更清晰地说明该关联关系的含义和目的。关联名称应放置在直线上或其附近，同时，为避免混淆，在关联名字的前面或后面可增加一个用于指示关联名称阅读方向的黑三角。给一个关联关系命名应使用动词词组。如图 6-9 所示，教师和课程的关联名称是“讲授”，黑三角的含义是“教师讲授课程，而不是课程讲授教师”。在很多情况下，只要某种关联关系的含义是不言而喻的，就可以省略关联名称。

图 6-9　二元关联关系示例

2. 角色名

任何关联关系都涉及与此关联有关的角色。角色名用于规定某个类在关联关系中所起的作用。角色名应放置在关联线的末端，与对应类或对象紧邻。角色名应使用名称词组。如图 6-9 所示，在教室和课程的关联关系中，“教室”类所扮演的角色是“上课地点”。

在大多数关联关系中，相互关联的类所扮演的角色含义非常清晰，这时可省略角色名。关联名称和角色名实际都是用来描述关联关系含义的，为了保持所建模型的简洁、清晰，在一般情况下，只要关联的含义足够清楚，就不要同时使用关联名称和角色名。

3. 多重性

多重性用于说明关联关系中某类对象的数量关系，即该类的多少个对象可以与另一个类的一个对象相关联。多重性的位置与角色名相似，分别位于关联线的两侧。采用表达式来表示多重性，表达式由一个或多个整数范围列表组成，多个列表之间用逗号隔开（例如2，1..10，0..＊）。一个整数范围由一个整数下限、两个圆点和一个整数上限组成，单个整数也是有效的范围，单个“＊”等价于“0..＊”，其含义是包含零在内的任何数。如图6-9所示，一个教师可讲授零或多门课程，一门课程可以由1~3个教师讲授。

4. 导向性

导向性用于说明两个类的关联是单向的，导向性采用实线箭头表示，即只有箭头所指方向上才有这种关联关系。导向性会直接影响到类的属性设置。如图6-9所示，课程和教室的关联关系中，只表示某课程在哪些教室上，并不表示某间教室要安排哪些课程。因此，只需要在“课程”类中增加属性以支持对“教室”的访问。

5. 关联类

有时，事物的静态联系非常复杂，仅仅采用上述普通的二元关联关系来表示是不充分的，应用系统可能要求给出更多关联信息。例如，某系统可能要求不仅指出某个教师为某个学生指导毕业论文，还要求给出论文题目、答辩时间和论文成绩等信息。为此，UML提出了“关联类”的概念来表示关联关系本身所拥有的特征。关联类的表示符号如图6-10a所示。

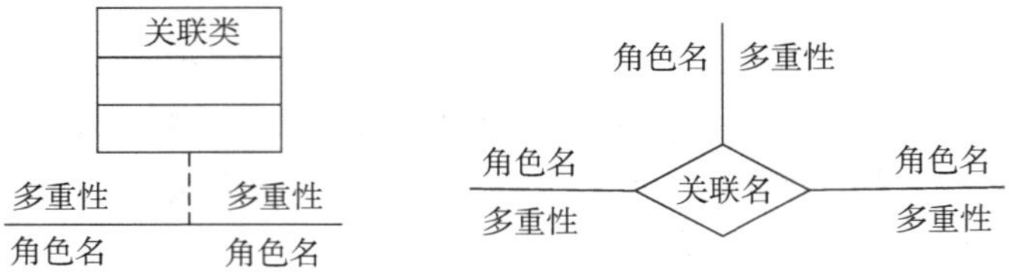

a) 关联类　　b) 三元关联关系

图6-10　复杂关联关系的表示符号

6. 多元关联

在客观世界中，有时多个事物之间也存在某种联系，即事物间不仅仅是二元关系，还可能是多元关系。例如，“某学生在某教室学习某门课程”就构成了一个三元关系。为了表达事物间的多元关系，UML提出了“多元关联”的概念。图6-10b所示的是三元关联关系。多元关联表示为一个大的菱形，菱形与关联的类之间用直线相连，只要相应增加关联线的数目即可表达更多元的关联。

通过增加新类的方法，可以将关联类和多元关联转化成普通的二元关联。本章第四节将详细讲述复杂关联及其如何转化成普通的二元关联。

（四）整体—部分关系的表示

对象间的整体—部分关系是关联关系的特例。因此，如图6-11所示，UML中表示整体—部分关系的符号与关联关系类似，只是在指向整体对象的一端增加了一个小菱形。如果是聚合关系，则小菱形是空心的；如果是组成关系，则小菱形是实心的。

a) 聚合表示符号　　b) 组成表示符号

图6-11　整体—部分关系表示符号

（五）包的概念及其表示

为一个复杂的信息系统所建立的模型通常包含大量的模型元素，模型的阅读者要想一次理解这么多模型元素通常是非常困难的。人类在认识如此复杂的事物时，通常采用粒度控制原则，即一次只围绕一个主题进行观察和理解，而暂时撇开主题之外的其他部分。为了支持人类的这一思维方式，UML 中提出了“包”的概念。包（Package）是一种组合机制，把各种各样的模型元素通过内在的语义连成一个整体就形成一个包。构成包的模型元素称为包的内容。包是对一个主题的具体表现形式。如图 6-12 所示，“包”的图形表示符号类似文件夹，由两个长方形组成，小长方形位于大长方形的左上角。

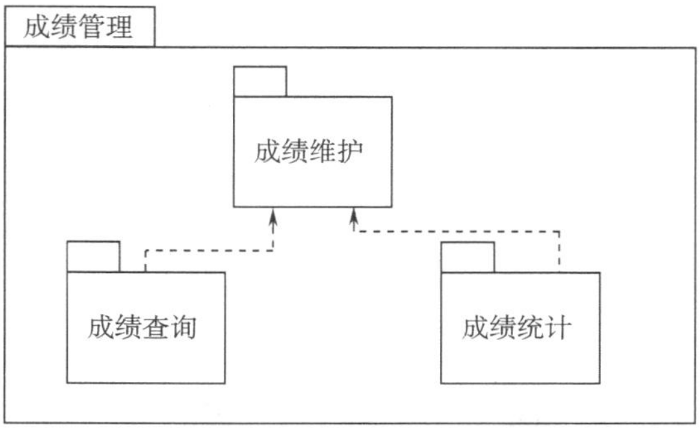

图 6-12　包的表示符号及其示例

每个包都要有一个名字，如果包的内容没被显示出来，则包的名字出现在大长方形内，否则，包的名字写在小长方形内。包内的模型元素可以是另一个包、类和对象等。一个模型元素只能属于一个包，但一个包可以引用另一个包的模型元素，这时，两个包之间就建立了关系。包间的关系主要包括依赖和继承关系。如果包 A 引用了包 B 的类或类的服务，则称 A 依赖 B。如图 6-12 所示，依赖关系用一条带箭头的虚线表示。如果 B 内的某个类是 A 某个类的子类，则 A 和 B 构成了继承关系，包间继承关系的表示符号同类间的继承关系一样。

OO 方法借助于“包”，可以把一个复杂的系统按其固有的特征和规律，组织成从宏观到微观的多个层次。包的具体作用体现在两个方面：一是可以帮助系统模型的建造者在不同的抽象层次上建立多层次的系统模型，使得建造者可以分层次地逐步引入细节来认识和描述系统，以驾驭系统的复杂性；二是可以引导模型的阅读者分层次地从宏观到微观、从全局到局部逐步认知系统模型。如图 6-12 所示，“成绩管理”包含了“成绩维护”、“成绩查询”和“成绩统计”。其中，“成绩查询”和“成绩统计”依赖于“成绩维护”，因为它们都要使用“成绩维护”的“成绩”类。

五、动态视图的概念和表示方法

（一）状态图

状态图用于描述一个对象所能达到的所有状态以及引起状态变化的事件，用于对类所描述事物的补充说明。广义上讲，对象的状态是指对象的全部属性的属性值的笛卡儿积。按此定义，对象的状态数量巨大，在实际系统开发过程中，不可能也没有必要识别和认识如此多的状态。因此，对象的状态实际是对象的各种行为模式，即使一个对象可能的属性值的笛卡儿积不同，但只要其行为方式相同，对象就处于同一个状态。事件是在某个特定时刻发生的事情，它是对引起对象状态转换的外界事件的抽象。

1. 状态的表示

一个对象的状态由一个初始状态（初态）、若干个中间状态和零到多个终止状态（终态）组成。状态的表示符号如图 6-13 所示。中间状态一般包括三个部分：第一部分为状态名；第二部分为可选的状态变量，用来描述标识状态的属性名和属性值，每个状态变量的语法格式为属性名 = 属性值；第三部分为可选的活动表，用于列出该状态下可能发生的事件及其事件所引发的活动。对象每个状态都有进入（Entry）、退出（Exit）和做（Do）三种标准事件及其他一些用户自定义的事件。活动表中每项活动的语法格式为：

事件名（参数表）'/' 动作表达式

其中，参数表的语法要求同对象的服务的参数表相同；动作表达式是一个过程表达式，表示当某一事件发生时对象应执行的操作。一个事件能够诱发多个动作，多个动作表达式之间必须用斜杠隔开。每个动作可以是对象的一个服务或是对对象属性或事件参数的修改。对象的状态也可简单地表示成只带状态名的简化形式。

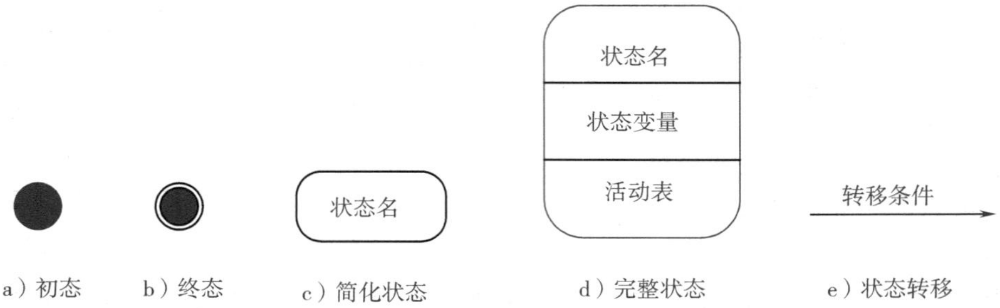

图 6-13　状态图模型元素的表示符号

2. 状态转移的表示

对象状态间的转移用一条带箭头的线表示，线上要标注引起状态转移的条件，转移条件的语法格式为：

事件名（参数表）[守卫条件] ['/' 动作表达式] ['^' 发送子句]

可选的守卫条件（Guard-Condition）是一个布尔表达式。如果将守卫条件和事件说明放在一起使用，则当且仅当事件发送且布尔表达式为真时，状态才发生转移。转移条件中的动作表达式和活动表的动作表达式语法要求一样。发送子句是动作的特例，它表示在状态转移时向某些对象发送的消息。如果目的对象是发生状态转移的对象本身，则对象名可为 Self。发送子句的语法格式为：

目的对象名．服务名（参数表）

3. 状态图示例

如图 6-14 所示，假定大学生有"新生"、"在校"和"病休"三种状态。其中，"新生"和"在校"状态用简化的状态表示形式，而"病休"状态由三部分组成。

一个大学生由"新生"到"在校"状态转移的事件是"报到"，守卫条件是体检合格并且已交费，报到事件诱发的动作是"注册"。一个大学生由"病休"到"在校"进行状态转移时，要向自身发送"复学"消息。发送子句可由动作表达式来替代。例如，由"在校"到"病休"的转移条件也可定义为：申请休学（）/休学（休学时间）。通过大学生状态图可以看出，并不是所有的类都需要有相应的状态图，只是对于那些具有明确的有限多个状态且行为方式与状态有关的类，才需要建立状态图。因此，状态图只是对"类"所描述的事物的补充说明。

（二）序列图

序列图是用来反映对象之间行为依赖关系的模型之一，它侧重于描述为完成一个功能，随着时间的流逝对象之间的交互方式。

1. 消息的表示

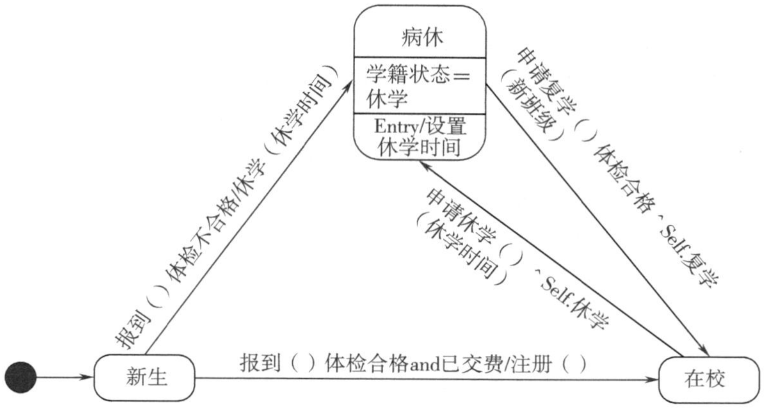

图 6-14 大学生状态图

在 OO 方法中，两个对象的交互是通过一个对象向另一个对象发送消息来实现的。一般来说，消息可以分为普通消息、同步消息和异步消息三种。三种消息的 UML 符号如图 6-15 所示。

图 6-15 表示消息的图形符号

每种消息线上可标注消息协议，消息协议的语法格式为：

［条件］服务名（参数表）

一个消息有条件，表示只有当该条件为真时才可以发送和接收该消息。普通消息只表示对象间存在某种交互，但不指明交互的细节。当消息的发送者要发送一个消息而且接收者已作好接收这个消息的准备时才能发送的消息称为同步消息，即当消息发出后，发送者等待接收者的处理结果。对一个对象服务的调用就是典型的同步消息。发送者不管接收者是否作好准备都可以发送的消息称为异步消息，即发送者发送完消息后不需要等待消息处理完成，而是继续执行，并发系统中存在异步消息。

2. 序列图示例

如图 6-16 所示，序列图有两个坐标轴。横坐标显示所有交互的对象；每个对象下有一条纵向的虚线表示序列图的纵坐标，虚线自上而下表示对象生存期的延续。对象间的交互用对象生

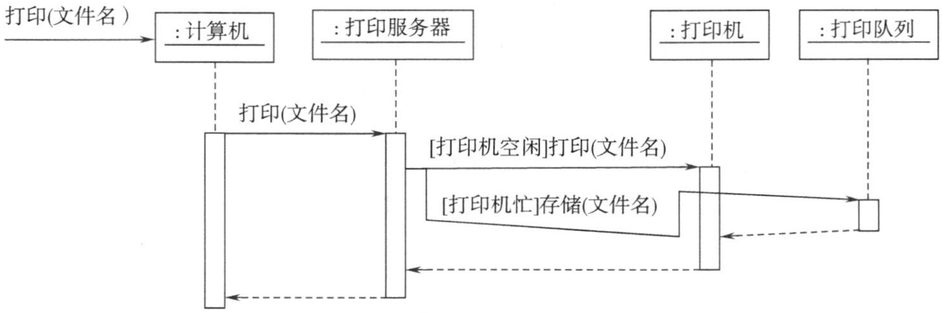

图 6-16 打印文件序列图

命线之间的四种消息线来表示。当向一个对象发送消息时，必然会激活该对象的一个服务，用该对象生命线上的矩形框表示执行该服务的过程。

序列图既可以描述特定对象间的交互过程，也可以描述一类对象间的交互过程。当描述一类对象间的交互过程时，要考虑所有该类对象的各种情况。图6-16描述了要完成“打印一个文件”功能，各个对象类之间的交互过程。因此，在向打印机发送“打印文件”消息时，要考虑“打印机忙”和“打印机空闲”两种情况。如果只描述特定情节下特定的打印机对象，则只存在一种情况。

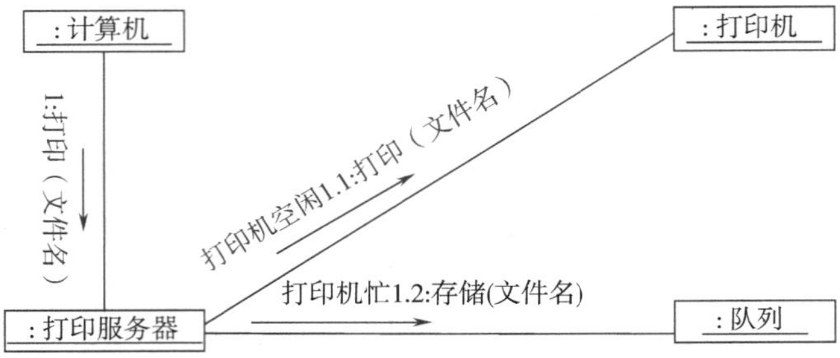

图6-17　打印文件协作图

（三）协作图

协作图是用来反映对象之间行为依赖关系的另一种模型。它侧重于描述为了完成一个功能，从空间的角度，对象的连接（关联的实例）以及连接对象间的交互。如图6-17所示，对象间的连接用一条线段表示，该线段连接了发送和接收消息的对象。例如，“计算机”类对象和“打印服务器”类对象之间的连接线。

在一条连接线上可以用消息标签来表示要发送的消息。一个消息标签至少要说明所发送消息的名字（通常是接收对象的服务名）及其所带参数。消息标签的语法格式为：

[前缀‘/’] [守卫条件] [消息序列号] [并发消息别名] [循环子句]
[条件子句] [:] 消息名（参数表）

可选的消息序列号部分用来说明消息的发送顺序和嵌套关系。序列号的编码规则为：

消息顺序号 [. 消息嵌套号]

例如，序列号为1的消息总是消息序列的开始消息，序列号为1.1的消息是顺序号为1的消息的第一条嵌套消息。由于并发消息的消息序列号相同，因此，为区分并发消息，消息标签中增加了并发消息别名部分，消息序列号和并发消息别名合在一起称为消息序列表达式。例如，消息序列表达式为2a和2b的消息是两条不同的并发消息。

可选的前缀部分与消息标签的其他部分之间用斜杠隔开，它是由以逗号隔开的多个消息序列表达式构成的。一条消息的前缀部分所列出的多个消息必须在该消息发送之前被处理。因此，通过消息前缀可以同步对象的活动，使得在执行一项功能时，对象的活动可按一定顺序进行。

守卫条件是一个布尔表达式，当该条件为真时，才发送消息。条件子句用来表示分支结构，即在不同的条件下发送不同的消息。循环子句用来表示消息的重复发送。例如，消息标签“1.1a，1.1b/x>0 1.2 n：=1..20：display（）”的含义是在发送消息1.2之前，先要处理消息1.1a和1.1b，并当x>0时，重复发送消息1.2（消息名为display）20次。

协作图比较序列图，其优点是形式更自由，并显示出交互对象的连接；其缺点是通过序列表达式描述消息的时间序列既麻烦又不直观，而且当交互的对象及其发送的消息太多时，绘制复杂且阅读不方便。因此建议主要使用序列图来反映对象的交互过程，协作图只作为序列图的补充成分。

（四）活动图

活动图是另一种用来描述交互的模型。它类似于状态图，主要描述完成一项功能要执行的动作、动作顺序和动作所产生的结果。在OOA&D过程中，活动图主要作为类图和用例图的补充模型，描述一个服务和一个用例（或用例实例）的执行过程及其对有关对象状态的影响。活动图基本的建模元素及其表示符号如图 6-18 所示。

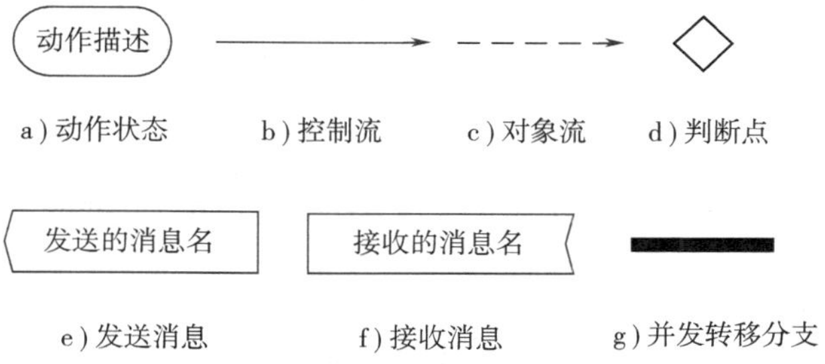

图 6-18　活动图基本的建模元素及其表示符号

如图 6-19 所示的活动图说明了“学生”类的“复学”服务所采取的动作、顺序以及与相关对象的交互过程。

在“动作状态”内用一段文字来说明采取的活动。同状态图一样，活动图也有一个初始状态和多个终止状态，表示符号与状态图完全相同。“控制流”用来描述动作间的转移，表明动作执行的顺序。同状态转移一样，“控制流”箭头线上可以标注引起转移的事件、守卫条件、发送子句和动作表达式。在一般情况下，控制流箭头线上不带任何标注，表示只要动作状态所描述的活动一完成转移就开始。对象可以作为动作的输入或输出出现在活动图中。动作和对象间的连接用“对象流”表示。例如，学生对象调用了学生学籍对象的“按学号创建学生学籍对象”、“获得休学信息”和“设置学籍状态和复学时间”服务；调用了班级学生对象的“按学号创建班级学生对象”和“调整班级”服务。“判断点”用来形成动作的转移分支。一个判断点可以有一个或多个进入转移、两个以上的带守卫条件的发出转移。一般情况下，发出转移的守卫条件只能有一个为真。可以在活动图中发送和接收消息，因此，UML 提供了表示发送和接收消息的符号。通过“并发转移分支”符号，可以将转移分解成两个以上的转移，从而形成并发动作。

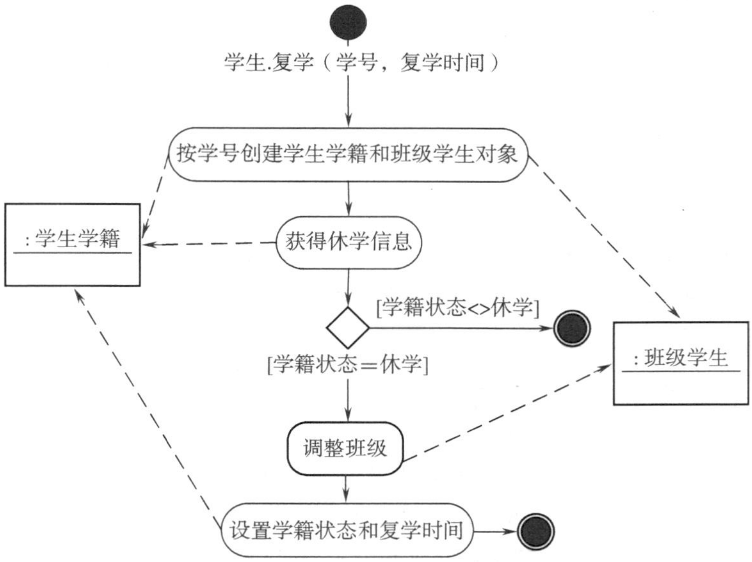

图 6-19　活动图示例

第四节　面向对象分析

一、概述

系统分析的主要任务是对拟建系统所涉及的领域进行全面而深入的理解和认识，从而确定系统要解决的问题以及要实现的目标，并对该问题域进行清晰、完整、准确和详细的认识和描述，以便为后续的系统设计提供清晰、准确的设计依据。其最终目标是产生综合描述问题域特征的文档。系统分析有很多方法，但大多数方法都可归纳为结构化、数据驱动和 OO 三种方法。随着信息系统越来越复杂，结构化分析和数据驱动分析方法都表现出一定的缺陷，信息系统开发的实践证明，采用这两种方法来分析复杂的信息系统具有较大的风险，而面向对象分析 OOA（Object Oriented Analysis）方法能更好地帮助人们组织和驾驭信息系统固有的复杂性，因此，OOA 已成为当前信息系统分析的主流技术。

OOA 是 OO 方法从软件生命周期的编程阶段向分析阶段发展和延伸的自然产物。许多 OO 方法学家都提出了自己的 OOA 方法，其中比较有代表性的成果包括 Booch 方法、OMT 方法、OOSE 方法和 RUP 方法等。尽管这些方法各有特色，但很难将它们有机地融为一体，即使能融合，无节制地兼收并蓄也将严重地增加方法的复杂性，复杂的方法使开发者难以掌握和驾驭，因此，简单地融合各种 OOA 方法并不能产生一个集诸家之大成的好方法。作为一种实用的 OOA 方法，必须既要注意概念与表达能力的完整性，又要避免过分复杂。

因此，本书的 OOA 方法是在研究、比较目前多种 OOA 方法的基础上，充分借鉴当前主流技术 RUP 方法，根据笔者多年从事 OO 方法的教学、科研及工程实践的经验总结、提炼而成的。本节主要论述 OOA 任务、过程和采用 UML 的 OOA 建模方法。

二、面向对象分析的任务

OOA 的基本任务是：运用 OO 方法，对拟建信息系统所涉及的领域和要解决的领域问题进行分析和理解，正确认识问题域中的事物及事物间的关系，确定为解决领域问题信息系统应具备的功能和其他方面（例如系统性能、安全性和可靠性等）的要求（即系统非功能性需求）。在此基础上，勾画出拟建系统的逻辑模型来反映系统的静态和动态结构。

对系统静态结构的认识和描述，主要是利用抽象、分类、继承、组合以及封装等原则来实现三种映射，即将问题域中的事物映射成对象和类；将事物的静态特征和动态特征映射成对象和类的属性以及服务；将事物间的关系映射成对象和类之间的关系；最终建立相关模型来描述系统的静态结构。

对系统动态结构的认识和描述，必须从系统要完成的功能出发，既要明白对象的行为方式（即对象服务的内容和内部流程），又要清楚认识构成系统基本部件（对象）的交互和协作过程，最终建立相关模型来刻画系统的动态结构。

三、面向对象分析的过程模型

为了保质、高效地完成 OOA 的基本任务，必须有一个科学、有效和严谨的过程来保证。过程规定了为实现既定的目标而进行的一系列技术和管理活动的集合。本书从简单实用出发，舍弃 OOA 过程的管理活动，仅仅从 OOA 的技术角度为读者提供一种 OO 的信息系统分析过程模型。如图 6-20 所示，将整个 OOA 过程划分成五个主要阶段（与粗箭头连接的各个阶段），两个辅助工作，即原型开发和分析结果的详细说明。

五个主要阶段有一定的顺序（粗箭头指示），也可以从一个阶段返回上一个阶段（细箭头），因此，阶段之间既表现出一定的顺序，又可交替进行。原型开发主要是通过尽快建立一个可运行的系统，启发用户和系统分析员发现和确定系统功能需求，这对于需求模糊的系统是非常必要的。虽然在系统分析过程中，通过建立各种模型来刻画和描述系统，但模型的表达能力是有限的，因此，必须详细说明这一步工作，用文字描述的方法对各个模型进行补充说明。

可以根据拟建系统的规模和复杂性等特点，对图 6-20 中的 OOA 过程模型进行必要的裁减，

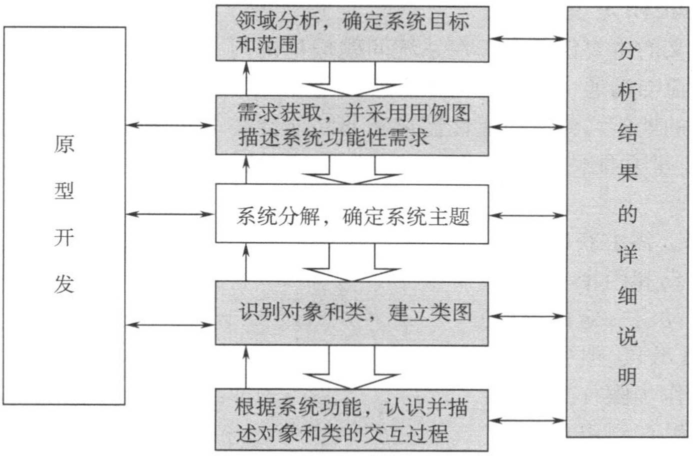

图 6-20　OOA 过程模型

但无论什么系统，只要采用 OOA 技术，图中带阴影的各项工作都是不可或缺的。在此给出如下裁减原则：

（1）对于需求模糊的系统，才有必要进行原型开发，以利于发现系统需求。

（2）对于系统规模较大的系统，按照粒度控制原则，才有必要对系统进行分解，并划分出若干树状结构的主题。

（3）如果系统规模适中，确定系统主题这一阶段也可放在识别对象和类之后进行。

四、确定系统目标和范围

每一个拟开发的信息系统都是针对某一特定领域的特定问题，而信息系统涉及的领域日益广泛，领域本身的复杂性也越来越高。面对这一现实状况，系统分析员首先应该投入足够的时间和精力，利用一切可以利用的手段和资源去全面而细致地了解、学习和掌握信息系统所涉及的领域知识、内外部环境、业务规则、业务流程和信息流等领域背景，乃至成为该领域的专家。

学习和掌握领域背景没有一个具体过程可以遵循，分析员可以根据自身的知识背景和经历，借助多种途径和方法来实现目标。其中，常用的途径包括资料阅读、调查、访谈、实地考察和操作、请教领域专家等。在此，建议在和用户进入实质性的交流前，分析员应至少具有领域的一般常识，以提高交流的效率和效果，赢得用户的信任。常用的方法包括问卷调查和情景分析。“问卷调查”是将不明确的问题事先准备好，发放给被调查的人员，并要求他们作出书面回答。分析员应仔细阅读收回的调查答卷，然后再有针对性地访问一些被调查者，以便向他们询问在答卷中发现的新问题。由于书面回答比口头回答更慎重、更精确，所以问卷调查是一种十分有效的方法。所谓“情景分析”，就是对用户或领域专家解决某个具体问题的方法和结果进行分析和总结，以便更直观地掌握具体业务的规则和流程。

掌握了领域背景，分析员就可以进行领域分析，通过领域分析可以解决信息系统建设的两个关键问题。首先，确定在领域中哪些领域问题可以借助信息系统来解决，进而确定问题域，即系统范围。信息系统不是万能的，应该抛弃那些依靠目前的技术无法解决的和经济上不合算的问题。其次，确定问题域中的每个问题要解决到什么程度，即信息系统要实现的目标。制定目标时，一要尽可能量化，二要适度，既不能过高，也不能过低。过高的目标利用现有资源和技术条件难以实现，会挫伤开发团队的积极性；过低的目标缺乏激励性。

五、需求获取和定义

需求获取和定义的主要任务是，在系统问题域范围内，围绕如何实现系统目标，与用户进行充分而细致的交流与沟通，逐步明确并清晰、完整、准确地描述用户的需求。所谓“需求”，是用户对拟建系统的期望，包括功能性需求和非功能性需求两个方面。功能性需求是指系统能为用户“做什么”，非功能性需求是指对系统性能、环境、可靠性、安全性、用户界面、可扩充性等方面的要求。

如图6-21所示，需求获取和定义主要包括五项活动和两个主要的工作结果。五项活动有一定的顺序要求（如粗箭头所示），但主要表现为一个迭代的工作步骤（如细箭头所示），迭代过程直到用户和开发商对系统需求达成共识为止。通过系统调研，得出“用户需求规格说明书”，主要以用户熟悉的语言（自然语言）和方式来描述用户对系统的期望。由于自然语言存在二义性，无法作为下一步分析和系统设计的依据，因此采用RUP所倡导的用例模型来建模描述系统的功能性需求，以期形成对用户需求更加清晰、直观、规范和具体的描述。这样描述出的用户需求称为系统需求，系统需求才真正能成为下一步系统分析和设计的依据。

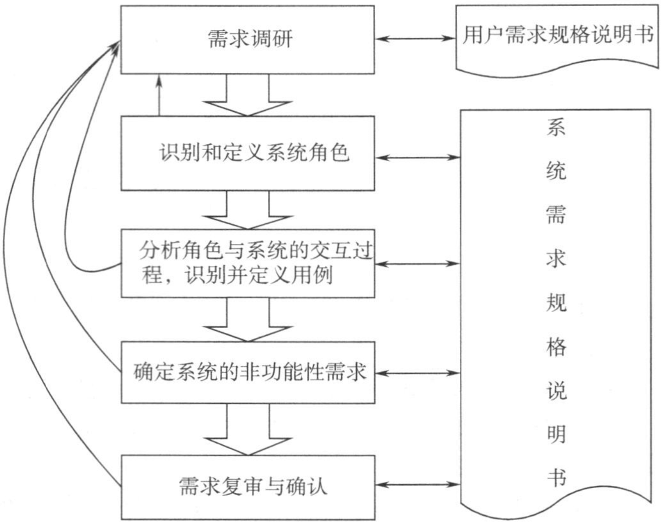

图6-21　需求获取和定义的过程

（一）需求调研

需求的获取和定义是从需求调研开始的，调研的途径和方法与领域分析类似，在此不再赘述。但要注意，对于一个拟建的信息系统，需求调研要采取全面而有序和逐步引入细节的策略。所谓全面，一是要保证调研对象的全面，即调研的对象必须包括一个企业或机构内部与问题域有关的三个层次的人员（决策层、管理层和业务层）；二是要保证调研内容的全面，即必须全面了解和掌握有关人员的与问题域和系统目标有关的所有业务及其信息需求。所谓有序，是指需求调研要有一个明确的计划来确保调研工作的效率和效果。另外，需求调研要遵循“先整体、后局部，先宏观、后微观”的逐步引入细节的策略。

（二）建立用例模型

建立用例模型的活动包括以下几项：

1. 识别系统角色

反复阅读和分析用户需求规格说明书，通过回答以下问题，可以帮助建模者发现和识别角色：①谁是使用系统主要功能的人？例如，使用学籍管理系统主要功能的人是学籍管理员。②谁需要借助系统完成日常工作？例如，成绩管理员需要使用学籍管理系统来记录学生的成绩。③谁来维护、管理系统，以保证系统正常运行？例如，系统管理员需要使用学籍管理系统来备份和恢复数据。④系统控制和使用的硬件设备有哪些？例如，温度控制系统要使用温度传感器来获得当前温度。⑤系统需要与哪些其他系统进行交换？例如，学籍管理系统需要从招生管理系统获得新生信息。⑥哪些人、系统和设备需要系统输出的结果？例如，学生需要从学籍管理系统获得注册信息。

2. 发现用例及其关系

从识别角色起，发现用例的过程就已经开始了，而没有必要等到发现所有角色后。对于已识别的角色，通过询问以下问题来帮助建模者发现用例：①角色的日常工作是什么？这些日常工作能用系统来完成吗？②角色需要维护或使用系统存储的某种信息吗？③系统中发生的事件需要通知角色吗？或者角色需要通知系统某事件吗？这些事件的作用是什么？④为简化角色的日常工作，或提高其工作效率，系统还能做什么？⑤系统需要的输入/输出信息是什么？这些信息从哪儿来、到哪儿去？⑥系统开发要解决的主要问题是什么？

通过引入用例间的扩展和使用关系，便于把已存在用例的共同功能分离到另外的用例中（这些用例被称为抽象用例，可以与角色间不存在通信关系），使系统功能的层次结构更加清晰直观，同时可有效地减少不必要的重复工作，便于系统的扩展。

3. 描述用例

正如前面曾提到过的，图形化的用例本身不能提供该用例所具有的全部信息，因此还必须借助文字或其他工具来进一步描述用例。对用例的描述是关于角色与系统如何交互的规格说明，应着重描述系统对外界所呈现出的行为，而忽略该行为在系统内部是如何实现的，即只描述外部能力，不管内部细节。虽然对用例的描述不必追求形式化的语言表达，但是作为 OOA 文档的一个组成部分，它应该有一定的规范格式。在统一的标准出现之前，人们可以创造和使用不同的表示形式，但至少在一个开发组织内部应该采用统一的格式。在此建议对一个用例可采用如下形式加以描述：

（1）用例名称。每个用例都有一个名字，这个名字应能在全系统范围内唯一地表示这个用例并且能反映出它的角色和它所描述的功能。其书写格式是：角色名 . 用例名。

（2）用例目标。用例目标包括：用例的最终任务是什么，通过该用例能得到什么样的结果。

（3）行为描述。用自然语言分别描述角色的行为和系统行为，按其交互次序自上而下地排列。为了使这两种行为泾渭分明、互不混淆，书写时把角色的行为向左对齐，把系统行为向较右的位置对齐。

（4）控制语句。在一些较为复杂的交互活动中往往含有循环或条件分支，此时需要在用例中使用一些控制语句。可以参考一种常用的结构化编程语言，把它的结构化语句的保留字（如 while、for、if-then-else 等）引入用例，以构成循环语句或条件语句。

以上描述方法与其他方法相比有两点主要的不同：一是更明显地区分角色的行为和系统行为；二是引入控制语句。这比平铺直叙的、无结构的自然语言正文更有利于表达复杂的用例内容。另外，也可以采用活动图来描述用例。

（三）确定系统的非功能性需求

系统的非功能性需求主要包括系统的环境需求、质量需求、用户界面需求和资源需求四个方面。环境需求是指对系统运行环境的软件和硬件环境的要求；质量需求主要包括对系统性能、可靠性、安全性、健壮性、易用性等质量要素的要求；用户界面需求是指对系统的用户界面要细致规划；资源需求包括人力资源需求以及对成本和进度的估算。

（四）需求复审与确认

在确定了系统的功能性需求和非功能性需求，并建立了用例模型以后，就可以编写出系统需求规格说明书的部分内容。开发人员要与用户一起以该文档为依据，进行第一次需求复审和确认，以确定文档的内容是否真实地反映了用户的功能性和非功能性需求。如果双方对系统需求达成了共识，应签字认可，否则要进行需求获取和定义的一次新的迭代过程，直到双方对系统需求达成共识为止。对于需求模糊的系统可以借助原型法来帮助需求获取和定义。

六、划分系统主题

系统的层次结构是系统空间结构的特定形式，层次是认识系统结构的重要工具，层次分析是结构分析的重要方面。按照 Miller 所提出的“7 ± 2”原则，人在一定时间内能够有效理解和记忆的事物存在着一定的数量限制。例如，人们在学习外语时就常有这种体会，想一次记住几十个单词是很难的，若把七八个单词分为一组来记忆就容易得多。人类在认知复杂事物的过程中，学会了运用粒度控制原则，即“先整体、后局部，先宏观、后微观”的逐层引入细节的原则。

（一）主题的概念

所谓主题，是指在语义上有密切联系的系统模型元素的集合。例如，一个子系统的所有用例就构成一个系统主题。OOA 方法通过划分系统主题和建立主题图来支持粒度控制原则，也就是把一个复杂的系统按其固有的特征和规律，组织成从宏观到微观的多级主题层次。借助系统主题的层次化结构，人们在阅读理解一个 OOA 模型时，可以首先看到最高层次的主题，由此可以简明、扼要地理解系统的宏观组成部分，要想进一步了解每个组成部分的细节，可以逐层展开其下级主题。这样一种由粗到细的认知过程，符合人类的思维习惯，便于人们认识和掌握复杂的事物。

（二）划分主题的方法

划分主题既可以采用自顶向下的方法，也可以采用自底向上的方法。对于系统规模较大的信息系统，通常采用两种方法的结合。具体步骤如下：

（1）按功能自顶向下划分系统的高层主题。通过信息系统规划，将信息系统划分成了若干个子系统，这些子系统实际上是系统最高层次的主题。通过需求获取，获得了每个子系统的所有用例。为此，可以进一步划分一个子系统，即把功能联系紧密的用例加以分组以形成若干主题，每个主题还可以进一步划分成子主题，形成主题的层次化结构，直到最底层的一个主题的功能相对独立、便于理解为止。

（2）按“类图”自底向上划分系统的最底层主题。按自底向上的方法，首先将具有继承关系、组合关系和关联关系的类合并到若干组中，剩下的类暂时作为一组，每个组构成一个主题。如果通过这样的划分所得到的主题数量不符合 Miller 原则，即“类”数量过多，则需要考虑问题域的本来面目、主题间的联系程度和功能等方面的具体情况，将联系相对紧密的主题合并成一个主题。

在划分系统主题时，如果主题的嵌套层次过深，将增加模型的复杂性。因此，在遵循 Miller 原则的前提下，还必须有效地控制主题层次的深度。

（三）主题的表示

采用 UML“包”的概念建立主题图。在建立主题图时，要注意给每个包一个合理的命名，并识别各个包之间的关系。

七、系统静态模型的建立

通过上述四项活动，已经形成了对领域和系统需求清晰、准确的认识和描述，这是进一步建立系统静态模型和动态模型不可或缺的基础。系统静态建模的主要目标是“识别对象和类，从而建立类图或对象图”。

（一）建立静态模型的过程

类图（Class Diagram）是 OOA 所要创建的一个基本系统模型，是构建系统动态模型的基础，没有类图，就不可能创建状态图、协作图等各种系统动态模型。可以把类图所表达的模型信息分为对象层、特征层和关系层三个层次。对象层包括反映问题域和完成系统功能的对象和类；特征层表示每一个类及其所代表的对象内部的静态和动态特征，即对象类的属性和服务；关系层表示各个类及其所代表对象彼此之间的关系。

对应类图的三个层次，可以把类图的建立过程划分成“发现对象和类”、“发现属性和服务”，以及“发现对象和类的关系”三项相互联系的活动。

如图 6-22 所示，三项活动既表现出一定的次序（粗箭头所示），又可以交替迭代进行，根据需要可随时从一个活动切换到另一个活动（细箭头所示）。建立类图的一个很好的出发点是借鉴以往相似系统的 OOA 结果，尽可能加以复用。

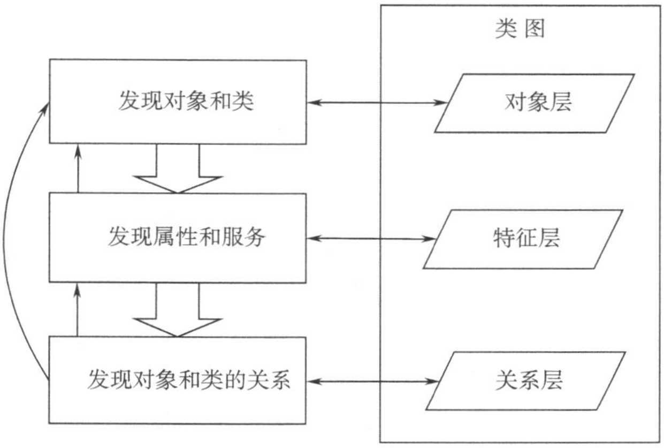

图 6-22　识别对象和类建立类图的过程

（二）发现对象和类

发现对象和类的目标是建立类图的对象层，通过两种抽象原则来识别并定义存在于问题域且与系统功能有关的对象和类。要准确找到拟建系统的对象和类不是一件容易的事，可以把 OOA 阶段发现类和对象的总体策略概括为“基于两个出发点，正确运用两种抽象”。两个出发点是指系统所涉及的“问题域”和反映系统功能的“用例模型”，前者侧重于客观存在的事物与系统中对象的映射，后者侧重于系统的每一项功能都应落实到某些对象来完成。两种抽象是指“将问题域中的事物抽象成对象和将对象抽象成类”。事物抽象成对象的关键问题是如何取舍问题域的事物以及事物映射成什么对象（因为不可能也没有必要将问题域中的事物全部映射成对象），将对象抽象成类的关键问题是如何对对象进行分类。不同的建模者对这两种抽象会有不同的选择。好的抽象应能清晰而简练地表达问题域，这需要建模者具有丰富的实际工程经验，能根据拟建系统的具体情况恰当地运用抽象原则。

为了尽可能准确、全面地发现系统所需的对象和类，建模者应该把握“先松后紧”的原则，即首先尽可能找出所有有用的对象，尽量做到“宁多勿缺”，确定对象的候选空间；然后对候选空间中的对象逐个进行审查，舍弃或调整一些不必要或不合理的对象；最后，对对象进行合理的分类。

1. 确定对象候选空间

从问题域角度出发，反复阅读相关文档，筛选出属于系统范围内的名词或名词短语，建立初步的候选对象空间。由于很多隐含的对象不易体现在文档中，因此还必须仔细分析问题域中所涉及的以下因素，来补充初始的候选对象空间：

（1）人员。系统需管理其信息的人员和扮演一定角色的人员，例如学籍管理系统中的学籍管理员和学生。

（2）组织。系统中有若干发挥作用的组织，例如教务管理系统中的教务处和医疗保险系统的医院等。

（3）物品。物品即系统要管理的有形的物品或无形的事物，例如库存管理中的库存物品和成绩管理中的课程等。

（4）设备。这包括系统使用的或监控的各种设备、仪表和运输工具等，例如工业监控系统中的各种传感器、仪表等。

（5）事件。系统需要长期记忆某些事件，例如图书管理系统中“借书”和“还书”事件。

（6）文件和表格。系统中存在许多经常使用的表格或结构化的文件，例如教务管理系统中的学生成绩单和学籍管理规定等。由于很多表格可以由其他对象生成，所以，对象候选空间中只保留相对独立的表格。

2. 审查和筛选对象

逐个检查候选对象，以舍弃无用的和精简剩余的对象。所谓“有用”的对象，要么是系统需要管理其属性，要么是至少参与了一个用例的实现。两者都不具备，则是无用的对象。舍弃掉无用的对象后，对于剩余的对象还要进行精简，这样做的目的是为了避免系统中的对象种类和数量过多。要精简的对象主要是那些相对简单的对象，即只包含少量属性和服务的对象，可以将这些对象的属性和服务合并到其他对象中。例如，假定教务管理系统中的“班主任”对象中只要一个“姓名”属性，而这个对象是被“班级”对象所引用的，只要在“班级”对象中增加一个“班主任姓名”属性，则完全可以把它合并到“班级”对象中。

3. 对象分类

从认识对象到定义它们的类，是一个从特殊到一般的抽象过程。在大多数情况下，这一过程相对比较简单，只需要把具有相同特征的对象分为一类即可。但在对对象进行分类时，还要特别注意以下情况：

（1）检查类的属性和服务是不是符合该类的全部对象。如果一个类的某些属性或服务只能适合该类的一部分对象，则说明该类的设置有问题，此时可能需要重新分类。例如，如果“教师”这个类有“退休时间”这个属性，则它只适合退休教师，而不适合全部教师，可以考虑增加“退休教师”类和“教师”类建立一般—特殊关系。

（2）避免对同一事物的重复描述。问题域中的某些事物可能是另一事物的附属品，例如“教师工作证”对象中除了“编号”属性外，其余的属性都与“教师”对象相同，为避免重复描述所带来的信息冗余，应舍弃“教师工作证”对象，而在“教师”对象中增加一个“工作证编号”属性。

（三）发现属性

发现属性的目标是将事物的静态特征抽象成对象和类的属性。同发现类和对象相似，为了尽可能准确、全面地发现对象的属性，要采用“先松后紧”的原则。具体来说，可采用下列方法和步骤：

1. 确定属性的候选空间

在研究当前的问题域和系统功能的基础上，针对拟建系统应该设置的每一类对象，按照问题域的实际情况，以实现系统功能为目标进行正确的抽象，从而找出每一类对象应有的属性。确定属性候选空间的目标是尽可能全面地发现属性，宁多勿缺。具体来说，可以针对每个对象提出并回答以下问题，从而启发建模者从各种角度去发现对象的属性：

（1）按一般常识，对象应该具有哪些属性？对象的某些属性非常直观，按照一般常识就可以容易地确定。例如，学生的姓名、性别、学号等属性，都很容易想到。

（2）对象有哪些需要区别的状态？是否需增加一个属性来区别这些状态？例如，学生在“在校”、“毕业”、“休学”等不同状态下，其行为是不同的，因此，需要在“学生”对象中设立一个“学籍状态”属性，用它的不同属性值表示实际学生的不同学籍状态。

（3）为满足系统功能要求，这个对象应具有哪些属性？对象的有些属性，只有具体地考虑系统功能才能决定是否需要。例如，建立这个对象是为了保存和管理哪些信息？对象为了在服务中实现其功能，需要增设哪些属性？

（4）用什么属性表示对象间整体—部分关系和关联关系？整体—部分关系和关联关系在OOA模型中都有相应的表示符号，但也要在有关的对象中设立相应的属性。对于整体—部分关系，整体对象中应有表明其部分对象的属性，具体可以用嵌套对象或对象指针实现；对于关联关系，应该在一个对象中表明与它连接的另一个对象，具体用对象指针实现。

2. 属性的审查和筛选

对于初步发现并建立的对象属性候选空间，要认真地审查和筛选，以舍弃一些不必要的属性，简化系统模型。具体来说，可以针对对象的每个属性提出并回答以下问题：

（1）该属性是否提供了满足系统功能要求所需要的信息？现实世界中的事物包含大量的方方面面的静态特征，在确定对象的属性时只需要考虑与系统功能有关的特征。例如，一个学生有身高和体重，但在“学籍管理系统”中，根本不需要将学生的“身高”和“体重”抽象成属性。

（2）该属性是否描述了对象本身的静态特征？一个对象的属性应该描述这个对象本身的特征，而不能描绘其他对象的特征。例如，在“教务管理系统”中，如果在“课程”这个对象中设置了主讲教师的职称、联系方式等有关教师的特征就不合理。

（3）该属性是否适合类的全部对象？如果某些属性只能适合所属类的一部分对象，则意味着该类要进一步划分出一些特殊类。例如，“教师”类中的“离退休时间”属性，只有“离退休教师”才具有。因此，“教师”类应设立一个子类“离退休教师”，并将“离退休时间”属性划分给该子类。这一审查原则同样能用于发现继承关系。

（4）该属性是否可以借助继承或其他属性而得到？如果拥有该属性的对象的类是从其他类继承而来的，则要检查该属性是否存在于一般类中，凡在一般类中定义过的属性都不需要在特殊类中重复定义。如果一个属性的值很容易从其他属性直接导出，则应该舍弃该属性。例如，学生的“年龄”可以从“出生日期”直接导出，则不应该保留“年龄”属性。

（四）发现服务

发现服务的目标是将事物的动态特征抽象成对象和类的服务。应研究问题域和系统功能以明确各个对象应该设立哪些服务以及如何定义这些服务。具体可采用以下方法和步骤：

1. 确定服务的候选空间

在研究当前的问题域和系统功能的基础上，针对拟建系统应该设置的每一类对象，按照问题域的实际情况，以实现系统功能为目标进行正确的抽象，从而找出每一类对象应有的服务。确定服务候选空间的目标是尽可能全面地发现服务，宁多勿缺。具体来说，主要考虑以下问题来启发建模者从各种角度去发现对象的服务：

（1）考虑系统功能。在OOA模型中，对象的服务是最直接地体现系统功能性需求的成分，因此发现服务的活动比其他OOA活动更强调对系统功能的考察。要逐项审查用例模型图中所描述的每一项用户功能要求，模拟并追踪每项功能的执行过程，看它应该由哪些对象的哪些服务来提供，从而在该对象中设立相应的服务。

（2）考虑问题域。服务是对事物行为的模拟，因此要考虑对象在问题域中具有哪些行为，其中哪些行为是与系统功能有关的，应该设立何种服务来模拟这些行为。

（3）分析对象的状态。前面已经指出，对象的行为是受对象的状态所制约的。因此，要找出对象生命周期中所呈现的每一种状态，分析在每一种状态下对象可以发生什么行为，是否应该设立相应的服务来模拟，对象从一种状态转换到另一种状态是由什么操作或事件引起的，是否应设立相应的服务来模拟该操作或事件。通常借助“状态图”来分析对象的状态及其状态转换过程。

（4）模拟每项服务的执行过程。所谓模拟，是指分析员把自己设想为当前对象服务的执行者，来追踪这个服务的执行过程，并思考该服务的执行用到了哪些对象的哪些服务。发现了这种需要就追踪到下一个对象中，看看该对象是否定义了所需要的服务，如果没有，则加以补充。

2. 服务的审查和调整

对所发现的每个对象的每个服务逐一进行审查，舍弃无用的服务，并通过分解或合并来提高服务的独立性。

（1）舍弃无用的服务。任何一个有用的服务，要么是直接提供了系统功能，要么是为其他对象提供必要的服务。如果系统成分或系统角色都不可能请求某项服务，则这个服务是无用的，应该舍弃。

（2）服务所属是否正确。这需要从两个方面进行审查：一是检查一个对象的每项服务是否描述了对象本身的动态特征；二是检查每项服务是否适合所属类的全部对象。

（3）提高服务的独立性。理想的服务应该是只完成一项明确定义的、完整而单一的功能。如果在一个服务中包括了多项可独立定义的功能，则它是低内聚的，应尝试将其分解成多个服务。如果把一个独立的功能分割到多个对象的多个服务去完成，则它是高耦合的，应将它们合并到一个对象的一个服务中去。

（五）识别继承关系

在OOA阶段，发现类间的继承关系必须遵照问题域事物间的分类关系和系统功能的要求。具体可采用以下方法和步骤：

1. 确定继承关系的候选空间

一般可采用“自底向上的归纳法”和“自顶向下的演绎法”两种策略来识别继承关系，并从以下几个方面确定继承关系的候选空间：

（1）识别现有类的继承关系。按照当前问题域分类学知识或事物分类的常识识别现有类的继承关系。如果拟建系统所涉及问题的行业或领域已经形成了一套科学的分类体系，建议建模者在学习和掌握其分类体系的前提下，按照问题域已有的分类方法来识别已有类的继承关系。例如植物、动物和图书等的分类都已成为一门学科。如果系统所涉及的问题域没有可供参考的现行分类方法，可以按照事物的分类常识，从各种不同的角度来识别已有类间的继承关系。例如，按照事物分类常识，可以按年龄、性别、职业等将人员进行不同的分类。

（2）自顶向下的演绎法：把现有的类细化成更具体的类，即模拟人类的演绎思维过程。演绎思维的基础是科学的分类体系或问题域事物的分类常识。在进行演绎时，特别要注意的问题是一个类究竟应细分到什么程度、是不是分得越细越好。原则上讲，只要能满足用户需求，就没有必要对已有类进一步细分，以控制系统的复杂性。但同时，为了提高OOA结果的可复用性，可以超越上述原则，在更广泛的范围内按照问题所涉及领域的本来面目进行演绎。例如，按照事物分类常识，可以把教师分成在职教师和离退休教师。对于一个具体的系统，如果它对在职教师和离退休教师的管理方式完全相同，就没有必要作上述划分；反之，则必须进一步划分。

（3）自底向上的归纳法：抽象出现有类的共同特征形成其父类，即模拟人类的归纳思维过程。通过归纳建立抽象级别更高的父类，对于简化现有类的定义、建立更清晰的类结构、提高系统的可复用性都具有积极的作用。但在归纳时，特别需要注意的是不能仅仅考虑是否符合继承关系定义本身，而忽视了分类的知识或常识。例如，对一个具体的系统而言，经过抽象所形成的飞机类和汽车类，可能飞机类包含了汽车类所有的属性和服务，如果仅仅考虑继承关系的定义，飞机类完全可以看做是汽车类的子类，但实际上，这种继承关系有着很大的局限性，根本原因就是它违背了分类的常识。

2. 继承关系的审查和调整

继承是 OO 方法区别于传统方法的主要特征之一，但它可能是继“GOTO 语句”之后又一最有可能被滥用的软件结构。特别是对于 OO 方法的初学者，他们会抓住每一个可能的机会采用继承进行软件设计，以此表明他们已经掌握了 OO 方法。为了避免继承关系的滥用，在确定了类间继承关系的候选空间后，要对它们逐个进行审查，主要通过审查以下问题来取消那些不合理的类，或对它们进行调整与修改：

（1）继承关系是否符合领域的分类体系或分类常识？如果 B 类是 A 类的子类，则要从领域的分类体系或分类常识检查“B is a kind of A ”这个句子是否讲得通。如果讲不通，则该继承关系是一种病态继承关系，必须取消或加以调整。例如，在一个具体的学生管理系统中，定义了“本科生”类，它有“学号”、“姓名”和“专业”等属性和“毕业”等服务，在定义“研究生”类时，发现它也有“本科生”的那些属性和服务，只是增加了“研究方向”、“个人培养计划”等属性和“开题”等服务。于是就建立了如图 6-23a 所示的继承关系，该继承关系就意味着“研究生是一种本科生”，这显然违背了分类常识。造成这种问题的原因是在建立结构时只注意属性和服务的继承，而忽略了与问题域事物间分类关系的对应。图 6-23b 是对该继承关系的调整和改进。

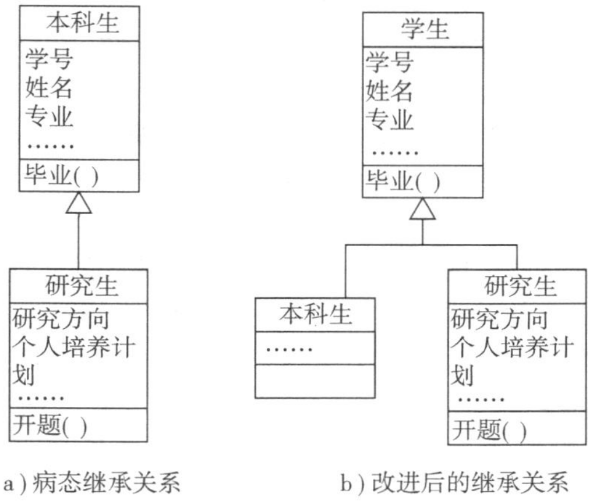

图 6-23　病态继承关系的调整和改进

（2）继承关系是否在问题空间内？问题所涉及领域内事物的分类通常都非常复杂，为了有效控制拟建系统的复杂性，通常对于不包含在问题域内事物的分类关系，没有必要建立继承关系与之对应。例如，按高校学生的分类常识，学生可以分为专科生、本科生和研究生，但若拟建系统所管理的学生根本就不包括专科生，则没有必要建立“专科生”这一特殊类。

（3）继承关系对满足系统功能有无作用？原则上讲，没有必要建立对系统功能没有作用的继承关系，但有时为了考虑系统的可复用性，可以超越上述原则，在更广泛的范围内按照问题所涉及领域的本来面目建立继承关系。这一问题在讲“自顶向下的演绎法”时已作了详细阐述。

（4）在用具体的 OOPL 来实际实现“多继承”时，可能会存在 OOPL 不支持多继承、命名冲突、破坏系统清晰性和造成实现的复杂等问题。命名冲突是指在一个类的多个父类中存在同名的属性和服务，使得该类在继承时无所适从。例如，在“在职研究生”类的父类“教职工”和“研究生”类中，都存在一个名为“专业”的属性。解决这一问题有两个方法，一是在 OOPL 中提供相应的技术（例如，Eiffel 语言的重命名机制）；二是在 OOA 中避免命名冲突，具体办法是从多继承的特殊类开始，向上检查它的每一条继承路径，对于命名冲突的属性和服务，按照其实际含义加以修改。例如，“研究生”类的属性“专业”可更改为“攻读专业”，“教职工”类的属性“专业”更改为“从事专业”。鉴于以上多继承的实现问题，建议在 OOA 阶段应该采用多继承，以便在模型中如实反映问题域的本来面目，等到 OOD 阶段再根据具体情况作必要的调整来去掉多继承。

3. 调整对象层和特征层

定义了继承关系后，建模者对于系统中的对象和类及其特征有了更深入的认识，在这种情况下，需要对类图中的对象层和特征层作某些调整，包括增加、删除、合并或分开某些类，以及增、删某些属性和服务或把它们移到其他类中。

（六）识别和定义关联关系

客观世界中事物间的静态关系是复杂的，除了上述的分类关系外，可以把事物间的其他静态关系统称为关联关系。通过“关联”，各种事物间可以“相互通信”、“相互感知”和“相互连接”。事物间的这种“关联”关系形式多样，每种关联的含义各不相同，但其外部表示形式相似，故统称为关联。在 OOA 阶段，识别和定义关联关系可以采取以下方法和步骤：

（1）发现关联关系。首先按照问题域的特征考虑各类对象之间是否存在某种静态联系，确定关联关系的候选空间；然后，排除候选空间中与系统功能无关的静态联系。例如，按照问题域的特征，教师为班级授课，教师指导学生毕业设计，教师与班级、教师与学生之间都存在某种静态联系。但对于“学籍管理系统”而言，系统功能要求与上述两种联系无关，因此不必为它们建立关联关系。

（2）识别并定义关联关系的属性和服务。按照系统功能要求分析每一种关联关系，考虑其是否应该拥有自身的属性和服务。例如，对于“成绩管理系统”而言，仅仅指明学生和课程之间存在“学习”关系是不够的，至少应该给出学生学习某门课程的成绩，而“成绩”既不能定义为学生的属性，也不能定义为课程的属性，它应该是“学习”关系的属性。定义带有属性和服务的关联关系，既可采用 UML 的关联类概念，也可直接采用一个普通类。例如，可以采用如图 6-24 所示的两种方法来表达学生和课程之间的关联关系。

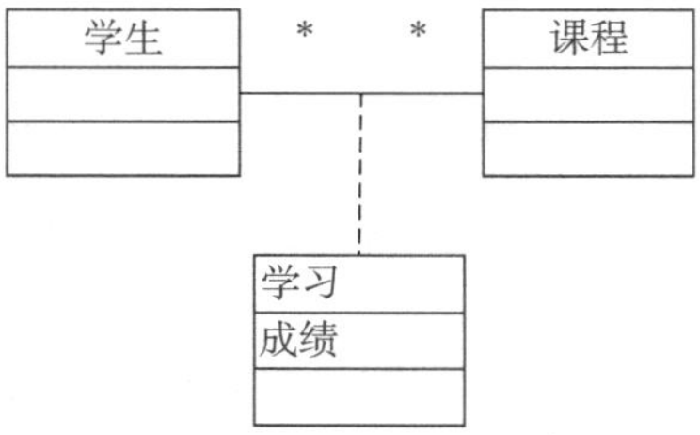

a）关联类表示

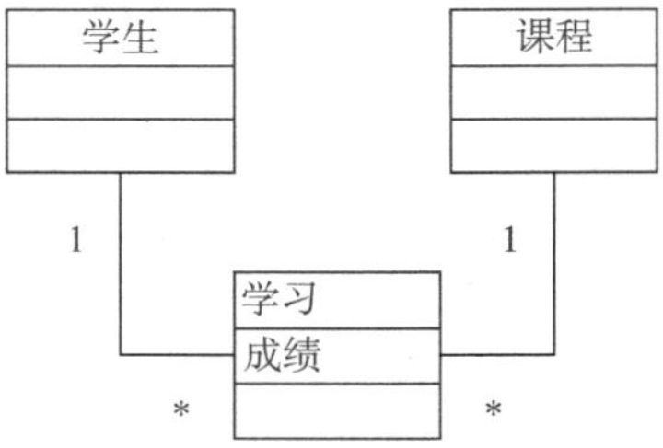

b）普通类表示

图 6-24　带有属性和服务的关联关系表示法

（3）分析关联关系的多重性。对于每一个关联关系，从关联线的两端分别考虑“本端的一个对象与另一端的几个对象发生关联”，并把结果标注在关联线上。在确定多重性的时候，为了提高系统的灵活性和可扩展性，在不违背关联关系自身特征的前提下，应尽可能放松限制，例如把确定的数目变成不确定的数目，把一对多变成多对多等。

（4）定义关联关系的含义。对于大多数的关联关系，通常其含义都非常清晰，这时，关联关系名和角色名都可以省略。例如，学生和课程之间关联的含义是“学生学习课程”。当关联关系的含义不清楚时，可以使用关联名称、角色名和导向性来进一步标注关联关系。

（5）多元关联关系处理。尽管 UML 提供了表示多元关联的概念和符号，但实际上，对于任何一个复杂的多元关联，通过增加类的方法，都可以将其转换成普通的二元关联关系。例如，为了表示“一个教师使用某种教材教授一门课程”，可以采用如图 6-25 所示的多元关联符号来表示，也可以增加一个“教学任务”类，从而将原有的一个三元关联关系转换成三个普通的二元关联关系。

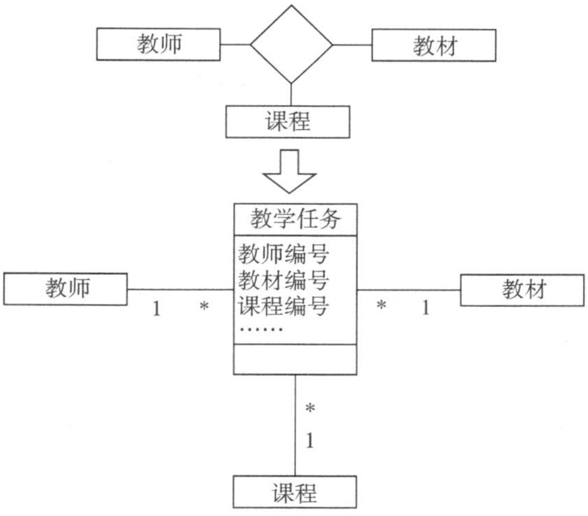

图 6-25　复杂关联关系的转换

（6）调整对象层和特征层。定义了关联关系后，需要对类图中的对象层和特征层作某些调整，主要是将新增的类和实现关联新增的属性补充到类图中并加以文字描述。

（七）识别和定义整体—部分关系

OOA 阶段，识别和定义整体—部分关系可以采取以下步骤和方法：

1. 确定整体—部分关系候选空间

按照问题域中事物固有的组合关系的特征，考虑下述事物组合的各种形式，确定整体—部分关系的候选空间：

（1）物理上的整体事物和它的组成部分，如机器和零件、人体和器官等。

（2）抽象事物的整体与组成部分，如书和章节、法律和法律条款、图和图素等。

（3）组织机构和它的下级组织，如医院和科室、公司和子公司等。

（4）组织（团体）与成员，如班级和学生、公司和职员等。

（5）空间上的容器事物与其包容物，如教室和设备、车间与机器等。

2. 整体—部分关系的审查和筛选

对候选空间的整体—部分关系从以下几个方面逐个进行检查，排除与系统无关或不必要的整体—部分关系，以简化 OOA 模型：

（1）是否与系统功能有关。检查每个整体—部分关系是否为完成系统功能提供了有价值的信息。如果没有，那么即使按照问题域的事物特征来看该整体—部分关系是成立的，OOA 模型也没有必要定义。例如，教师和教研室之间有确定的整体—部分关系，但如果系统功能并不要求建立教研室的教师名单，则没有必要在教师和教研室之间建立整体—部分关系。

（2）是否有明显的整体—部分关系。检查“部分对象是整体对象的一部分”或“整体对象包括部分对象”在语义上是否成立，如不成立，则应该使用关联关系来替代整体—部分关系。例如，学生和课程之间，“课程是学生的一部分”或“学生包含课程”在语义上都不成立，因此，学生和课程间的关系是关联关系，而不是整体—部分关系。

（3）部分对象是否太简单。如果部分对象的数量明确，且只有少数简单类型的属性，则应当将部分对象合并到整体对象中，取消部分对象类。例如，学籍信息作为学生信息的部分对象，如果只有一个“学籍状态”属性，则可合并到学生信息中，在学生信息中增加一个学籍状态信息，取消学籍信息对象类。

3. 进一步分析复杂的对象类

如果某些对象类含有大量复杂的属性和服务，则应该进一步分析其组成形式，考虑能否分离出部分对象来建立整体—部分关系，以简化复杂对象类的定义。例如，“学生信息”对象类中包含了“家庭信息”、“奖励信息”、“惩处信息”等复杂类型的属性，可以将这些属性从“学生信息”类中分离出来，建立如图 6-26 所示的整体—部分关系。

4. 分析整体—部分关系是聚合还是组成

如果没有整体对象，部分对象就不存在，则应该是组成关系，否则应建立聚合关系。例如，如图 6-26 所示，如果某个学生的学生信息不存在，则其家庭信息也没有了存在的价值，则“学生信息”和“家庭信息”类之间应该是组成关系。而“学院”和“教师”之间，即使取消了某个学院，学院的教师也可能存在，则“学院”和“教师”类间应该是聚合关系。由于组成关系中整体对象和部分对象关系的联系更紧密，对象便于管理，所以只要是明确的组成关系，则不要用聚合替代。如果不明确是组成还是聚合，为了保证系统灵活性，应该使用联系更松散的聚合关系。

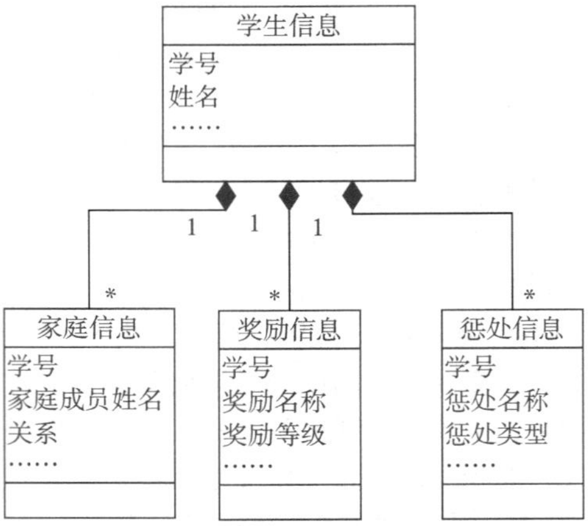

图 6-26　复杂对象类分解成整体—部分结构示例

5. 调整对象层和特征层

识别和定义整体—部分关系可能会发现一些新的对象类，或者可能从整体对象类中分离出一些部分对象类，应把这些新产生的类加入类图。另外，为了建立整体对象和部分对象间的联系，在整体对象或部分对象中要增加一个属性来表明它的部分对象或所属的整体对象。如图 6-26，在部分对象“奖励信息”中增加了学号属性来表明该“奖励信息”对象属于哪个“学生”对象。

八、系统动态模型的建立

按照系统论的观点，所有的系统均有静态结构和动态行为，动态行为体现了系统为了对外表现出一定的功能，构成系统元素之间的交互过程。因此，为了完整地刻画和描述拟建系统，除了要为其建立静态模型外，还必须为其建立动态模型来描述系统的动态行为。建立系统动态模型的基础是系统的功能视图和静态视图。OOA 阶段建立的各种动态模型，只是从“做什么”的角度描述构成系统的各个元素之间以及元素内部的行为规则和方式，而尽量忽略系统内部如何实现的细节，细节问题应在 OOD 阶段加以解决。其活动主要包括以下四项：

（1）确定并描述角色与系统的交互方式。用例图中的用例只是对系统功能的抽象的静态描述。由于每个用例都是由角色激活的，因此，为了清楚定义系统对外界所呈现出的能力和行为方式，就必须分析角色与系统的交互方式，从而弄清楚完成每个用例功能的业务逻辑，即系统角色和系统要做什么。例如，“复学”是由“学生”角色激活的学籍管理系统的一个用例，可以采用本章介绍的描述用例的方法对该用例进行如图 6-27 所示的描述。对于业务流程和规则复杂的用例，也可采用活动图来更直观地描述角色和用例的交互过程。

（2）确定并描述参与完成用例功能的对象及其交互过程。系统研发的最终目标是实现用例图所定义的功能，而每一项功能都是由对象通过有效交互、相互协作完成的。所谓“交互”，是指一组对象为了实现一些功能而进行的通信和协作。因此，必须分析参与完成每个用例功能的对象及它们之间的协作方式，并采用序列图或协作图建模描述各个对象的行为及其交互方式。通过建模描述，检查利用已确定的对象类及其属性和服务是否能满足所有用例的功能要求，如不满足，则需要补充新类、属性或服务。

```
用例名：学生．复学
用例目标：恢复休学学生的学籍，并将其编入同一专业下一年级的班级中
          学生提出复学申请，指明复学时间；
                    系统查找该生的休学记录；
                    if 找不到 then 提示学生无复学资格；
                    else
                        set 该生学籍状态＝复学；
                        记录复学时间等信息；
                        调整学生班级，将该生编入新班；
                        提示学生复学成功，指明复学班级。
```

图 6-27　角色与系统交互的描述示例

（3）确定并描述对象类的状态及其状态转移。对象的动态行为是受对象的状态制约的。例如，一台出售饮料的自动售货机，这类对象的通常行为是当有人塞进硬币并且按按钮选择一种饮料之后，自动售货机就会弹出那种饮料，如果先按按钮，再塞入硬币，结果却不一样。因此，对于有明确状态且行为方式受状态影响的对象类，应指出其生命周期中的状态及其状态的转移方式，并建立状态图加以描述。

（4）确定并描述对象类服务的执行过程。对象类的服务是对一类对象行为特征的抽象。为了弄清楚对象行为的细节，需要进一步对每个对象类的每项服务进行说明，来具体定义其行为的逻辑方式、过程和结果。描述对象类服务通常可采用活动图或伪码的方式。

九、分析结果的详细说明

不存在一个包罗万象的图能完整地描述需求，因此，需求建模不可能取代文字描述。用文字对分析结果进行详细说明（Specification）是任何一种分析方法都必须具备的，OOA 也不例外，它是按分析方法所要求的格式对分析模型所作的说明和解释。

OOA 结果的详细说明应包括对 OOA 模型从全局到局部所有需要说明的信息。凡是在各种模型中不能详细表达或不易表达的有关消息系统的细节，都应该在详细说明中加以表达。详细说明的组织，可采用从整体到局部的方式，分以下三个层次：

（1）系统总体说明。这是对整个系统作一些必要的说明，例如项目背景、目标、意义和应用范围等。由于很多具体的内容应该在系统的各种文档中给出，所以关于系统总体的详细说明不必重复地叙述这些内容，只需作纲要式的简单介绍。

（2）主题说明。可采用层次图给出系统主题划分的结果，并简要地说明每个主题描述一组什么事物，或解决一个什么问题，而不必涉及主题内各个成分的具体内容。

（3）类描述模板。OOA 中，类是系统的基本构成单位。尽管借助类图能够直观地给出构成系统所有“类”的基本消息，但为了避免模型的过分复杂，类图中并没有说明各个类的详细信息。类描述模板是 OOA 详细说明的最主要、最大量的内容。每个类都应有一个类描述模板，它把这个类内部的所有属性与服务以及这个类与外部的关系都集中在一个描述单位中作详细说明，体现了面向对象方法以对象为中心的系统构造风格。

对一个类的详细说明应包括类的整体说明、类间关系说明、类属性说明和类服务说明四部分内容。具体说明方式可按图 6-28 所示的模板来组织。

类的整体说明：

类名：<类中文名>，<类英文名>；

类注释：<文字描述类的主要作用和对外提供的接口>

永久性：是 | 否

主动性：是 | 否

[状态及其转换：<文字描述类对象的状态，给出其状态转换图的索引号>]

[类间关系说明：]

[一般类类名：<类中文名>，<类英文名>{；<类中文名>，<类英文名>}]

[部分对象类名：<类中文名>，<类英文名>{；<类中文名>，<类英文名>}]

[隶属整体对象类名：<类中文名>，<类英文名>{；<类中文名>，<类英文名>}]

[关联对象类名：<类中文名>，<类英文名>{；<类中文名>，<类英文名>}]

[请求服务的对象类名和服务：(<类中文名>，<类英文名>)/<服务接口>{；(<类中文名>，<类英文名>)/<服务接口>}]

类属性说明：

{属性名和类型：<属性中文名>，<属性英文名>：<类型名>

属性注释：<文字描述属性的主要含义和作用>

[多态性：是 | 否]

[体现关系：<文字描述属性表示的是整体—部分关系还是关联关系>]

[属性特征：[可见性][是否类属性][，取值范围和精度][，初始值][，其他]]}

类服务说明：

{服务标识：<服务名>(<参数表>)：<返回值类型名>；

服务注释：<文字描述服务的作用和内容>

主动性：是 | 否

[多态性：是 | 否]

[服务流程图：<流程图索引号>，<文字说明>]}

注：{} 表示其中的内容可重复；[ ] 表示其中的内容可缺省；< >表示其中文字要被实际内容替换。

图 6-28　类描述模板

第五节　面向对象设计

一、概述

在软件的生命周期中，系统设计是位于分析之后、编程之前的开发活动，其任务是把分析阶段得到的软件需求转换成符合成本和质量要求的软件实现方案，以便为后续的编程工作提供依据和蓝图。尽管分析和设计的定义有明显的区别，但在实际的信息系统开发过程中，两者的界限是模糊的。许多分析的结果可以直接映射成设计结果，而在设计过程中，又往往会加深和补充对系统需求的理解，从而进一步完善分析的结果。因此，分析和设计活动是一个多次反复迭代的过程。在设计过程中，设计人员要进行一系列的设计决策来解决实现系统所采用的软件体系结构、人机交互、数据管理以及系统基本构成单元内部的实现细节等问题。为了得到一个优秀的设计结果，设计人员除了必须遵循必要的设计原则之外，还必须从各种可能的实现方案中经过充分的权衡和比较选择出最佳的方案。设计的最终目标是产生综合描述实现方案的文档，该文档包含若干反映系统静态结构和动态行为的模型以及必要的文字描述。

OOD 是在 OOA 的基础上继续运用 OO 方法解决软件生命周期设计阶段的问题，产生一个满足用户需求，并且依赖一个具体的OOPL可以实现的方案模型。OO方法在概念和表示方法上的一致性，保证了信息系统开发活动之间的平滑过渡，从信息系统的OOA到OOD实际上是一个逐渐扩充模型的过程。也就是说，OOD是针对OOPL、复用支持和硬件性能等实现条件，从“如何实现系统”的角度对OOA的结果进行修改、补充和细化。具体来讲，可以把OOD的内容分为系统设计和对象设计两部分。系统设计主要确定软件体系结构、用户界面和数据管理接口，系统设计的结果最终要通过修改、补充类、类内部特征和类间的关系来体现；对象设计主要确定类内部的属性和服务以及实现服务所采用的算法。

尽管OOD的出现早于OOA，但迄今为止关于OOD的理论和技术却远不如OOA成熟。因此，本书所提出的OOD方法是在研究、比较目前多种OOD方法的基础上，充分借鉴当前主流技术RUP方法，根据笔者多年从事OO方法的教学、科研及工程实践的经验总结提炼而成的。本节主要论述OOD的设计原则和OOD过程。

二、面向对象设计的原则

影响OOD效率和质量的因素很多，但首先必须遵循必要的原则。本书在前面已经讲述了信息系统设计的基本原则，这些原则在进行OOD时仍然成立，但是增加了一些相关的面向对象的新特点，从而具体化为下列OOD的设计原则。

（一）模块化原则

面向对象的软件开发模式通过“对象”很自然地支持了系统模块化的设计原理，其中，对象就是构成系统的基本模块。对象作为模块，与结构化技术中所叙述的“模块”不同，它是把数据和操作数据的方法紧密结合在一起所构成的模块。OO方法所建立的软件是由独立自主和紧密联系的若干对象构成的。对象通过紧密协作来完成系统功能。

（二）抽象原则

从许多事物中舍弃个别的、非本质的特征，提取出共同的、本质性的特征称为抽象。抽象是人类控制复杂性的有效思维武器之一。在软件开发中，抽象原则具有三个方面的意义。第一，软件开发者并不需要了解和描述问题域中的所有事物及其一切特征，只需要认识和描述其中与系统目标和功能有关的事物及其本质特征。第二，不同的软件开发阶段所关注的是系统不同的抽象层次，因此，每个阶段只需注意当前抽象层次所应该注意的问题。例如，OOD所关注的问题是OOA所描述的系统应如何实现。第三，通过舍弃个体事物在细节上的差异，抽取其共同特征而得到有关一组相似事物的抽象概念。例如，OO方法中，类就是这样得到的一种抽象数据类型。

抽象是OO方法中使用最广泛的原则。OO方法不仅支持过程抽象，而且支持数据抽象。所谓过程抽象，是指任何一个完成确定功能的操作序列，其使用者都可以忽略其内部一系列更低级的操作，而把它看做一个单一的整体。通过过程抽象，软件开发者可以把一个复杂的功能分解为一些子功能。这使得开发者可以在不同的抽象层次上考虑问题。尽管过程抽象并不是OO方法的主要抽象形式，但它对于在对象内组织对象的服务是有用的。所谓数据抽象，是根据作用于数据之上的操作来定义数据类型，并限定数据的值只能由这些操作来存取。数据抽象是OO方法的核心原则，它强调了属性和服务结合为一个不可分割的系统单位（即对象）。对象的使用者只需知道它能做什么，而不必知道它如何做。

（三）信息隐蔽原则

在OO方法中，信息隐蔽是通过封装来实现的。封装的信息隐蔽作用反映了事物的相对对立性，隐藏了对象内容的实现细节，只保留了有限的接口与外部发生联系。封装实际上是抽象原则的一种具体应用，它既体现了过程抽象，也体现了数据抽象。

（四）对象的独立性原则

在 OO 方法中，对象是构成系统最基本的模块，因此，在 OOD 中，所追求的主要目标之一就是努力提高对象的相对独立性。衡量对象对立性的两个指标是对象的耦合和内聚。

1. 耦合

OOD 中，耦合是指不同对象间相互联系的紧密程度。如果一类对象过多地依赖其他对象来完成自己的工作，则不仅给理解、测试或修改这个类带来很大困难，而且还大大降低该类的可重用性和可移植性。因此，通常来说，弱耦合是优秀设计的一个重要标准之一。当然，在实际的系统中，对象不可能是完全独立的，当两个对象必须相互联系相互依赖时，应该通过类的接口实现耦合，而不能依赖类的具体实现细节。对象间的耦合可以分为如下四类：

（1）交互耦合。如果对象之间的耦合是通过消息连接来实现的，则这种耦合就是交互耦合。为使交互耦合尽可能松散，在设计时应主要遵循两个原则：第一，尽量降低消息连接的复杂程度，包括尽量减少消息中的参数个数和参数的复杂程度；第二，尽量减少对象发送或接收的消息数。

（2）继承耦合。如果不同的对象间存在继承关系，则这种耦合就是继承耦合。由于通过继承关系结合起来的一般类和特殊类实际上构成了系统中粒度更大的模块，因此，与交互耦合相反，它们之间结合的越紧密越好，即应该提高继承耦合程度。为获得紧密的继承耦合，在设计过程中，应该使特殊类尽可能多地继承并使用一般类所拥有的属性和服务。如果一个特殊类摒弃了其一般类的许多属性，则建议取消这种松散的继承耦合关系。

（3）组合耦合。如果不同对象间存在整体—部分关系，则这种耦合就是组合耦合。同继承耦合一样，整体类和部分类之间结合得越紧密越好。因此，为获得紧密的组合耦合，在设计过程中应该尽可能使用组成关系，而尽量少用聚合关系。

（4）关联耦合。如果不同对象间存在关联关系，则这种耦合就是关联耦合。为了使关联耦合尽可能松散，在设计时主要应遵循两个原则：第一，将复杂的关联关系（例如多元关联和关联类）通过增加新类的方法转化成普通的二元关联关系；第二，将多对多的关联转换成一对多的关联。

2. 内聚

OOD 中，内聚是指一个对象内部各个成分（包括属性和服务）结合的紧密程度。对象的内聚程度越高，说明对象的独立性越高，对象就更便于维护和重用。另外，对象的高内聚往往意味着对象的低耦合。因此，尽管耦合和内聚是衡量对象独立性的两个指标，但实践表明，在设计时应该更多地把注意力集中到提高对象的内聚上。OO 方法中的内聚可以分为如下两种：

（1）服务内聚。一个服务应该完成一个且仅完成一个功能，对于完成多个功能的服务可以按功能进一步分解成多个服务，从而保证一个服务完成一个定义明确的功能。

（2）类内聚。设计类的原则是，一个类应该与一类事物对应，其属性和服务应该全都是对应事物的静态和动态特征，且都是完成该类对象任务所必需的，不包含无用的属性和服务。如果某个类过于复杂或对应多个事物，通常应把它进一步分解成多个类。

（五）可重用原则

软件重用是提高软件开发生产率和质量的重要途径。软件重用主要从设计阶段开始。目前，大部分的 OOPL 都提供一个类库，再加上开发者原有的相似系统的类库支持，在设计时，可采取以下策略来实现对上述类库中的类的重用：

（1）直接重用。如果能够从已有类库中直接找到完全符合实现系统要求的类，则可直接在系统中使用。显然，直接重用的类越多，系统开发的效率和质量就越高。但是，由于信息系统所涉及的领域众多，如果没有以往相似系统开发的积累，可直接重用的类不会太多，也就是说大部分类需要开发者自己创建。

（2）间接重用。如果能够从已有类库中找到符合实现系统要求的相似的类，则需要对该类进行改造后使用。这种情况通常是可重用类包含了多余的属性和服务，这时需要删除多余的属性和服务，并且需要对代码进行相应的维护。

（3）通过继承重用。如果已有类库中的某个类给出的属性和服务都是拟建系统的某个类所必需的，但是并不完整，则可以通过继承来实现重用。通过继承实现重用的关键问题是找到合理的一般类。

（4）通过组合重用。如果已有类库中的某些类是实现系统所需类的组成成分，则可通过整体—部分关系来实现对已有类的重用。通过整体—部分关系实现重用的关键问题是找到合理的部分类。

可以看出，要获得更多的可重用的类，需要一个长期的积累过程。因此，在确实需要创建新类时，要遵循消息隐蔽和独立性原则，以提高新类的可重用性。

三、面向对象设计过程与方法

尽管 OOA 和 OOD 之间并没有明确的界限，但 OOD 必须基于 OOA 的结果。OOA 没有考虑具体实现的环境约束，因此在开始 OOD 之前，设计者首先要了解拟建系统的硬件环境、软件开发环境和工具、可用的类库以及程序员的编程经验等。为了顺利完成 OOD 的任务，除了必须遵循上述的 OOD 设计原则之外，还必须建立一个完善的过程。从宏观上看，OOD 的过程主要包括问题域进一步设计、人机交互设计、数据管理设计、任务管理设计四大活动，这四大活动和其中包含的较小的活动都没有强制性的次序要求，开发者可以按照自己习惯的或所在机构规定的顺序进行。

（一）问题域进一步设计

通过 OOA 所得到的对问题域的描述离实现的要求还有很大的距离，还有很多关于“如何实现”的问题没有解决。因此，OOD 必须从实现的角度，对 OOA 所建立的问题域模型作一些修改和补充，主要是增添、合并或分解类与对象、属性及其服务，调整类和对象的关系等。问题域的进一步设计包括以下三项活动：

1. 需求的调整与确认

设计开始前，OOA 结果仍可能存在缺陷，用户需求仍可能发生变化，因此需要对 OOA 进行调整。需求变化所引起的修改由分析人员单独完成；设计人员对 OOA 模型的异议由分析人员和设计人员共同解决。修改的最终结果要经过有关人员（包括用户和开发商的项目组成员）的共同确认，确认后的 OOA 模型可以正式作为设计的输入。

2. 对 OOA 模型的调整

OOA 所建立的模型主要侧重于直接映射问题域的本来面目，与具体的实现环境无关。因此，OOA 模型并没有反映如何实现系统的种种细节。OOD 要在 OOA 的基础上，结合具体的实现环境和使用的工具，重点考虑如何构建系统，以指导程序员直接进行编程。由于 OOA 和 OOD 采用的概念和模型是一致的，因此，OOD 只需从如何实现系统的角度出发，从以下几个方面对 OOA 模型进行必要的调整和补充即可：

（1）针对具体的 OOPL 的调整。当选定的 OOPL 不支持 OOA 模型中所用到的某些概念时，就要对 OOA 进行调整。这种调整主要包括三个方面。第一，当 OOPL 不支持多继承时，需要把多继承结构转化为单继承或无继承。第二，当 OOPL 不支持多态时，往往需要通过重新分类和把一般类的某些属性和方法下降到特殊类来取消多态。第三，当 OOPL 不支持复杂关联（包括关联类和多元关联）时，需要把复杂关联调整为普通的二元关联。

（2）增加一般类以提供共同协议。设计人员在设计过程中常常发现，一些具体类需要一些公共的协议，也就是说，它们都需要定义一组类似的服务或属性。例如，对象的创建、删除、复制、转存等是所有对象的公共行为。各种 OOPL 往往都提供了基础类库来统一解决这一问题，例如在 Object Pascal 语言中提供了“TObject”类，该类封装了所有对象所共同拥有的基本行为。如果 OOPL 没有预定义这样的类，则设计人员应该增加这样的类。有时，为了解决一组类（并非全部）所拥有的公共协议，也可以提供增加一般类的方法来封装这些公共协议。例如，凡是需要永久保存对象信息的类，都需要某些共同的属性和服务。

（3）重用已有类。通过重用已有类，可以显著提高软件设计的效率和质量。具体的重用原则在 OOD 原则中已经讲过，在此不再赘述。

（4）为实现永久对象所作的调整。有些类的对象实例需要被永久存储。由于面向对象的数据库技术还不成熟，因此，目前主要选用文件系统或关系数据库来实现永久对象的存储，这往往需要修改模型中的永久对象类。例如，因数据规范化而引起了类的属性的变化，增加比原有的属性更适合作关键字的属性，为实现对象的存储和恢复操作而增加属性和服务。

（5）完善对象内部细节。OOA 阶段忽略了对与实现有关的对象内部细节的认识和描述，而在 OOD 阶段，为了给出一个完全可实现的 OOD 模型，必须对这些内容加以弥补和完善。对于问题域部分的设计而言，完善对象内部细节的定义主要包括三个方面的工作。第一，从问题域本身和系统功能出发，检查 OOA 模型中的每个对象类的内部定义是否完整，增加缺少的以及完善描述不完整的属性和服务。第二，解决 OOA 阶段推迟考虑的问题，主要包括增加因封装原则而设立的服务，设计和增加表示关联的、表示整体—部分关系的属性，设计并描述实现对象服务的算法等。第三，设计实现服务的数据结构和算法。

（6）定义实现系统应创建的对象实例。从问题域角度出发，一个类的所有对象实例都对应问题域中的一个实际事物。从解空间来看，管理对象实例的方法有两种。一是在内存中直接定义或创建对象实例，这时，要给出对象的名称、采用的数据结构（例如数组等）和必要的文字描述。二是在文件或数据库中存储一个类的所有对象（永久对象），在系统需要处理一个对象时，才把它装入内存，这样，必须给出保存这些对象实例的文件名或数据库的相关表的表名等信息。上述与定义对象有关的信息，都要在类描述模板中加以说明。

（7）提高性能。对某些性能要求较高的系统，性能问题是 OOD 阶段所必须考虑的。影响系统性能的因素包括硬件的性能和配置及其软件的结构和算法。在此主要考虑的是软件的性能提高问题。通常可以采取六个方面的措施：第一，调整对象分布来减少不同处理机之间的数据传输量或缩短数据传输路径；第二，通过缓冲区技术或其他内外存交换技术缩短对象的存取时间；第三，合并消息频繁的类来减少服务请求所花费的时间；第四，增加属性来记录复杂计算的中间结果以减少重复计算；第五，对于使用频繁或时空开销较大对象的服务算法，通过降低算法的时间或空间复杂性来提高软件性能；第六，通过进一步分类或整体—部分结构来降低复杂对象的复杂性，以降低对象服务的复杂性，提高其执行效率。

（8）修改或补充 OOA 其他模型。OOD 除了对 OOA 所建立的类图进行调整之外，也需要对用例图、主题图、系统动态模型图和详细说明进行相应的调整，以形成完整、一致的文档。

3. 建立 OOD 与 OOA 的映射关系

OOD 的问题域设计部分所产生的某些类是从 OOA 有关模型演化而来的。把两者之间的演化结果记录下来，对于完成编程、测试及其维护工作是十分宝贵的材料。在问题域进一步设计完成后，应建立一个如表 6-1 所示的描述从 OOA 到 OOD 的类的映射表。表的左栏指出类的映射方式，中间两栏按字母序填写 OOA 到 OOD 映射的每个类的类名，“说明”栏填写完成映射的原因。

表 6-1　OOA 类与 OOD 类的映射表

映射方式	OOA 类	OOD 类	说　明
内部属性或服务调整			
一个类映射成多个类			
多个类映射成一个类			
一组类映射成一组类			
OOD 中增加的新类			

（二）人机交互设计

在 OOA 中，通过用例模型已建立了系统外部角色与系统的交互内容和基本过程，即对人机交互进行了初步的分析，基本上确定了角色与系统的交互及系统反馈的信息。OOD 的人机交互设计部分的任务就是在此基础上进一步分析用户，确定交互的细节，确定窗口、报表和命令等构成用户界面的相关类和对象。由于用户是直接通过用户界面来操作和使用系统的，所以人机交互设计的结果直接影响用户对一个信息系统的满意度。

用户界面的设计不单单是软件问题，还涉及美学、心理学等其他学科的知识，本小节主要从软件角度来探讨采用 OO 方法设计用户界面的策略和方法。有关人机界面开发的专业知识，读者可参阅其他文献。

1. 人机交互设计策略

由于对人机界面的评价在很大程度上是由人的主观因素决定的，因此，使用界面设计支持系统、采用原型化的设计策略，是成功设计人机界面的关键。目前，被广泛应用的图形用户界面（Graphics User Interface，GUI）设计支持系统主要是与编程语言合为一体的可视化编程环境，例如 Visual C++、Delphi 等。可视化编程环境提供了大量人机交互的类，在很多情况下可以直接重用，可显著提高人机界面的设计效率。原型化的设计策略是指在充分分析用户对界面需求的基础上，采用界面设计系统，尽快构建用户界面原型供用户使用和评价，并按用户意见反复修改，直到用户满意为止。

2. 人机交互设计过程

人机交互设计要解决的核心问题是“人如何操作和使用系统”以及“系统如何向人提供信息”。为此，人机交互的设计必须完成以下任务：

（1）分析和描述用户。人机交互界面是用户使用的，因此，人机交互界面设计的根本目标是让用户满意。为此，设计者必须认真研究和分析系统用户，并把获得的有关信息记录下来。OOA 阶段得到的用例模型是分析和描述用户的基础，研究和分析的内容主要包括了解用例模型中所定义的各种角色的所有用户的基本情况（包括用户名、年龄、职务、受教育程度和爱好等）、计算机方面的知识背景、业务内容和习惯、对人机交互的主观需求，并对用户按表 6-2 进行分类统计。这对选择人机界面的风格、命令组织形式和输出形式都会产生重要的影响。

表 6-2　用户信息分类统计表

角色名	用户基本信息	计算机知识背景	业务内容和习惯	主观需求
分类统计信息				
按计算机操作技能：新手：　%；初级：　%；中级：　%；高级：　%。				
按受教育程度：高等教育：　%；其他：　%。				
按年龄：50 岁以上：　%；30～49 岁：　%；30 岁以下：　%。				

（2）分析和描述人机交互的内容和过程。人机交互包括两个方面的内容：一是人向系统下达的命令、命令参数和输入的其他数据；二是系统给人提供的输出信息。这两方面的内容是由系统功能需求所决定的，与人的主观意识没有关系。但具体交互的方式和过程可以根据人的主观因素作不同的决策。例如编辑一张数据表的内容即可以采用多记录方式（一次显示多条记录）或单记录方式（一次只显示一条记录）。在 OOA 阶段，通过用例模型，已基本明确了人机交互的内容。因此，OOD 阶段主要确定交互的方式和过程的细节，即要确定每一步交互过程的每一次输入和输出方式，并将得到的结果补充到用例模型对每个用例的描述中。其中的主要工作是确定输入/输出的步骤，选择输入/输出设备，选择输入/输出信息的类型、取值范围及其表现形式等。

（3）输入和输出的组织。在一个交互式的人机界面中，与用户关系最为紧密的就是输入和输出。即使对一个相对简单的有价值的信息系统而言，系统也会拥有大量的输入和输出。如何组织这些输入/输出信息，以使用户操作更方便、更有效，是构成优秀人机界面的关键问题之一。组织输入和输出信息的总体策略是采用层次化结构。输入可以分为命令和数据两类。其中，命令的组织首先以启动每个用例的命令作为基本命令；在它之下的层次是相应的用例所包含的交互过程的每个命令步，各命令步之间的结构取决于执行基本命令的系统成分自身的逻辑结构；在它之上的层次是按照功能的相似性或系统主题将基本命令进行组合而形成的高层命令。对于输入数据的组织则相对简单，但要注意采用启发性、容错性和减少重复输入的原则，来提高输入数据的速度和准确率。输出可以分为提示信息、计算结果和系统反馈信息三种。在一个人机交互界面启动之后，输出信息总是伴随着命令的执行而产生，所以不必另行组织输出信息的总体结构，只需采用与命令结构相同的框架。输入/输出组织的确定要尽可能符合用户的习惯和形成一套固定的风格。目前，Windows 已成为 GUI 事实上的工业标准，因此，输入/输出的组织形式应保持与普通 Windows 程序界面相一致。

（4）设计人机交互类。以选定的界面支持系统为设计背景，选择实现人机交互所需的界面构件，并用 OO 概念和表示法表示这些构件及它们之间的关系，形成 OOD 模型的人机交互类的设计结果。可视化编程环境的出现大大简化了人机交互类的设计，通常情况下，在可视化编程环境所提供的类库中能找到所需要的绝大部分界面构件，并可直接复用。即使找不到符合要求的界面构件，也可以从已有的类来派生，一般不需要从零开始设计。

（三）数据管理设计

数据管理的任务是在某种数据管理系统（例如文件系统或数据库管理系统）的支持下完成

对永久对象的存储、检索和恢复功能。从理论上讲，如果 OOPL 能支持永久对象的表示和存储管理，或者是采用面向对象的数据库管理系统（OODBMS），则对象的永久存储问题并不需要专门的设计就能解决。但是，由于目前支持永久对象的 OOPL 或 OODBMS 在技术上尚不成熟，再加上实际信息系统的开发所必须考虑的易用性、性价比等因素，目前，信息系统的开发应更适于选择关系数据库管理系统（RDBMS）或文件系统来管理永久对象。因此，OOD 数据管理部分设计要解决的问题可以归结为：在选定的 OOPL 和数据管理系统不能直接支持永久对象存储的情况下，针对选用的数据管理系统的特点，设计一些专门处理对象的永久存储问题的类，实现应用系统和数据管理系统的接口。由于 RDBMS 是目前使用最为广泛的数据管理系统，因此，本小节主要讨论针对 RDBMS 的数据管理设计策略和方法。对于针对文件系统的设计，读者可参阅其他文献。

1. 针对 RDBMS 的数据管理设计策略

针对 RDBMS 的数据管理的设计主要解决两个问题：一是如何将永久对象的属性值（状态信息）存储到关系数据库；二是如何从关系数据库中检索并恢复系统所需对象。设计策略如图 6-29 所示。其中，借助于某种 RDBMS，用相对独立和完整的数据管理模块将对象和关系数据库联系起来完成存储和恢复永久对象的功能。这种策略隔离了不同的 RDBMS 对应用系统的全面影响，即当 RDBMS 发生变化时，只需要对数据管理部分作相应改变，应用系统的其他部分则保持相对不变。

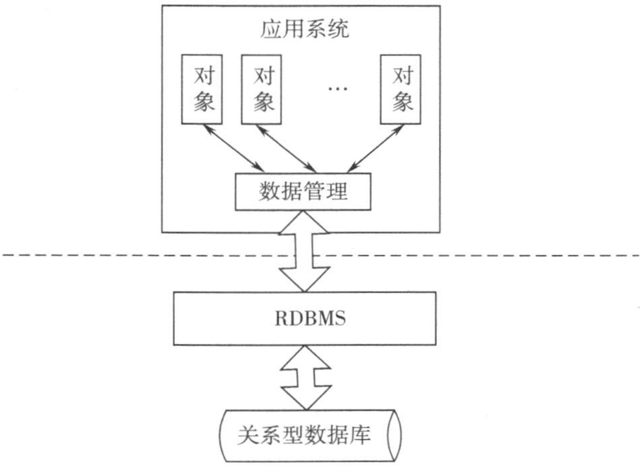

图 6-29　针对 RDBMS 的数据管理部分设计策略

2. 针对 RDBMS 的数据管理设计方法

RDBMS 是非 OO 的，而且是基于严格的关系理论的，对存入的数据在格式上有着严格的要求，而 OO 中对象属性的数据格式几乎没有限制，因此要在永久对象实例和数据表之间建立良好的对应关系。在设计过程中，必须采取科学的方法解决“对象在数据库中的存储”以及“数据管理类的设计”两个方面的问题。这两个问题的解决是相辅相成的，其中，对象在数据库中的存储方法直接会影响数据管理类的设计。

为了简化数据管理类的设计，在数据库中存储永久对象的基本策略是：把每个类的所有永久对象实例的所有属性值存放在一个数据表中，且每个对象实例对应数据库中的一条记录，对象的每个属性对应数据表的一个字段。为此，要进行以下两方面的设计工作：

（1）对象的规范化。关系数据库必须满足一定的规范化目标，其规范化程度的高低是由范式来衡量的。在实际的信息系统开发时，一般达到第三范式（3NF）就可以了。为了实现数据库规范化的目标，需要从三个方面对对象进行规范：第一，对于不符合 1NF 要求的对象，需要对其非原子型属性进行分解来满足 1NF 的要求；第二，对于达不到更高规范化目标要求的类对象实例，需要将对应“类”进一步分解成多个类来实现规范化目标；第三，通过引入编号等方法，为要存储的对象实例所对应的“类”确定关键字；第四，按照规范化的结果修改类图。

（2）数据库逻辑设计。经过对象的规范化，得到了一个符合数据库设计要求的类图。为了存储其中的永久对象，要按照类图对存储对象的数据库进行逻辑设计，建立数据库的 E-R 图。

设计中主要考虑如何处理类间的联系。对于具有继承关系的类，子类所对应的数据表除了要包含自身的属性外，还必须包含其所有父类的属性或与父类建立一对一联系。对于具有关联关系的类，要根据关联的多重性要求，在各个类所对应的数据表间通过外键建立一对一或一对多联系。对于具有组合关系的类，如果是组成关系，则合并整体和部分对象的所有属性建立一张数据表；如果是聚合关系，则按照关联关系来处理。

在采用 RDBMS 的情况下，数据管理中经常执行的操作是对象存储和对象恢复。可以将这些操作分散到各个永久对象所对应的类中分别加以设计。但这会使按问题域设计的类与具体的 RDBMS 紧密关联在一起，影响类的可重用性。所以，一般把对永久对象的操作集中到专门的一个类中，由它为永久对象提供相应的服务。这个类被称为"数据管理类"或对象存储器。对于该类的设计，有以下两种方法：

（1）针对每个永久对象类分别设计"对象保存"和"对象恢复"服务。这样，每个服务只负责一类对象的保存和恢复。为此，服务接口参数应包括内存中的对象变量、存储对象属性的表名和对象的关键字。利用 RDBMS 提供的 SQL 很容易实现上述服务。该方法的优点是设计和实现都非常容易，但缺点是服务个数多，消息协议不统一。

（2）在数据管理类中只设计一个"对象保存"服务和一个"对象恢复"服务，供所有永久对象类使用。为此，服务接口应包括类名、内存对象变量、存储对象的数据表名和对象的关键字。由于各个永久对象的数据类型、关键字都不相同，所使用的 SQL 语句也不相同，所以，该方法尽管克服了第一种方法的缺点，但实现起来有一定的困难。通常，可以借助 OOPL 的参数化数据类型和预先编写 SQL 语句的方法来克服实现困难。

（四）任务管理设计

在计算机硬件性能和网络高速发展的今天，大量信息系统都需要设计成并发系统。并发系统的设计过程中，必须根据信息系统所采用的体系结构和系统分布方案等设计约束，确定并在 OOD 模型中描述各个并发执行的任务、任务的驱动方式等问题。这就是任务管理设计要完成的核心任务。

从 OO 概念上说，不同对象都可以并发工作。但在实际系统中，许多对象之间存在行为依赖关系，只有两个对象彼此之间不存在交互（相互发送消息），或者同时接受事件，它们在本质上才是并发的。反过来说，可以通过分析对象间的交互，将若干非并发的对象合并到一条控制流（Control Flow）中。所谓控制流，是指一个在处理机上顺序执行的动作序列，该动作序列完成一个特定的任务。每个控制流的执行都必须从一个对象的一个服务开始，这样的对象和服务分别称为主动对象和主动服务。顺序系统只有一条控制流，而并发系统拥有多条控制流。因此，OOD 的任务管理设计就是要识别并描述整体系统的主动对象、主动服务以及每条控制流的执行方式和过程。具体来说，要进行以下活动：

1. 分析系统并发性，确定并发任务

分析系统并发性必须在选定软件体系结构和系统分布方案的基础上进行。在系统分布方案确定后，分布在不同节点上的程序自然是并发的。除此之外，可以从以下几个方面来确定系统的并发任务：

（1）系统固有的并发要求。从 OOA 所建立的用例模型和动态模型出发，一是检查用例图中描述的每项功能，如果该功能与其他功能可同时进行处理，或不用系统提示随时可以执行，或是对系统发生的异常事件进行的处理，则该功能就对应一个并发任务；二是检查对象的状态图、协作图等动态模型，把若干非并发的对象合并到一个并发任务中。

（2）为改善性能而增加并发任务。为了改善系统性能，分离出高优先级任务、低优先级任务和关键任务作为并发任务。高优先级任务要求在限定的时间内完成，如果和其他任务顺序执行，时间上难以保证；低优先级任务在执行时间上要求很低，如果和实时性要求较高的任务顺序执行，会在系统繁忙时占据宝贵的系统资源；关键任务是在系统遇到紧急事件时，要求快速完成的一些至关重要的紧急处理，它的执行不允许任何其他任务的干扰。

（3）协调并发任务的任务。当系统存在三个以上并发任务时，需要设计协调和管理（包括创建、启动、初始化、资源分配、撤销等）这些并发任务的任务。这虽然会增加系统的总开销，但却有助于把不同任务之间的协调控制封装起来。

2. 确定完成并发任务的控制流

确定每个并发任务由哪些对象如何交互来完成，补充完善 OOA 阶段所建立的对象状态图、协作图和序列图等动态模型。将每个控制流开始执行的源头所对应的对象标注成主动对象，对应的服务标注成主动服务。

第六节　面向对象分析与设计案例

本节的主要内容是通过“高校学籍管理系统”的实际开发，来具体说明和体现 OOA&D 的过程、方法和 UML 建模的应用。由于篇幅所限，不可能给出该系统的全部分析和设计的结果，只能通过局部问题的分析和设计给读者以启发。

一、领域分析，确定系统的目标和范围

（一）开发背景

学籍管理是高校教务管理的重要工作之一，主要完成新生的建班、分班、学籍注册、学生的日常管理以及毕业管理等具体任务，工作任务繁重。因此，如何利用校园网资源，开发高校学籍管理系统成为一项非常迫切的任务。办公自动化就是采用 Internet/Intranet 技术，基于工作流的概念，使内部人员方便、快捷地共享信息，高效地协同工作。

（二）目的和意义

随着高校招生规模的不断扩大，当今高校的学生管理变得越来越复杂，工作量越来越大。如果仍使用手工操作或使用一般的通用办公软件，既浪费了人力，又浪费了物力，效率无法提高且非常容易出现错误。为了提高效率、节省人力，加快高校的信息化发展速度，需要开发学籍管理系统软件，以达到协同、高效办公的目的。

（三）范围

学籍管理系统主要为教务处学籍管理员、各学院学籍管理员和学生提供必要的服务，使得学籍管理员能够管理班级和学生信息，统计学生成绩，记录对学生的各种奖励和处罚，及时进行学籍异动，根据学生的成绩和平时表现进行毕业资格的审核等；学生可借助该系统查询自己的基本信息、奖惩信息、学籍异动信息，完成注册，提出休学和复学申请等。

二、需求获取，建立系统的功能视图

（一）识别和定义系统角色

通过对系统范围的分析可知，教务处学籍管理员、各学院学籍管理员和学生是系统的角色。学籍管理系统作为一个多用户的网络数据库应用系统，必须设立系统管理员角色来负责日常的数据维护和用户管理工作。“学籍管理系统”是“教务综合管理系统”的子系统，它与“招生系统”和“成绩管理系统”有密切的联系，需要从“招生系统”导入新生数据，借助“成绩管理系统”进行学生成绩统计，为学籍异动和毕业管理提供依据。因此，学籍管理系统包括教务

处学籍管理员、各学院学籍管理员、学生、系统管理员、招生系统和成绩管理系统六种系统角色。

（二）分析角色和系统的交互过程，识别系统用例

在充分调研的基础上，对上述六种角色使用系统的目的和方式，以及它们与系统的交互过程进行认真分析，以发现各个角色在系统中所起到的作用及其借助系统要完成的功能。其中，“招生系统”和“成绩管理系统”只作为系统数据的来源。其他四种角色借助系统所完成的功能概括如下，其中一个功能至少对应一个系统用例。

（1）教务处学籍管理员。教务处学籍管理员负责全校班级和学生的日常管理工作，主要是班级管理、学生管理和毕业管理。班级管理包括新生建班和班级信息维护；学生管理包括导入新生数据、新生分班、学生奖励、学生惩处、学生成绩统计和学籍异动管理；毕业管理包括学历审核和学位审核。

（2）各学院学籍管理员。各学院学籍管理员负责协助教务处学籍管理员完成日常管理工作。他们只能管理隶属本学院的班级和学生，而且只能进行学生基本信息维护、奖惩登记和成绩统计工作。

（3）学生。学生通过系统可查询自己的基本信息、奖惩信息和学籍异动信息，进行注册，以及提出休学和复学申请。

（4）系统管理员。系统管理员主要负责系统用户管理和数据管理。用户管理主要包括增加和删除用户，数据管理包括数据的备份和恢复。

（三）划分系统主题

经过上述分析，从功能的角度，可以将整个系统划分成班级管理、学生管理、毕业管理、系统管理和学生服务五个主题。如图6-30所示，学生服务主题依赖学生管理主题，学生管理主题依赖班级管理主题，毕业管理主题依赖学生管理主题。

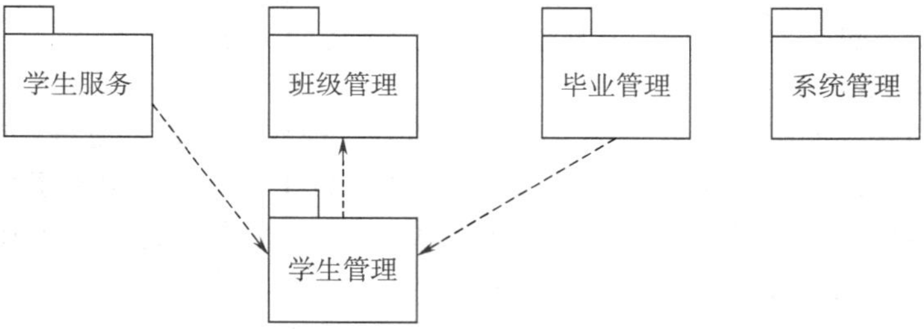

图6-30　学籍管理系统主题图

（四）建立系统的用例图

系统角色和系统主题的关系如图6-31所示。可以把五个主题看做五个子系统，每个主题内包含了多个用例。

1. 学生管理主题

经过与教务处学籍管理员的反复交流，分析其与系统的交互过程，发现学生管理主题包括新生数据导入、新生分班、学生信息维护、学生奖励、学生惩处、学生成绩统计和学籍异动等用例。其中，学籍异动可以扩展成留级处理、休学处理、复学处理、调整班级和取消学籍用例。各学院学籍管理员只能拥有学生奖励、学生惩处、学生信息维护和学生成绩统计的权限。学生管理主题的用例图如图6-32所示。

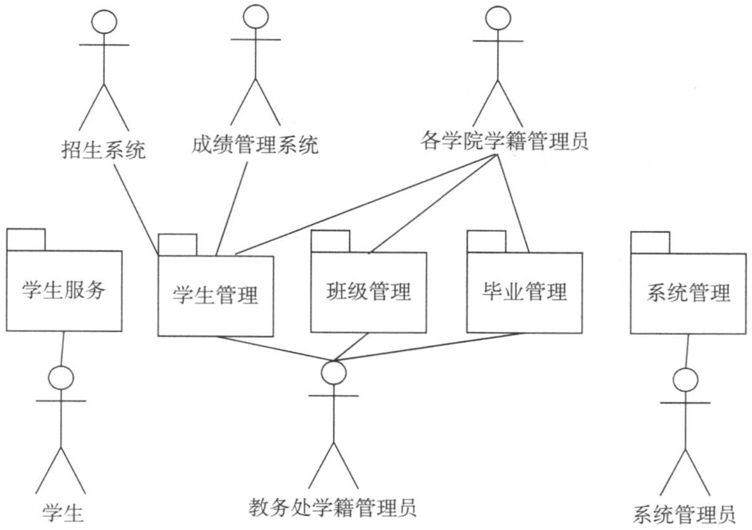

图 6-31　学籍管理系统角色和主题的关系

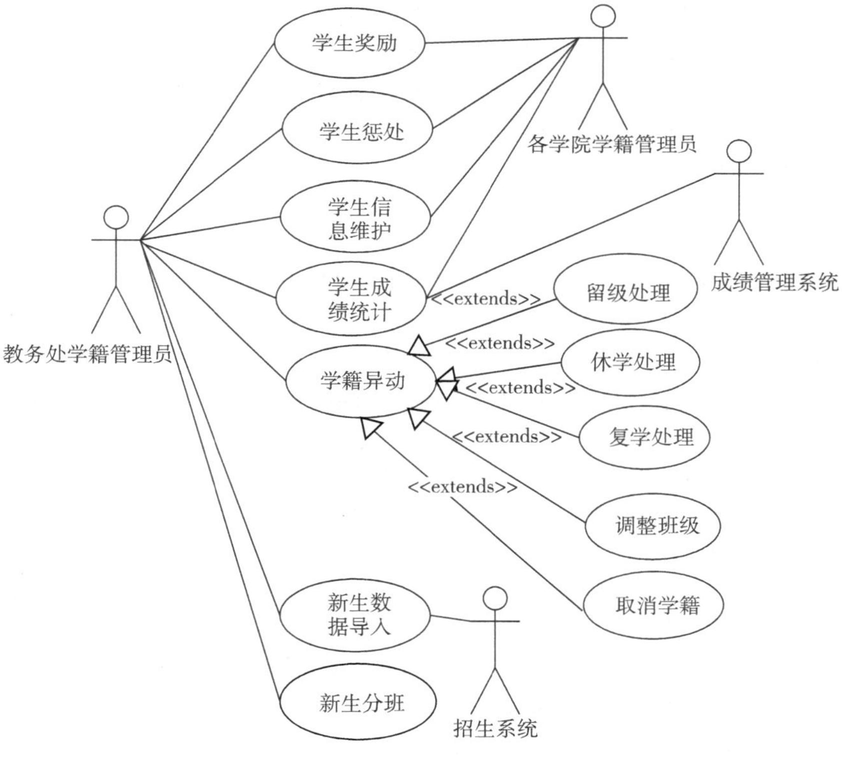

图 6-32　学生管理主题的用例图

2. 其他主题

同样，也可以确定班级管理主题包含新生建班和班级信息维护两个用例。学生服务主题包括学生信息查询、学生注册、休学申请和复学申请四个用例。毕业管理主题包括学历审核和学位审核两个用例。系统管理主题包括系统用户管理和系统数据管理两个用例。系统数据管理可扩展成数据备份和数据恢复两个用例。读者可仿照图6-32画出其他主题的用例图。

（五）描述用例图的每个用例

从“做什么”的角度，仔细分析执行用例图中的每个用例，分析系统角色与系统交互的详细过程，采用本章所述的规范化描述方法或活动图描述角色和系统的交互过程。图6-33所示是采用规范化描述方法对新生分班用例进行的描述，读者可仿照图6-33来进行其他用例的描述。

用例名：教务处学籍管理员．新生分班

用例目标：分专业按一定的分班原则（包括人数平均、性别平衡、地域平衡、成绩平衡）将学生插入到相应专业班级中，并按姓名拼音顺序为学生编制学号（班级号+两位流水码）

输入分班原则及其优先级

按分班原则将每个学生插入一个班级

将每个班级按学生姓名拼音进行排序

为每个学生编制学号

按班级向屏幕输出班级学生名单

手动调整分班结果

存储分班结果

图6-33　新生分班用例描述

三、发现对象和类，建立系统静态模型视图

通过建立用例图，形成了对学籍管理系统功能性需求清晰、准确的定义和描述。这是进一步建立系统静态模型视图不可或缺的基础。OOA和OOD阶段采用统一的模型（类图结合对象图）来体现系统的静态结构，但两者的分工不同，OOA阶段侧重于发现问题域的对象和类，而OOD阶段主要考虑与实现有关的对象和类。

（一）OOA阶段

OOA阶段类图的建立包括三项相互联系的活动，在实际系统建模过程中很难区分三项活动的次序。三项活动都要在准确认识问题域和系统功能的基础上，正确运用“抽象”和“先松后紧”的原则。

1. 发现对象和类

反复阅读相关文档，筛选出属于系统范围内的名词或名词短语，建立初步的候选对象空间；然后仔细分析问题域和系统功能，对候选对象空间进行必要的补充和筛选，完成从事物到对象的抽象；最后再将对象抽象成类。对于学籍管理系统，借助上述方法，可以发现以下对象类：

（1）学生。学生是系统管理的主要对象。不仅要记录其各种信息，还要模拟其信息查询、注册、休学和复学申请等行为。

（2）班级。班级是学生所在的组织单位，是系统管理的主要对象。班级和学生之间具有密切的联系，一个班级可包含多个学生，一个学生只可属于一个班级。

（3）学生统计成绩。这个对象主要记录按学年学期统计的实得学分、应得学分、成绩绩点、不及格门数等数据。该对象从表面上看应该是学生对象的一个属性，但考虑作为一个属性过于复杂，难以管理，因此从学生对象中分离出来，作为一个独立的对象类。

（4）学生奖励信息。学生奖励信息主要记录奖励时间、奖励名称、奖励级别和奖励原因等数据。它与学生统计成绩一样，应作为一个单独的对象类。

（5）学生惩处信息。学生惩处信息主要记录惩处时间、惩处原因、惩处结果、撤销时间和撤销原因等数据。它与学生统计成绩一样，应作为一个单独的对象类。

（6）学籍异动信息。学籍异动信息主要记录异动学年学期、异动原因、异动结果等数据。

它与学生统计成绩一样，应作为一个单独的对象类。

（7）学生注册信息。学生注册信息主要记录学年学期、交费数额和注册时间等数据。它与学生统计成绩一样，应作为一个单独的对象类。

（8）毕业生。毕业生是一种特殊的学生，拥有学历和学位等特有属性和登记毕业去向等特有行为，因此要从学生中分离出来作为独立的对象类。

（9）新生。新生是一种特殊的学生，拥有考号、高考成绩等特有属性和新生报到等特有行为，因此也要从学生中分离出来作为独立的对象类。

2. 定义类属性和服务

定义类属性和服务是将与系统功能有关的事物的静态特征抽象成类的属性，将事物的行为抽象成服务的过程。在抽象的过程中，一要遵循事物的特征，二要考虑与系统功能的关系。

（1）学生。其主要属性包括学号、姓名、性别、出生年月、政治面貌、入学时间、学籍状态等，主要服务包括查询信息、学籍注册、休学、复学、获奖、受惩处、取消学籍、调整班级、成绩考核等。

（2）班级。其主要属性包括班级编号、名称、所属专业、创建日期等，主要服务包括创建班级、删除班级等。

（3）学习统计成绩。其主要属性包括学号、学年学期、实得学分、应得学分、成绩绩点、不及格门数等，主要服务包括获得统计成绩、查询统计成绩等。

（4）学生奖励信息。其主要属性包括学号、奖励时间、奖励名称、奖励级别和奖励原因等数据，主要服务包括添加奖励、删除奖励、更改奖励、查询奖励、统计奖励次数等。

（5）学生惩处信息。其主要属性包括学号、惩处时间、惩处原因、惩处结果、撤销时间和撤销原因等，主要服务包括添加惩处、删除惩处、更改惩处、查询惩处、撤销惩处等。

（6）学籍异动信息。其主要属性包括学号、学年学期、异动原因、异动结果等，主要服务包括添加异动、删除异动、更改异动、查询异动等。

（7）学生注册信息。其主要属性包括学号、学年学期、交费数额和注册时间等，主要服务包括添加注册、删除注册、更改注册、查询注册等。

（8）毕业生。除了继承学生的属性和服务之外，毕业生自身的属性包括毕业时间、学历类别（包括毕业、肄业和结业）、是否获得学位和毕业去向（包括未就业、考研和就业）等，自身的服务包括学历审核、学位审核等。

（9）新生。除了继承学生的属性和服务之外，新生自身的属性包括考号、高考成绩、报考志愿、录取专业和毕业院校等，自身的服务包括新生分班、编制学号和新生报到等。

3. 定义对象类间的关系

上述九个对象类中，学生和毕业生之间、学生和新生之间是继承关系；班级和学生之间可以是整体—部分关系，但由于班级学生的数量不定，用关联关系替代更合理；学生和学生统计成绩、学生奖励信息、学生惩处信息、学籍异动信息、学生注册信息之间都是关联关系。

学籍管理系统类图如图6-34所示。为了简化类图，图中并没有完整地描述类的属性和服务。有兴趣的读者可进一步补充和完善。

（二）OOD 阶段

OOD 阶段首先要确定开发系统的软硬件环境和工具，然后针对具体的环境和工具对 OOA 阶段得到的类图从“如何实现”的角度进行完善和补充。在此，本书针对目前广泛流行的 OO 环境和工具进行设计，即采用 RDBMS 来存储永久对象，OOPL 不支持多继承和复杂的关联关系。本书从以下几个方面对 OOA 所建立的学籍管理系统类图进行了补充和调整。

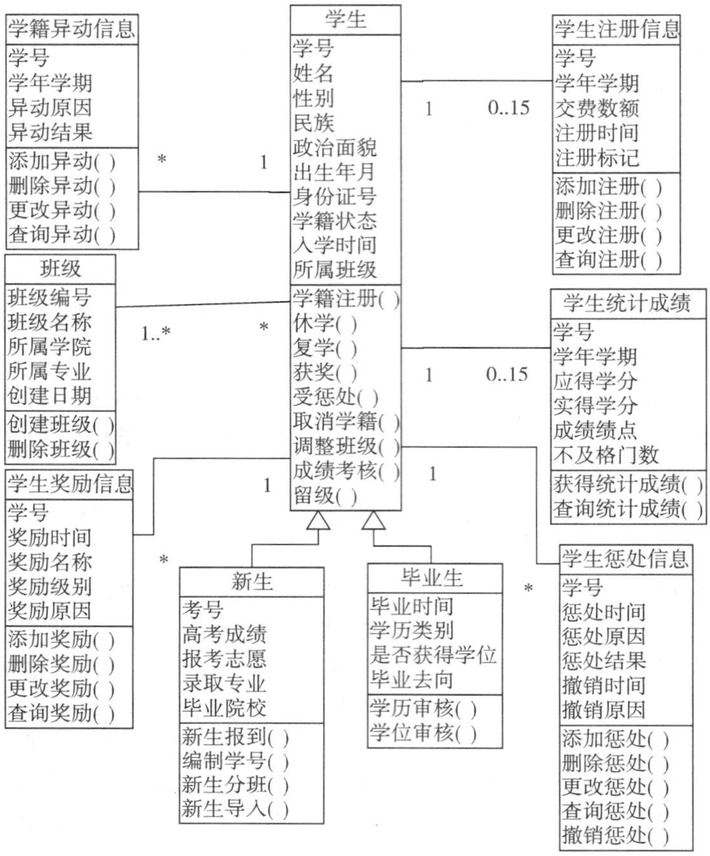

图 6-34　学籍管理系统类图

1. 问题域进一步设计

考虑系统有教务处学籍管理员、各学院学籍管理员、学生和系统管理员四种用户，四种用户拥有的权限和使用系统的方式完全不同，因此，如图 6-35 所示，增加了与用户管理有关的若干类。其中，学生和教务处学籍管理员是一般的系统用户，而系统管理员和各学院学籍管理员是两种特殊的用户。系统管理员可管理系统其他用户，各学院学籍管理员只能管理其学院的班级和学生。

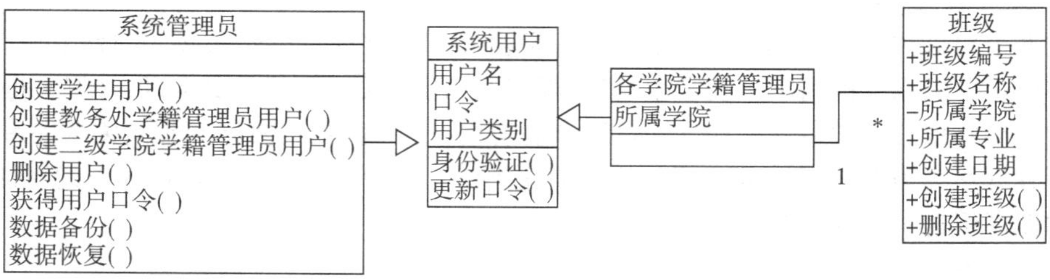

图 6-35　学籍管理系统用户管理类图

2. 按第三范式要求对永久对象类进行数据规范

图 6-34 中的所有对象类都是永久对象，都要存储在某种 RDBMS 中。由于 RDBMS 对数据的

格式要求极其严格，因此必须按一定的范式要求进行规范化处理。

（1）如图6-36所示，增加班级学生对象类，将班级和学生的多对多联系转换成两个一对多联系。

（2）将“报考志愿”这一非原子型属性分解成“报考专业一”、“报考专业二”和“报考专业三”三个原子型属性。

（3）为“学生奖励信息”和“学生惩处信息”增加属性“奖励编号”和“惩处编号”作为两个对象类的关键字。

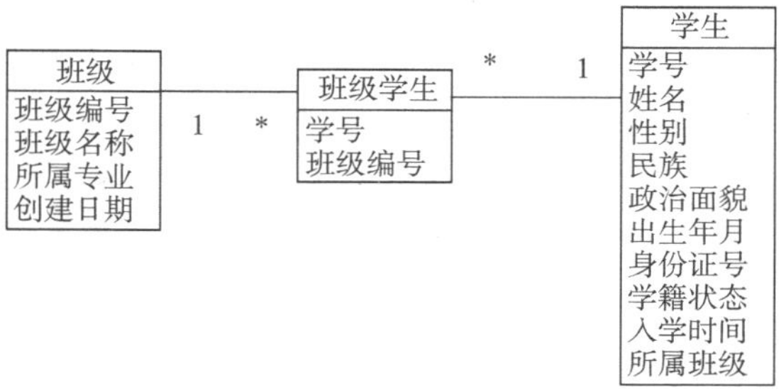

图6-36　多对多转换成一对多

（4）将“班级”类中的“所属学院”和“所属专业”属性从班级类中分离出来，增加“学院”和“专业”两个新类。在“班级”类中增加“学院编号”和“专业编号”两个属性，与“学院”和“专业”类建立关联关系。

3. 与RDBMS接口设计

在每个对象类中增加存储对象、检索对象和从数据库恢复对象的有关服务。例如，在“班级”对象类中增加“更新班级信息”、“添加班级信息”和“按班号查询班级信息”的服务。

4. 人机交互部分设计

目前流行的可视化OOPL（例如VC++、VB和Delphi等）都提供了丰富的用于界面设计的类库，可以利用OO的继承和组合机制复用系统类库中的类来构造特定的GUI界面。因此，要完成人机界面的设计，设计者必须熟悉特定工具所提供的类库。这里采用Delphi，以“班级信息管理”人机界面的设计为例来说明人机界面的设计方法。如图6-37所示，利用继承机制，选取Delphi的“TForm”类作为“班级信息管理窗体类”的一般类，“TForm”类封装了一个一般窗体应具有的属性和服务。利用组成机制，可以增加“TDBTreeView类”（用于显示教学单位及其所属班级）、“TDBGrid”（用于显示班级信息）等Delphi的其他类的对象作为“班级信息管理窗体类”的属性，从而设计出符合“班级信息管理”功能要求的特定的人机界面，整个设计过程可以在Delphi集成开发环境的支持下以“可视化，零编程”的方式完成。

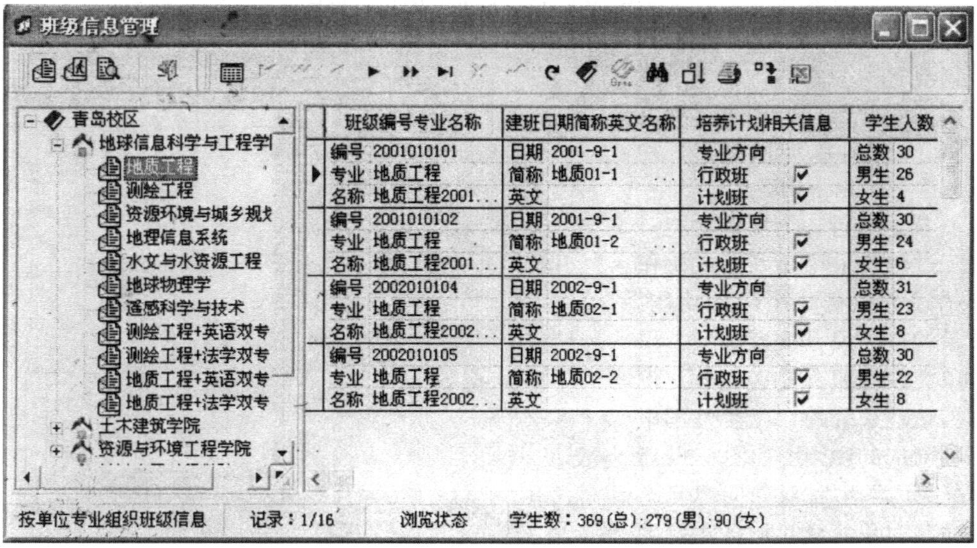

图6-37　班级信息管理窗体

（三）类的详细说明

采用本章第四节介绍的类描述模板，对所建类图中的每个类进行详细说明和定义。例如，对于学籍管理系统中的学生统计成绩类的说明如图 6-38 所示。

类的整体说明：

类名：学生统计成绩，TStudTotalScore

类注释：记录按学年学期统计的每个学生的应得学分、实得学分、成绩绩点和不及格门数

永久性：是

主动性：否

类间关系说明：

关联对象类名：学生，TStud

类属性说明：

属性名	类型	多态	体现关系	特征	注释
学号(StudNo)	String	否	表示与学生的一对多的关联关系	私有，班级代码 + 两位班内流水码	学生的唯一标志，在校期间值不变
……	……	……	……	……	……

类服务说明：

服务名	参数表	返回值	多态	主动性	注释
获得统计成绩	学号，学年学期号	布尔型	否	否	按学号查询应得学分，按学号和学年学期号统计实得学分、成绩绩点和不及格门数，统计正确，返回真
……	……	……	……	……	……

图 6-38　学生统计成绩类的说明

四、建立系统动态模型视图

建立系统动态模型视图的基础是系统的功能视图和静态视图。OOA 和 OOD 都要进行动态建模，但两者的出发点不同。OOA 是从“做什么”的角度描述构成系统的各个元素之间以及元素内部的行为规则和方式，而尽量忽略系统内部如何实现的细节。细节问题应在 OOD 阶段加以解决。动态建模主要包括以下内容：

（1）描述执行一个用例功能对象的交互过程。采用序列图或协作图建模描述为执行每个用例功能，各个对象的行为及其交互方式，以检查对象类以及服务是否完整。例如，学籍管理系统的“学生复学申请用例”对应的序列图如图 6-39 所示。首先，“学生”对象向“复学申请页面”对象（学生服务主题的接口类，学生服务子系统采用 B/S

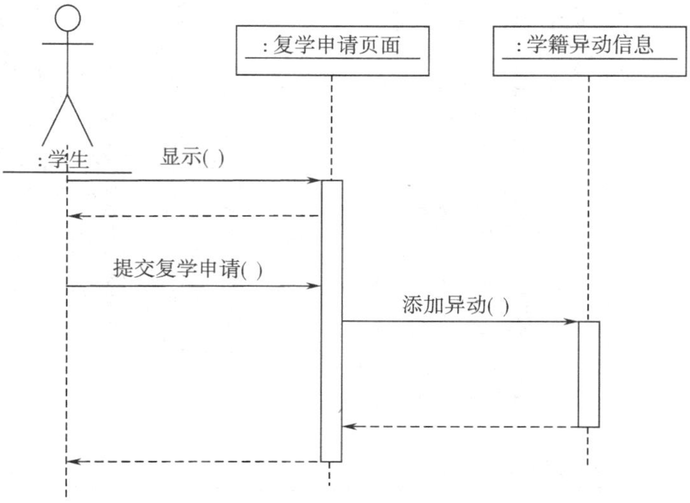

图 6-39　角色与系统交互的描述示例

方式）发送显示复学申请页面消息，激活“复学申请页面”对象的“显示”服务；学生输入复学原因和复学学年学期后，向“复学申请页面”对象发送“提交复学申请”消息，激活该对象的“提交”服务，提交服务在执行过程中，要向“学籍异动信息”对象发送“添加异动”消息，激活该对象的“添加异动”服务，将复学申请记录到学籍异动消息中。为简化模型，图中省略了各消息所带的参数。

（2）描述对象类的状态及其状态转移。有些对象的动态行为是受其状态制约的。因此，对于有明确状态且行为方式受状态影响的对象类，应指出其生命周期中的状态及其状态的转移方式，并建立状态图加以描述。本章第三节已给出了“学生”对象类的三种学籍状态及其转移的例子，在此不再赘述。

（3）确定并描述对象类服务的执行过程。对象类的服务是对一类对象行为特征的抽象。为了清楚描述对象行为的细节，需要进一步对每个对象类的每项服务进行说明，来具体定义其行为的逻辑、过程和结果。描述对象类服务通常可采用活动图或伪码的方式。本章第三节已给出了“学生”对象类“复学”服务的活动图，在此不再赘述。

思　考　题

1. 通过与结构化分析和设计技术的比较，阐述 OOA&D 方法的基本思想和优点。
2. 简述抽象原则在 OOA&D 中的具体应用方式。
3. 举例说明多态的概念。
4. 简述封装的概念及其对软件开发产生的影响。严格意义上的封装有什么局限性？
5. 举例说明什么是多继承。多继承会带来什么问题？OOA&D 应如何处理多继承？
6. OOA&D 应建立哪些 UML 模型？
7. 简述 OOA 和 OOD 的过程。
8. 试比较 UML 的四种动态模型的异同。
9. 简述 UML 的主要作用。
10. 举例说明如何将关联类和多元关联转化成普通的二元关联。

设　计　题

1. 为方便储户，某银行拟开发计算机储蓄系统。该系统能处理储户开户、存款和取款业务，并具有按账户查询余额的功能。假定用户必须先开户，才能进行存款和取款。存款时，储户要填写存款单，存款单包括账号、存款日期、存款数额、存款类型等信息；取款时，储户要填写取款单，取款单包括账号、取款日期和取款数额等信息，并键入口令。取款单和存款单均由银行业务员键入系统。要求采用 Microsoft Visio 软件或 Rational Rose 软件工具，按照 OOA 和 OOD 的过程要求建立该系统的功能模型、静态模型和动态模型。

2. 完善本章案例“高校学籍管理系统”的各种模型。

第七章
系统开发与实施

内容提要

1. 概括介绍了信息系统开发的组织方法。
2. 详细给出了系统开发的项目管理技术。
3. 全面介绍了系统开发的文档管理。
4. 全面介绍了信息系统开发监理。
5. 简要介绍了信息系统程序设计的规范与方法。
6. 简要介绍了信息系统的系统测试与系统切换的内容和方法。

第一节　系统开发的组织工作

一、系统开发策略的确定

信息系统开发工作是一项复杂的系统工程，因此建立时必须遵循一定的策略。从现有的方法来看，开发信息系统有以下几种典型的开发策略：

1. 接收式开发策略

有时开发者通过对实际系统的调查分析之后发现：①用户对信息的需求是完全的、正确的与固定的。②信息的处理过程是清楚的、合理的，其处理方式也是可行的、科学的。对这种开发对象，可采用接收式开发策略，也就是全盘接受用户的要求，即根据用户的需求和现有状况直接用程序设计语言进行编程，经调试后直接过渡到新系统。

这种开发策略虽然简单、易行，但其有下列局限性：①只适用于规模不大的系统，或是单项功能系统。②开发的对象系统的管理与经营活动必须十分规范化，即其信息与处理过程的模式化、规范化和日程化的程度高，用户对一切都了然于胸，能用十分简洁与规范化的语言表示出来。③适用于用户与开发者都很有经验的场合。

2. 直接式开发策略

有时，开发者经过对实际系统的调查分析之后认为：①用户的信息需求与信息处理过程是稳定的，在今后一个相对长的时间内不会有大的变化。②信息需求与处理过程通过系统调查可了解得很清楚，流程是清晰、流畅的。对于这种开发对象，可采用直接式开发策略，也就是开发者按照用户对系统的开发要求，一步接一步地去识别系统，然后进行分析、设计、实施，直至最终完成系统开发任务。

这种开发策略有以下特点：①适用于较大系统，特别是多项复杂功能交织在一起的综合性系统。②对开发者要求很高。在系统调查分析阶段必须弄清楚系统所有的信息需求，以及这些信息的处理过程，特别是不同功能衔接时的数据接口。

3. 实验式开发策略

在实验式开发策略中，用户系统的信息需求不确定性很高，当然随之而来的是这些信息的处理过程又是很模糊的，这样，前两种的开发策略不适合这种需求的用户系统。由于无法制定具体的开发计划与方案，因此需要通过反复实验，让用户与开发者在反复实验中掌握真正的信息需求及这些信息明确的处理过程。这种开发策略既有其合理的、符合人们认识事物规律的一面，又有其局限性的一面。信息系统是现实系统的计算机实现，或称人机结合的计算机系统实现。在信息系统实现之前，不能确定信息系统是否能百分之百地满足用户的需求。事实上，尽管用户几乎天天在从事本职的业务工作，但要用户把他非常熟练的业务工作很清楚、很全面地叙述出来却很难做到，特别是需要清晰地讲述详细需求与信息处理过程时，用户尤其感到困难，这样就更增加了开发者识别系统的难度。最好有一个虽粗糙但实用的信息系统让用户在实际使用过程中反复提要求与修改意见，逐渐认识到自己真正的信息需求，使信息系统日臻完善。然而，利用这种策略开发信息系统时一般需要较高级的软件支撑环境，而且对大型项目有一定的使用局限性。

二、系统开发人员与组织

（一）系统开发的各类人员

信息系统是一个大型复杂的系统，它的开发不仅要求有正确的指导思想和开发方法，而且还因为其开发周期长、耗资巨大、涉及人员面广等多种原因，需要做好人员的组织和项目管理工作，并且这方面的工作将直接影响到系统开发的成败。

信息系统的开发涉及人员众多，开发过程所需要的人员有用户、系统分析员、数据库管理员、系统设计员、硬件网络设计员、程序设计员等。他们在系统开发过程中所处的地位和作用是不同的。这些人员在系统开发中的相互关系如图 7-1 所示。

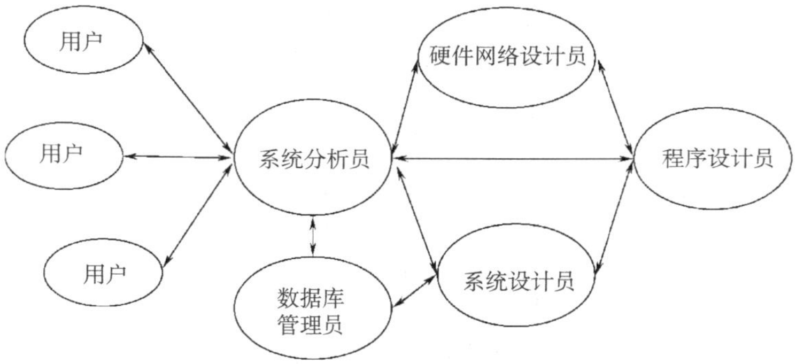

图 7-1　开发人员之间的相互关系

（1）用户。信息系统开发中的用户很多，他们是信息系统建设的参与者和最终使用者，他们知道具体的功能需求和信息需求，因此要负责提出系统需求，对其他各类人员所理解、设计并表达的结果进行评审，及时纠正系统开发中的偏差，在系统运行后能够熟练地运用新系统为自身的管理工作服务。在开发中要做好广大用户的培训工作，提高他们的参与意识，提高他们使用新系统的积极性。

（2）系统分析员。系统分析员主要是起着用户和系统开发的其他人员之间的桥梁和接口作用，是系统开发的核心人物。系统分析员首先要负责了解用户的想法和需求，并运用自身所具有的计算机专业知识及正确的开发方法，在头脑中形成一个明确的概念，明确系统应具有的功能，然后用适当的工具和方法将其表达出来形成新系统的逻辑方案。这个方案要能够充分满足用户的需求并与用户取得共识，同时又能够使系统设计员、程序设计员依此进行系统设计与实施。其次，他们要充分代表用户的利益，负责对系统设计员、程序设计员的工作成果进行评审，看其是否符合逻辑方案中的总体功能要求。最后，在系统测试阶段，系统分析员要与用户共同制定测试标准、制定测试计划、准备测试数据，并通过系统的全面测试对系统的性能加以评审，看其是否实现了预期的目标，还应该有哪些改进。

（3）硬件网络设计员。硬件网络设计员负责依据新系统逻辑方案中提出的对硬件网络的基本要求制定硬件网络配置方案，并负责该方案的全部实施工作。

（4）数据库管理员。数据库管理员负责依据系统逻辑方案中提出的数据需求进行数据库的设计、定义和存储工作，负责在系统运行中监督和控制数据库的运行以及数据库的维护和改进工作。

（5）系统设计员。系统设计员负责依据系统逻辑方案以及实现系统的硬件、软件环境进行系统的总体设计、模块设计以及模块之间接口的设计工作。

（6）程序设计员。程序设计员负责依据系统逻辑方案进行系统的程序设计，实现方案中的各项功能；负责培训用户使用系统，负责系统的测试和试运行。

（二）各类人员的组织

信息系统的开发首先要做好各类人员的组织工作，这个小组的组长一般由企业或组织的高层领导来担任，小组成员由企业或组织中的各项管理专家以及懂得系统开发方法并有组织能力的系统开发专家组成。开发小组负责协调用户之间、用户与开发人员之间、开发人员之间的各种关系。项目小组采用什么组织形式，要针对信息系统项目的特点来决定，同时也与参与人员的素质有关。在建立项目小组时应注意以下几项原则：①尽早落实责任，明确每个成员之间的责任。②知人善任，将每个人的专长尽可能地发挥好。③减少接口。在开发过程中，人与人之间的联系是必不可少的，存在着通信路径，但通信路径并不是越多越好。经验表明，信息系统的生产率和完成任务中存在的通信路径数目之间存在某种可优化的比例关系。因此，要有合理的人员分工和组织结构，以减少不必要的生产率的损失。

通常有以下三种组织结构的模式可供选择：

（1）按子课题或子系统划分的模式。把项目成员按子课题或子系统组成小组，小组成员自始至终参加所承担的子课题或子系统的各项任务。他们应负责完成子系统的规划、需求分析、设计、实现、测试、文档编制以及包括维护在内的全过程。这种模式不利于发挥每个人的特长，但由于通信接口较少，也具有一定优势。

（2）按职能划分的模式。把参加开发项目的所有人员按任务的阶段划分成若干个专业小组。要开发的信息系统在每个专业小组内完成阶段加工，实现每个阶段相应的目标以后，再沿开发工序流水线向下传递。例如，分别建立规划组、需求分析组、设计组、实现组、系统测试组、质量保证组、维护组等，各种文档资料按工序在各组之间传递。这种小组之间的联系接口较多，但便于小组成员互相交流，进而变成这方面的专家，从而提高效率。

（3）矩阵形模式。这种模式实际上是以上两种模式的复合。一方面，按职能成立一些专门组，如规划组、设计组、实现组、业务组、测试组等；另一方面，又将整个项目分为一些子系统，每个子系统成立一个小组，指派专门的负责人。这样，每个成员既属于某一个职能小组，又参加某一子系统的工作。

矩阵形组织结构的优点是：参加专门组的成员可在组内交流，并在各项目中取得经验，有利于发挥专业人员的作用；而且各个项目有专人负责，有利于项目的完成。

在上述三种人员组织模式之上，建议用户成立一个业务支持小组，由相应业务人员组成。小组成员既要熟悉业务工作，同时又要对信息技术有一定的理解，特别是具有较强的计算机操作能力。这个业务支持小组负责为开发的成员提供业务解释等支持。当然，也可以不成立业务支持小组，而将上述人员分别派进上述各模式的开发小组中支持工作。

三、系统开发的启动工作

1. 项目启动会议

项目启动会议是信息系统项目成立以后的第一次全体会议，其目的是：

（1）项目组成员的集体亮相和初步交流。会议可以为项目组成员之间的相互了解提供一个机会，为以后的合作打下一个基础。

（2）加深对项目目标的理解。这是会议的主要目的，项目组各成员对信息系统建设的目标和意义的全面、深入理解，对项目的成功是非常关键的。

（3）统一思想认识。对项目的组织结构、工作方式、管理方式及一些方针政策等取得一致的认识，以确保项目顺利实施。

（4）明确岗位职责。明确每位成员的权利、职责范围，明确项目中各个岗位的角色、主要任务、要求等，帮助项目成员更好地理解他们的工作任务。

项目启动会议由项目负责人筹备和主持，出席会议的人员应包括公司主管领导、各业务部门经理、真正用户的代表和全体项目组成员。根据会议的目的，会议的议题可以有：项目的基本情况（如目标、意义、规模、完成时间等），项目的主要成果，项目所需资源的要求（如成员的技术要求、设备要求等），项目的管理制度，项目的主要任务及进度安排，项目可能会遇到的困难及变化等。

2. 开发标准的统一

（1）阶段划分的统一。在信息系统开发工作中，正确划分阶段是保证研制工作顺利进行的一个重要条件。经验证明，每一个工作阶段都应该有明确的任务、明确的起点和明确的终点，这些都应该是能够检查的、有定量标准的。

工作阶段的划分有多种不同的方法。比如，有的人认为信息系统的开发包括系统分析、系统设计、系统实施、系统转换和维护四个阶段；有的人则认为在系统分析之前还有一个系统规划阶段，对于系统规划，不同的人也有不同的叫法，比如叫战略规划或总体规划；有的人认为信息系统的开发由需求分析、系统设计、系统实施、系统测试等阶段组成；对于系统设计阶段又有不同的分法，比如逻辑设计和物理设计、概要设计和详细设计等。这些不同的划分，是从不同角度理解信息系统开发的阶段。任何一个信息系统的开发，不管采用哪一种方法，都要在开发全过程保持统一。

（2）开发用语的统一。无论在信息系统的开发过程中还是在使用过程中，都有大量的信息交流，常常要涉及信息系统本身的情况。当讨论信息系统的开发或改进时，开发人员内部、开发人员和管理人员之间，必然要对这些问题进行大量的讨论及研究。如果没有一个统一的标准，就无法形成统一的语言，讨论就不能顺利地进行，甚至会发生种种误解和矛盾。

在项目开发启动阶段，项目组必须对开发用语加以适当调整，取得一致并且在项目实施过程中推行开来。

（3）开发风格的统一。从目前已经介绍到的国内的各种辅助开发工具来看，许多工具之间常常是大同小异，有的则只是符号的差异，由于这样一些差异而给人们交流思想造成障碍是不应该的。在项目开发前，项目小组开发应形成统一的描述工具和统一的开发风格。

另外，编程的风格在很大程度上影响程序的可读性、可测试性和可维护性，所以还必须统一编程风格。

（4）用户界面的统一。越来越多的信息系统追求面向窗口的点选式界面，但设计这样一个界面绝非易事。对开发者来说，因大家都按统一的标准进行设计，每次为新系统设计界面时可重用原有的模块和对象，这将大大提高界面的生产率和质量。对用户来说，一旦掌握了某个系统的界面，再学习新的应用系统时就会感到亲切自然、直观易懂。

3. 需事先告知的项目管理制度

（1）项目成本管理制度。项目成本包括开发工具采购费用、人员补贴费用、差旅费用、易耗品费用、通信费用、电力费用、咨询费用、试验费用等。这些费用如何发生，发生范围、标准是什么，如何报销等，必须通过成本管理制度事先告知。

（2）项目沟通管理制度。项目沟通管理制度是保证项目信息得以及时、正确的提取、收集、传播、存储以及最终处置，保证项目班子内部信息畅通的必要手段。项目沟通管理制度可包括定期汇报制度、定期例会制度等。

（3）业绩考核方法。在项目组内部，建立明晰的业绩考核方法是实现项目成员激励的必要手段。通过宣布业绩考核办法，让开发人员事先知晓，以利于开发过程中奖惩措施的顺利执行。

第二节　系统开发的项目管理

一、项目管理与信息系统项目

（一）项目管理的定义与特点

项目管理是通过项目经理和项目组织的努力，运用系统理论和方法对项目及其资源进行计划、组织、协调、控制，旨在实现项目特定目标的管理方法体系。

如果将时间从资源中单列出来，称作进度，而将其他资源都看做可以通过采购获得从而表现为费用或成本的话，那么就可以给项目下这样一个定义：在一定的进度和成本约束下，为实现既定的任务、并达到一定的质量所进行的一次性的任务。

一般来讲，目标、成本、进度三者是互相制约的。当进度要求不变时，质量要求越高或者任务要求越多，则成本越高；当不考虑成本时，质量要求越高或任务要求越多，一般进度越慢；当质量和任务的要求都不变时，进度过快或过慢都会导致成本的增加。项目管理的目的是谋求（任务）多、（进度）快、（质量）好、（成本）省的有机统一。

当然，对于一个确定的项目，其任务的范围是确定的。项目管理就演变为在一定的任务范围下如何处理好质量、进度与成本三者关系的问题，也就是要处理好好中求快和好中求省的问题。

项目管理具有以下三个基本特点：

（1）项目管理是一项复杂工作。项目一般由多种业务组成，需要运用多种学科的知识来解决问题；项目执行中有许多未知因素，每个因素又常常带有不确定性，需要将具有不同经历的人员有机地组织在一个临时性的团队内。这些都决定了项目管理是一项很复杂的工作，其复杂性甚至远远高于一般的生产管理。

（2）项目管理具有创造性，充满着权衡。由于项目具有一次性的特点，因而既要承担风险又必须发挥创造性，这也是与一般重复性管理的主要区别。创造总是带有探索性的，会有较高的失败率，同时项目又充满着对进度、成本与质量或任务三者之间的权衡。

(3) 项目负责人（或称项目经理）在项目管理中起着非常重要的作用。项目管理的主要原理之一是把一个时间有限和预算有限的任务委托给一个人，即项目负责人。他有权独立进行计划、资源分配、协调和控制。项目负责人必须能够了解、利用和管理项目的技术逻辑方面的复杂性，必须能够综合各种不同专业观点来考虑问题，还要有协调和控制人行为的能力。项目负责人必须使他的组织成员成为一个具有积极性和责任心的高效率群体。

（二）信息系统项目的特点

信息系统的建设也是一类项目的建设过程，可以用项目管理的思想和方法来指导信息系统的建设。

从具体构成来看，信息系统项目可分为客户需求分析、应用软件开发、网络规划与设计、设备采购以及系统调试与集成等多项内容。

信息系统项目具有以下特点：

(1) 信息系统项目的目标不精确，任务边界模糊，质量要求更多是由项目团队来定义的。对于信息系统的开发，在许多情况下，客户一开始只有一些初步的功能要求，给不出明确的想法，提不出确切的要求。信息系统项目的任务范围在很大程度上取决于项目组所作的系统规划和需求分析。由于客户方对信息技术的各种性能指标并不熟悉，所以，信息系统项目所应达到的质量要求——各种技术指标更多地由项目组来定义，而客户的工作更多是审查。为了更好地定义或审查信息系统项目的任务范围和质量要求，客户方可以聘请第三方作为信息系统监理。

(2) 在信息系统项目进行的过程中，客户的需求会不断被激发，导致项目的进度、费用和计划不断更改。尽管已经作好了系统规划、可行性研究，签订了较明确的技术合同，然而随着系统分析、系统设计和系统实施的进行，客户的需求会不断被激发，程序、界面以及与其相关的文档经常需要修改。在修改的过程中又可能产生新的问题，并且这些问题很可能在过了相当长的时间以后才会发现。这样，就要求项目经理不断监控和调整项目计划的执行情况。

(3) 信息系统项目是智力密集、劳动密集型的项目，受人力资源影响最大，项目成员的结构、责任心、能力和稳定性对信息系统项目的质量以及是否成功有决定性的影响。信息系统项目工作的技术性很强，充满了大量高强度的脑力劳动，尽管近年来信息系统辅助开发工具应用越来越多，但是项目的各个阶段还是渗透了大量的手工劳动，这些劳动十分细致、复杂和容易出错，因而信息系统项目既是智力密集型项目，又是劳动密集型项目。并且，由于信息系统开发的核心成果——应用软件是不可见的逻辑实体，如果人员发生流动，对于不深入掌握软件知识或缺乏信息系统开发实践经验的人员，是不可能在短时间内开展后续开发工作的。

二、系统开发的计划、费用与进度管理

（一）系统开发的工作分解结构

工作分解结构（Work Breakdown Structure，WBS）是把整个开发工作定义为一组任务的集合，这组任务又可以进一步划分为若干个子任务，进而形成具有层次结构的任务群。进行 WBS 的原因主要有：①WBS 是整个工作计划和监督工作执行的基础，将整个开发工作划分成较细的任务群，并将这些任务落实到人，才能进行有效的项目管理。②WBS 是整个资金分配的基础，因为有效的资金控制是项目管理的法宝。③WBS 是与工作责任性与可靠性密切相连的，要保证系统开发的按时完成，就必须分清每个人的职责。

WBS 的主要方法有以下几种：

第一，按系统开发项目的结构和功能进行划分，即将整个开发系统分为硬件系统、系统软件、应用软件系统。硬件系统可分为服务器、工作站、计算机网络环境等，考虑这些硬件的选型方案、购置计划、购置管理、检验标准、安装调试计划等内容，制定相应的任务。系统软件可划分为网络操作系统软件、后台数据库管理系统、前台开发平台等，考虑这些软件的选型、配置、购置、安装调试等内容，并制定相应的任务。应用软件可划分为输入、显示、查询、打印、处理等功能，考虑对它们进行需求分析、详细设计、编程、调试运行、质量保证、审查等内容，并制定相应的任务。

第二，按系统开发阶段进行划分，即按照系统开发的可行性分析、总体规划、系统分析、系统设计、系统实施、系统调试、系统安装调试、系统试运行、系统运行等各个阶段制定出每个阶段应该完成的任务、技术要求、软硬件系统的支持、完成的标准、人员的组织及责任、质量保证、检验及审查等内容，同时还可根据完成各阶段任务所需的步骤将这些任务进行更细一级的划分。

第三，将上述两种方法结合起来进行任务的划分。采用这种方法主要是从实际应用考虑，兼顾两种方法的不同特点而进行。

在进行 WBS 过程中应特别注意以下两点：①数量不宜过多，但也不能过少。过多会增加项目管理的复杂性与系统集成的难度；过少会对项目组成员，特别是任务负责人有较高的要求，进而影响整个开发进度。②在进行 WBS 后应该对任务负责人赋予一定的职权。WBS 是实现系统开发项目管理科学化的基础，虽然进行 WBS 要花费一定的时间，但是在整个系统开发过程中将会越来越显示出它的优越性。

（二）系统开发的计划安排

依据划分完毕的任务即可制定出整个开发及项目管理计划，并产生任务时间计划表。开发计划可以划分为计算机硬件、软件配置计划，应用软件开发计划，测试和评估计划，验收计划，质量保证计划，系统工程管理计划，项目管理计划和项目开发费用计划等。

（1）计算机硬件、软件配置计划。该计划主要包括：①建立系统基准。②配置、选型、购置、安装调试过程。③在变化的情况下如何保持系统基准的稳定。④最终产品的文档。

（2）应用软件开发计划。该计划主要包括：①将用户需求转化为相应的项目。②软件开发。③集成软件。④测试软件。

（3）测试和评估计划。该计划主要包括：①整个系统的集成。②整个系统的测试。③给用户展示系统的工作情况。④准备给用户使用系统。

（4）验收计划。该计划主要包括：①准备验收文档。②如何将最终系统提供给用户。

（5）质量保证计划。该计划主要包括：①开发质量。②确定外部产品质量。

（6）系统工程管理计划。该计划主要包括：①管理全部系统开发任务。②跟踪用户对系统开发的需求。

（7）项目管理计划。该计划主要包括：①何时及如何完成任务。②建立完善的策略和标准。③所有计划的结合。

（8）项目开发费用计划。该计划主要包括：①费用组成。②费用支出标准。③费用报销规定。④费用审计。

计划安排还包括培训计划、安装计划、安全性保证计划等。

当这些计划制定出来后，可以绘制任务时间计划表，表明任务的开始时间、结束时间，以及任务之间的相互依赖程度。这个任务时间计划表可以按照任务的层次形成多张表，这些表是所有报告的基础，同时还可以帮助对整个计划实施监控。

任务时间计划表的建立可以有多种方法，它可以使用表格形式，还可以使用图形来表达，还可以使用 Microsoft Project 等项目管理软件工具，其表达方式取决于实际的应用需求。

（三）系统开发成本的估算

信息系统开发成本的估算是对完成项目所需费用的估计和计划，是信息系统项目计划中的一个重要组成部分。为了使信息系统开发项目能在规定的时间内完成，而且不超过预算，开发成本和工作量的估算是关键。

1. 影响成本估算的要素

（1）信息系统项目的复杂性。项目复杂性对计划中固有的不确定性有重大影响，不过，复杂性受到对以前工作熟悉程度的影响。

（2）软件项目的规模。随着规模的扩大，信息系统中各个元素之间的相互依赖性也迅速增加。项目规模的扩大会对项目的费用及进度产生几何数量级的影响。估算中采用的重要方法——问题分解，也因为分解出来的元素仍然很多而变得更为困难。

（3）信息系统项目结构的不确定性。这里的结构是指：需求能被确定的程度，功能能被分解的容易程度，以及必须要加工的信息的层次性。

（4）历史信息的可用程度。历史信息的可用程度也决定了估算的风险。当存在大量可用的历史资料时，估算就会有更大的保证，总体风险也会降低。

（5）对项目范围理解差或项目需求不断变化。这两点都会加大项目的不确定性和风险。

2. 软件开发成本的基本估算思想

软件开发成本的估算一般是在项目总的开发时间和工作量的估算结果基础上推导出来的。目前有以下两种基本的估算方法：

（1）自顶向下方法。首先对整个项目的总体开发时间和总工作量进行估算，然后把它们按阶段、步骤和工作单元进行分配。

（2）自底向上方法。分别估算各工作单元所需的工作量和开发时间，然后相加，得出项目总的工作量和总的开发时间。

3. 软件开发成本的具体估算方法

为了实现尽可能可靠的成本和工作量估算，常使用基于代码行（LOC）或功能点（FP）的分解方法进行项目成本和工作量的估算。该方法进行成本估算的步骤如下：

步骤一，首先根据软件范围，将功能逐步分解，直到可为实现该功能所要求的源代码行数或功能点数作出较可靠的估算为止。对各子功能，根据历史经验数据，可给出最好、一般和最差三种情况下的源代码行数估算或功能点估算的期望值，分别用 a、m、b 表示。

步骤二，求期望值 L_e 和偏差 L_d：

$$L_e = \frac{a + 4m + b}{6}$$

L_e 是源代码行数或功能点数的期望值，如果其概率遵从 β 分布，并假定实际的 LOC 和 FP 估算结果落在最好、最差情况外的概率很小，则估算的偏差 L_d 可表示为：

$$L_d = \sqrt{\sum_{i=1}^{n} \left(\frac{b - a}{6}\right)^2}$$

式中，n 表示软件代码行数或功能点数。

步骤三，根据历史经验数据，确定各子功能的代码行或功能点成本。

步骤四，计算各子功能成本和工作量，并计算软件项目的开发成本和总工作量以及开发时间。

除上述基于代码行或功能点的开发成本估算方法外，进行成本估算还有基于经验模型的成本估算方法和基于自动估算工具的成本估算方法。前者通常采用经验公式来预测软件项目计划所需的成本和工作量。由于支持大多数估算模型的经验数据是从有限的软件项目样本中得到的，所以具有一定的局限性。后者是用软件实现代码行或功能点分解技术和经验估算模型的计算机软件工具，它能帮助软件项目管理和计划人员估算软件开发项目的成本和工作量以及开发进度。

（四）系统项目的进度和费用管理

根据以上的成本测算，估测出信息系统项目所需要的项目成本，现在假设项目经理已经和客户在上述测算的基础上，经过讨价还价基本达成了一致，并签订了开发合同。

那么，项目经理就要开始组织队伍形成项目团队，绘制专业领域技术编制表，建立一个工作分解结构（WBS），并在此基础上建立项目组成员的责任矩阵。

所谓工作分解结构，是指将一个信息系统项目分解成易于管理的几部分或几个细目，细目再展开成子细目，最低层的细目叫做工作包。待建系统可以先按照生命周期的各阶段展开，然后按照子系统或系统功能点展开。

责任矩阵一旦建立，就可以进行项目各建设活动工期估计和预算分摊估计。工期估计和预算分摊估计各有两种办法。一种是自顶向下法，即在项目建设总时间和总成本之内按照每一工作包的相关工作范围来考察，以项目总时间或总成本的一定比例分摊到各个工作包中。另一种方法是自底向上法，即由每一工作包的具体负责人来进行估计。

经验表明，让某项工作的具体负责人进行估计是较好的方法。因为这样做既可以得到该负责人的承诺，对他产生有效的参与激励，又可以减少由项目经理一个人进行所有活动的工期估计时所产生的偏差。

在上述估计的基础上，项目经理进行各工期的累计和分摊预算的累计，与项目总建设时间和总成本比较，根据一定的规则进行调整。

例如，现在某企业准备开发一个客户关系管理的信息系统，合同双方将系统交付使用作为项目终结的依据，双方同意维护期间费用另行支付。经上述测算，估算该项目总开发工作量为4人·年，项目总开发时间为50周，项目的总成本（包括软件开发成本、硬件成本和开发中的其他成本）是100万元人民币。

根据上述估计和准备，项目经理绘制了如图7-2所示的甘特图，项目总开发时间为50周。图中将该项目划分为六个大的活动，并明确了各活动的工期：系统规划（5周）、系统分析（10周）、系统设计（10周）、系统实现（15周）、系统测试（8周）和系统转换（5周）。

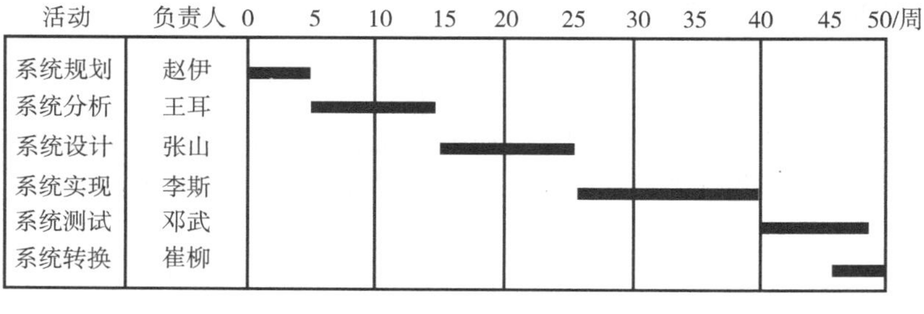

图7-2　信息系统项目甘特图

上述六个大的活动又细分为22项小活动，各项小活动之间的顺序关系以及每项小活动的工期估计和预算分摊估计如表7-1所示。

表 7-1　项目分解及其工期、预算分摊估计

××信息系统开发项目					
活　　动	小　活　动	紧前活动	工期估计 /周	预算分摊 /万元	预算估计 /万元
系统规划	1. 搜集数据		3	1.5	1.5
	2. 可行性研究		4	2	3.5
	3. 准备系统规划报告	1，2	1	0.5	4
系统分析	4. 与业务人员沟通	3	5	3	7
	5. 研究现有系统	3	8	4	11
	6. 明确用户需求	4	5	2	13
	7. 准备系统分析报告	5，6	1	1	14
系统设计	8. 分析数据输入和输出	7	8	4	18
	9. 处理数据和建数据库	7	10	4	22
	10. 审查数据字典	8，9	2	1	23
	11. 准备系统设计报告	10	2	2	25
系统实现	12. 开发软件	11	15	15	40
	13. 硬件规划与采购	11	10	38	78
	14. 网络实现	11	6	5.5	83.5
	15. 准备系统实现报告	12，13，14	2	1.5	85
系统测试	16. 测试软件	15	6	6	0.1
	17. 测试硬件	15	4	1.5	92.5
	18. 测试网络	15	4	1.5	94
	19. 准备系统测试报告	16，17，18	1	1	95
系统转换	20. 人员培训	19	4	2	97
	21. 系统转换	19	2	4	101
	22. 准备系统转换报告	20，21	1	1	102

到此为止，已经估计出该项目中每项活动的工期和项目的总时间，为了确定这些活动是否能在要求的时间内完成，必须计算出一个项目进度计划，为每项活动的执行提供一个时间表。这个时间表主要解决以下两个内容：

（1）最早开始时间（Earliest Start Time，ES）和最早结束时间（Earliest Finish Time，EF）。它们是指在项目合同开始时间的基础上，每项活动能够开始和完成的最早时间。ES 和 EF 是通过网络图的正向计算得到的，即从项目开始沿网络图到项目完成进行计算。

在进行这些正向计算时，必须遵守一条规则：某项活动的最早开始时间（ES）必须等于或晚于直接指向这项活动的所有活动的最早结束时间（EF）中的最晚时间。

最早结束时间（EF）则可以在这项活动最早开始时间的基础上加上这项活动的工期估计计算出来，即 EF = ES + 工期估计。

（2）最迟开始时间（Latest Start Time，LS）和最迟结束时间（Latest Finish Time，LF）。它们是指为了在项目合同要求完工时间内完成项目，每项活动必须开始和完成的最迟时间。LF 和 LS 可以通过网络图的反向推算得出，即从项目完成沿网络图到项目的开始进行推算。

在进行这类反向计算时，必须遵守一条规则：某项活动的最迟结束时间（LF）必须等于或早于该活动直接指向的所有活动最迟开始时间（LS）的最早时间。

最迟开始时间（LS）则可以在这项活动最迟结束时间（LF）的基础上减去这项活动的工期估计计算出来，即 LS = LF – 工期估计。

在此基础上，可以绘制出附有开始时间和结束时间的进度时间表，如表7-2所示。

表7-2　××信息系统开发项目进度表　　（单位：周）

活　动	工期估计	最早		最迟		总时差
		开始时间	结束时间	开始时间	结束时间	
1. 搜集数据	3	0	3	–8	–5	–8
2. 可行性研究	4	0	4	–9	–5	–9
3. 准备系统规划报告	1	4	5	–5	–4	–9
4. 与业务人员沟通	5	5	10	–4	1	–9
5. 研究现有系统	8	5	13	–2	6	–7
6. 明确用户需求	5	10	15	1	6	–9
7. 准备系统分析报告	1	15	16	6	7	–9
8. 分析数据输入和输出	8	16	24	9	17	–7
9. 处理数据和建数据库	10	16	26	7	17	–9
10. 审查数据字典	2	26	28	17	19	–9
11. 准备系统设计报告	2	28	30	19	21	–9
12. 开发软件	15	30	45	21	36	–9
13. 硬件规划与采购	10	30	40	26	36	–4
14. 网络实现	6	30	36	30	36	0
15. 准备系统实现报告	2	45	47	36	38	–9
16. 测试软件	6	47	53	38	44	–9
17. 测试硬件	4	47	51	40	44	–7
18. 测试网络	4	47	51	40	44	–7
19. 准备系统测试报告	1	53	54	44	45	–9
20. 人员培训	4	54	58	45	49	–9
21. 系统转换	2	54	56	47	49	–7
22. 准备系统转换报告	1	58	59	49	50	–9

在这个管理项目中，表7-2中最后一项活动“准备系统转换报告”的最早结束时间和项目的要求完工时间之间有一个9周的差距，这个差距叫做总时差，有时也叫做浮动量。总时差可以用每项活动的最迟结束（开始）时间减去它的最早结束（开始）时间算出，即

$$总时差 = LF - EF \quad 或 \quad 总时差 = LS - ES$$

如果某项活动的总时差为正值，表明该项活动花费的时间总量可以适当延长，而不必担心会出现在要求完工时间内活动无法完成的窘况。反之，如果总时差为负值，则表明该项活动要加速完成以减少花费的时间。在本例中，项目的总时差为负值（参见表7-2），表明完成这个项目缺少时间余量。

要较好地控制项目进度，必须找到项目网络图中的关键路径。一个大的网络图从开始到完

成可以有很多条路径。一些路径可以有正的总时差，另一些可能有负的总时差。那些具有正的总时差的路径被称为非关键路径，而那些总时差为零或负值的路径被称为关键路径，并且将耗时最长的关键路径称为最关键路径。

上例中，由于信息系统整个项目的总时差为 -9 周，也就是说开发本项目需要 59 周，而不仅仅是合同规定的 50 周。从表 7-1 中也看到项目各活动的预算分摊累计的最后结果是 102 万元，而不是合同规定的 100 万元。

这时，项目经理需要与各活动的负责人特别是关键路径上的负责人进一步核实，看是否能够压缩相应工期和预算分摊，然后对进度和成本计划进行相应调整。在本例中，假设各负责人均表示已经没有压缩的可能，那么项目经理需向项目建设的委托方申请将项目建设总时间延长到 59 周。当然，也可以采取折中的办法，一边申请延期，一边调整进度计划。

至于费用，除非严重超过合同款项或者说合同中的预算被严重低估，否则，合同双方很难再就合同款项进行谈判。比如本例中仅超过 2 万元，占合同总价款的 2%，就只能在项目团队成本的内部控制上下工夫。

上面提到的进度表以及预算分摊，不但可以在活动这一层次进行，对于每个活动的负责人来讲，他也可以将自己负责的活动进行分解，在自己活动内部使用上述方法进行分解和分摊。另外，为了实现成本控制，除在表 7-1 中列出预算分摊和分摊累计进行控制外，还可以在预算分摊和活动进度表的基础上，制定一个在 50 周范围内每周的预算分摊表。

三、系统开发的人员管理

（一）项目小组的构成

这里的项目小组，是指项目团队的基层单位，比如一个大的项目开发团队可以分为总体组、软件开发组、硬件网络组、测试组等若干个项目小组。当然，更大型项目中每个小组还有可能再细分成若干个子项目小组，那么子项目小组就是项目团队的基层单位，是本节中讨论的项目小组。

前面说过，每个项目小组的人数不能太多，否则组员间的通信将占用大量时间。此外，通常不能把一个信息系统划分成大量独立的单元模块或子系统。这是因为，如果项目小组人数太多，则每个组员所负责实现的单元模块或子系统与其他成员的接口将是复杂的，不仅出现接口错误的可能性增加，而且系统调试将既困难又费时间。

一般说来，每个项目小组以 2～8 名成员为宜。如果项目属于中小型规模且建设时间在一年以内，那么项目小组可实行活动负责人制。活动负责人既负责该活动的日常管理工作，同时又是该活动或工作包的技术负责人。在其他成员中再挑选一位为活动负责人的助理，协助活动负责人做好各方面的工作，在项目负责人不在时可以代行活动负责人的职权。

如果项目属于大中型规模，建设时间在一年以上，那么就必须考虑项目建设人员因各种原因发生变动的情况。这时，项目小组的具体构成可以是这样的：一个高级系统开发人员带两个中级系统开发人员，每个中级开发人员再带 2 名初级系统开发人员。这里的系统开发人员既包括程序员，也包括测试员。如图 7-3 所示。

采用这种按技术水平分层的具体构成模式，主要基于两点考虑：第一，信息系统的建设工作中既有创造性很强的事务，也有经验性很强的事务和照葫芦画瓢的简单性事务，如果所有活动都让高级人员去完成，那么成本很高，是人力资源的极大浪费，还会引起高级人员的不满，而上述三类活动刚好适合三类人员去完成，做到人尽其用；第二，由于项目建设时间太长，容易发生人员更替，并且由于信息系统开发技术主要是“干中学”的知识，中级和初级开发人员

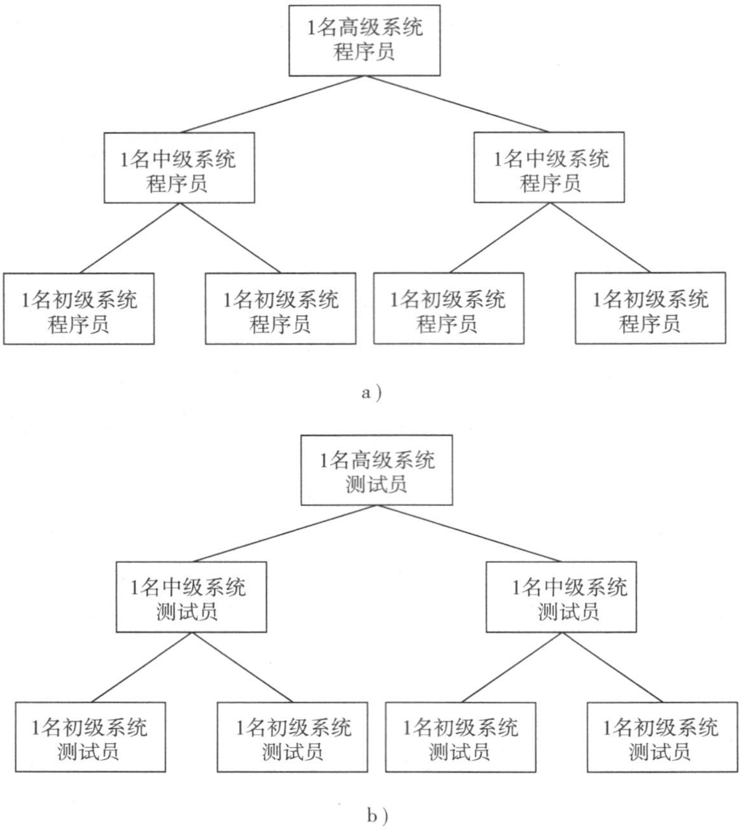

图 7-3　项目小组的构成

在系统建设的过程中会成长起来，如果一旦发生上一层次人员的变动，下层人员由于一直参与项目的研发，基本上可以“无缝”地把工作承接起来。

（二）项目团队的成长与激励

信息系统项目团队的成长与其他项目一样，一般需要经过如下四个阶段：

1. 形成阶段及其激励方式

形成（Forming）阶段促使个体成员转变为团队成员。这一阶段的情绪特点是激动、希望、怀疑、焦急和犹豫。

在这个阶段，团队要建立起整体形象，需要明确方向，并试图对要完成的工作明确划分并制定计划。为使项目团队明确方向，项目经理一定要向团队说明项目目标，并设想出项目成功的美好前景以及成功所产生的益处，公布有关项目的工作范围、质量标准、预算及进度计划的标准和限制。项目经理要讨论项目团队的组成、选择团队成员的原因、他们的互补能力和专门知识，以及每个人为协助完成项目目标所充当的角色。项目经理在这一阶段还要进行组织构建工作，包括确立团队工作的初始操作规程，规范诸如沟通渠道、审批及文件记录工作。这一阶段，项目经理要让团队参与制定项目计划。

所以在这个阶段，对于项目成员采取的激励方式主要为预期激励、信息激励和参与激励。

2. 震荡阶段及其激励方式

在震荡（Storming）阶段，成员们开始运用技能着手执行分配到的任务，开始缓慢推进工作。现实也许会与个人当初的设想不一致。

震荡阶段的特点是人们有挫折、怨愤或者对立的情绪。工作过程中，每个成员根据其他成员的情况，对自己的角色及职员产生更多的疑问。这个阶段士气很低，成员们可能会抵制形成团队，因为他们要表达与团队联合相对立的个性。

在这个阶段，项目经理要对每个人的职责及团队成员相互间的行为进行明确和分类，还要使团队成员参与问题解决，共同作出决策。项目经理要接受及容忍团队成员的任何不满，更要允许成员表达他们所关注的问题。项目经理要做导向工作，致力于解决矛盾，决不能希望通过压制来使其自行消失。如果不满不能得到解决，它会不断集聚，导致团队人员流失甚至是集体辞职，将项目的成功置于危险之中。

在这个阶段，对于项目成员采取的激励方式主要有参与激励、责任激励和信息激励。

3. 正规（Normaling）阶段及其激励方式

经受了震荡阶段的考验后，项目团队就进入了发展的正规阶段。团队成员之间、团队与项目经理之间的关系已确立好了。项目团队逐渐接受了现有的工作环境，项目规程也得以改进和规范化。控制及决策权从项目经理移交给了各活动或工作包的负责人，团队的凝聚力开始形成，每个人觉得他是团队的一员，他们也接受其他成员作为团队的一部分。

在正规阶段，项目经理采取的激励方式除参与激励外，还有两个重要方式：一是发掘每个成员的自我成就感和责任意识，诱导员工进行自我激励；二是尽可能地多创造团队成员之间互相沟通、互相学习的好环境，以及从项目外部聘请专家讲解与项目有关的新知识和新技术，给员工充分的知识激励。

4. 表现（Performing）阶段及其激励方式

团队成长的最后一个阶段是表现阶段。这时，项目团队积极工作，急于实现项目目标。这个阶段的工作绩效很高，团队有集体感和荣誉感，信心十足。项目团队能开放、坦诚、及时地进行沟通。团队相互依赖度高，他们经常合作，并在自己的工作任务外尽力相互帮助。团队能感觉到高度授权，如果出现技术难题，就由适当的团队成员组成临时攻关小组，解决问题后再将有关的知识或技巧在团队内部快速共享。随着工作的进展并得到表扬，团队获得满足感，个体成员会意识到为项目工作的结果正在使他们获得职业上的发展。

在这个阶段，项目经理集中注意关于预算、进度计划、工作范围及计划方面的项目业绩。如果实际进程落后于计划进程，项目经理的任务就是修正计划，协助执行。因而这一阶段激励的主要方式是危机激励、目标激励和知识激励。

以上不同阶段激励的结果是使参与信息系统项目开发的所有成员形成一个工作富有成效的项目团队。有成效的项目团队具有如下特点：①能清晰理解项目的目标。②每位成员的角色和职责有明确的期望。③以项目的目标为行为的导向。④项目成员之间高度信任，高度地合作互助等。

四、系统开发的质量控制管理

目前人们对信息系统项目提出的要求，往往只强调系统必须完成的功能和应该遵循的进度计划，以及生产这个系统花费的成本，却很少注意在整个生命周期中信息系统应该具备的质量标准。这种做法的后果是系统的维护费用非常高，为了把系统移植到另外的环境中，或者使系统和其他系统配合使用，必须付出很高的代价。

信息系统项目建设的目的是在一定的时间和一定的费用下完成一定的任务，并且这些任务必须达到一定的质量要求。因此，信息系统项目管理的一个很重要的方面就是信息系统建设的质量管理。

信息系统的质量管理不仅仅是项目开发完成后的最终评价，而且是在信息系统开发过程中的全面质量控制。也就是说，信息系统的质量管理不仅包括系统实施的质量控制，也包括系统分析、系统设计时的质量控制；不仅包括对系统实施软件的质量控制，而且还包括对文档、开发人员和用户培训的质量控制。

为了在信息系统的建设过程中实施全面质量控制，主要采取下述措施：

(1) 实行工程化的开发方法。信息系统特别是复杂信息系统的开发是一项系统工程，必须建立严格的工程控制方法，要求开发组的每一个人都要遵守工程规范。

(2) 实行阶段性冻结与改动控制。信息系统具有生命周期，这就为划分项目阶段提供了参考。一个大的项目可分成若干阶段，每个阶段有自己的任务和成果。这一方面便于管理和控制工程进度，另一方面可以增强开发人员和用户的信心。在每个阶段末要“冻结”部分成果，作为下个阶段开发的基础。冻结之后不是不能修改，而是其修改要经过一定的审批程序，并且要做好相应的项目计划调整工作。

(3) 实行里程碑式的审查与版本控制。里程碑式的审查就是在信息系统生命周期的每个阶段结束之前，都正式使用结束标准对该阶段的冻结成果进行严格的技术审查。这样，如果发现问题，可以在阶段内解决。版本控制的含义是通过给文档和程序文件编上版本号，记录每次的修改信息，使项目组的所有成员都了解文档和程序的修改过程。广义的版本控制技术称软件配置管理（Software Configuration Management），并已有功能完善的软件工具支持，如 PVCS 和 Microsoft Visual SourceSafe。

(4) 实行面向用户参与的原型演化。在每个阶段的后期，快速建立反映该阶段成果的原型系统，利用原型系统与用户交互及时得到反馈信息，验证该阶段的成果并及时纠正错误。这一技术称为“原型演化”。原型演化技术要有先进的 CASE 工具的支持。

(5) 强化项目管理，引入外部监理与审计。要重视信息系统的项目管理，要全面进行计划、费用和进度管理。此外，特别要注意项目人力资源的管理，因为项目成员的素质和能力以及积极性是项目成败、好坏的关键。同时还要重视第三方的监理和审计的引入，通过第三方的审查和监督来确保项目质量。

(6) 尽量采用面向对象和基于构件的方法进行系统开发。面向对象的方法强调类、封装和继承，能提高软件的可重用性，能将错误和缺憾局部化，同时还有利于用户的参与。这些对提高信息系统的质量都大有好处。

基于构件的开发，又称“即插即用编程”（Plug and Play Programming）方法，是从计算机硬件设计中吸收过来的优秀方法。这种编程方法是将编制好的软件“构件”（Component）插在已做好的框架（Framework）上，从而形成一个大型软件。构件是可重用的软件部分，构件可以自己开发，或使用其他项目的开发成果，也可以向软件供应商购买。当发现某个构件不符合要求时，可对其进行修改而不会影响其他构件，也不会影响实现和测试。

(7) 进行全面测试。要采用适当的手段，对系统调查、系统分析、系统设计、实现和文档进行全面测试。

第三节　系统开发的文档管理

一、文档管理的作用与类型

（一）文档管理的作用

在信息系统建设中，除了有一定的硬设备（如计算机等）之外，它的“原材料”、“工具”、

“半成品”、“成品”全是信息，是一种人脑的思维活动，体现为书面文字资料和计算机程序。由于人脑思维活动的不可见性、不稳定性，需要以书面形式的文字资料即文档来保存和记录，计算机程序则是信息系统建设的最终表现，因此人们称：文档 + 程序 = 软件。所有软件被有效地集中在一起形成了全企业的信息系统。

在整个信息系统开发过程中，文档主要包括从系统规划、系统分析、系统设计到系统实施全过程中的各种单据、表格和报告。一般来说，在信息系统开发过程中，文档管理主要有如下作用：

- 可以更好地发挥文档用来统一思想、防止误解和健忘的作用。
- 使各阶段文档成为各阶段工作完成的标志。
- 有效地使前一阶段文档成为下一阶段工作的基础和依据。
- 可以使系统各类开发人员之间，以及与用户之间进行更有效的沟通交流。
- 能更好地借助文档对开发成本、进度、质量和人员进行协调、控制和指挥。
- 使用户对开发成果验收更合理。
- 为用户在系统运行和维护中遇到的问题提供完整的参考手册。
- 可有效促进系统建设和运行期间，用户和开发人员对系统需求和功能变更行为的规范化。
- 为系统修补、二次开发等后续任务提供完整的参考资料。

由于文档的重要作用，必须对这些文档资料实施有效的管理。

（二）系统文档的类型

信息系统的文档有许多种分类方法，主要的有以下三种：

（1）按照产生的频率分。文档按产生的频率可分为一次性文档和非一次性文档。前者如系统分析报告、系统设计报告等，后者如开发过程中用户提交的需求变更申请书等。非一次性文档还可以分为频率固定的文档和频率不固定的文档，频率固定的文档有项目组月度开发报告、信息系统运行日志、运行月报等；频率不固定的文档有需求变更申请书、维护修改建议书等。

一次性文档和频率固定的文档一般都有较固定的内容和格式，而频率不固定的文档由于发生的随机性，导致文档记录人员在撰写文档时的随意性。为了管理好这些频率不固定的文档，需要对这些文档予以编号，并尽可能地统一格式，以便做到规范管理。

（2）按照信息系统生命周期的阶段不同分。文档按产生的阶段不同，可分为五种：系统规划阶段文档，如系统可行性研究报告、项目开发计划书等；系统分析阶段文档，如系统分析报告等；系统设计阶段文档，如系统设计报告、需求变更申请书等；系统实现阶段文档，如程序设计报告、系统测试报告、开发总结报告等；系统运行与维护阶段文档，如用户手册、操作手册与维护修改建议书等。

（3）按照文档不同的服务目的分。文档按不同的服务目的可分为三类，即用户文档、开发文档与管理文档。用户文档主要是为用户服务的，开发文档主要是为开发人员服务的，管理文档主要是为项目管理人员服务的。

二、文档管理的内容

尽管文档的重要性大家都大体知道，但在实际工作中，文档在编制和使用中仍然存在着许多有待解决的问题。系统开发人员中普遍存在着对编制文档不感兴趣的现象；而用户方面又常常抱怨文档找不到、文档不够完整、文档编写得不好、文档已经陈旧或是文档太多，难以使用等。一般来说，为了更好地发挥文档管理的重要作用，文档管理应从以下几方面内容进行：

（一）制定文档编制策略

文档编制策略是由项目负责人组织制定的，对下级开发单位或开发人员提供文档管理指导方针。一般说来，文档编制策略陈述要明确，并要使每个项目组成员都能理解它，进而贯彻实施。支持有效文档策略的基本条件有：

（1）文档需要覆盖整个系统生命周期。在项目早期几个阶段就要求有文档，而且在贯穿系统开发过程中必须是可用的和可维护的。在开发完成后，文档应满足软件的使用、维护、增强、转换或传输。

（2）文档应是可管理的。指导和控制文档的编制和维护，管理者应准备文档产品、进度、可靠性、资源、质量保证和评审规程的详细计划大纲。

（3）文档应适合于它的读者。读者可能是管理者、分析员、无计算机经验的专业人员、维护人员、文书人员等。根据任务的执行，他们要求不同的材料表示和不同的详细程度。针对不同的读者，文档编制者应设计不同类型的文档。

（4）文档效应贯穿系统的整个开发过程。在系统开发的整个过程中，应充分体现文档的作用和限制，即文档应指导全部开发过程。

（5）文档标准应被标识和使用。应尽可能地采纳现行的标准。若没有合适的现行标准，必要时应研制适用的标准或指南。

（6）应规定支持工具。工具有助于开发和维护系统产品，包括文档，因此尽可能地使用工具是经济的、可行的。

（二）制定文档编制标准和指南

在一个系统开发项目组内部，应采用一些标准和指南，包括：①系统生存期模型。②文档类型和相互关系。③文档质量。这些标准和指南决定如何实现文档任务，将提供一些准则以评价机构内所产生系统文档的完整性、可用性和适合性。应尽可能地采用现行的国家标准和国际标准，若现行的标准不适用，机构应制定自己的标准。

1. 选择系统生存期模型

现有的一些系统生存期模型，对于不同的阶段有不同的词汇，从系统文档的观点来看，采用哪种模型都无关紧要，只要阶段和相应的文档是清晰定义的、已计划的，并且对于任何具体系统项目都是能遵循的。因此，管理者应选择一个系统生存期模型并保证该模型在机构内是适用的。

2. 规定文档类型和内容

系统文档一般应归入如下三种类别：①开发文档——描述开发过程本身。②产品文档——描述开发过程的产物。③管理文档——记录项目管理的信息。这个分类是大致的，可以作为具体项目中定义文档类型的参考。

3. 确定文档的质量等级

仅仅依据规章、传统的做法或合同的要求去制作文档是不够的，管理者还必须确定文档的质量要求以及如何达到和保证质量要求。质量要求的确定取决于可得到的资源、项目的大小和风险，可以对该产品的每个文档的格式及详细程度作出明确的规定。每个文档的质量必须在文档计划期间就有明确的规定。文档的质量可以按文档的形式和列出的要求划分为四级。

（1）最低限度文档（1级文档）。1级文档适合开发工作量低于1人·月的开发者自用程序。该文档应包含程序清单、开发记录、测试数据和程序简介。

（2）内部文档（2级文档）。2级文档可用于在精心研究后被认为似乎没有与其他用户共享资源的专用程序。除1级文档提供的信息外，2级文档还包括程序清单内足够的注释以帮助用户安装和使用程序。

(3) 工作文档（3级文档）。3级文档适合于由同一单位内若干人联合开发的程序，或可被其他单位使用的程序。除2级文档提供的信息外，3级文档还包括共享程序结构和相应注释说明，方便集成现有应用和工作成果共享。

(4) 正式文档（4级文档）。4级文档适合那些要正式发行供普遍使用的系统产品。关键性程序或具有重复管理应用性质（如工资计算）的程序需要4级文档。4级文档遵守《计算机软件文档编制规范》(GB/T 8567—2006) 的有关规定。

质量方面需要考虑的问题既要包含文档的结构，也要包含文档的内容。文档内容可以根据正确性、完整性和明确性来判断。而文档结构由各个组成部分的顺序和总体安排的简单性来测定。

（三）文档编制计划

文档计划可以是整个项目计划的一部分，也可以是一个独立的文档。应该编写文档计划并把它分发给全体开发组成员，作为文档重要性的具体依据和管理部门文档工作责任的备忘录。

对于小的、非正式的项目，文档计划可能只有一页纸；对于较大的项目，文档计划可能是一个综合性的正式文档，这样的文档计划应遵循各项严格的标准及正规的评审和批准程序。

编制计划的工作应及早开始，对计划的评审应贯穿项目的全过程。如同其他计划一样，文档计划指出未来的各项活动，当需要修改时必须加以修改。导致对计划作适当修改的常规评审应作为该项目工作的一部分，所有与该计划有关的人员都应得到文档计划。

文档计划一般包括以下几方面内容：①列出应编制文档的目录。②提示编制文档应参考的标准。③指定文档管理员。④提供编制文档所需要的条件，落实文档编写人员、所需经费以及编制工具等。⑤明确保证文档质量的方法，为确保文档内容的正确性、合理性采取一定的措施，如评审、鉴定等。⑥绘制进度表，以图表形式列出在软件生存期各阶段应产生的文档、编制人员、编制日期、完成日期、评审日期等。

三、系统开发文档的质量管理

质量差的文档不仅使读者难于理解，给使用者造成许多不便，而且会削弱对信息系统的管理（管理人员难以确认和评价开发工作的进展），增加信息系统的开发成本（一些工作可能被迫返工），甚至造成更加严重的后果（如误操作等）。

造成信息系统文档质量不高的原因主要有四个：①认识上的问题：不重视文档编写工作。②规范上的问题：不按各类文档的规范写作，文档的编写具有很大的随意性。③技术上的问题：缺乏编写文档的实践经验，对文档编写工作的安排不恰当。④评价上的问题：缺乏评价文档质量的标准。

（一）文档的内容质量

信息系统建设过程在很大程度上是应用软件的开发过程。就软件的两大部分——程序和文档而言，程序相对来说是“硬件”，是必须最终完成的。开发者往往认为只要最终程序正确，能够满足系统需求，就达到了系统要求。而文档是“软件”，有一些是必须完成，而有些则无严格要求，并且也可以事后补充。因而，为了追求开发进度，一些文档资料常常被忽略。另外，文档经常是给他人看的，文档的作用很多是在事后才能体现出来的，这使得系统开发人员缺乏书写文档的动力和自觉性。

高质量的文档应当体现在以下一些方面：

(1) 针对性。文档编制以前应分清读者对象，按不同类型、不同层次的读者，决定怎样适应他们的需要。例如，管理文档和用户文档不应像开发文档那样过多地使用信息技术的专业术语。

（2）精确性与统一性。文档的行文应当十分确切，不能出现多义性的措辞。同一项目的不同文档在描述同一内容时应该协调一致，没有矛盾。

（3）清晰性。文档编写应力求简明，如有可能，应配以适当的图表，以使其更清晰。

（4）完整性。任何一个文档都应当是完整的、独立的。例如，前言部分应作一般性介绍，正文给出中心内容，必要时还有附录，列出参考资料等。同一课题的几个文档之间可能有些部分相同，这些重复是必要的。例如，同一项目的用户手册和操作手册中关于本项目功能、性能、实现环境等方面的描述是没有差别的。特别要避免在文档中出现转引其他文档内容的情况，这将给读者带来许多不便。

（5）灵活性。不同的信息系统项目，其规模和复杂程度有许多实际差别，不能等同对待，对文档的要求也应该适当调整。

（6）可追溯性。由于各开发阶段编制的文档与各阶段完成的工作有着紧密的关系，前后两个阶段生成的文档，随着开发工作的逐步扩展，具有一定的继承关系。在一个项目各开发阶段之间提供的文档必定存在着可追溯的关系。例如，某一项功能需求，必定在功能模块处理设计说明书、测试计划以及用户手册中有所体现，必要时应能做到跟踪追查。

（7）易检索性。无论是发生频率固定的文档，还是频率不固定的文档，在结构的安排和文件的装订上都必须能使查阅者以最快的速度进行检索。

（二）文档编制的格式要求

为了得到高质量的文档，除认识上予以重视外，撰写报告时注意一些原则，采用一定的格式也非常重要。

（1）撰写原则。撰写原则包括：①立足于读者。②立足于实际需要。③文字准确、简单明了。

（2）编排原则。编排原则包括：①所有文档都应该编排得便于迅速查到所需要的内容。②采用由一般到具体的层次结构。③可能的情况下还可以采用词汇之间的互相链接。④在可能的情况下，应使图表放在它所解释的文字附近，以便在阅读正文的同时也能看到图表。⑤适当使用不同的字体和版式，以增加一段正文的明晰度。

（3）装订原则。装订原则包括：①如果文档需要修改，宜采用活页装订，以便可以随时去掉某页面。②页面编号由横线连接的三组数字组成，第一组数字表示卷次，第二组数字表示卷内的章次，第三组数字表示该章中的页次。③在增加页时，加页页码的第一部分与前一页的页码相同，第二部分用一个小数点后跟页号组成。④为了便于查询，在每页的页眉上标以出版日期、系统名称和节名称。

（4）词汇与索引的原则。词汇与索引的编制原则包括：①技术术语的使用应该适当控制。②使用技术术语前，需准确定义每个术语，使用也要恰如其分。③不同地方对同一内容应采用同一术语。④每种用户文档均应有一个词汇表和索引。索引可以与词汇表结合起来。⑤必须重视如何让读者快速查到所需的功能。

第四节　系统开发监理

一、系统开发的风险管理

（一）风险和风险管理

风险是给定情况下一定时期可能发生的各种结果间的差异。它的两个基本特征是不确定性和损失。风险管理是对项目风险进行识别、分析和应对的系统过程。它包括把对项目目标而言的正面事件出现的概率和影响结果最大化和把负面事件出现的概率和影响结果最小化。

一般可以从以下几个层次上定位、管理风险：①危机管理——救火模式，就是在风险已经造成麻烦后才着手处理它们。②失败处理——察觉到了风险并迅速作出反应，但只是在风险发生之后。③风险缓解——事先制定好风险发生后的补救措施，但不作任何防范。④着力预防——将风险识别与风险防范作为项目的一部分加以规划和执行。⑤消灭根源——识别和消除可能产生风险的根源。

前三项都是被动进行的，应当着力于预防风险，积极消除风险根源。任何风险管理过程都存在两个主要活动，即风险评估和风险控制。风险评估是一个识别风险来源及评估它们潜在影响的发现过程；风险控制的目的在于解除风险，是一个开发风险解除计划、监视风险状态、实施风险应对计划和纠正计划中偏差的过程。

（二）信息系统项目的风险

随着信息系统需求的不断增长，软件界的问题也越来越多。不断变换的用户需求、糟糕的计划与估算、不可信赖的承包人、欠缺经验的管理、人员的不稳定、伤筋动骨的技术失败、性能欠佳……不胜枚举的问题导致信息系统项目按时完成的概率几乎为零，而且即便是延期交货，产品也经常会和最终用户的需求与期望有着不小的差距。导致这些问题的一个重要原因则在于多数项目没有实施风险管理。

在信息系统的开发实践中，任何项目都具有某些不确定性，从而也就面临各种各样的风险。对项目风险进行科学、准确的判别，并为项目决策层和管理人员提供科学的风险应对策略是十分必要的。特别是随着社会进步、科技的飞速发展及现代化程度的提高，项目的规模、复杂度也越来越大，潜在的风险就越来越多，对项目的影响可能也更加严重。任何一个大型项目都是非常复杂的系统，在项目立项论证和项目方案选择及设计时进行充分的风险判别已变得十分重要，也越来越引起项目决策者和管理者的重视。项目风险管理已不是一项单一的具体工作，而是有关项目全局的重要工作。

每个信息系统项目都是独一无二的，因此它们也有自己独特的风险。大多数信息系统项目的风险主要存在于产品、过程和项目三个方面。信息系统的产品风险主要是技术方面的风险，包括需求稳定性、设计性能、编程复杂度、测试等。信息系统的项目风险主要是项目相关制约条件引发的风险，包括资源制约（预算）、外界因素、供应商关系、合同制约（进度）等。信息系统的过程风险主要是管理和技术规范可能引发的风险，如计划、人员分配、项目跟踪、质量保证、配置管理等方面的风险。

（三）信息系统项目风险管理

信息系统项目风险管理工作就是在风险成为影响信息系统项目成功的威胁之前，识别、着手处理并消除风险的源头，它是对影响产品、项目和过程的风险进行评估和控制的实践过程。

一般来说，信息系统项目风险管理过程始于对项目目标的理解，进而找出影响目标实现的风险因素，并从其可能性、损失及紧急程度等方面评估风险影响，防患于未然，针对其中的重要风险制定和执行合理的风险管理行动计划来应对。

信息系统项目风险管理始于 20 世纪 70 年代对软件缺陷预测的研究，该时期的研究集中于对软件质量的某个属性进行预测的方法。1989 年 Boehm 首次提出了信息系统开发过程的风险管理这一概念。在此基础上，不少学者开始研究信息系统开发过程中的各种风险管理方法，已取得了很多成果。典型的风险管理体系有：

（1）Boehm 体系。Boehm 提出信息系统项目风险管理体系后，又于 1991 年详细描述了他的思想体系。他把风险管理活动分成风险估计和风险控制两大阶段。风险估计阶段包括风险辨识、风险分析和风险排序三项活动，风险控制阶段包括风险管理计划、风险处理和风险监督三项活动。

（2）Charette体系。1989年，Charette设计了风险分析和管理体系，由分析和管理两大阶段组成。分析阶段包括辨识、估计和评价三个过程，管理阶段包括计划、控制和监督三个过程，并且允许各项过程活动之间有相互重叠甚至交错反复的现象。Charette同时为各个过程提供了相应的战略思路、方法模型和技术手段。

（3）SEI体系。SEI（Software Engineering Institute，软件工程研究所）在信息系统项目风险管理方面做了大量的工作，1999年前后分别以技术报告和手册等形式公布了基于分类的风险辨识（TBQ）、持续风险管理（CRM）、软件风险评估（SRE）、软件采购风险管理成熟度模型（RM-CMM）和团队风险管理（TRM）。整体思想是想以TRM为框架和以TBQ等为基本手段，依托SRE过程及贯彻CRM思想，配合软件能力成熟度模型（SW-CMM）和软件采购成熟度模型（SA-CMM），从而完成信息系统开发项目的风险管理。

前两种体系在本质上很相似，主要偏重于理论结构的完善。SEI体系注重了与信息系统开发过程的紧密结合，明确提出了信息系统采购方在项目风险管理中的地位和作用。体系中的理性思考都以指导实践步骤为主要目的，基本上摒弃了复杂的数学运算，具有明显的可操作性。图7-4为SEI风险管理的主要过程框架。

SEI的风险管理主要原则是：不断地评估可能造成消极后果的风险因素；决定最需要处理的风险；制定并实现应对风险的策略；评测并确保风险策略实施的有效性。

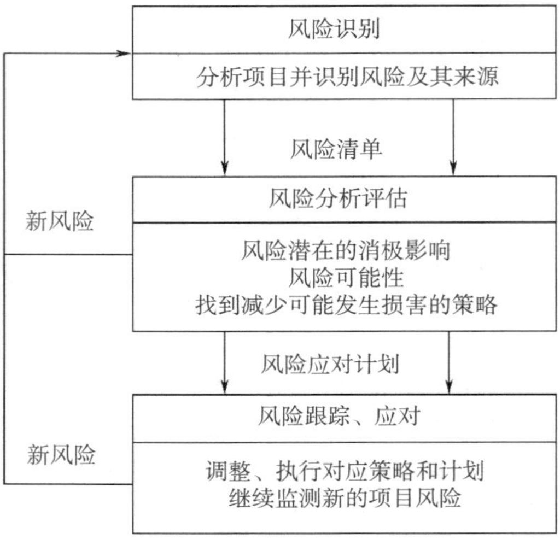

图7-4　SEI风险管理的主要过程框架

SEI的风险评估体系要求在项目生命周期的所有阶段都关注风险识别和管理，它将风险管理划分为五个主要步骤：风险识别、风险分析、风险计划、风险跟踪、风险应对。其中，风险识别依靠问卷（风险问题清单）完成，问卷覆盖了近200个引发风险的常见问题，涉及13个主要领域。风险分析侧重于理解每个风险在该项目中发生的可能性和后果的严重性，从而获得主要风险的清单。风险计划是将风险管理步骤的描述、负责人及其职责、行为执行和完结的时间文档化，并且确定风险处理的优先级，制定主要风险的应对计划。风险跟踪是获取、整理并汇报主要风险问题当前的状态，以及可能出现的新风险，其目的是收集精确的、及时的和相关的信息，并以容易理解的方式将这些信息提交给项目组。风险应对是根据风险及其缓解计划进行及时而有效的决策，具体操作包括分析风险跟踪阶段产生的风险状态信息，明确地决定采取什么行动，并实现它们。

二、系统开发监理的含义与特点

（一）系统开发监理的含义

（1）信息系统开发监理是从技术和管理角度对软件项目实施的监督管理活动。将监理机制引入信息系统项目开发过程的初衷是因为软件用户单位技术和管理力量的不足，也就是说，信息系统开发监理是为信息系统项目开发提供的管理服务。它以信息系统项目为载体，离开信息系统项目，就不属于信息系统开发监理的范围，并应以此来界定信息系统开发监理的范围。需要明确的一点是，监理单位是提供信息系统项目管理服务的主体，而非进行信息系统项目的管理主体。信息系统项目的管理主体是信息系统用户单位，是项目的投资者。

(2) 信息系统开发监理的行为主体是监理单位。监理单位应是具有独立性、专业化、社会化的专门从事信息系统项目开发过程监理和提供技术咨询服务的组织。监理单位的监理活动是以独立自主为原则，以“公正的第三方”的身份展开的。

(3) 信息系统开发监理的实施需要用户单位的委托和授权。通过信息系统用户单位委托和授权来实施软件开发监理，是与政府监督和用户单位自主管理的重要区别。这种方式也决定了用户单位与监理单位是委托与被委托、授权与被授权的关系。监理工程师的各种权力是由用户单位通过授权转移过来的，用户单位始终以项目管理主体的身份掌握着最终决策权，承担决策风险。

(4) 信息系统开发监理是有明确依据的行为。信息系统项目的监理依据不仅对监理方，同时对用户方和开发方也是一种约束。信息系统开发监理的依据是国家的相关法律和法规、行业规范、信息系统开发监理合同和各类信息系统项目开发合同。之所以说信息系统开发监理也是信息系统开发行为，是因为监理方、用户方和开发方三者在实现信息系统项目开发的总目标上是一致的。

（二）系统开发监理的特点

虽然信息系统开发监理活动也属于信息系统开发行为，但它毕竟不同于软件企业的直接开发行为，只是在信息系统开发过程中，利用自己的专业知识、技能和经验为信息系统用户提供高智能监督管理服务，以满足信息系统用户对项目管理的需要。信息系统开发监理具有独立性、公正性和专业性三个主要特点。

独立性是指开发监理单位应完全按照独立自主的原则开展软件开发监理工作。如国际咨询工程师联合会（FIDIC）制定的《业主/咨询工程师标准服务协议书》中明确指出，监理单位是“作为一个独立的专业公司受聘于业主去履行服务的一方”，应根据监理合同进行工作。为了保证监理行业的独立性，“从事监理行业的公司和人员必须与某些行业和单位断绝人事依附关系及经济隶属关系，也不能从事某些行业的工作”。独立性是监理单位开展软件开发监理工作的重要原则，是由监理单位在项目开发过程中的第三方地位决定的，也是建立健全信息系统开发监理制度的要求。

公正性是监理工作正常进行的基本条件。在信息系统开发过程中，信息系统用户单位赋予监理单位监督管理的权力后，由于得到了专业化监理单位在技术和管理方面的有力支持，使得作为被监理方的信息系统开发企业迫切要求监理单位秉公办事，公正地开展监理活动。监理工作的公正性是减少开发方和用户方之间的纠纷、提高信息系统质量的重要保证，公正性也是监理行业公认的职业道德准则。

专业性是指监理单位及其人员具有比信息系统开发人员更高的专业水平和素质，具有更多的经验和协调应变能力，具有更强的责任心和使命感。监理单位缺乏了专业性，就难以实施有效的监督管理工作，就难以顺利完成监理工作，就难以以科学的态度承受监理工作的压力。

三、系统开发监理机制

从体系结构来看，信息系统开发监理机制大体由四部分组成，如图 7-5 所示。监理单位和监理工程师是信息系统开发监理的实体；信息系统开发监理组织结构是指监理单位如何构建监理组织，组织监理工程师工作；监理规划是指导监理工程师监理活动的指令性文件，监理规划编制得好坏直接影响监理工作的成败；信息系统开发监理内容包括信息系统项目的投资、进度、质量等方面，说明应该对哪些项目的开发内容、步骤进行监理。

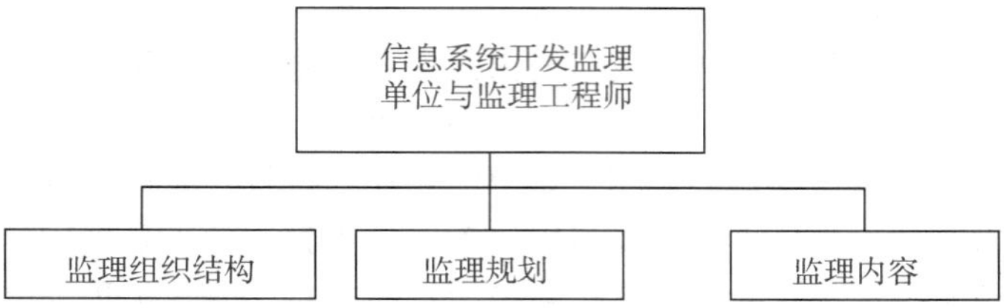

图 7-5　信息系统开发监理机制的体系结构

（一）监理单位与监理工程师

监理单位的任务是接受信息系统用户的委托和授权，向信息系统用户提供技术和管理服务，通过一定的组织与管理，对信息系统项目的投资、进度和质量三大目标进行控制，以确保用户单位开发软件的预期目标。从图 7-6 可以看到监理单位和开发企业及用户单位之间的关系。

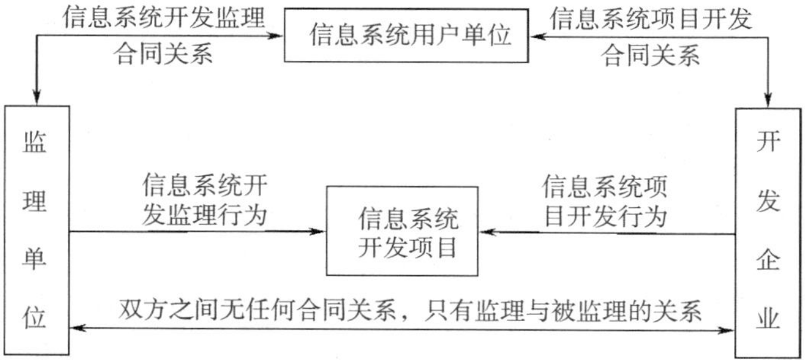

图 7-6　监理单位与信息系统项目各方的关系

监理单位受投资方（用户）委托，利用自己丰富的 IT 知识和工作经验，可以减轻或化解工程中的风险或问题，保证工程的质量和进度，既确保了用户的利益，又有力地支持了开发企业的工作。用户和监理单位是一种平等的、授权与被授权的经济合同关系，因此双方都承担了各自的权利和义务。一般说来，用户应授予监理单位对信息系统项目开发过程进行监督管理的必要权力，以代替自己负责一些具体的管理工作，如信息系统项目的组织协调工作的主持权，有关信息系统项目重大问题的建议权，项目款支付与结算、进度计划和软件质量的确认权和否决权等。而信息系统用户一般只保留项目开发规模与标准的决策权、对开发企业的选择权、与开发企业订立信息系统开发合同的签订权及信息系统验收权等重要决策权。监理单位和信息系统开发企业之间则存在一种监理与被监理的关系，虽然监理单位和开发企业之间没有任何的经济合同，但它们都需要为完成软件项目开发任务承担一定的责任。尽管承担的具体任务和责任不同，但在性质上都属于“开发信息系统”，对信息系统用户来说是一样的。监理单位一旦有了用户的授权就有了监督管理信息系统开发企业履行项目开发合同的权利和义务，信息系统开发企业不仅仅和用户打交道，更多的则是要和监理单位联系，并接受监理单位对软件项目开发活动的监督和管理。

信息系统开发监理是一种高智能的技术和管理服务活动。监理的效果主要取决于监理单位是否具备满足信息系统开发监理业务需要的能力，特别是监理工程师的水平和素质。各级监理人员不仅要有较强的专业技术能力和较高的政策水平，能够对信息系统开发过程进行监督管理，提出指导性意见，而且要能够组织、协调信息系统开发有关各方协同完成信息系统项目开发任务。

信息技术涉及的门类多，又都处于当代迅速发展的前沿，任何一个监理单位也不可能拥有众多前沿科技和各方面的专家，这个问题可以通过组建社会专家网络来解决。这些各领域的专家平时在各自的科研单位工作，一旦监理机构承担了信息工程的咨询业务，就可以根据需要随时邀请相应领域的专家协助工作。

（二）监理组织结构

进行信息系统项目开发过程的监理，首先应当完成的是监理单位的组织工作。各级的监理人员不是分散单独工作的，而是通过一定的组织来完成监理任务的。

1. 建立监理组织的步骤

（1）明确监理任务，列出各级监理目标。明确监理任务，是制定各级监理目标以及监理工作考核标准的前提；而各级监理目标的确定，又是监理任务顺利完成的方法和手段。

（2）监理工作内容的合并。适当合并过于细化的监理目标，是提高监理工作效率的有效方法。合并时主要考虑的因素有：信息系统项目的规模、性质、工期，监理单位的人员数量、业务水平等。

（3）组织结构设计。按照监理组织设计原则，合理确定信息系统开发监理的组织结构形式。

（4）制定规章制度及考核标准。为了使监理工作科学、规范地进行，还应制定监理部门和监理人员的岗位职责标准、监理工作流程和监理信息流程等有关规章制度。监理人员岗位职责标准应规定各类监理人员的工作职责和考核标准与时间。

2. 监理组织的人员配备

监理组织的人员一般由总监理工程师、专业监理工程师和监理员所组成。开发监理组应由与监理项目的性质及用户对信息系统监理的要求相适应的专业人员组成。信息系统开发监理组织人员数量主要是依据项目的性质、规模以及监理人员的业务范围和业务水平来确定的。一般来说，信息系统项目复杂程度越大，工期要求越短，监理人员的业务水平越低，要求投入的监理人员就越多。但也不是说投入的监理人员越多越好。监理人员数量投入过多，会增加监理费用的支出，严重的还会降低组织的监理效率。因此，监理单位应根据信息系统开发项目和自身的实际情况制定出合理的人员结构和数量。

3. 监理组织中各类人员的职责

监理人员在信息系统开发过程中承担的职责，应在监理组织设计过程中明确规定。各类监理人员也必须掌握在监理组织及监理合同条款规定的范围内应有的职责权限，严格按照规定的各项工作内容执行。例如，项目总监理工程师是监理单位履行监理委托合同的全权负责人，代表监理单位行使合同授予的职责和权限，全面负责和领导项目的监理工作。因此，总监理工程师应由业务技术水平高、管理经验丰富、有良好职业道德的监理工程师担任。其承担的基本职责包括：

①主持编写开发监理规划，审批监理实施细则。②确定开发监理组织的组织结构和人员结构，确定监理人员的岗位职责。③检查监理人员的工作情况，调换不称职的人员。④主持监理工作会议，签发开发监理组织的文件和指令。⑤审核开发企业的设计方案、进度和质量保证措

施。⑥审查和处理项目变更，处理由此引发的争议和索赔事件。⑦组织编写并签发监理月报、监理工作阶段报告、专题报告和监理工作总结。⑧审核软件程序质量检测评定资料，组织并参与信息系统的检测验收工作。⑨主持整理项目开发的监理资料。

（三）监理规划

1. 监理规划的有关文件

监理规划的有关文件包括监理大纲、监理规划和监理细则三个。

（1）监理大纲。监理大纲是监理单位为承揽监理业务而编制的方案性文件，它是监理单位投标书的重要组成部分。监理大纲通常要包括的内容有：监理单位的资质介绍，主要监理人员和资质情况介绍，拟采用的监理方案（监理组织方案、各目标控制方案等）。

（2）监理规划。监理规划是监理单位与用户单位签订监理委托合同之后编制的指导监理部门开展监理工作的技术组织文件。从内容上讲，监理大纲是监理规划编写的直接依据，监理规划的内容比监理大纲要全面详细，更具有指导监理工作的实际意义。

（3）监理细则。监理细则是由专业监理工程师根据本专业技术要求，在监理规划的基础上，针对所承担的具体监理任务，结合自身具体情况（人员数量和质量等情况）和项目环境、特点编制的具有可操作性的专业性监理文件。

2. 监理规划的内容

信息系统开发监理规划应在项目总监理工程师的主持下，根据信息系统开发监理委托合同和监理大纲的要求，在充分收集和详细分析待开发信息系统的有关资料的基础上编制。下面就列出编写信息系统项目开发全过程监理规划的主要内容。

（1）项目概述。项目概述包括信息系统项目名称、用户单位名称、开发方企业名称、项目总投资估算、计划工期和待开发信息系统的功能和性能上的基本要求，以及待开发信息系统的简介。

（2）监理依据。工程监理依据是监理工作的基础。由于我国在信息系统集成项目和软件工程方面的标准规范及贯彻实施方面还比较欠缺，监理依据的确定比较复杂。但监理依据是监理工作的准绳，其重要性是不言而喻的，对监理方和开发方都是一种约束。一般说来，监理的依据有以下几种：软件工程有关的国际、国家标准用户需求说明书；业主和承包方合同书、招标书、答标书。

（3）监理组织。监理组织包括监理机构的建立和监理人员的分工。首先成立以总监理工程师为首的监理部门，下设各专业监理部门，任命各专业监理工作负责人，配备各级监理人员，进行责任分工和相应授权。

（4）监理措施与监理目标、程序。信息系统项目的监理包括组织措施、技术措施、经济措施和合同措施，通过以上措施主要对投资、质量和进度进行控制。

（5）监理工作制度。监理工作制度包括：①监理单位内部工作制度，包括监理组织工作会议制度、学习培训制度、监理工作日志制度、监理资料档案管理制度、对外行文审批制度。②监理工作岗位责任制度，包括监理组织各部门的工作责任制度和各级监理人员的工作责任制度。③监理工作审查和审核制度，包括需求分析、设计方案、编码与测试各阶段的审查制度，以及项目概算、进度计划、质量保证计划等文件的审核制度。④组织现场协调会议制度，包括各阶段三方共同参与的有关投资、进度和质量目标控制定期或不定期的协调会议制度。⑤申报审批制度，包括协助信息系统用户单位的各项工作申报审批制度，如投资、进度、质量偏差补救措施的申报制度，项目变更的申报批准制度等。

（四）监理内容

信息系统开发监理的内容根据信息系统开发的不同阶段，有着不同的监理内容和监理要求，监理单位的监理工作应与不同阶段的不同内容相对应。在每个阶段，监理人员应对信息系统项目的各个方面进行测量，并分析结果是否满足预期的要求，是否有潜在的重大错误。各阶段监理内容如下：

1. 开发准备阶段

（1）组织有关专家对信息系统项目的总体规划、技术方案、设备选型进行论证与优化，为用户提供决策依据。

（2）为用户撰写工程招标书，并组织专家协助用户单位进行招标，选择合适的开发商；确定总需求、总目标和建设原则。

（3）进行市场调查，起草合同条款，为用户单位进行商务谈判提供咨询，协助用户单位签订信息系统开发合同。

2. 系统规划阶段

（1）审核信息系统规划。

（2）召开监理会议，讨论信息系统规划的可行性。

（3）协同开发方解决存在的问题。

（4）记录重要文档，如监理所涉及的主题、监理发现存在的问题及问题解决方案等。

3. 系统分析阶段

（1）协助用户审核开发方提出的可行性分析报告。

（2）协助开发方收集需求。

（3）和用户、开发方一同验证所收集的需求。

（4）审核需求报告，确认所列需求是否清晰、明确、有定义、可测量，并可用于开发和测试。

（5）和用户、开发方一同验证新系统逻辑方案。

（6）对系统分析进行质量、进度控制。

（7）指出其不完善的地方，向开发方提出意见。

（8）需求如有更改，要经过三方协商同意并记录。

（9）记录相应的重要文档，如系统分析监理报告等。

4. 系统设计阶段

（1）审核开发方设计的系统功能结构、系统功能处理流程。

（2）审核开发方设计的数据库方案、编码方案、输入输出方案。

（3）和用户、开发方一同验证系统设计报告。

（4）对系统设计进行质量、进度控制。

（5）指出其不完善的地方，向开发方提出意见。

（6）记录相应的重要文档，如系统设计监理报告等。

5. 系统实施阶段

（1）审核软件测试的环境及准备工作。

（2）审核软件需求功能的实现情况，必要时建议开发单位采取纠正措施。

（3）将代码实际大小同信息系统计划相比较。

（4）协助用户进行系统切换。

（5）跟踪软件试运行情况，并记录发现的问题。

（6）审核软件开发费用，与开发计划中的相比较。

（7）对系统实施进行质量、进度控制。

(8) 和用户、开发方一同验证整个系统。

(9) 记录监理中发现的各种问题，向用户提出完善系统的建议。

第五节　程序设计

一、程序设计语言的特点与选择原则

(一) 程序设计语言的特点

目前程序设计语言众多，但适合于信息系统开发的高级语言具有如下共同特点：

(1) 具有顺序、选择、循环和调用结构。顺序结构用来表示一个计算操作序列。计算过程从所描述的第一个操作开始，按顺序依次执行后续操作，直到序列的最后一个操作。

选择结构提供了在两种或多种分支中选择其中一个的逻辑。基本的选择结构是指定一个条件 P，然后根据条件的成立与否决定控制流走程序块 A 还是程序块 B。

循环结构描述了重复计算的过程，通常由三部分组成，即初始化、需要重复计算的部分和重复的条件，其中初始化部分有时在控制的逻辑结构中并无显式表示。

还有一种结构称为调用结构，它事先预定义一个功能模块，供程序去调用。程序调用该模块时，程序控制流程进入此模块，在此模块中完成一系列操作后再返回调用程序。这使得程序流程更加清晰。

(2) 支持图形界面。绝大多数程序设计语言对图形界面设计的支持都很好，在它们的标准函数库或类库中，有相当多的函数或类供使用。这使得设计人员可以很容易地使用它们设计出友好的界面。当今很多语言都有集成开发环境（IDE），支持控件拖动功能，大大简化了代码的录入工作。

(3) 支持面向对象技术。传统的软件工程方法是面向过程的，将数据和处理过程分离，增加了软件开发的难度，尤其对于复杂系统及普遍存在的需求变化很难适应。面向对象程序设计把数据和处理数据的过程当成一个整体——对象，减少了软件系统开发的复杂度。由于对象所具有的封装性和信息隐蔽，使得对象的内部实现与外界隔离，具有较强的独立性，易于实现可重用性。因此，支持面向对象的开发技术成为了目前主流的开发手段。

(4) 支持数据管理。数据库技术的发展，已经成为先进信息技术的重要组成部分，是现代计算机信息系统和计算机应用系统的基础和核心。随着数据存储不断膨胀的需要，进行信息系统开发所需要的高级语言和工具必然要求支持数据管理。

(5) 支持网络环境。网络化是计算机发展的大趋势。由于互联网技术的应用，目前大部分信息系统都实现了服务器端与客户端的分离。用户只需从客户端或者浏览器登录，就可以进行业务操作了。因此，在这种情况下，支持网络环境成了开发信息系统所需程序语言的必备条件。

(6) 智能辅助编程。早期的程序员进行系统开发时，往往没有智能辅助功能，编程变得复杂繁琐。智能辅助编程所具有的智能纠错和智能联想功能，极大地改善了开发环境，降低了代码编写的错误率，减少了工作量，大大提高了开发效率。

(二) 选择程序设计语言的原则

(1) 开发效率原则。开发的效率与软件设计的理解能力、软件架构、代码编写、代码质量，以及测试机制都有关系。要求程序语言易懂、易学，环境操作快捷、方便，性能高效、强大。

(2) 发展趋势性原则。从程序语言的发展史来看，各种新的程序语言纷至沓来，让人眼花缭乱。各种程序语言的不断出现，反映的就是以往的程序语言已经不够用或是不适合使用在特定的应用中，因此才需要新的程序语言来解决问题。新的程序语言代表了信息应用的多样化，以往由 COBOL、FORTRAN、C/C ++ 为主的局势也被快速地打破。如今的软件开发人员可能必须同时熟悉数种程序语言，并且在不同的应用中选择使用最适当的程序语言。

（3）系统运行网络规模原则。随着网络应用的深入，网络规模急剧扩大，网络的异构性和复杂度大大提高。所选择的开发程序语言要能适应大规模网络环境，具有对大规模网络进行有效控制与管理的功能组件，要能保证所开发的程序能流畅、快捷地在大规模网络上运行。

（4）数据管理原则。所选择的程序设计语言要能支持多种数据库，如 Oracle、Microsoft SQL Server、Sybase 或 Access 等，不必为转换数据库平台而担心。

（5）可移植性原则。可移植性原则是选择程序开发语言的一个重要原则。开发语言的可移植性主要是指该语言编制的程序从一种硬件配置或软件系统环境转移到另一种配置和环境时（如不同的硬件平台和操作系统）正常运行的能力。

（6）版本兼容性原则。选择一种程序语言或开发工具来进行项目开发，还必须考虑版本兼容性原则。造成这种问题的原因是多方面的。比如，对于一些程序语言，不同软件厂家为了增加功能或者提高性能，往往会对这些语言进行不符合标准的扩充，这样当使用这些工具或语言编写的程序在进行移植时就可能导致不兼容问题的出现。

（7）智能原则。传统的软件开发，所有的代码都必须要程序员来亲自完成。目前，许多流行的商业开发软件工具已经实现高度的智能化，程序代码设计只需拖用控件、填充属性，代码就可以自动生成，这将大大提高项目开发的速度。

（8）易学性原则。目前的信息系统项目开发工作往往需要在多种复杂的软硬件环境中工作，这需要开发人员不断地学习和掌握新的工具和方法，因此语言的易学性必须考虑。易学的语言能使初学者很容易接受该语言的概念和设计方法，可以很快编写出合格的程序来解决一些简单问题。

（9）硬件适应原则。信息系统开发常常需要在不同的硬件环境下进行。针对不同的硬件环境选择适当的开发语言很有必要。这主要是因为有的开发语言是针对特定的硬件平台而设计的。

（10）成本原则。开发成本也是选择开发语言的一个重要因素。比如，要建立一个网站，可以使用 ASP + IIS + SQL Server，也可以使用 JSP + Tomcat + Oracle，还可以使用 PHP + Apache + MySQL 来完成。以上的工具组合都能完成建立一个网站的工作，但是只有第三种搭配方式所使用的工具完全免费，有助于大大节省项目开发成本。

二、程序设计的目标

1. 运行准确和稳定

信息系统的任何故障都可能给用户带来不可估量的损失，为此必须提高系统可靠性。常用方法有：

（1）设计的程序支持具有容错功能的设备，如双机备份，Cluster（集群）技术的硬件设备配置方案，出现故障时能够迅速恢复并有适当的应急措施。

（2）设计的程序具备数据备份恢复、数据日志、故障处理等系统故障对策功能。

（3）设计的程序具备对数据检错和纠错的能力，能合理预测遗漏数据，保证程序运行准确和稳定。

2. 安全性高

程序设计的安全性是衡量信息系统的一项重要指标。在程序设计安全性方面，目标包括：

（1）灾难恢复。信息系统运行可能会受到电力故障、网络入侵、计算机病毒等各种威胁，设计的程序应具有数据恢复和系统恢复的功能。

（2）数据备份。要求设计的程序具有定时进行数据备份功能和数据还原功能，保证数据的安全。

（3）断电保护。要求设计的程序具有在进行数据操作时能进行日志跟踪等处理，保证意外断电后下次运行时系统能自动还原到断电前状态。

（4）口令权限。要求设计的程序能明确规划用户拥有的权限，非法用户不能登录系统，普通权限的用户不能进行高级的操作，口令不允许以明文方式出现。

（5）病毒预防。要求设计的程序具备基本的自检测功能，自动捕捉异常数据、不合逻辑的数据变动，必要时加载第三方杀毒软件自我保护。

3. 速度快

当前的信息系统大多基于网络，为了提高信息系统的效率，程序设计必须考虑如何提高网络速度及交互响应速度。

4. 易于维护

为了保证信息系统能在相当长的时间内正常运行，程序设计应当考虑系统的维护问题。在编程时要注意编程风格的统一，代码注释全面准确，代码文档规范完整。

5. 可读性强

尽管程序的基本功能是与计算机进行交互，但程序设计本身应该有助于开发人员之间进行有效的沟通。程序被读取的次数要多于被编写的次数，在程序能被修改或调试前，开发人员必须能读取和理解程序本身的内容，因此，程序的可读性也是程序设计的一项目标。

6. 适应性强

程序的适应性是指一个程序可不经修改地由一台机器搬到另一台机器上运行。适应性是用来衡量程序设计质量的重要尺度之一。

三、程序设计规范

良好的编程风格是提高程序可靠性非常重要的手段，也是大型项目多人合作开发的技术基础。程序设计规范的目的在于通过规范定义来避免不好的编程风格，增强程序的易读性，便于自己和其他程序员理解。

（一）标识符命名及书写规则

1. 基本规则

（1）这里的标识符是指编程语言中语法对象的名字，它们有常量名、变量名、函数名、类和类型名、文件名等，标识符的基本语法是以字母开始，由字母、数字及下划线组成的字符串。

（2）标识符本身最好能够表明其自身的含义，以便于使用和他人阅读，可由一个或多个词组成，可以是英文词或中文拼音词。

（3）当标识符由多个词组成时，每个词的第一个字母大写，其余全部小写，常量标识符全部大写。中文词由中文描述含义的每个汉字的头一个拼音字母组成。英文词尽量不缩写，如果有缩写，在同一系统中对同一单词必须使用相同的表示法。

（4）标识符的总长度不要过长。

2. 特殊约定

有的编程工具或项目开发小组对标识符的命名有自己的规定，例如，把标识符分为两部分：

规范标识前缀＋含义标识

规范标识前缀用来标明该标识的归类特征，以便与其他类型的标识互相区别，例如：字符串变量标识符的前缀为 str，某字符串变量可命名为 strExample；文本框对象标识符的前缀为 txt，某文本框对象的命名可为 txtExample。

含义标识用来标明该标识所对应的被抽象的实体，以便记忆。上面例子中“strExample”的“Example”就是含义标识。编程工具或项目开发小组有特殊约定的，以其约定为准。

3. 源代码文件标识符命名规则

源代码文件标识符分为两部分，即文件名前缀和后缀。其格式和规则如下：

× × ×... × ×. × × ×

前缀部分通常与该文件所表示的内容或作用有关，可以由项目组成员统一约定。后缀部分通常表示该文件的类型，可以自己给定，具体的编程环境有特殊规定的，以编程环境的规定为准。前缀和后缀这两部分字符应仅使用字母、数字和下划线。文件标识的长度不能超过 32 个字符，以便于识别。

（二）注释及格式要求

注释总是加在程序中需要一个概括性说明或不易理解或易理解错的地方。注释应语言简练、易懂而又准确，所采用的语种首选是中文，如有输入困难、编译环境限制或特殊需求，也可采用英文。

1. 源代码文件的注释

（1）在文件的头部必须标明程序名称、它所完成的主要功能。

（2）文件的作者及完成时间。

（3）阶段测试结束后，主要修改活动的修改人、修改时间、简单原因说明列表。

（4）维护过程中需要修改程序时，应在被修改语句前面注明修改时间和原因说明。

2. 函数或过程的注释

（1）在函数头部必须对函数进行功能和参数（值参、变参）说明。

（2）在函数的主体部分，当算法复杂时，应以注释的方式对其算法结构作出说明。

（3）函数申请过全局资源且有可能导致资源紧张时应加以注明（如内存、文件柄等）。

（4）函数若有副作用，一定要以十分醒目的方式（如加叹号等）注明。

（5）函数长度在 100 语句行以内（不包括注释），程序有特殊要求时（如速度要求等）可以例外。

3. 语句的注释

（1）应对不易理解的分支条件表达式加注释。

（2）不易理解的循环，应说明出口条件（有 GOTO 的程序还应说明入口条件）。

（3）过长的函数实现，应将其语句按实现的功能分段加以概括性说明。

（4）供其他文件或函数调用的函数，绝不应使用全局变量交换数据。

4. 常量和变量的注释

在常量名字（或有宏机制的语言中的宏）声明后应对该名字作适当注释。注释说明的要点是：①被保存值的含义（必须）。②合法取值的范围（可选）。③全局变量需要对以上逐点作充分说明。

（三）缩进规则

1. 控制结构的缩进

程序应以缩进形式展现程序的块结构和控制结构，在不影响展示程序结构的前提下尽可能减少缩进的层次。可采用如下两种缩进方式之一：

缩进方式一：

```
if ( expression )
{
    statements
}
else
{
    statements
}
```

缩进方式二：

```
if ( expression ) {
    statements
}
else {
    statements
}
```

2. 缩进的限制

一个程序的宽度如果超出页宽或屏宽时，会很难读，所以要求使用折行缩进、合并表达式或编写子程序的方法来限制程序的宽度。具体要求是：任何一个程序最大行宽不得超过 80 列，超过者应折行书写；一个函数的缩进不得超过 5 级，超过者应将其子块写为子函数；算法或程序本身的特性有特殊要求时，可以超过 5 级。

四、程序设计方法

（一）程序流程图画法

对于简单的计算机应用问题，可以根据处理的要求直接编出相应的程序。然而，实际问题往往比较复杂，首先需要分析清楚程序的逻辑结构，掌握问题的复杂关系，然后按照这一关系编写相应的程序。

在分析及整理程序的逻辑结构时，常用的有力工具是流程图。流程图是指由多种几何图形、流程线及文字说明组成的一种图式，它形象地描述了计算机处理问题的步骤及操作顺序。每一个具体的几何图形代表着某种计算机处理，反映为一段程序或一条语句。而一个完整的流程图则对应着一个源程序。

1. 程序流程图的作用

程序流程图具有辅助程序设计及程序说明两种作用。在程序编写阶段，绘制流程图的作用是：①理顺程序的逻辑结构，使解决问题的步骤变得形象、清晰、简明，从而便于正确无误地编写程序，进行程序上机前的静态检查和程序的调试。②在集体编写程序时，有利于各个程序员之间的交流及联系。③易于确定程序是否满足了所要求的全部条件。④有利于使用者对程序处理功能的理解及掌握。⑤便于查明程序发生故障的原因及对程序的维护。正因为流程图有以上重要作用，故在编写较为复杂的程序时，一般都把绘制流程图作为编制程序的正式步骤之一。

2. 程序流程图中使用的符号及其含义

（1）圆边框。两头为圆弧的框，表示处理过程的开始或结束，也叫做起止框。该框还可以用于子程序的入口及出口或处理过程中的暂停等，如图 7-7 所示。

（2）矩形框。矩形框用于表示某些赋值或计算处理，也叫做处理框。它有一个入口及一个出口，如图 7-8 所示。

（3）菱形框。菱形框也称判断框，表示进行某一判断或比较，根据判断标准或比较条件形成两个分支出口，其一表示满足条件出口，其二表示不满足条件出口。这两个分支出口上一定要标有“Y”和“N”或“是”和“否”，如图 7-9 所示。

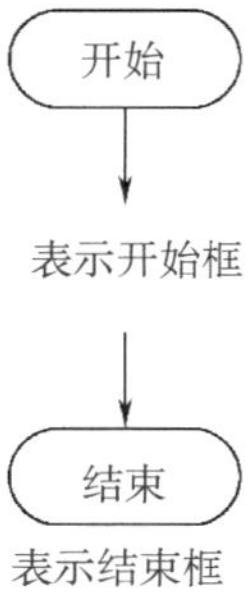

图 7-7　圆边框画法图

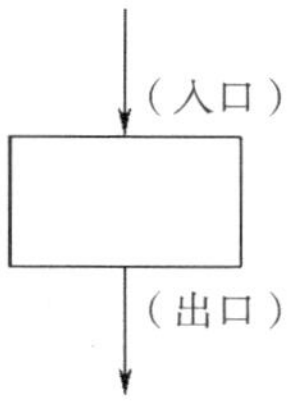

图 7-8　矩形框画法图

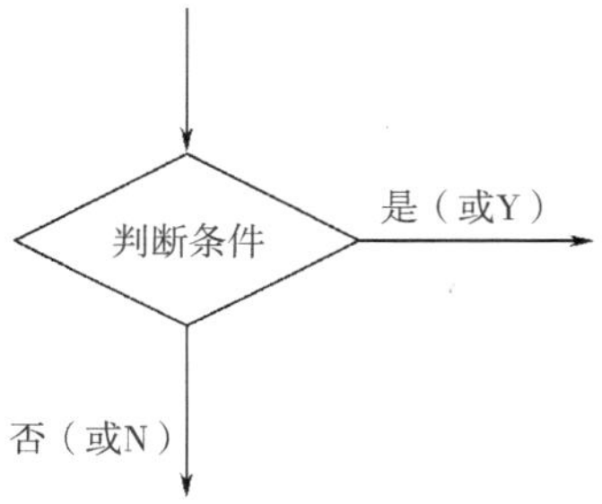

图 7-9　菱形框画法图

（4）流程线。流程线是指带有箭头的方向线，用于连接两个流程图符号，表示计算机处理程序中各语句的顺序。流程的方向原则上应自上而下，自左而右。

（5）平行四边形框。平行四边形框即输入、输出框，表示将数据输入给计算机或从计算机输出信息。它有一个入口和一个出口，如图 7-10 所示。

（6）线路连接符。线路连接符表示流程图的出口或入口，当在一页纸内画不下整个流程图时，用以连接两个流程图，故必须成对使用，如图 7-11 所示。

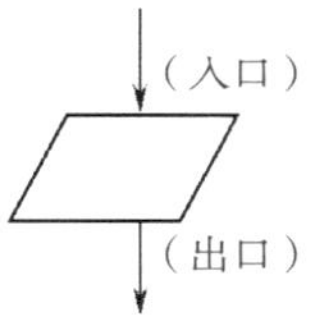

图 7-10　平行四边形框画法图

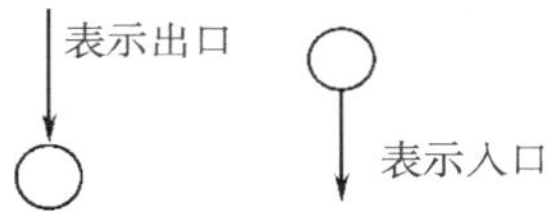

图 7-11　线路连接符画法图

3. 流程图的绘制方法

对要用计算机解决的问题绘制流程图，首先要对该问题作初步分析，搞清哪些是已知原始数据，哪些是通过处理才能得到的数据。在形成了一个大致解决问题的方法后，然后按照输入→处理→输出的顺序，用粗线条绘制流程图，表明问题处理的大致逻辑关系。在此基础上，再对粗框图的某些框绘出相应的细框。程序框图越细，越能准确地反映出处理的每一个细节，避免编制中的引起混乱。但当需要处理的问题比较复杂时，流程图太细会使流程图本身过于庞大及复杂，有时反而会混淆人们的视线，造成不必要的失误。因此，由粗到细虽然是一般的做法，但具体细致的程度应该根据问题的实际需要而定。

（二）程序结构设计

1. 顺序结构

顺序结构是程序结构设计中最常用、最简单、最基础的基本结构。该结构的特点表明语句排列的顺序就是命令的执行顺序，其间既没有分支跳转，也没有重复，如图 7-12 所示。组成顺序结构的语句一般包括赋值语句、输入、输出、注释和终止语句以及有关系统环境设置等。

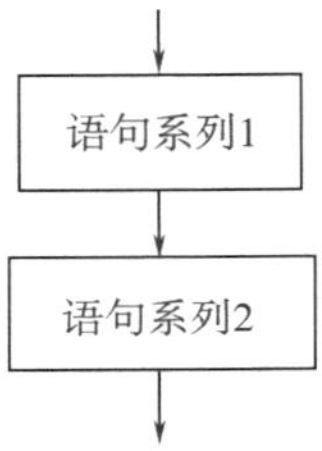

图 7-12　顺序结构流程图

2. 选择结构

选择结构是程序设计中的基本结构之一。它用选择命令描述分支现象，确定程序执行的路径。常用的选择命令有单条件选择（如图 7-13 所示）和多条件选择（如图 7-14 所示）。

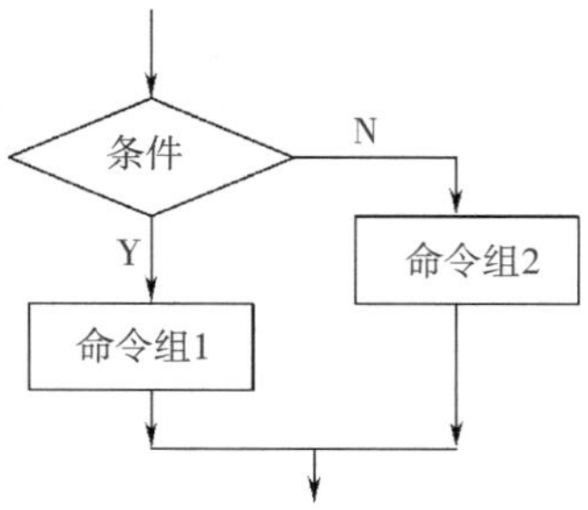

图 7-13　单条件选择流程图

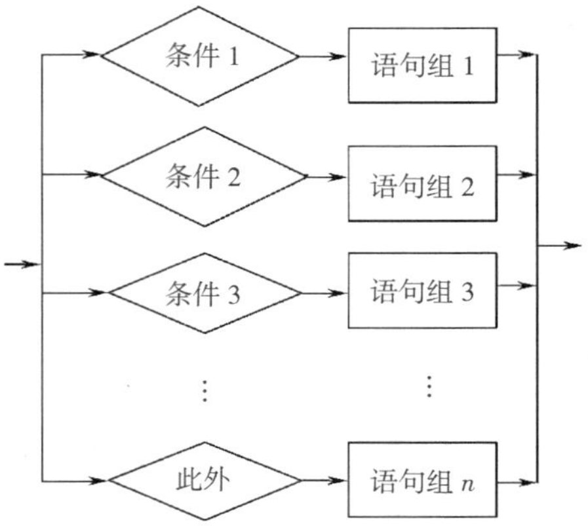

图 7-14　多条件选择流程图

3. 循环结构

循环结构描述循环现象，实现某一段程序有规律地反复执行，如图 7-15 所示。

4. 调用结构

在处理实际问题时，经常需要反复使用某种处理方法，这种反复使用的过程就叫做调用。如果把解决整个实际问题的过程编成一个程序，这个程序就叫做主程序；把反复使用的处理方法编成一个独立程序，这个程序就叫做子程序。主程序对子程序的使用就叫做主程序调用子程序。调用结构如图 7-16 所示。

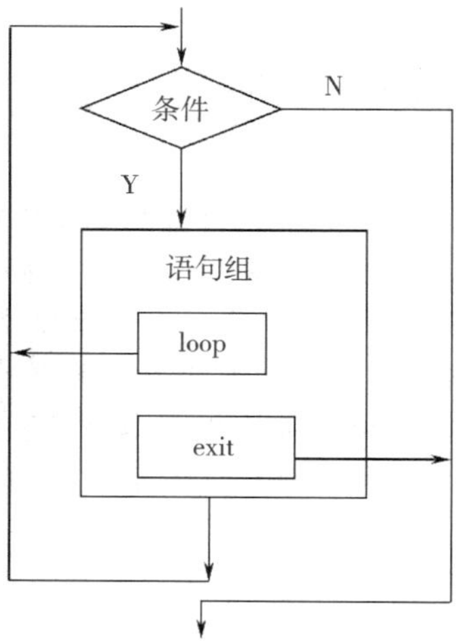

图 7-15　循环结构流程图

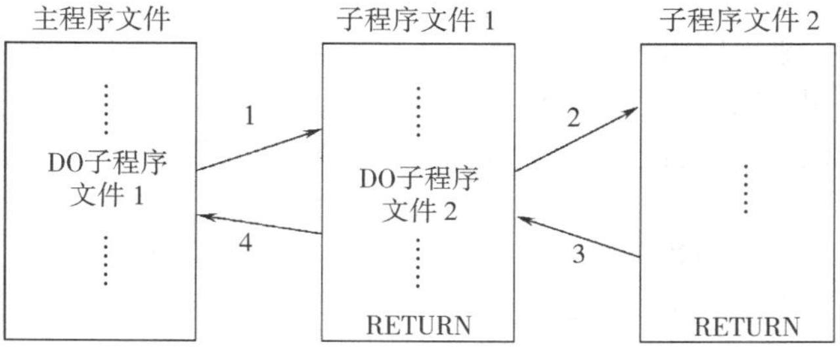

图 7-16　调用结构流程图

五、网络环境下的程序设计

1. 客户机/服务器结构下的程序设计

C/S 结构，即 Client/Server（客户机/服务器）结构，是大家熟知的软件系统体系结构。C/S 结构通过将任务合理分配到 Client 端和 Server 端，降低了系统的通信开销，可以充分利用两端硬件环境的优势。这种结构下客户端需要安装专用的客户端软件，涉及安装、维护等问题，维护和升级成本非常高。

早期的软件系统多以此作为首选设计标准。服务器通常采用高性能的微机、工作站或小型机，并采用大型数据库系统，如 Oracle、Sybase、Informix 或 SQL Server。客户端需要安装专用的客户端软件。

2. 浏览器/服务器结构下的程序设计

B/S 结构，即 Browser/Server（浏览器/服务器）结构，是随着 Internet 技术兴起的，对 C/S 结构的一种变化或者改进的结构。在这种结构下，用户界面完全通过 WWW 浏览器实现，一部分事务逻辑在前端实现，但是主要事务逻辑在服务器端实现，形成所谓的多层结构。

B/S 原则上说分四个层次：Browser、Web Server、App Server、Database Server。其中，Browser 层负责人机交互，包括一些与数据和应用有关系的图形和界面运算；Web Server 层负责对客户端应用程序进行集中管理；App Server 层负责应用逻辑的集中管理（事务处理），App Server 又可以根据其处理的具体业务不同而分为多个层；Database Server 层负责数据的存储和组织、数据库的分布式管理、数据库的备份和同步等。使用 B/S 的好处是：①可以实现分布式应用。②可以实现跨平台应用。③方便安装（几乎不需要）和升级（只要在 Server 端升级即可）。

对于以存储和查询数据为主要工作的信息系统来说，数据大都存储于数据库中。在 B/S 结构中，数据库是信息系统的核心，客户机和服务器分别发挥不同的作用。客户机上只安装一个浏览器（Browser），如 Netscape Navigator 或 Internet Explorer，服务器安装 Oracle、Sybase、Informix 或 SQL Server 等数据库。浏览器通过 Web Server 就能同数据库进行数据交互，达到远程分布式存储和查询数据的目的。

B/S 最大的优点就是可以在任何地方进行操作而不用安装任何专门的软件。B/S 结构主要是利用了不断成熟的 WWW 浏览器技术，结合浏览器的多种 Script 语言（VBScript、JavaScript 等）和 ActiveX 技术，用通用浏览器实现了原来需要复杂专用软件才能实现的强大功能，并节约了开发成本，是一种全新的软件系统构造技术。随着各种操作系统将浏览器技术植入操作系统内部，这种结构更成为当今应用软件的首选体系结构。J2EE 和 . NET 就是在这样一种背景下被提出的两大 B/S 架构，并且已经有了很多成熟的应用。

第六节　系统测试

一、系统测试概述

（一）测试的含义与特征

测试主要是针对程序设计及编程调试后的结果进行的工作，那么为什么要进行测试？很多人认为，“测试是证明程序中不存在错误的过程”、“程序测试的目的是要证明程序正确地执行了预期的功能”、“程序测试的过程是使人们确信程序可完成预期要完成的工作过程”等，但是这些定义都是错误的。人们在测试程序时其实是想提高程序的价值，提高程序的质量和可靠性。提高程序的可靠性就意味着发现并改正程序中的错误，所以进行测试不应是为了显示程序是完善的，而应该从程序中含有错误这个假定出发去测试程序，从中发现尽可能多的错误。因此，测试的定义应该是：为了发现错误而执行程序的过程。从这个定义可以看出，应该把查出了新错误的测试看做是成功的测试，没有发现错误的测试则是失败的测试。

测试具有以下重要特征：

（1）测试的挑剔性。测试不是为了证明程序是正确的，而是为了设法暴露程序中的错误和缺陷。Glenford J. Myers 把这一观点归纳为三句话：①测试是程序执行的过程，目的在于发现错误。②一个好的测试实例在于能发现至今未发现的错误。③一个成功的测试是发现了至今未发现的错误。

（2）测试的系统性。系统开发工程要求在测试之前，先制定测试计划。测试计划包括目的、完成标准、步骤、进度、岗位责任、测试用例标准、工具、有关规程等。这些内容要事先严格规定，测试时要严格执行，以排除测试的随意性。切忌随意找几个数据一试了事。

（3）完全测试的不可能性。测试就是用精心设计的数据为参数运行软件，从而发现软件中的错误。因为不可能试尽所有可能的数据，所以完全测试是不可能的。

（二）测试的分类

从是否需要执行被测软件的角度，软件测试分为静态测试和动态测试。静态测试主要是测试不运行的部分，只是检查和审阅；动态测试主要是运行和使用软件。

从是否针对系统的内部结构和具体实现算法的角度，软件测试分为黑箱测试和白箱测试。

1. 黑箱测试

黑箱测试着眼于程序的外部特征，不考虑程序的内部逻辑结构。黑箱测试也称功能测试或数据驱动测试，它是在已知产品所应具有功能的情况下，通过测试来检测每个功能是否都能正常使用。它只检查程序功能是否按照需求分析的规定正常使用，程序是否能适当地接收输入数据而产生正确的输出信息，并且保持外部信息（如数据库或文件）的完整性。具体的黑箱测试方法主要有等价类划分、边界值分析、因果图、错误推测等，主要用于软件确认测试。黑箱测试法是穷举输入测试，只有把所有可能的输入都作为测试情况使用，才能以这种方法查出程序中所有的错误。实际上，现实情况有无穷多个，人们不仅要测试所有合法的输入，而且还要对那些不合法但是可能的输入进行测试。

2. 白箱测试

白箱测试与黑箱测试不同，测试人员将程序视为一个透明的箱子，即需要了解程序的内部结构和处理过程，对程序的所有逻辑路径进行测试，在不同点检查程序状态，确定实际状态与预期状态是否一致。

白箱测试的主要方法有逻辑驱动、基路测试等，主要用于软件验证。

白箱测试法是穷举路径测试。在使用这一方法时，测试者必须检查程序的内部结构，从检查程序的逻辑着手，得出测试数据。贯穿程序的所有路径数是天文数字，但即使每条路径都测试了仍然可能有错误。穷举路径测试有三个缺陷：第一，不能查出程序违反了设计规范，即程序本身是个错误的程序；第二，不可能查出程序中因遗漏路径而出的错；第三，可能发现不了一些与数据相关的错误。

（三）测试的基本原则

在前面系统开发各阶段的工作中，都有一套正确的工作原则和工作方法，所进行的工作都是在这些原则和方法的指导下完成的。系统测试阶段任务的完成同样也需要一整套的原则，这些原则如下：

（1）精确描述预期输出。这条原则是以心理学为基础的。如果事先无法肯定预期的测试输出结果，由于受“眼睛会看见它想看见的东西”现象的影响，往往会把看起来似是而非的东西当成是正确的结果。换句话说，人们会下意识地盼望看到正确的结果。因此，一个测试必须由两部分组成：对程序输入数据的描述和对应产生的正确结果的精确描述。

（2）程序员应避免测试自己的程序。从心理上讲，让一个人否定自己所做的工作将是一件非常沮丧的事情，所以大部分程序员都由于不能进入必要的精神状态，从而不能有效地测试自己的程序。除此之外，如果程序中包含了由于程序员对问题叙述或说明的误解而产生的错误，当程序员测试自己的程序时，这些错误不可能被发现。

但是这些并不意味着程序员不能测试自己的程序，因为他们有熟悉程序流程的优势。不过相比之下，如果由另外一个人来进行程序测试，将会更有效、更成功。

（3）程序设计机构不应测试自己的程序。这一条原则与前面的原则类似。

与前面的原则一样，这也并不是说程序设计机构不可能查出一些程序的错误，程序设计机构也在这方面有自己的优势，但由比较客观的与原程序无关的团体来完成测试会更经济。

（4）彻底检查每个测试结果。在测试结果的输出表上，有些错误的征兆是显而易见的，只是由于人们未能细心检查而被遗漏，因此要耐心、细致地检查每一个输出结果。

（5）对非法的和非预期的输入情况，也要像对合法的、预期的输入一样，编写测试情况。在测试程序时，有一种自然的倾向，就是把注意力集中在合法的和预期的输入情况上，而忽视不合法和非预期的情况。当以新的、意外的方式使用程序时，往往会发现程序中出现许多错误。因此，用非预期和不合法输入情况进行测试可能会收获更大。

（6）程序副作用的测试。检查程序是否做了要做的事仅是成功的一半，另一半是看程序是否做了不要它做的事。这条原则意味着在程序测试时，必须对那些人们不需要的副作用进行检查。

（7）除了真正没有用的程序的测试用例外，一定不要扔掉测试用例。如果测试工作完成后便扔掉测试用例，当要再次测试程序时，就需要重新编写测试用例，而由于重新编写的工作量很大，人们多半要回避它，因此对程序的重新测试很少能像原来那样严格。这意味着如果对程序的修改使原来能正确运行的部分出错，那么这个错误常常发现不了。

（8）在测试设计时不要设想程序中不会查出错误。这是项目设计人员常常会犯的错误，也标志着使用了错误的测试定义，即假定了程序测试是证明程序工作正常的过程。

二、系统测试的过程

系统测试过程可分为六个步骤：组织测试、制定测试计划、验证测试、确认测试、分析并报告测试结果、验收测试。

1. 组织测试

组织测试主要有两部分工作：第一是确定测试范围，即确定要执行哪种类型的测试；第二是组织测试团队，根据要执行的测试类型，确定测试团队人员及其负责的测试内容。

2. 制定测试计划

测试计划详细介绍了该如何完成测试。测试计划的创建对于有效的测试至关重要。仔细地制定计划有助于测试的执行、分析以及测试结果的报告。测试计划要描述所有需要完成的测试，包括完成测试所需的资源和测试进度。

3. 验证测试

验证测试的目标是确保构建正确的系统。验证测试是剔除软件缺陷最有效的方法。验证测试通常发生在软件开发的需求分析阶段、设计阶段和编程阶段。验证测试会检验系统的需求和设计以尽可能早地改正缺陷。

4. 确认测试

确认测试的目的是确定所构建的系统在可执行的模式下是否能正确运行。在确认测试阶段，将创建测试数据和脚本，并在软件上动态运行，以便确定实际输出与所期望的输出一致。

5. 分析并报告测试结果

分析并报告测试结果的目的是将测试中获取的信息报告相关人员。其主要内容包括：系统哪些方面工作正常、哪些方面存在问题以及测试人员可能提出的建设性意见。通过测试团队提交的报告，系统管理人员可以了解整个系统的基本状况和可能面临的风险。

6. 验收测试

验收测试确定软件系统是否满足验收标准。处于交付阶段的验收测试是检查软件的最后机会，尤其是纠正软件开发缺陷的最后机会。验收测试检验系统在生产环境下的执行能力，主要测试系统的接口、相关软件以及操作规程。

三、系统测试的内容

（一）单元测试

单元测试的对象是软件设计的最小单位——模块。单元测试的依据是系统功能模块设计说明书，单元测试应对模块内所有重要的控制路径设计测试用例，以便发现模块内部的错误。单元测试多采用白箱测试技术，系统内多个模块可以并行地进行测试。

单元测试任务包括以下几项：

1. 模块接口测试

模块接口测试是单元测试的基础。只有在数据能正确流入、流出模块的前提下，测试才有意义。模块接口测试主要内容如下：①输入的实际参数与形式参数的个数是否相同。②输入的实际参数与形式参数的属性是否匹配。③输入的实际参数与形式参数的量纲是否一致。④调用其他模块时实际参数的个数是否与被调模块的形参个数相同。⑤调用其他模块时实际参数的属性是否与被调模块的形参属性匹配。⑥调用其他模块时实际参数的量纲是否与被调模块的形参量纲一致。⑦调用预定义函数时所用参数的个数、属性和次序是否正确。⑧是否存在与当前入口点无关的参数引用。⑨是否修改了只读型参数。⑩对全局变量的定义各模块是否一致。⑪是否把某些约束作为参数传递。

如果模块内包括外部输入输出，还应该考虑下列因素：①文件属性是否正确。②OPEN/CLOSE 语句是否正确。③格式说明与输入输出语句是否匹配。④缓冲区大小与记录长度是否匹配。⑤文件使用前是否已经打开。⑥是否处理了文件尾。⑦是否处理了输入/输出错误。⑧输出信息中是否有文字性错误。

2. 模块局部数据结构测试

局部数据结构测试是为了保证临时存储在模块内的数据在程序执行过程中完整、正确。局部数据结构往往是错误的根源，应仔细设计测试用例，力求测试发现下面几类错误：①不合适或不相容的类型说明。②变量无初值。③变量初始化或默认值有错。④不正确的变量名（拼错或不正确地截断）。⑤出现上溢、下溢和地址异常。

除了局部数据结构外，如果可能，单元测试时还应该查清全局数据对模块的影响。

3. 模块中所有独立执行通路测试

独立执行通路测试是对模块中每一条独立执行路径进行测试。模块测试的基本任务是保证模块中每条语句至少执行一次。此时，设计测试用例是为了发现因错误计算、不正确的比较和不适当的控制流造成的错误。此时，基本路径测试和循环测试是最常用且最有效的测试技术。

测试用例应致力于测试发现下列错误：①不同数据类型的对象之间进行比较。②错误地使用逻辑运算符或优先级。③因计算机表示的局限性，期望理论上相等而实际上不相等的两个量相等。④比较运算或变量出错。⑤循环终止条件出错。⑥迭代发散时不能退出。⑦错误地修改了循环变量。

4. 模块的各条错误处理通路测试

错误处理通路测试的目的是判断程序出错时应有的流程是否正确。一个好的设计应能预见各种出错条件，并预设各种出错处理通路。出错处理通路同样需要认真测试，测试应着重检查下列问题：①输出的出错信息难以理解。②记录的错误与实际遇到的错误不相符。③在程序自定义的出错处理段运行之前，系统已介入。④异常处理不当。⑤错误陈述中未能提供足够的定位出错信息。

5. 模块边界条件测试

边界条件测试是单元测试中最后也是最重要的一项任务。众所周知，软件经常在边界上失效，采用边界值分析技术，针对边界值及其左、右设计测试用例，很有可能发现新的错误。

（二）综合测试

经常有这样的情况发生：每个模块都能单独工作，但这些模块集成在一起之后却不能正常工作。其主要原因是模块相互调用时接口会引入许多新问题，例如：数据经过接口可能丢失；一个模块对另一模块可能造成不应有的影响；几个子功能组合起来不能实现主功能；误差不断积累达到不可接受的程度；全局数据结构出现错误等。综合测试是组装软件的系统测试技术，按设计要求把通过单元测试的各个模块组装在一起之后，进行综合测试以便发现与接口有关的各种错误。综合测试主要采用两种方式：一是非增量式综合测试，即设计人员把所有模块按设计要求一次全部组装起来，然后进行整体测试；二是增量式综合测试，即设计人员按子系统所包含的模块逐一测试，再对子系统逐一测试，最后进行整体测试。综合测试主要测试以下内容：

（1）集成测试。集成测试是通过测试发现和接口有关的问题来构造程序结构的系统化技术，目标是用通过了单元测试的模块构造一个设计中所描述的程序结构。集成测试的首要目的是揭示构件互操作性的错误。

（2）系统测试。系统测试是把经过测试的子系统装配成一个完整的系统来测试。在这个测试中发现的错误不仅有设计和编码的错误，还可能有需求说明中的错误。因此，它是检验系统是否确实能提供需求说明书中指定的功能，以及系统的动态特性是否也符合预定要求的测试。

（3）效率测试。这是针对响应时间、事务处理速度和其他与时间相关的需求进行的评测和评估。具体方法是使用为功能或业务周期测试制定的测试过程，通过修改数据文件来增加事务数量，或通过修改脚本来增加每项事务的迭代数量。脚本应该在一台计算机上运行（最好是以单个用户、单个事务为基准），并在多个客户机（虚拟的或实际的客户机）上重复。

（4）负载测试。负载测试通过使测试对象承担不同的工作量，以评测和评估测试对象在不同工作量条件下的性能行为，以及持续正常运行的能力。具体方法是使用为功能或业务周期测试制定的测试，通过修改数据文件来增加事务数量，或通过修改测试来增加每项事务发生的次数。

（5）强度测试。强度测试的目的是找出因资源不足或资源争用而导致的错误。如果内存或磁盘空间不足，测试对象就可能会表现出一些在正常条件下并不明显的缺陷。而其他缺陷则可能是由于争用共享资源（如数据库锁或网络带宽）而造成的。强度测试还可用于确定测试对象能够处理的最大工作量。强度测试通常使用为效率测试或负载测试制定的测试。

（三）验收测试

通过综合测试之后，软件已完全组装起来，接口方面的错误也已排除，软件测试的最后一步——验收测试即可开始。验收测试应检查软件能否按合同要求进行工作，即是否满足用户的需求。验收测试一般针对以下内容进行：

（1）需求测试。确认软件是否符合合同要求，要通过一系列黑箱测试。测试重点是软件是否满足合同规定的所有功能和性能，文档资料是否完整、准确，人机界面和其他方面（例如可移植性、兼容性、错误恢复能力和可维护性等）是否令用户满意。

需求测试的结果有两种可能：一种是功能和性能指标满足合同规定的要求，用户可以接受；另一种是软件不满足合同规定的要求，用户无法接受。如果项目进行到这个阶段才发现严重错误或偏差，往往很难在交付期以前把发现的问题纠正过来。这就需要开发部门与用户协商，寻求一个妥善解决问题的方法。

（2）配置复审。验收测试的另一个重要内容是配置复审。复审的目的在于保证软件配置齐全、分类有序，并且包括软件维护所必需的细节。

四、系统测试的方法

系统测试的方法主要有以下两种：

（一）自顶向下测试

自顶向下测试是从主控模块开始，按照软件的控制层次结构，以深度优先或广度优先的策略，逐步把各个模块测试集成在一起。深度优先策略首先是把主控路径上的模块集成在一起，进行测试，然后横向拓展测试；广度优先策略首先是把主控层次上各模块集成测试，然后向下延伸测试。自顶向下测试的具体步骤为：

（1）以主控模块作为测试驱动模块，把对主控模块进行单元测试时引入的所有桩模块（单元测试时设定的下层虚拟调用模块）用实际模块替代。

（2）依据所选的集成测试策略（深度优先或广度优先），每次只替代一个桩模块。

（3）每集成一个模块立即测试一遍。

（4）只有每组测试完成后，才着手替换下一个桩模块。

（5）为避免引入新错误，须不断地进行回归测试（即全部或部分地重复已做过的测试）。

自顶向下测试的优点在于能尽早地对程序的主要控制和决策机制进行检验，因此能较早地发现错误；缺点是在测试较高层模块时，低层处理采用桩模块替代，不能反映真实情况，重要数据不能及时回送到上层模块，因此测试并不充分。

（二）自底向上测试

自底向上测试是按结构图自下而上对各层模块逐步进行的测试。由于是从“原子”模块（即软件结构最底层的模块）开始组装测试，而且当测试到较高层模块时，所需的下层模块功能均已具备，所以不再需要桩模块来辅助测试。具体测试方法步骤为：

（1）把底层模块组织成实现某个子功能的模块群（Cluster）。

（2）开发一个测试驱动模块，控制测试数据的输入和测试结果的输出。

（3）对每个模块群进行测试。

（4）删除测试使用的驱动模块，用较高层模块把模块群组织成为完成更大功能的模块群。

第七节　系统切换

一、系统切换前的准备

在完成系统切换任务之前，必须预先做好大量的准备工作，这样才能保证切换工作的顺利进行。准备工作可以从数据准备、文档准备、用户培训等几个方面进行。

1. 数据准备

数据准备是系统切换工作中的一项十分艰巨的任务。如果新系统是在手工管理基础上建立起来的，那么就要将手工处理的数据如各类单证、报表、账册、卡片等按照新系统的规则进行分类并集中在一起，然后组织人力进行数据录入，将这些纸介质中存放的数据转换成机内信息。

由于系统运行所需要的可能是一年、几年甚至更长时间段内的数据，因此数据的录入过程所耗费的人力、时间是巨大的，相应地也必须耗费一定的财力，必须作好录入计划以便合理安排人力、规定录入进度、检查录入质量，进而保证系统的正常运行。

如果新系统是在已有的计算机信息系统上开发的，那么就要通过合并、更新、转换等方法，将原系统的数据转换到新系统中来。这种转换工作也是十分复杂而耗时的，有的涉及数据库的改组或重建。

2. 文档准备

总体规划、系统分析、系统设计、系统实施、系统测试等各项工作完成后，应有一套完整的开发文档资料，这套资料记录了开发过程中的开发轨迹，是开发人员工作的依据，也是用户运行系统、维护系统的依据。因此，文档资料要与开发方法相一致，并且符合一定的规范。在系统运行之前要将这套文档资料准备齐全，形成正规的文件。

3. 用户培训

系统切换阶段的关键问题是把新系统付诸实践的管理工作。由于系统切换工作牵涉到方方面面，难免遇到一些困难和问题，需要高层领导的参与和解决，也需要广大用户的支持和理解，因此要重视人的因素。

系统操作培训实际上在程序设计完成之后的系统测试阶段就已经开始了，管理人员和操作人员要认真学习系统的操作过程、工作过程，学习如何应用所开发出的系统完成各项管理功能，并进行一些实际操作实践，以了解、适应、支持新系统的运行。针对不同的用户可以进行不同层次的培训工作。例如，对于操作人员或数据录入员来说要进行操作培训，使他们掌握系统操作规则和操作过程；对于管理人员要进行使用培训，使他们能够灵活地使用系统提供的各项功能，实现信息的查询检索，利用系统提供的各类信息进行决策；对于系统管理人员（如系统维护人员、数据库管理员等）要进行系统技术培训，使他们掌握各种技能以保证整个系统的正常运行。

除了上述的培训内容外，还要进行信息管理规则的培训。任何一个企业、单位或组织都有一系列的管理体制和管理规程来制约其内部各类人员的行为，以便规范他们的行为，最终实现其系统目标。新的信息系统的运行也同样需要一系列的管理规则，人们必须严格按照这些规则使用信息系统，只有这样才能保证新系统的正常运转，完成系统的各项功能，提高系统的整体效益，实现系统目标。

二、系统切换的方式

系统切换（又称系统转换）过程实际上是新旧系统交替的过程，旧的系统被淘汰，新的系统投入使用。这种交替过程可以根据实际需要选择不同的方式进行。

1. 直接切换方式

这是指在某一特定时刻，旧系统停止使用，同时新系统立即投入运行。这种方式简单，人员、设备费用很省，但风险较大。例如电话号码升位采用的就是这种方式，它规定在某年某月某日的某一时刻旧系统停止使用，新系统投入运行。对于信息系统来说。如果要采用这种方式，预先要经过详细的测试和模拟运行，否则一旦运行失败，旧的系统已被弃之不用，新系统又不能正常运转，将直接影响到这个企业或组织的日常工作秩序，严重的可能会导致企业或组织的瘫痪。

2. 平行切换方式

这是指在一段时间内新旧系统并存，各自运行完成相应的工作，并相互对比、审核。这样做需要双倍的人员、设备，费用较高，但系统运行的可靠性得到大大提高，风险较小。在新旧系统并存阶段，可以继续用户的培训、规范用户的行为、检查并改进新系统的功能，使新系统运行的成功率更高。

3. 逐步切换方式

这是指分阶段、按部分地完成新旧系统的交替过程，开发完一部分则在某一时间段内就平行运行一部分。这样做既可避免直接方式的风险，又可避免平行方式的双倍费用。但这种方式的不足之处是接口多。

系统切换方式示意图如图 7-17 所示。一般来说可将几种切换方式互相配合使用，以达到平稳过渡的目的。

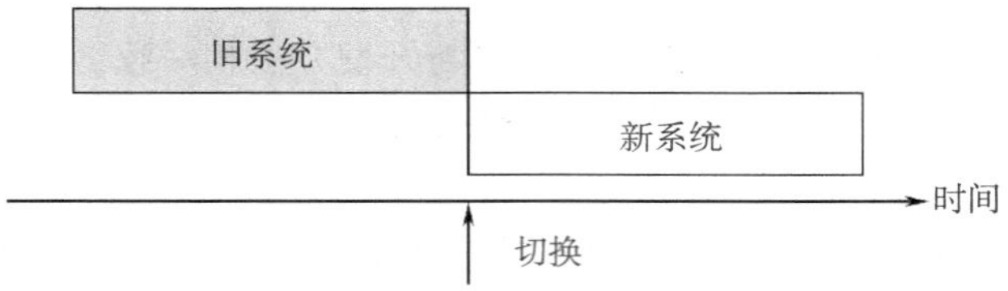

a）直接切换方式

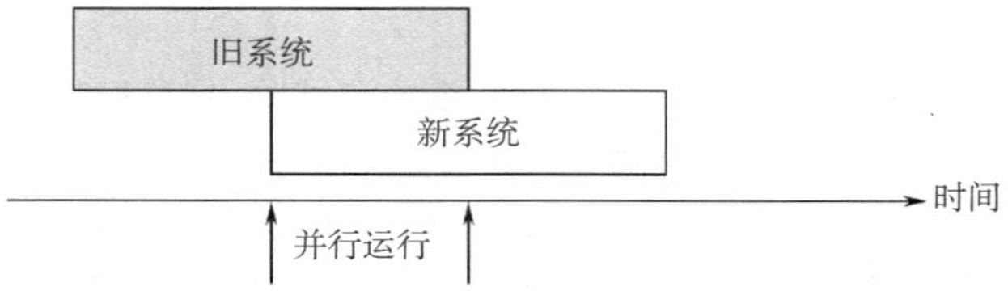

b）平行切换方式

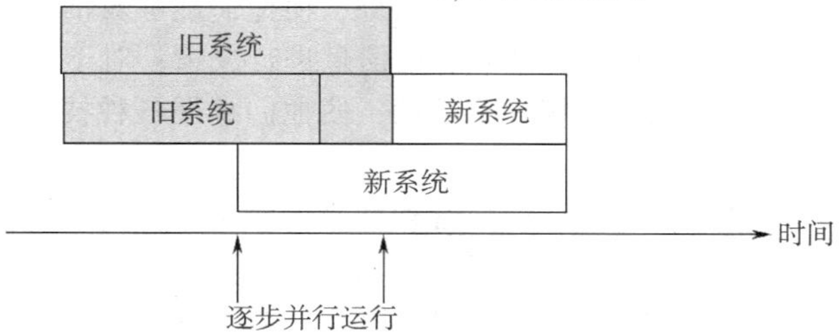

c）逐步切换方式

图 7-17　系统切换方式示意图

思 考 题

1. 信息系统开发常见的开发策略有哪些？简述各种开发策略的优缺点并指出在何种场合下适用。

2. 从计划安排、成本费用、工作进度三方面详细说明如何进行信息系统开发的项目管理。

3. 为了更好地发挥文档的重要作用，文档管理应在哪几个方面做好工作？并说出高质量的文档应该具备的特点。

4. 简要阐述信息系统开发的监理机制，并指出各阶段的监理内容和监理要求。

5. 程序设计的目标有哪些？设计过程应遵守哪几方面的规范？

6. 系统测试的基本原则有哪些？简要描述系统测试的过程。

7. 为保证系统切换工作的顺利进行，系统切换之前必须预先作好哪几个方面的准备？

第八章
系统评价与运行管理

内容提要

1. 详细介绍了信息系统评价的内容和方法。
2. 简要介绍了信息系统运行管理阶段的特点和内容。
3. 详细给出了信息系统维护的工作程序和应注意的事项。
4. 介绍了信息系统升级的内容。

第一节　系统评价

新系统投入使用后，随着应用的不断深入，系统所处具体环境的不断发展变化，以及管理水平与信息技术水平的不断提高，有必要不断对系统进行评价。这一方面是为了对系统当前状态有一个明确的认识，另一方面是为系统今后的改进和提高作好准备。

一、系统评价的目的

信息系统投入运行一段时间后，应该对它的运行情况进行客观的评价，即对新系统各方面的性能指标进行测试、检查、分析和评审，作出系统评价报告，作为系统维护、更新升级以及二次开发的技术依据。这项工作被称为系统评价。

由于信息系统运行与维护过程是不断发生变化的，因此评价工作不是一项一次性的工作。系统评价应定期进行，并且在每次对系统作出较大的改进后也应进行此项工作。信息系统的第一次评价一般安排在系统开发完成并投运一段时间，系统进入相对稳定状态后进行。第一次评价的结论通常作为系统验收最主要的依据。

信息系统的评价工作由系统开发人员、系统管理与维护人员、系统用户、用户单位领导及系统外专家等共同参与，评价方式可以是鉴定或评审等，评价结论以书面的评价报告或评价意见等形式提出。评价结论也是系统的重要文档，应予以收存归档，统一保管。

目前我国信息系统的评价有重计算机轻信息的倾向，计算机、通信网络等固然重要，但它们毕竟是工具，是信息系统的一个硬件构件。信息系统好坏的评价依据主要是信息开发与利用的深度，是对企业的生存与发展所起的作用。

综上所述，系统评价的主要目的可以归纳为以下几点：

（1）测试新系统的目标、功能和各项技术指标是否达到了设计要求。

（2）检查新系统中各种信息资源的利用情况是否达到了设计要求。

（3）分析新系统开发所花费的成本和运行后所带来的经济效益的投入产出比。

（4）综合分析得到评价结果，指出新系统存在的比较薄弱的环节，提出进一步改进的意见。

二、系统评价的内容

一个信息系统投入运行以后如何评价其工作质量？如何对其所带来的效益和所花费成本的投入产出比进行评价？如何评价一个信息系统对信息资源的充分利用程度？如何评价一个信息系统对组织内各部分的影响？这是评价体系所要解决的问题。对信息系统的评价主要从技术、经济和综合性三个方面进行。

（一）技术方面的评价内容

技术上的评价主要针对系统性能，其主要评价内容包括以下几个方面：

（1）信息系统的总体水平，如系统的总体结构、地域与网络的规模、所采用技术的先进性等。

（2）系统功能的范围与层次，如功能的多少与难易程度及对应管理层次的高低等。

（3）信息资源开发与利用的范围与深度，如企业内部与外部信息的比例、内外信息的利用率等。

（4）系统的质量，如系统的可使用性、正确性、可扩展性、可维护性、通用性等。

（5）系统的安全性与保密性。

（6）系统文档的完备性。

（二）经济方面的评价内容

经济上的评价主要针对系统运行后产生的效果和效益，内容包括直接的与间接的两个方面。

直接经济效益的评价内容主要包括：①系统的投资额。②系统运行费用。③系统运行所带来的新增效益。④投资回收期。

间接经济效益的评价内容主要包括：①对组织形象的改观、员工素质的提高所起的作用。②对组织的体制与组织机构的改革、管理流程的优化所起的作用。③对组织各部门工作效率、工作质量的提高所起的作用。④对组织各部门间、人员间协作精神的加强所起的作用。

（三）综合性方面的评价内容

综合性方面的评价内容包括：①系统运行的稳定性、可靠性、安全性。②系统的可维护性、可扩展性、可移植性。③用户对系统运行状况的满意程度。④系统的安全保密性能。⑤系统的误操作保护性能以及故障恢复性能。⑥系统各功能的实用性和有效性。⑦系统运行的结果对企业各部门的生产、经营、管理、决策以及提高效率方面的支持程度。⑧系统运行给出的分析、预测和控制的建议，有多少被采纳，以及这些被采纳的建议执行的实际效果。⑨系统运行的科学性和实用性。

三、系统评价的指标体系

信息系统投入运行后，要从目标完成情况、系统运行质量和系统运行效率等方面，不断地对其运行状况进行分析评价，并以此作为系统维护、更新以及进一步开发的依据。系统评价指标体系可以用层次结构图来表示，如图 8-1 所示。

经济类指标包括：①系统开发费用，包括硬件费用、软件费用、网络费用和人工费用。②系统运行费用。③成本的节约。④增加的效益。

运行性能类指标包括：①系统运行的稳定可靠性、可维护性。②系统运行结果的科学性和实用性。③系统的实用性和有效性。④系统的可扩展性、可移植性。⑤系统的安全保密性。⑥设备的运行效率。⑦数据传送、输入、输出及其加工处理的速度。⑧各类设备资源负荷的平衡程度。⑨各类设备资源的利用率。⑩系统的误操作保护性能和故障恢复性能。

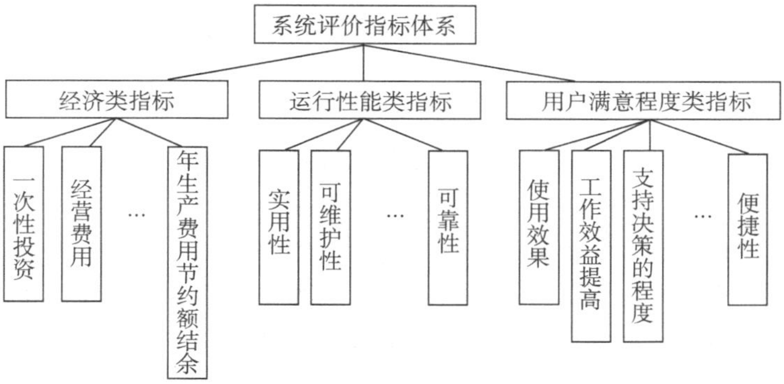

图 8-1　系统评价指标体系

用户满意程度类指标包括：①用户对系统操作、管理、运行状况的满意程度。②系统运行结果对组织生产、经营、管理、决策等工作的效率提高的支持程度。③系统的分析、预测和控制的建议被有效采纳的情况。④系统使用的便捷程度。

四、系统评价的方法

通过系统评价的内容可以看出，信息系统的有利与不利之处体现在定性与定量两个方面，因此系统评价工作难度较大。目前一般都采用多指标评价体系的方法。其具体步骤如下：①根据系统的目标与功能要求提出若干评价指标，形成信息系统评价的多指标评价体系。②组织专家对整个评价指标体系作出分析与评审，确定单项指标的权重。权重的确定要能反映出系统目标与功能的要求。③进行单项评价，确定系统在各个评价指标上的优劣程度，得出单项评价值。对于定性的效果，可以利用效果表来估算。④进行单项评价指标的综合，得出某一大类指标的评价值。⑤进行大类指标的综合，依次进行，直到得出系统的综合评价值。

由此可以看出，多指标评价体系的方法是一种综合评价方法，即将评价对象在系统各项指标上的特征进行综合处理，从整体优化的观点出发，全面地衡量一个信息系统的利弊得失。计算综合评价值的基本方法有两种：

1. 按加法规则进行计算

其基本公式：

$$\text{综合评价值} = \sum \alpha_i \omega_i$$

式中，α_i 为评价对象在 i 项指标上的评分值；ω_i 为第 i 项指标的权重。

在应用加法规则时，要注意评价指标应考虑周全，避免有重大的遗漏。另外，对各评价指标分配的权重要恰当。

2. 按乘法规则进行计算

其基本公式为：

$$\text{综合评价值} = \Pi \alpha_i \omega_i$$

若使用乘法规则，则要求各项指标尽可能取得较好的水平，才能使总的评价值较高。

系统评价的结果通常要形成正式的书面文件，即系统评价报告。其内容应包括：①系统分析时所提出的新系统目标、结构与功能以及新系统在这些方面的实现程度。②经济类指标的评价，包括费用/效益分析、预期效益与实际效益对比。③性能类指标的评价，包括系统工作效率、适应性、维护性，以及安全性、可靠性、稳定性、可扩展性、可移植性。④设备指标的评价，包括设备运行稳定性、可靠性、速度、负载平衡性、兼容性、可扩展性、可移植性等。

⑤管理指标评价，包括用户、领导和管理人员的反映与评价，操作规章制度、岗位责任制度、维修保养制度等管理制度的完善性。⑥综合性评价，包括对各类指标的综合考虑和分析以及系统的不足与待改进的地方。

第二节　系统运行管理

在信息系统运行阶段，与信息系统开发活动有关的内容主要有两方面：一方面是对信息系统的运行状态进行评价，即对信息系统在长期运行过程中的基本状态进行评价，也是对信息系统开发活动的进一步评价；另一方面是对信息系统运行过程进行管理与维护。对信息系统的运行过程进行评价，可以参照本章第一节中所论述的对新系统进行评价的指标和方法。对系统运行的管理与维护应由系统管理维护人员和系统使用者共同参与。为确保系统有效、正常地运作，大家共同遵守一套科学、合理的系统运行的组织与管理制度是极其必要的。

一、系统运行的组织与管理制度

系统运行的组织与管理制度主要是指一个信息系统研制工作基本完成后的工作。运行的组织与管理制度主要包括如下几个方面：

（1）系统运行管理的组织机构。系统运行管理的组织机构包括各类人员的构成，各自的职责、主要任务，以及其内部组织结构。

（2）基础数据的管理。基础数据的管理包括对数据收集和统计渠道的管理、计量手段和计量方法的管理、原始数据的管理，以及系统内部各种运行文件、历史文件（包括数据库文件等）的归档管理等。

（3）运行管理制度。运行管理制度包括系统操作规程、系统安全保密制度、系统修改规程、系统定期维护制度以及系统运行状况记录和日志归档等。

（4）系统运行结果分析。系统运行结果分析就是要得出某种能反映组织经营生产方面发展趋势的信息，以提高管理部门指导企业经营生产的能力。如果系统已设计有市场预测功能，运行此功能即可得到未来市场变化的趋势。而这个结果是否对实际经营管理具有指导意义呢？这还必须考察预测和实际的拟合情况。如果很吻合，则可以用；如果不很吻合，则还必须考察原始数据是否能反映市场变化规律的值或有无输入错误等。只有综合分析了上述情况，写出分析报告，才可以充分发挥人机结合辅助管理的优势。

二、系统运行的安全管理

随着信息技术的发展，信息系统的应用范围不断扩大，不论是在运行操作、管理控制，还是经营管理计划、战略决策等社会经济活动的各个方面，都发挥着越来越大的作用。信息系统中处理和存储的信息，既有日常业务处理信息、技术经济信息，也有涉及企业或政府高层的计划、决策信息，其中可能有相当部分是属于极为重要并有保密要求的。社会信息化的趋势导致了社会的各个方面对信息系统的依赖性越来越强。一旦信息系统被破坏或发生故障，都将对用户以至整个社会产生重大的影响。特别是近年来世界范围内的计算机犯罪、计算机病毒泛滥等问题，使信息系统安全上的脆弱性表现得越来越明显。在这种情况下，信息系统的安全性问题显得越发重要。信息系统安全管理是信息系统运行管理的重要内容之一。

（一）系统安全性的概念

信息系统的安全性是指系统能够防范意外或人为破坏，防止非法使用信息资源等能力。

与信息系统安全性相关的因素有很多，主要可以划分为以下几类：

（1）不可抗拒因素。例如地震、火灾、水灾、风暴以及社会暴力或战争等，这些因素将直接地危害信息系统实体的安全。

（2）物理设备因素。这是指系统硬件及环境的安全可靠，包括机房设施、计算机主体、存储系统、辅助设备、数据通信设施以及信息存储介质的安全性。

（3）电磁波因素。一方面，计算机系统以及它们的控制信息和数据传输通道，在工作过程中都会产生电磁波辐射，在一定地理范围内用无线接收机很容易检测并接收到，这就有可能造成信息通过电磁辐射而泄露。另一方面，空间的电磁波也有可能对系统产生电磁干扰，影响系统的正常运行。

（4）软件因素。软件的非法删改、复制与窃取将使系统的软件受到损失，并可能造成泄密。另外，危害极大的计算机病毒也是以软件为手段侵入系统进行破坏的。

（5）数据因素。这是指数据信息在存储和传递过程中的安全性。这是计算机犯罪的主攻核心，是施以安全和保密的重点。

（6）人为及管理因素。应提高工作人员的素质、责任心，建立严密的行政管理制度和规章，以防范人为因素直接对系统安全产生威胁。

此外，除了上述几个因素外，一个安全可靠的信息系统还要保证一旦系统安全出现问题，能将损失降到最小，把产生的影响限制在一定的范围内，并迅速、有效地使系统得到恢复。

信息系统的安全保护措施可分为技术性和非技术性两类。技术性安全措施是指通过与系统直接相关的技术手段防止安全事故的发生；非技术性安全措施主要是指行政管理、法律制度保证和其他物理措施等，它不受信息系统的控制，是施加于信息系统之上的。一般来讲，在系统的安全保护措施中，技术性安全措施所占的比例很小，而更多是非技术性安全措施，如图 8-2 所示。

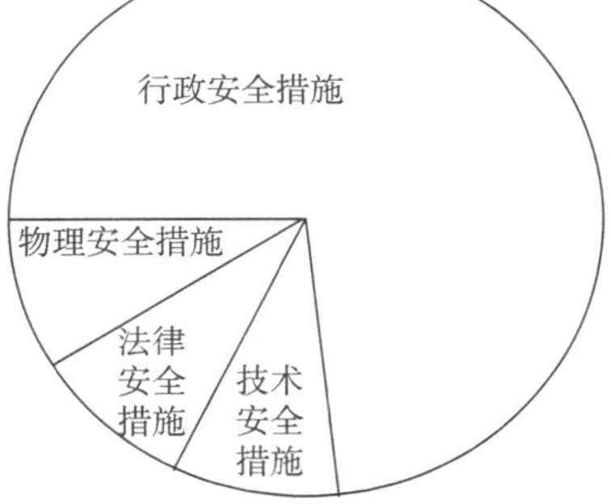

图 8-2　各种安全保护措施所占比例

应认识到，系统的安全性并不仅仅是简单的技术问题，并且从技术上讲，道高一尺，魔高一丈；而系统的严格管理和法律制度是提高系统可靠性的有力武器，两者是互相弥补、彼此促进的。

（二）信息系统的实体安全性

信息系统的实体安全是指信息系统的各种设备及环境设施的安全，其主要包括以下内容：

（1）场地环境安全。信息系统的主场地主要是机房等中心区域。选择场地时应注意：不在现代交通工具繁忙的交通路旁；不在人群拥挤的闹市附近；远离有害的气体源及存放易腐蚀、易燃、易爆物品的地方；远离强的动力设备和机械设备，避开高压线、雷达站、无线电发射台和微波中继线路；远离强振动源和噪声源；有较好的防风、防火、防水、防地震及防雷击的条件等。

（2）设备安全。信息系统应根据实际需要选择设备，并考虑设备本身是否稳定可靠。设备对环境条件的要求应尽可能低，能防振防潮；设备本身电磁辐射小，抗电磁辐射干扰和抗静电能力强；有抵抗过电压、欠电压、过电流等电冲击的自动防护能力；有良好的安全接地等。

（3）供电安全。系统的主机机房应采用双路供电或一级供电；应配有不间断电源（UPS），其容量最好能维持主机设备在短暂跳闸或断电后能持续工作 30 分钟以上；为确保设备和人身安全，采用三相五线或单相三线供电制；系统电源不应与其他电器设备，特别是强力和冲击电力设备共用，以避免过/欠电压冲击、电压波动和瞬时尖峰；电器系统应接地良好，并尽量将安全接地与信号接地分开。

（4）空气调节与净化。随着大规模集成电路技术的发展和计算机系统质量的提高，信息系统对环境的要求逐渐降低，但为了使系统中各要素能够在良好的状态下工作，系统（至少是主机系统）机房的空气调节温度应保持在21°C左右，相对湿度大约为20%～80%。另外，各种尘埃、腐蚀性化学气体、烟雾、油雾、霉菌、杂质、尘土等都可导致电路板、插接件电器性能降低，或腐蚀、磨损零部件，导致系统工作不稳定。因此，系统运行环境应有良好的防尘措施和一定的空气净化措施。

（5）电磁屏蔽。据试验结果表明，一般的计算机系统及外部设备可以承受场强为126dB的恶劣电磁干扰环境，超过这一限制，则应设置屏蔽。当然，建立信息系统应尽量避开强的电磁干扰环境。为了防止由于电磁辐射而产生的信息泄露，信息传输电缆应采用屏蔽电缆，并埋地铺设。对保密性要求很高的系统，为严格控制电磁辐射，可采用全室或局部的不同程度和级别的电磁屏蔽，也可在关键设备内采用局部电磁屏蔽措施。另外，机房静电也会给系统的正常运行带来很多问题，也应采取必要的防护措施，如防止由于湿度太低引起静电荷的集聚。机房不宜使用地毯，因其聚积灰尘，产生静电，也不利于静电泄放；活动地板要采用表面导电率为106～109Ω/cm的材料，最好采用导电性塑料面；活动地板的支架、设备的支撑脚下不应垫橡皮

垫，以便于静电泄放；在换气口和打印机输纸处，应采取针状接地物等消静电措施；工作人员一般不要穿尼龙或化纤织品的工作服等。

（6）信息存储介质的安全。信息系统中的信息都存储于存储介质中，存储介质的安全可靠是保证数据安全的重要一环，应引起足够的重视。目前的存储介质主要有纸质介质（如打印纸等）、磁性介质（如磁盘、磁带）和光盘等，应分门别类，以一套严密的科学管理制度和方法进行管理。首先，存储介质作为数据和文件的后备及档案，应在邻近机房（或应用地点）和远离机房的安全地点分别存放相同的备份，以防存储介质的场所发生事故，造成数据全部丢失。存储介质的主要防护要求有防火、防高温、防潮、防霉、防水、防振、防电磁场和防盗等，不同的介质对于存储的温度、湿度和清洁度要求不同，并且要定期进行检查和清理。所有存储的介质，都应建立详尽的档案，主要内容包括文件所有者、卷系列号、文件名及其描述、作业或项目编号、建立日期以及保留期限等。要严格介质的入、出库制度，建立详细的介质使用及存储跟踪台账，以及完善的入、出库手续。存储介质上的数据清除以及存储介质销毁一定要严格、谨慎，不仅要做到文件目录项清除，而且一定要做到数据彻底清除，以防采用其他技术手段恢复已删除的数据文件。

（三）系统的技术安全性

所谓技术安全性，即在系统内部采用技术手段，防止对系统资源非法使用和对信息资源的非法存取操作。防止对系统资源非法使用的主要途径是用户身份的确认检验。信息资源的安全性分为动态安全性和静态安全性，动态安全性是指对数据信息进行存取操作过程中的控制措施，静态安全性是指对信息的传输、存储过程中的加密措施。

1. 用户身份检验

信息系统的安全，首先要防止非法用户使用系统资源或合法用户超范围使用资源。这需要通过用户身份检验来实现。

其基本方法是：先由系统管理员根据用户的申请和约定，在系统内的用户注册表上登记合法用户的标识符（一般是用户名）、注册账号、保密字以及系统内各种资源的使用权限和优先级等信息，经加密存入系统。当用户要求注册进入系统时，由用户以不回显的方式输入有关信息，

如标识符、保密字等，系统将注册表调入内存，与用户的输入进行比较、检验，只有全部符合才能确认为合法用户。对于用户注册表，除系统管理员有权更改外，用户也有权随时改变自己的保密字。为了提高非法用户侵入系统的难度，可以采用多级组合保密字，只有当上层保密字正确输入以后，才有权输入下层保密字。当有三层以上的保密字时，企图以试探的方法进入的成功率已相当低。而且当保密字为双重保密字时，入侵将更加困难。所谓双重保密字，就是由两个人各自掌握一个保密字，并且可以随时自行变更自己的保密字，只有当两个人相继键入自己的保密字后，系统才确认其为合法用户。为了防止非法用户的多次试凑，可对更正输入保密字的次数予以限制，当超过限制次数后，系统将拒绝入侵者继续的任何尝试。随着技术水平的提高，鉴别用户合法身份的方法除输入保密字等方式外，还可以借助用户所携带的特殊工具，如磁卡、射频卡、钥匙、密钥等，甚至可以使用用户自身特有的自然性标识，如指纹、签名、语音等进行检查。将这些方法组合运用，可以有效地防止绝大多数非法用户入侵信息系统。

2. 存取控制

即使合法用户进入系统以后，其所使用的资源及使用程度也应受到一定的限制，以确保共享资源情况下信息的安全可靠。信息系统通过存取控制来确定什么用户能在什么条件下可以对什么范围的系统资源进行什么样的操作。通过存取控制，一方面可以给用户提供很多方便，既共享系统资源，又不会因误操作而对权限外的数据产生干扰；另一方面可以防范人为的非法越权行为。

存取控制的基本方法是对用户授权，即授以特定的用户一定的操作权限。对用户的授权要从两方面进行定义，一方面是用户可操作对象，即设备、程序、文件、数据等，用户的这些可操作对象可定义到各种资源的最小操作单元，如数据的记录、数据项等。另一方面是用户可进行的操作类型，即对系统资源的使用权、运行权、阅读权、修改权、进入权、清除权，以及是否可以再授权（给其他用户授权）及再授权的范围等。将这些授权信息记录存储在系统中，当用户进行数据操作时，根据授权信息记录检查用户操作的合法性。用户只能在授权范围内存取和利用特定的系统资源，否则系统将予以拒绝。系统还可以通过动态监控程序建立操作日志，记录所有非法操作的企图，主要包括用户标识、进入系统的口令（保密字）、进行操作的终端物理地址，以及对什么对象企图进行何种非法操作。

目前，绝大多数计算机系统（从硬件到系统软件和各种数据库管理系统）都提供了不同程度的用户合法身份确认和存取控制授权的基本功能，在信息系统中只要进行合理的运用和设置，就可以达到安全保护的目的。当然，对于安全性要求很高的系统，应单独开发更为严密、可靠的安全保护措施。

3. 数据加密

为了防止非法复制、存储介质被窃，以及信息传输线路被窃听而造成机要数据的泄密，应对机要数据采取加密存储和加密传输等安全保密技术措施。数据加密的基本方法是利用密码学的原理，把机密而敏感的明码信息和数据加以转换，使得信息窃取者无法认识或理解其原意。整个加密系统由编码和解码两部分组成。编码是把信息数据转换成无法认识和理解的形式，解码是指把经过编码加密的信息、数据还原成原来的可读形式。其工作原理如图 8-3 所示。在系统中的存储介质上和通信信号中，信息是以密文形式存在的，这样即使存储或传递的信号有泄露，也不会造成机要信息的失密。当然，数据存储的加密和数据传输的加密在技术方法上根据各自的特点有所不同，如文件存储加密出错率较低，而数据传输加密的出错率却较高；某些字符在文件存储时可以使用，而在传输时就受到限制等。进行数据加密要注意密钥的保护，否则任何加密都是无意义的。加密技术的方法和算法很多，并且它的发展与解密技术是相辅相成、互相促进的。

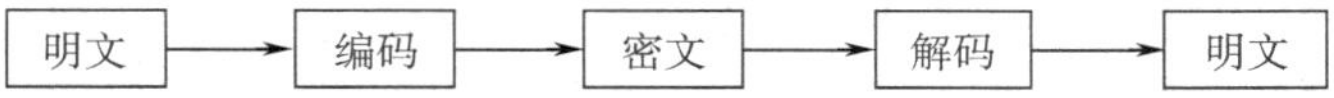

图 8-3　数据加密工作原理

信息系统的安全性问题不仅是个社会问题、技术问题，而且也是经济问题。要采取安全保护措施，必然要增加系统的开销。要提高安全保密性，系统的投资就会增加很多，甚至在特级保密条件下，所增加的费用可能超过系统正常投资的数额。因此，应以适度为标准，在能满足用户对安全保密的要求下，尽可能使安全保密费用增加得较少。另外，系统的安全性与其使用的方便灵活又是一对矛盾，要使系统有高度的安全可靠性，系统的响应时间就会受到影响，对使用人员的限制也会增加，操作步骤也会复杂麻烦一些，从而给用户带来很多的不便。因此，从系统造价和使用方便来说，系统的安全性要适度。

三、系统维护

（一）系统维护的重要性

如果说系统的安全管理是防患于未然，那么系统维护则是对信息系统在运行过程中显现出的系统设计中的不足和对环境变化的不适应采取相应的措施进行弥补与完善。系统维护是信息系统生命周期内的一个重要阶段，工作量大，需要人员和资金保证。在信息系统的整个生命周期中，系统维护扮演了一个非常特殊的角色，是信息系统作为一个开放式、动态管理系统的重要保障。系统维护的重要性体现在以下几个方面：

（1）信息系统的自身特点决定了它不像其他产品那样，即最终产品可以“一劳永逸”，而是具有“产品就是样品，样品就是产品”的特点，其研制与开发具有鲜明的个性化特征。此外，它又是一个开放的、动态的、需要不断更新的系统，不可能像其他商品生产那样先研制一个样品，经过各方面的检验、调试和市场多次反馈的信息，不断改进完善，定型后再进行大批量的生产。

（2）新开发的信息系统需要在实际使用中获得不断的自我完善。首先，实践证明，不论经过多么精心规划、分析、设计、实施和调试的系统，都不可避免地存在人们不满意或错误之处。这些不足只有经过系统的实际运行，在处理各种不同任务的过程中才能逐步暴露出来。不断发现问题，不断纠正错误就是系统维护的主要工作之一。其次，随着企业运行市场环境的变化，信息系统的管理环境和管理任务也会发生变化，也要对信息系统的管理功能提出新的要求，才能在变化的市场环境中生存下去。

（3）实践表明，只有做好系统维护工作，才能使系统高效、顺利地运行，实现系统开发的经济效益。根据目前的统计数据，从系统消耗的经费资源角度看，在信息系统的整个生命周期中，系统开发所用的经费仅仅占整体经费的1/3，而系统投入运行后的系统维护工作所用的经费则占2/3。另外，从系统消耗的人力资源角度看，在信息系统开发和使用领域，目前仅有10%的软件人员在从事新系统的开发工作，而有90%的软件人员在从事系统维护工作。

显然，系统维护工作是十分重要而艰巨的。过去那种认为一个新的信息系统一旦投入运行就万事大吉的错误观点，必然导致重开发、轻维护，最终会导致低水平上的重复开发，给企业造成经济损失。

（二）系统维护的组织

系统维护工作并不仅仅是技术性工作，为了保证系统维护工作的质量，需要做大量的管理工作。开展系统维护工作，首先必须建立一个维护组织，确定进行维护工作所应遵循的原则和规范化的过程，建立一套适用于具体系统维护过程的文档及管理措施，以满足复审的需要。

信息系统投入运行后，应设系统维护管理员，专门负责整个系统维护的管理工作；针对每个子系统或功能模块，应配备系统管理员，他们的任务是熟悉并仔细研究所负责部分系统的功能实现过程，甚至对程序细节都应清楚，以便于完成具体的维护工作。由于系统维护要对系统进行修改、变更，直接关系到业务功能，为了从全局上协调和审定维护工作的内容，每项维护都要求必须通过一个维护控制部门的审查批准后，才能予以实施。这个维护控制部门应该由业务管理部门和系统管理部门共同组成，以便于从业务功能和技术实现两个角度保证维护内容的合理性和可行性。系统维护的组织管理如图 8-4 所示。

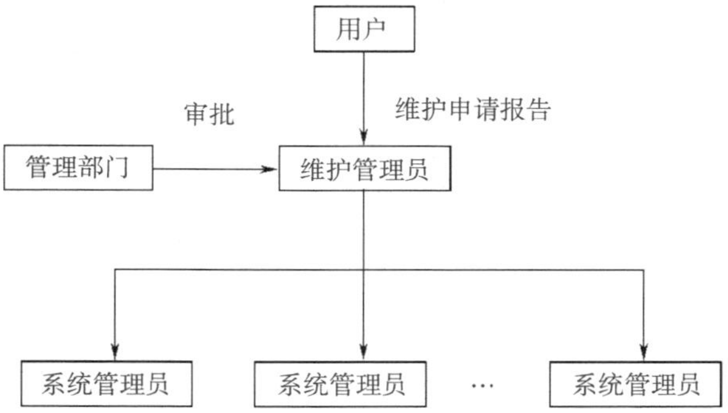

图 8-4　系统维护的组织管理

（三）**系统维护工作的程序**

系统维护工作的程序如图 8-5 所示。

（1）用户提交维护申请报告。用户的每个维护请求都以书面形式的维护申请报告向维护管理员提出。对于纠错性维护，报告中必须完整描述导致出现错误的环境，包括输入数据、输出数据以及其他系统状态信息；对于适应性和完善性维护，应在报告中提出简要的需求规格说明书。

（2）维护要求评价。维护管理员根据用户提交的申请，召集相关的系统管理员对维护申请报告的内容进行核实和评价。

（3）编制维护报告。对于情况属实并合理的维护要求，应根据维护的性质、内容、预计工作量、缓急程度或优先级，以及修改所产生的变化结果等，编制维护报告，提交维护控制部门审批。

（4）审查维护报告。维护控制部门从整个系统出发，从业务功能合理性和技术可行性两个方面对维护要求进行分析和审查，并对修改所产生的影响作充分的估计。对于不妥的维护要求，要在与用户协商的条件下予以修改或撤销。

（5）制定维护计划。通过审批的维护报告，由维护管理员根据具体情况制定维护计划。对于纠错性维护，估计其缓急程度，如果维护要求十分紧急，严重影响系统的运行，则应立

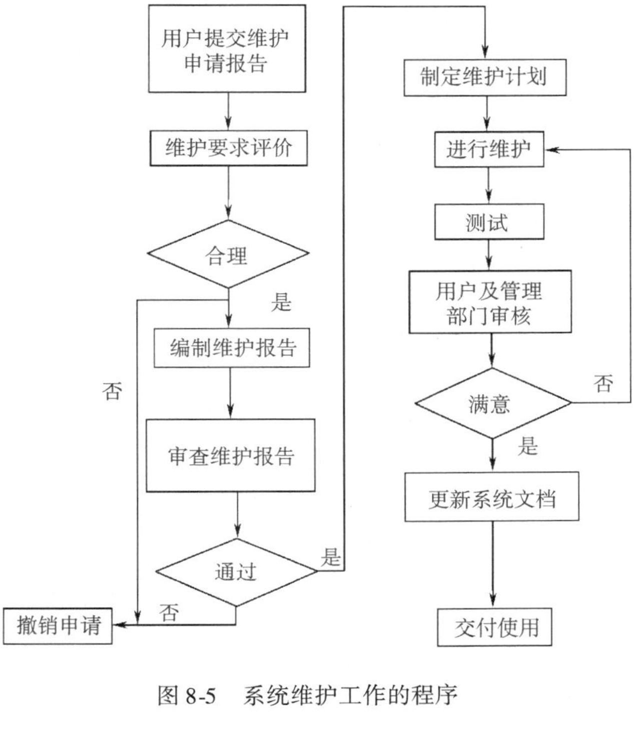

图 8-5　系统维护工作的程序

即开始修改工作；如果问题不是很严重，可与其他维护项目从维护开发资源上统筹安排。对于适应性或完善性维护要求，高优先级的，要安排在维护计划中；优先级不高的，可视为一个新的开发项目组织开发。

（6）进行维护。确定维护性质后，维护管理员将维护计划下达给系统管理员，由系统管理员按计划进行具体的修改工作。

（7）测试，用户及管理部门审核。修改后应进行严格的测试，以验证维护工作的质量。测试通过后，再由用户和管理部门对其进行审核确认，不能完全满足维护要求的应返工修改。

（8）更新系统文档。只有维护经过确认后，才能对系统的相应文档进行更新，最后交付使用。

（四）系统维护应注意的事项

系统维护之所以要按照严格的步骤进行，是为了防止未经允许擅自修改系统，引起系统运行混乱和错误。当然，维护审批过程的环节多也可能带来反应速度慢的问题，因此当系统发生恶性或紧急故障时，也即出现所谓“救火”的维护要求时，需立即动用资源解决问题，以保证业务工作的连续进行。系统维护过程中应注意的事项有：

（1）注意对系统进行修改后的副作用。维护就意味着对系统进行修改，修改对于系统来讲是有副作用的。由于修改而出现的错误或其他不合要求的行为主要来自三个方面。第一，对源代码的修改可能会引入新的错误，一般可以通过回归测试发现这类副作用。第二，对数据结构进行修改，如局部或全局变量的重新定义、文件格式的修改等，可能会带来数据的不匹配等错误。在修改时必须参照系统文档中关于数据结构的详细描述和模块间的数据交叉引用描述，以防局部的修改影响全局的整体性。第三，任何对源程序的修改，如不能对相应的文档进行更新，造成源程序与文档的不一致，必将影响今后的应用和维护。

（2）系统维护人员要职责明确。在安排系统维护人员工作时应注意，不仅要使每个人的维护职责明确，而且对每一个子系统或模块至少应安排两个人进行维护工作，这样可以避免系统维护工作对某个人的过分依赖，防止由于工作调动等原因影响维护工作。应尽量保持维护人员队伍的稳定性。在系统运行尚未暴露出问题时，维护人员应着重于熟悉掌握系统的有关文档，了解功能的程序实现过程，一旦维护要求提出后，就能快速、高质量地完成维护工作。

（3）应注意系统维护的限度问题。系统维护是在原有系统的基础上进行修改、调整和完善，使系统能够不断适应新环境、新需要。但一个系统总有生命周期结束的时候，当对系统的修改已不再奏效，或修改的困难很多且工作量很大，以及改进、完善的内容远远超出原系统的设计要求时，就应提出研制新系统的要求，从而开始一个新的生命周期。

（五）系统维护报告

为了评价维护的有效性、确定系统的质量、记载系统所作过的维护，应将维护工作的全部内容以文档的规范化形式记录下来。记录内容主要包括维护对象、规模、语言，运行和错误发生的情况，维护所进行的修改情况，以及维护付出的代价等。系统维护报告是系统开发文档的一部分，应形成历史资料，以便于日后备查。

四、系统的升级

通过对信息系统的精心维护，主要是对软件的不断扩充和完善，可以延长系统的生命。但是，随着技术的飞速发展和需求的不断增多，到了一定的时间必须考虑系统的升级。

（一）系统升级的必然性

（1）系统升级是信息系统的性质决定的。据国外统计，信息系统的生命周期一般是五年。

也许在五年之后，计算机设备还在正常使用（据调查，有的企业十年前购置的小型机仍然在使用），软件还可以运行，但是从整体系统上看，技术落后了，设备陈旧了，软件已经满足不了用户越来越高的要求，这就到了需要升级或更新换代的时候。

（2）企业本身的各种变化是信息系统升级的内部原因。随着企业经营范围扩大、业务增多，其信息量增大，通信要求提高。如企业兼并，增加新产品、新车间，开拓国际市场等新情况的发生，原有信息系统在功能上和性能上都满足不了企业迅速发展的要求。同时，随着市场经济的发展，企业传统的经营管理体制发生根本性变化，如组建企业集团、股份制改造、合资合作等，原有系统已经不能适应这种全新的需求。

（3）信息技术飞速发展是系统升级的外部原因。近几年，Internet/Intranet 技术飞速发展，以其在信息系统实现方面的优势，一时成为信息系统开发的热门技术。而相当多的企业前几年建立的信息系统，由于当时技术条件的局限，显然跟不上当前网络技术（尤其是 Web 技术）发展的步伐，必然要进行改造和更新，如在保留原有功能的前提下，将系统从现有的系统平台结构，如客户机/服务器结构，更新为浏览器/服务器结构。这种更新是完全必要的，也是合理的。

应该说，当系统维护所花费的时间、人力、费用与系统升级相比已经不值得时，原系统的生命周期就行将结束。

（二）系统升级的内容

系统升级有以下两方面内容：

1. 硬件升级

（1）客户端计算机硬件升级。随着使用系统的时间的推移，用户对系统的依赖性也逐步加大，会把越来越多的信息集中到自己所用的计算机上，这样对计算机硬件的要求会越来越高。而计算机技术飞速发展，硬件价格性能比在不断下降，为升级创造了条件。

（2）服务器端计算机硬件升级。最为典型的就是选择同一系列的新型、高档的服务器替代原有服务器，这是系统运行的必然要求。

（3）网络构架升级。现在的网络技术用日新月异一词来形容一点也不为过，各种新设备不断推出，性能越来越好，系统运行一段时间后，更新网络设备也是理所当然的。另外，随着信息系统信息集成深度和广度的加大，应提高原有网络构架运行效率，增加新的工作站。

（4）辅助设备升级。随着系统硬件和软件的不断升级，升级辅助设备也是势在必行。

2. 软件升级

（1）操作系统软件升级，如单用户操作系统升级到网络操作系统。

（2）数据库系统软件升级，如：小型数据库管理系统升级到大型数据库管理系统；可靠性差的数据库升级为安全性、稳定性、可靠性好的数据库。

（3）应用系统软件升级，就是针对企业内部出现的各种变化进行现用系统的升级。

（三）系统升级的方式

系统升级的方式根据升级的程度不同分为系统的升级和系统的更新。

1. 系统的升级

系统的升级是指在原有系统的基础上升高档次，扩大规模，提高性能，如：选择同一系列的新型高档服务器，替代原有服务器；在原有网络构架上提高速率，增加工作站，更新网络设备；操作系统和数据库升级，增加用户数和新功能。这种方式对原有资源利用较多，对应用改变不大。

2. 系统的更新

系统的更新是指用新系统完全替代原有系统，有可能采用全新的系统模式、总体结构和硬件软件，更新整个网络。这种方式工作量和投资大，相当于建立一个新系统。

（四）系统升级的方法和步骤

系统升级实际上就是对系统进行一次新开发，系统升级和更新的实施过程，具有和新系统开发过程相似的特点，如总体规划、系统分析等阶段都是必不可少的，首先要明确新系统的目标，考虑企业新的需求，然后进行系统设计和实施。这些环节涉及的知识、方法、技术等都在本书前面的章节中有详细的阐述，这里就不再重复。

（五）系统升级应注意的事项

无论采用哪一种方式，升级都要受到许多制约，考虑多方面的因素。

1. 信息资源

信息资源是系统最重要的资源，是系统运行期间积累下来的宝贵财富。不管是系统升级还是更新换代，都必须完全利用原有系统的所有数据信息。这在技术上是可以做到的。

2. 计算机硬件、软件资源

对这一类资源应该具体分析。比较引人注意的是计算机设备，许多企业都提出保留的要求。其实，硬件技术更新快，价格越来越便宜，能够更新的就应该更新，原来的计算机设备利用的价值不大。对于网络基础设施，由于施工涉及面广，则尽量利用；软件是其中最主要的资源，无论是改变软件支持环境，还是重新开发应用软件，都将耗费大量的时间和费用。因此，应该尽最大可能选择与原有系统相兼容的软件支持环境，使用现有应用软件。

3. 应用习惯

这是一种无形的资源，但是也应当考虑，包括长时间形成的操作人员对系统的操作习惯，管理人员对系统的使用习惯，开发维护人员对系统的熟悉程度等。如果考虑得当，可以缩短系统转换时间，节省培训费用。

思　考　题

1. 试述系统评价的目的。
2. 系统评价所依据的指标有哪些？
3. 除了本书所提供的系统评价的方法外，还可以采用哪些其他系统评价的方法？
4. 信息系统的安全保护措施有哪些？
5. 阐述系统维护的重要性。
6. 试述系统维护工作的程序。
7. 系统维护工作应注意的事项有哪些？
8. 试述系统升级的内容。
9. 系统升级应注意的事项有哪些？

第九章
信息系统新发展

内容提要

1. 概括介绍了业务流程重组的概念和应用步骤。

2. 全面介绍了信息系统新发展的主要成果，包括 ERP、CIMS、SCM、CRM 和云环境下的信息系统的概念、特点、功能和应用过程。

3. 介绍了智能决策支持系统的概念，以及智能决策支持系统的框架发展；并回顾了商务智能的概念及其组成和应用。

4. 介绍了数据仓库与数据挖掘的概念、特点、功能和应用过程。

第一节　企业业务流程重组

企业业务流程重组（Business Process Reengineering，BPR）是 20 世纪 90 年代在美国兴起的最新管理思想，它是国外管理界在全面质量管理（TQM）、准时生产（JIT）、工作流管理、团队管理、标杆管理等一系列管理理论与实践的基础上产生的。BPR 本质上是企业内部的组织创新，目的则是多方面的。在国内，一些大型国有企业和民营企业为了力争成为国内、国际的一流企业，已经开始在业务模式、流程管理等方面酝酿变革，希望借引入国际先进的企业运作方式和管理理念为契机，一举改变管理落后的局面，从而掀起了 BPR 应用的浪潮。但是，BPR 不是万能的，虽然支持者认为 BPR 是包治企业百病的灵丹妙药，将会带企业进入重建的革命时代，但反对者也指出了实施 BPR 的失败率高达 70% 的现状。企业实施 BPR 能否成功，完全取决于企业是否充分理解 BPR 的内涵，并结合自身的特点和实施方法，不然很可能适得其反，把企业拖入深渊。

一、BPR 的概念

1990 年，著名管理学家 Michael Hammer 首次提出了 BPR 的概念。1993 年，他和 James Champy 正式定义 BPR 为：BPR 是对企业的业务流程进行根本性的思考和彻底重建，以在成本、质量、服务和速度等方面取得显著改善，使得企业最大限度地适应以顾客、竞争、变化为特征的现代企业经营环境。有关 BPR 的其他定义参见表 9-1。

表 9-1　BPR 的其他定义

序　号	定　义
1	对组织中及组织间的工作流程与程序进行分析和设计
2	以提高企业绩效为目的，分析企业流程并重新设计

（续）

序　号	定　义
3	以信息技术开发为目的，重新设计企业的业务程序以充分发挥应用信息技术的能力，消除现存业务流程对信息技术架构设计的限制
4	一种使用信息技术从根本上改变企业业务流程从而实现企业目标的方法程序

二、BPR实施的背景和意义

（一）BPR实施的背景

在现代企业制度下，企业部门间有精细的专业分工，这一方面提高了企业的运行效率，同时也导致企业经营的僵化。企业实施BPR的背景主要有以下几个：

（1）企业根据职能划分部门，人为设定部门间的界限，使企业内部形成单独的利益中心。当需要部门的合作时，各部门往往会以局部利益为出发点，而置企业的整体利益于不顾，极大地损害企业利益。

（2）现行的人员结构中，员工的地位、薪酬、前途受制于自己的上司，因此，每个员工以服务上司为自己的最大任务，而不是关心客户，没有处处考虑为客户服务。

（3）企业将大部分精力用在起草、撰写、检查各种公文、报告、表格上，甚至把这些工作放在非常重要的位置。

（4）为了加强内部控制，企业制定了一系列制度和“签字”程序来监督审批过程，而且制定的大量规章制度基本上是针对内部职工的，对提供优质客户服务的条款却少之又少。

即便是在推行现代企业制度的今天，以上情况在不少企业仍然是常见的现象。在有的大中型企业中，企业管理制度均已健全，但随着管理理念的不断创新，有的制度已经开始严重阻碍企业的发展，使企业逐渐失去了竞争力。有远见的企业很早就认识到这类问题并尝试了各种办法，特别是BPR理论出现后立即进行了应用，因此像IBM、HP、沃尔玛等许多企业获得了更大的发展机会。对我国很多企业来说，由于积累的问题比较多，实施BPR更是势在必行。

（二）BPR实施的意义

1. BPR改造企业的管理方式

针对管理变革，有些企业往往侧重局部，并编制各种规章制度严格执行，但并不能做到整体流程的最优，导致许多企业虽然具有严格的管理制度，但仍然经受不住市场的冲击。BPR从企业的整体考虑，优化企业的每个运作环节，可以做到局部和整体的协调统一。

2. BPR体现团队在企业中的重要地位

团队跨越企业的不同专业部门，在企业的经营活动中发挥着主导作用。根据BPR组成的企业团队，可以整合企业的不同职能部门，以一个整体共同面向客户，从而发挥企业的最大效能。

3. BPR影响企业的组织机构

BPR将会减少企业的管理层次，增加企业的管理幅度，从而压缩企业职能部门的数量及级别。企业由多级多头管理转变为直接单一管理，部门之间的“边界”逐渐消失。

4. BPR影响人事管理制度

BPR采用“流程”为工作对象，将会削弱以官本位为基础的专业职能及人事管理体制，对各级管理人员的评定将不再依据各种行政级别，而是根据流程的执行结果进行人员的考核、薪酬的评定。

5. BPR将会发挥员工的潜力

根据BPR理论，企业员工将分为具有领导及沟通能力的“流程领导者”和各类技术专家。

每个人可以根据自身特点选择自己的发展方向。在此情况下，每个人追求的将不再是行政级别的“经理”或“处长”等，而是各种技术“专家”。

三、BPR 实施的基本原则

实施 BPR 的基本原则可以归纳为以下三点：

（1）BPR 以优化业务流程为目的，改造后的流程应该使企业取得显著绩效，例如提高了工作的效率，缩短了完成一项业务的时间，提高了顾客的满意度等。

（2）BPR 应该改变员工的服务重心，由服务上级转为服务客户，而且员工的工作质量应由客户来评价，领导则处于次要位置。

（3）BPR 应该把企业的业务以职能为中心改为以流程为中心，围绕服务客户、为客户创造价值设计流程。消除或者完善阻碍业务流程顺畅的环节，对多余及重复的流程进行合并。

四、BPR 实施的步骤

BPR 是企业内部的一场革命，是通过改变旧的规则、方法和模式形成新的工作流程、思维方法的突变过程。例如，经过 BPR，形成并行的工作流程、扁平式组织结构、以任务为中心的团队组合等。另外，企业经过实施 BPR，还会影响企业旧的价值观念、激励机制、人际关系、行为准则、心理状态等一系列文化氛围。总之，BPR 将对构成流程的基本环节、业务单元和工作步骤加以分析，并对流程之间的逻辑关系、时间耗费、可否并行等进行判断，大胆创意构思，重新设计和安排现有的流程，以求在速度、质量、成本、服务等各项绩效考核的关键指标上取得显著的改善。在具体实施过程中，可以按以下步骤进行：

第一步，分析原有的流程，包括全面的功能和效率分析，发现其存在的问题。根据企业现行的业务流程，绘制明确、清晰的业务流程图，并从以下方面诊断现行业务流程的问题：

（1）查找流程中增加运行成本的主要因素、组织结构设计不合理的环节，以及业务流程的制约因素和表现的严重问题。

（2）根据业务流程中出现的问题，结合企业所在行业的竞争态势、技术特点和市场情况，以及客户对产品、服务需求的时间要求，对发现问题的业务流程判断，并对各环节的重要性进行定位和排序。

第二步，设计新的流程改造方案，并进行方案的初评。在设计新的流程改进方案时，要对流程进行简化和优化，这可从以下几个方面入手：

（1）组合现行的相同或相似的业务和工作，根据它们的逻辑关系安排各环节的执行顺序，并压缩流程中的管理层次，下放管理权限，鼓励员工参与决策。

（2）流程设计要突破旧的职能界限，串行工作尽量设计为并行工作，在此基础上为同一工作设计多种流程方式。

（3）在 BPR 的设计中，尽量不设置检查、控制、调整等事后管理工作。

（4）从成本、效益、技术条件和风险程度等方面评估各可选方案，选取可行性强的 BPR 方案。

第三步，设计组织结构，配置人力资源，制定工作标准，并采用先进的信息技术。以上工作必须与 BPR 方案相适应。该步的实施要注意以下几点：

（1）BPR 实施的重要保证是组织结构设计，实现组织精简和组织运行效率的提高。

（2）通过信息技术的深入应用，充分发挥信息技术的潜能，利用信息技术改造业务过程。

（3）新业务流程的实施还要以人力资源配置、业务规范、沟通渠道甚至企业文化作为保证，只有以流程改进为核心形成系统的 BPR 方案，才能达到预期的目的。

第四步，对 BPR 实施后的效果进行评价，并做好维护工作。该步要点如下：

（1）企业进行 BPR 后，需要对重组的结果进行评价，并根据评价结果不断地对流程进行调整与维护，使企业在实践中慢慢适应新流程，才能达到再造的成功。

（2）为了保证 BPR 的成功，企业要对不同层次的员工进行培训，并要相应地改造组织结构、企业文化，以配合 BPR 的实施。

第二节　ERP、CIMS、SCM、CRM 与云环境下的信息系统

从整个信息系统的发展阶段来看，自 20 世纪 90 年代以来，随着信息技术的发展以及市场竞争的加剧，出现了许多依赖信息技术的企业经营新理念。其中，ERP、CIMS、SCM、CRM 是典型的代表。ERP 是从物料需求计划和制造资源计划的基础上发展起来的，一经提出，迅速成为企业所有后台职能（例如生产、财务、人力资源、会计、采购、下单和成本核算等）的统称。ERP 以资源计划和库存的精确性和可见性为中心，强调车间内部和整个制造企业（不管企业属于流程型制造企业、离散型制造企业或者是两者的结合）都应该进行信息共享。随着企业需求的变化，ERP 后来演变为“扩展的企业资源计划”（Extended ERP），它具备了制造计划和资源计划以外的功能，也就是对企业之间的交易进行处理，涵盖了 CIMS、SCM 和 CRM 的内容。下面对 ERP、CIMS、SCM 和 CRM 进行详细介绍。

一、ERP

（一）ERP 的概念

企业资源计划（Enterprise Resource Planning，ERP）是指建立在信息技术基础上，以系统化的管理思想为企业决策层及员工提供决策运行手段的管理平台。它融合信息技术与先进的管理思想，通过合理调配企业资源，以最大化地减少企业生产成本为目的。从不同角度出发，ERP 的其他定义可参见表 9-2。

表 9-2　ERP 的其他定义

序　号	定　义
1	在 MPR Ⅱ 基础上进一步发展而成的面向供应链的一整套企业管理系统体系标准
2	融合企业管理理论、业务流程、原始数据、人力、物力、财力以及信息技术硬件和软件于一体的企业资源信息管理系统
3	用系统集成的思想融合信息技术、数据库系统、软件工程、图形用户界面等最新成果的软件产品
4	一个整合企业内部和外部的资源，并对其实施有效的计划和控制，发挥其最大效益的综合集成系统

（二）ERP 实施的背景和意义

1. ERP 实施的背景

由于全球化竞争的加剧，市场形势瞬息万变，大多数企业，特别是制造企业出现了严重的协调问题：一方面，销售部门接到大量订单时生产线上的工人没有办法如期交货，而生产车间的产量得到提高时采购部门又不能及时供应所需原料；另一方面，采购部门害怕采购过量会导致仓库囤积原材料，生产部门也有同样的担心。为此，各部门不得不耗费大量时间安排进货和产量。针对企业的这一难题，在 MRP Ⅱ 的基础上，国外的软件厂商吸取 MRP Ⅱ 的精髓，即先进的物料配送系统及生产调度计划，率先开发出了 ERP 软件。它可以将企业运营的有关资源——包括产、供、销，人、财、物，以及产品开发、企业信息、时间进度、项目控制等资源进行有

效管理与配置，真正实现企业资源的共享，高效能地支撑经营决策，达到降低库存、提高生产效率和产品质量、快速响应市场变化的目的。国内的企业界也已经逐渐接受并尝试应用ERP。

物料需求计划（Material Requirements Planning，MRP）是20世纪60年代在美国出现，并在20世纪70年代发展起来的一种管理技术和方法。它根据主生产计划表的物料需求来决定订货和生产，可以用When、What、How many来代表物料需求计划的含义。它们的意思是企业将在什么时间需要什么和需要多少。这样，企业不仅从数量上解决了缺料问题，更重要的是确定了物料采购的时间。如果把MRP的信息共享范围扩大，使生产、销售、财务、采购、工程各环节的数据紧密联系起来，连接成一个全面生产管理的集成优化模式，那就是制造资源计划（Manufacturing Resources Planning，MRPⅡ）。为了避免名称的混淆，物料需求计划又称为狭义MRP，制造资源计划则称为广义MRP或者MRPⅡ。随着信息技术和需求的发展，ERP的出现在应用功能、应用环境、应用方法和应用技术上完全超越了MPRⅡ。

2. ERP实施的意义

（1）信息技术在企业各个环节的应用过程中，由于缺乏系统考虑，当发展到一定阶段，虽然处处有信息技术的应用，但却不能发挥它们的整体效能，出现信息孤岛现象。ERP的实施可以帮助企业解决资源整合的问题。

（2）在现代企业经营管理中，由于职能部门的分工越来越精细，企业资源的有效配置和各职能部门的协调运行越来越困难。特别是在产品供大于求的今天，企业生产什么产品、生产多少、什么时候生产，必须根据市场需求的变化而变化。ERP可以让决策者熟悉生产的每个环节，从整体上密切关注工作流程，通过分析每个单元的实时信息来协调部门间的工作。

（3）企业旧的观念和管理思想与新的市场形势越来越对立，矛盾越来越突出，而改革面临重重困难和强大阻力，企业只有通过引进新的管理技术，推进ERP的实施，强制性地改进相关业务流程，才会在这场管理革命中获得成功。

（4）企业除了内部因素，还必须要和外部因素密切合作，才能对市场需求作出快速反应，因为产品从提出需求到交货，要经过原料采购、制造加工、分销和销售等一系列过程。企业必须把供应商、制造商、分销商和消费者看做一个整体，统筹安排它们之间的活动。而ERP可以实现对整个产品流程体系的系统管理，以满足企业在动态竞争中的需要。

（5）ERP系统既支持企业精益生产（Lean Production），又支持企业敏捷制造（Agile Manufacturing）。前者根据企业大批量生产的组织形式，把企业同供应商、销售商和客户组合成利益共享的密切伙伴，共同服务于生产环节；后者则根据市场出现的特定需求，动态选择合适的供应商和销售商，组成动态联盟，在最短的时间内推出新产品。

（6）ERP系统集成各种计划功能与价值控制功能于供应链管理体系中，各种计划功能包括主生产计划、物料需求计划、能力计划、采购计划、销售计划、利润计划、财务预算及人力资源计划等。

（三）ERP的功能模块

根据ERP软件设计思路及方法的不同，其功能模块的划分也有所不同，但是它们的原理是一致的。一般来说，ERP软件涉及企业管理的人、财、物、产、供、销、预测、决策等诸方面的管理工作，包括预测、采购、库存、运输、销售、生产、计划、质量管理、财务、成本会计、资产管理、人事管理和工资管理等子模块。

企业应该根据自身生产规模大小、经营状况选择全部或者部分模块，并建立相适应的数据仓库，整合企业的物流、信息流和资金流，及时分析和处理企业中大量的、动态的、复杂的数据信息，为企业从总经理、中层负责人到车间班组长、仓库管理员各层次的管理人员的科学决策提供支持。

（四）ERP的应用步骤

ERP系统应用是一个复杂的过程，典型的ERP应用步骤包括：

1. 项目的前期准备工作

这个阶段要对企业的现状作出详细的调查。分析应用ERP的可行之处具有非常重要的作用，往往关系到项目的成败。通过前期工作，企业的中上层领导应该理解ERP的理念，并用ERP的思想对企业进行管理的业务流程和存在问题进行评议和诊断，寻求解决方案，用书面形式明确预期目标，并规定评价实现目标的标准。这一步是要完成需求分析，形成关于投资回报的书面报告。

2. 实施准备

实施准备阶段包括对软件功能的原型测试以及系统选型。原型测试实质上也是一种实施准备工作，在原型测试的基础上提出解决企业管理问题的方案。另外，ERP系统是一个功能与数据关联极为复杂、跨部门应用的对企业进行全面管理的大型软件系统，系统越大通用性越难，因此，需要根据本企业需求业务的特点，选择合适的ERP系统，这是ERP应用成功的前提条件。

3. 模拟运行

通过上述两步，在基本掌握软件功能的基础上，将各种必要的数据录入系统，带着企业日常工作中经常遇到的问题，组织项目小组进行实战性模拟，提出解决方案。在熟悉ERP操作后，正式运行系统之前要经过企业最高领导的审批和验收通过。工作准则与工作规程也要在这个阶段初步制定出来，并在以后的实践中不断完善。

4. 切换运行

根据企业的条件来决定应采取的步骤，可以各模块平行一次性实施。在这个阶段，所有最终用户必须在自己的工作岗位上使用终端或客户机操作，处于真正应用系统的状态。

5. 业绩评价

项目实施进入正常状态后，要进行业绩评价，以在此基础上明确下一步的工作方向。在整个实施进程中，培训工作是贯彻始终的。为了有效地实施业绩评价，企业需要根据管理业务与管理模式，设计一整套管理绩效变化的动态监控报表体系，并培训各级管理层如何运用这套内部管理报表体系，用以及时发现管理中存在的问题。

二、CIMS

（一）CIMS的概念

计算机集成制造系统（Computer Integrated Manufacturing System，CIMS），是随着计算机辅助设计与制造的发展而产生的。1973年，美国的Joesph Harrington博士最早提出了CIMS的概念。它实际上是在信息技术、自动化技术与制造技术的基础上，利用计算机技术把分散在产品设计与制造过程中各种孤立的自动化子系统有机地集成起来，形成适用于多品种、小批量生产，实现整体效益的集成化和智能化制造系统。CIMS的核心是“集成”，其主要特征包括人员集成、信息集成、功能集成和技术集成，并且扩展到了市场预测、产品设计、加工制造、检验、销售及售后服务等的全过程集成，其中，重点是信息集成，信息是进行科学决策的基础，只有在及时、准确和充足的信息支持下才能作出及时、正确的决策。

CIMS经过我国专家的发展，现已经改变为现代集成制造系统（Contemporary Integrated Manufacturing System，CIMS）。它在广度与深度上拓展了原CIMS的内涵。其中，“现代”的含义是指计算机化、信息化、智能化。“集成”有更广泛的内容，它包括信息集成、过程集成及企业间集成三个层次的集成。

（二）CIMS 实施的背景与意义

经济全球化发展，市场竞争变得越来越激烈，适应全球市场快速多变的需求，不断提高产品质量，低成本地快速开发符合市场需求的产品，已经成为每个企业的目标。对人类社会来说，制造业是社会赖以生存和发展的基础，是社会物质财富的主要来源。近十几年来，以信息技术为主导的高技术正深刻地影响着制造业领域，人们通过计算机与通信技术相结合的方式对传统的离散机器制造进行技术改造。从收集市场需求信息，到产品研究、开发，进行 CAD、CAM 设计，然后在生产线上进行自动化的加工制造，产品进入市场销售后，继续收集对产品的反馈，以改进或开发新的产品，从而形成一个计算机集成的闭环系统。因此，CIMS 是以制造自动化为核心的整体优化。

（三）CIMS 的特点

CIMS 的主要目的是以计算机来辅助制造系统的集成。作为新一代的制造系统，CIMS 与传统的制造系统相比具有明显的特点，主要表现在：

1. 信息共享和全局最优

基于计算机网络技术和 CAD、CAM、STEP㊀、MAP㊁和 MRP Ⅱ 等计算机辅助设计与制造软件系统，CIMS 可以高效地在制造企业的设计、工艺、供销和管理部门之间，各车间及生产设备之间，一个集团的各企业之间，甚至企业与客户之间充分地、及时地沟通信息实现通信，并由此保证制造系统内部各环节、各部门的高度协调，确保全局最优。

2. 分布性与并行性

在 CIMS 框架下，传统的线性组织结构和顺序决策运行方式被环状的组织结构和并行的决策方式所取代，集中领导、分级管理的模式则被分布式、平等式的模式所替代。制造系统中的各子系统、各单元根据自己的实际情况自行决策，但是，总体上又能自然地相互协调、相互适应，达到最优的运行方式。

3. 柔性、鲁棒性和动态适应能力

CIMS 支持各组成单元的信息共享、独立性和自主性，并保证它们的协调性，从而增强了整个系统的柔性、鲁棒性以及应付突发事件的动态适应能力。

（四）CIMS 的功能和组成

CIMS 具有四个功能子系统及两个支撑系统。

四个功能子系统分别为：

（1）经营管理子系统。它负责采集整个生产过程中产生的各类信息，并进行加工处理，由此制定各类计划，选择合适的决策方案。

（2）工程设计子系统。它负责产品的设计与工艺准备。

（3）自动化生产制造子系统。它负责产品的生产制造。

（4）质量保证子系统。它负责控制产品的质量。

CIMS 的两个支撑系统包括：

（1）计算机网络系统。它负责实现 CIMS 的数据传递及各子系统之间的通信联络，对各子系统提出的服务请求提供支持。

㊀ Standard for the Exchange of Product Model Data，产品模型数据交互规范。

㊁ Manufacturing Automation Protocol，制造自动化协议。

（2）分布式数据库系统。它负责收集和存储CIMS各部分产生的数据信息，可实现数据共享和信息集成。

为了保证以上功能的实现，CIMS具有自己的运作系统，他们包括：

（1）管理信息分系统MIS。它包括经营管理、生产计划与控制、采购管理、财务管理等。

（2）技术信息分系统。它包括计算机辅助设计（CAD）、计算机辅助工艺设计（CAPP）和数控程序编制（NCP）等功能，用来支持产品设计和工艺准备。

（3）制造自动化分系统。它也称为计算机辅助制造（CAM）系统。它包括各种不同自动化程度的制造设备和子系统，用以支持CIMS的制造功能。

（4）计算机辅助质量管理分系统CAQ。该分系统具有制定质量管理计划、实施质量管理、处理质量管理方面的信息、支持质量保证等功能。

CIMS概念的提出与实践，已经经历了约40年，我国自从1986年开始跟踪研究CIMS，经过多年的努力，已经取得了不小的成绩。早在1994年，清华大学建立了国家CIMS研究中心，1995年，北京第一机床厂CIMS工程获得联合国工业发展组织1994/1995年度"可持续工业发展奖"。全国实施CIMS的企业越来越多，范围覆盖机械、电子、航空、航天、轻工、纺织、石油化工、通信、煤炭等工业，展望未来，CIMS将会为我国制造业竞争力的提升起到更大的作用。

三、SCM

（一）SCM的概念

供应链管理（Supply Chain Management，SCM）是连接不同企业的制造、组装、分销、零售等过程，将原材料转换成产品，再到最终用户的转换过程。马士华教授定义供应链为围绕核心企业，通过对信息流、物流、资金流的控制，从采购原材料开始，制成中间产品以及最终产品，最后由销售网络把产品送到消费者手中的将供应商、制造商、分销商、零售商直到最终用户连成一个整体的功能网链结构模式。这是一个范围更广的企业结构模式，它包含所有加盟的节点企业，从原材料的供应开始，经过链中不同企业的制造加工、组装、分销等过程，直到最终用户。有关SCM的其他定义可参见表9-3。

表9-3　SCM的其他定义

序　号	定　义
1	把从企业外部采购的原材料和零部件、半成品等，通过生产、组装和销售等环节，传递到销售商、零售商和用户的过程
2	通过前馈的信息流和反馈的物料流及信息流，把供应商、制造商、分销商、零售商，直到最终用户连成一个整体的模式
3	通过控制从供应商的供应商到用户的用户的信息和产品流，达到各环节产品增值的目的。它从供应源点开始，在消费的终点结束
4	通过采购原材料，将它们加工为中间产品和成品，并将最终产品销售到用户的功能体系

随着对SCM的逐渐了解和认识，一些国际著名的公司在内部专门设立一个副总经理负责公司的供应链管理。通过观察和管理从订单到发运的各种活动，担任此职位的高级人员及时修正和处理供应链上发生的各种事件，以保证客户最满意和服务的新颖。

（二）SCM实施的背景与意义

当今世界各种技术和管理问题的日益复杂和多维化，促使人们认识问题和解决问题的思维方法也相应发生，表现为从点的和线性空间的思维向立体和多维空间的思维转化，管理思想也从纵向思维朝着横向思维转化。供应链管理就是这种转化的典型代表，它在许多方面表现出不同于传统管理思想的特点，因此与传统管理模式之间存在着很多冲突。传统的企业管理与运作模式在当前环境下存在以下问题：

（1）企业生产与经营系统在设计时只考虑企业内部的生产过程本身，而没有考虑企业生产系统以外的因素对企业竞争力的影响。

（2）对企业来说，供、产、销是企业的基本活动，但在传统的企业运作模式下，供、产、销没有形成紧密联系的“链条”，基本上是各自为政、相互脱节。

（3）企业的信息系统落后，内部信息系统不健全、数据处理技术落后；企业与企业之间的信息传递技术落后，没有充分利用先进的网络技术。

（4）传统企业的库存管理是静态的，库存的管理决策与供应商脱节，供应商不了解企业的真实需求，而企业也无法利用供应链上的资源，导致库存管理系统无法满足供应链管理的要求。

（5）以职能为单位，孤立地评价部门业绩，没有建立与供应链管理相适应的评价标准与激励机制，使各部门片面追求本部门的利益。

（6）企业和供应商、销售商没有协调一致的计划，战略伙伴关系缺位，各方从短期利益出发，只安排与自己有利的活动，相互之间没有信任关系。

现代企业的业务越来越趋向于国际化、合作化和快速化，无论企业的势力多么强大，都需要与相关企业建立战略合作关系，从而可以尽自己的最大力量于重要业务上，而把次要业务交由合作企业完成。行业的领头企业也认识到建立战略伙伴关系的重要性。而供应链管理所具有的快速反应市场需求、战略管理、低风险、高柔性、合作性等优势则可以满足企业的需求，国际上一些著名的企业，如 IBM、戴尔、海尔等已经在供应链管理实践中取得了巨大成功，人们相信供应链管理将会是 21 世纪企业应对全球化的有效途径之一。

（三）供应链的结构模型和特征

1. 供应链的结构模型

根据对供应链的定义，一条供应链由所有加盟的战略合作伙伴企业组成，其中会有一个核心企业，大多是产品制造企业，如海尔、IBM 等，有时候也可能是大型零售企业。其他合作企业及时获得核心企业的需求信息，通过供应链各合作企业的分工与合作，进行生产、分销及零售等工作，以资金流、物流和服务流为媒介实现整个供应链的不断增值。

2. 供应链的特征

从供应链的结构模型可以看出，供应链是一个网链结构，由围绕核心企业的供应商、供应商的供应商和用户、用户的用户组成。合作企业之间是一种需求与供应的关系，供应链具有以下特征：

（1）动态性。随着企业战略和市场需求的变化，供应链中的各合作企业会随时动态地更新，从而使得供应链具有明显的动态性。

（2）交叉性。合作企业是特定供应链的成员，同时又会是另一个供应链的成员，众多的供应链相互交叉，增加了协调管理的难度。

（3）复杂性。供应链中的合作企业往往由多个、多类型甚至多个国家的企业构成，因此，供应链结构模式比一般单个企业的结构模式更复杂。

（4）需求性。供应链的形成、存在、重构是随着市场需求的变化而变化的，而且在供应链的运作过程中，市场需求是供应链中信息流、产品/服务流、资金流运作的驱动源。

（四）供应链管理的内容和应用

供应链管理主要涉及四个领域，它们是供应、生产计划、物流、需求。其中，生产计划为主要环节，其他环节以生产计划为指导，基于因特网技术，围绕供应、生产作业、物流、需求实现整个供应链的功能。供应链管理通过操作计划、合作、控制从供应商到用户的物料和信息，从而提高对用户的服务水平和降低交易成本。

企业通过供应链管理，既分析来自内部的业务处理，也分析来自外部的供应商、合作伙伴或者客户的大量数据。它的底层是ERP系统，在ERP系统上，再建立处理外部数据的接口。企业内部还要建立常驻内存的数据模型，随时处理大量的实时数据。

四、CRM

（一）CRM的概念

客户关系管理（Customer Relationship Management，CRM）是指通过管理客户信息资源，提供客户满意的产品和服务，与客户建立起长期、稳定、相互信任、互惠互利的密切关系的动态过程和经营策略。简单地说，CRM是一个不断加强与客户交流，不断了解客户需求，并不断对产品及服务进行改进和提高以满足客户需求的连续的过程。它的目的在于建立一个合作平台，使企业在客户服务、市场竞争、销售及服务方面形成彼此协调的全新的关系，为企业带来持久的竞争优势。

CRM应用系统通过改善销售、市场营销、客户服务和支持等有关的业务流程，以与客户保持密切关系。个性化服务是增强竞争力的有力武器，利用信息技术，CRM可以记住客户的名字及他们的偏好，根据客户的不同而提供不同的服务，即为客户提供个性化服务来提高客户的满意度、忠诚度。CRM注重与客户的交流，以客户为中心，而不是传统的以产品或以市场为中心。为方便与客户的沟通，CRM可以为客户提供多种交流的渠道。从更广的范围讲，CRM不仅仅是企业与客户之间的交流，它也为企业、客户和合作伙伴之间共享资源、共同协作提供了基础。CRM的范围包括销售自动化、销售接触及机会管理、关系管理、营销自动化、电话销售及电话营销等。

（二）CRM实施的背景与意义

1. CRM实施的背景

CRM是在市场不断成熟和进步的背景下产生和发展的。实际上，在人类社会的漫长进程中，CRM一直就存在，只不过在不同的社会阶段其重要性不同，表现形式也不同而已。在今天以创新为核心、以全球化和信息化为特征的新经济条件下，企业的经营管理已经打破了地域的限制，竞争日趋激烈。在这种情况下，为了赢得更大的市场份额和更广阔的市场前景，企业必须积极开发新的客户资源，并积极维护已经存在的客户对象，而CRM为解决这些问题提供了一种办法。

2. CRM实施的意义

实施CRM的企业可以在以下四个方面大大改进，提升企业的竞争优势：

（1）提高效率。企业采用了新技术手段，业务处理流程的自动化程度提高了，实现了企业范围内的信息共享，使企业内部能够更高效地运转。

（2）拓展市场。CRM通过新的业务模式（电话、网络）可扩大企业经营活动范围，及时把握新的市场机会，并可有效地评估市场活动效果。

（3）保留客户。客户可以自己选择喜欢的方式，同企业进行交流，方便地获得信息和良好的服务。客户的满意度得到提高，可以帮助企业留住老客户和吸引新客户。

（4）提高企业效益。CRM改进了市场工作、销售、产品开发相互脱节的现象，加快了销售速度，节约了市场和销售成本，也减少了企业在战略决策上产生失误的可能性。

（三）CRM 的功能

CRM 的功能可分为两类：一是决策分析支持；二是客户服务支持。

1. 决策分析支持

决策分析支持主要是通过客户信息的收集，分析客户行为，将利润、生命周期、潜力、忠诚度等指标量化，并以图表的形式提供给专门的决策人，用以预测行业的未来发展。其详细功能如下：

（1）客户信息收集。客户信息收集是 CRM 体系的基础，企业只有充分了解其客户的信息，才能提升竞争力。除了通过销售渠道获取数据外，企业还要聘用专门人员直接收集市场和客户信息，然后交给专门的分析小组进行分析、加工和汇总。

（2）客户行为分析。通过分析客户的资金分布、资金流量、历史记录等方面的数据，分析客户对产品的利用率状况，从而决策产品的分布、营销方向等。

（3）客户特征分析。主要分析客户的行为习惯、客户对产品的意见。

（4）客户忠诚度分析。它根据客户对企业的信任度、往来频率、服务效果、满意程度等指标进行综合评估。

2. 客户服务支持

客户服务支持是企业运用已得出的客户数据分析的结果来提供个性化的服务，以提高客户满意度。它主要包括智能电话服务中心、呼叫中心、销售自动化、市场营销自动化、智能化管理监控及个性化服务等。服务支持的目的是为企业赢得客户的高度满意，建立起与客户的长期良好关系。

信息技术革命极大地改变了商业模式，尤其对企业与客户之间的互动关系产生了巨大的影响。因特网的迅速发展允许客户可以极方便地获取信息，并且更多地参与到商业过程中。以客户为导向的时代要求企业应深入了解客户需求，及时将客户意见反馈到产品、服务设计中，为客户提供更加个性化、细致化的服务。如果企业充分吸收 CRM 理念，将会极大地提高利润、客户忠诚度和客户满意度，以应对电子商务时代的竞争。

五、云环境下的信息系统

（一）云计算的概念

关于云计算的概念，目前尚无统一的说法，各个不同的机构或公司均对各自所实施的云计算计划有着不同的定义。首先来看亚马逊（Amazon）和微软（Microsoft）关于云计算的理念。

（1）亚马逊是最早把“云计算”商业化的公司，它推出了弹性计算机“云”，为创业者提供各种 IT 服务，并收取费用。

（2）微软的“云计算”则是基于 Windows 的。个人和企业不需要建立自己的数据中心，而是把数据存在微软的“云”里，在需要时随时取用。微软的思路很清晰，它把未来的计算定义在云 + 端、软件 + 服务。

目前，较为流行的一种定义是由美国国家标准与技术研究院（NIST）给出的，它将云计算定义为：云计算是一种按使用量付费的模式，这种模式提供可用的、便捷的、按需的网络访问，以进入可配置的计算资源共享池（资源包括网络、服务器、存储、应用软件、服务），这些资源能够被快速提供，只需投入很少的管理工作，或与服务供应商进行很少的交互。

该定义包含了云计算的五大主要特征：

（1）按需实施的信息服务。用户可以完全依据自己的需求获取计算、存储的资源和能力，而无须为超出自己所需要范围的多余计算资源和能力支付费用。

(2) 随时随地的接入能力。云计算赋予用户通过包括桌面、移动终端等各类终端快速接入并访问网络等能力，促使云计算平台上所部属系统可用性的极大提升。

(3) 位置无关的资源虚拟化整合。提供商可以通过虚拟化技术将大量计算资源形成资源池，依据用户需要分配这些资源。用户并不需要了解这些资源的具体位置，也无须对这些资源发出控制或管理的命令。

(4) 弹性管理带来的快速与灵活。云计算能够快速而且弹性地提供功能，包括对资源的扩展以及快速释放收缩，从而提升灵活性。

(5) 按使用计费的模式。部署在云计算上的系统可以依据用户使用了多少资源、多少功能来进行计费，从而减少用户对超出需要的资源而支付的费用，降低用户的使用成本。

(二) 云计算对于信息系统的意义

1. 传统信息系统面临的困境

从20世纪60年代开始，信息系统主要是运行在昂贵的、只在特殊行业中使用的大型主机上。进入20世纪80年代，相对廉价的个人计算机（PC）进入人们日常工作生活中，信息系统开始部署在PC平台之上，采用服务机/客户端架构。在此之后，随着20世纪90年代的互联网浪潮，数以亿计的单个信息孤岛汇集成庞大的信息网络，信息系统越来越朝小型化和分布式发展。在这一时期，基于Web环境下的信息系统方便了信息的发布、收集、检索、共享，极大提高了信息沟通和共享以及协作的效率。然而随着全球信息化产业的不断发展、延伸，2000年SOA系统架构的出现，给信息化产业带来新的理念。SOA的概念是由Gartner提出的，尽管目前尚未有一个统一的、被业界广泛接受的SOA的定义，但学术界和业界都普遍认为，SOA是一个组件模型，它将应用程序的不同功能单元——服务，通过服务间定义良好的接口和契约联系起来。在SOA架构下，信息系统不再是各自独立，而是能够轻松地互相联系、组合、共享信息，以松散耦合方式复用以往的信息化软件，提高了工作效率和企业的生产效率。人们已经认识到基于服务理念的信息服务系统是改变信息化现状的最好途径。因此，越来越多的组织机构开始了信息系统向信息服务系统的转换。信息服务系统已越来越多地应用于军事、教育、农业生产、工业制造、企业管理等国民经济的多个领域。

从目前信息系统建设模式上来看，企业在建设具有信息服务功能的信息系统时，诸如建设满足自己需求的DSS、ERP、CRM、SCM、HRM（人力资源管理）等时，传统的做法是先组建一支专业的顾问团队研究公司的业务流程，分析并建模提出咨询报告，然后再委托第三方软件外包公司，进驻自己的公司进行平台的开发，期间的“需求→设计→实施→需求变更→再设计→再实施”的循环可能会多次出现。除此之外，企业还需要投资IT设备，如购买服务器、交换机、防火墙，以及各种各样的软件，并需要租用宽带等，为系统的上线作准备，而且为了不使购置的软硬件由于技术发展的快速而落后，超值购买被认为是必须的。最后，经历了这令人精疲力竭的过程后，系统终于上线了，但它是否真正满足了最初的愿望，可能永远不会有人知道和提起了。这种信息系统开发的主要缺点在于以下三点：

(1) 开发周期长。系统投入使用时，业务、流程、需求等各环节往往已经发生了改变，使得信息系统不能满足实际业务的需求。

(2) 开发成本高。信息系统的投资成本太高，使得中小企业没有能力拥有自己所需的信息系统；且系统在开发的任何阶段都有失败的可能，一旦失败，前期的投入将不能收回。

(3) 软硬件购置成本高。有些系统使用频率并不高，但独占式的服务器运行模式必定产生高昂的应用成本，造成资源浪费，共享性低；同时系统的维护成本有时甚至超过开发成本。

2. 云计算实施的意义

云计算对于广大企业、机构或个人用户而言，是一种能够带来全新信息体验的运作模式。它的意义直观来讲，包含以下方面：

（1）云计算使得信息化成本大幅度降低。如果企业或机构采用了云计算技术作为其信息化的基本运作模式，那么最直观的效果就是降低了信息化成本。通过云计算，可以实现大规模计算资源、存储资源的集中与整合，把分散的、低效的、低水平的数据服务器淘汰掉，大幅度减少重复建设和重复投资，从而大大降低运行维护成本和使用成本。

（2）云计算促使信息的极大共享与协同。对于传统信息系统而言，这些系统是相对封闭的，数据无法得到共享。无论是个人用户还是企业用户，都面临着这种“信息孤岛”效应，信息的共享和协同无法得到保障。云计算可以让众多用户共享同一个或多个社会化平台，在其上进行信息分享和协同。例如，个人用户可以通过云平台快速分享其个人信息，而企业用户可以通过云平台进行数据交互和流程协作，大幅度提升工作效率。

（3）云计算促使系统创新的不断推进。这是因为云计算及其所提供的服务模式和解决方案是全新的，它孕育着更多创新的特性，从而为用户带来更多价值。

（4）云计算的扩充能力和实施速度是传统平台无法比拟的。云计算能够通过虚拟化技术，随时向资源池中增加资源而无须作过多调整，这带来了很强的扩充性；同时，在云计算平台上部署系统，将会跳过传统系统部署所必需的硬件和软件采购、安装、测试、部署以及部门沟通等环节，仅需要得到云计算环境管理者授权就可以。

（5）云计算是绿色的解决方案。资源的集成和共享意味着避免大量重复硬件投资与建设，无疑是对能耗的降低以及对环境的保护。

（三）云计算实施的方式

云计算是一种能够将动态伸缩的虚拟化资源通过互联网以服务的方式提供给用户的计算模式。在云环境下，用户不需要知道如何管理那些支持云计算的基础设施，软件和硬件资源都被封装并以服务的形式发布，用户可以通过互联网按需访问和使用。

1. 云计算的服务类型

云计算的服务类型是指云为用户提供什么样的服务，通过这些服务，用户可以获得怎样的资源。从服务类型的角度，云计算可以分为以下三类：

（1）基础资源即服务（Infrastructure as a Service，IaaS）。这种云把基础设施和计算能力作为标准的服务提供给用户。用户通过调用服务接口直接获得计算和存储能力。

（2）平台即服务（Platform as a Service，PaaS）。这种云提供一种托管平台，将运行环境进行封装，用户可以将他们所开发和运营的应用托管到云平台中。

（3）软件即服务（Software as a Service，SaaS）。这种云直接为用户提供所需的应用程序，这些应用实例运行于云平台中为用户提供服务，用户一般通过浏览器使用这些应用。

2. 云计算的服务方式

以云计算提供者和使用者的关系为标准，将云计算分为以下三类：

（1）公有云。公有云是指用户所需的服务由一个独立的第三方云提供商提供，云提供商为多用户服务，这些用户共享云提供商提供的资源。

（2）私有云。私有云是指由企业或组织所专有的云计算环境，用户是企业或组织内部成员，外部无法访问私有云的服务。

（3）混合云。混合云是公有云和私有云的混合，用户部分独自拥有云资源，部分与他人共享云资源。

3. 云计算下的数据服务

云计算将为信息系统的数据存储和处理等服务带来以下两方面的巨大改变：

（1）数据服务模式的转变。云计算的出现，使大规模资源集成与整合成为可能。在这种环境下，过去信息系统中最普遍使用的“数据本地存储和处理”模式将成为过去，在云端进行数据存储和处理将成为全新的数据服务方式。大型数据中心正是在云计算的推动下，逐渐成为目前众多大型数据服务企业主推的数据服务模式。云计算下的数据服务将使用户能够将各种公用和私有的数据存放在云端服务器中，用户使用时只需要通过网络就可以随时随地接入服务器使用数据。另外，用户可以依据各自需要向云服务提供商租用数据资源，这样就通过按需使用的方式大大降低了用户（尤其是企业用户）的资源使用成本。这种弹性资源分配、按需计费的商业模式，使得企业或个人用户能快捷、便利地享受更强大的计算力、存储空间和软件等服务，极大地降低了硬件等基础设施的重复购置和闲置，有效避免了人力资源的浪费，节约了大量的资金和人力支出。

（2）数据服务能力的突破。云计算将带来海量数据的处理能力，这种能力正是信息系统性能突破的关键之一。传统信息系统的数据处理能力主要依赖于其部署平台的单一运行环境的数据处理能力，无论是单机还是局域网环境下，信息系统的数据存储和处理能力是极其有限的，当面临海量数据时效果可想而知。云计算的出现让信息系统具有很好地处理海量数据的能力，曾经有实验表明，云计算可使信息系统的数据处理能力提高十几到几十倍，从而大幅度提升信息系统的数据服务能力。

（四）云环境下信息系统的案例介绍及特点

从信息系统的变迁过程可以看出，信息服务系统对运行环境的要求已经从高效逐步提高到经济、松耦合、共享、灵活、虚拟化等更高的要求。云计算是IT产业的巨大变革。云计算通过网络把多个成本相对较低的计算实体整合成一个具有强大计算能力的系统，将大量用网络连接的计算资源统一管理和调度，并借助SaaS、PaaS、IaaS等先进的商业模式把这强大的计算能力分布到终端用户手中，进而减少用户终端的处理负担，构成一个计算资源池向用户按需提供服务。云环境提供最可靠、最安全的网络数据存储中心，提供可弹性伸缩的硬件与软件，并降低系统维护成本，轻松实现不同设备间的数据共享，提供按需收费的计费模式。因此云环境下的信息服务系统更经济、更高效，基于云环境的信息服务系统是顺应信息系统运行环境发展和变迁的必然结果。

下面首先通过云环境下服务系统的成功案例来看云信息系统的特点。

（1）IBM。IBM是云计算的先行者和推动者，它使用自己生产的具备虚拟化能力的大型服务器和SAN Volume Controller等作为硬件基础设施，推出了TSAM来构建云基础设施环境和应用运行环境，并以Web Sphere为中间件平台。这种云环境的构建方式采用了虚拟化的技术将计算、存储与网络等硬件封装起来，形成一个统一的资源池，为上层用户以服务的方式提供资源。

（2）亚马逊。它提供了可靠的网络存储基础设施Amazon S3和支持结构化数据存储和查询操作的轻量级数据库SimpleDB，使用SQS消息队列传递分布式应用组件之间的数据，并为用户提供大规模的、可靠的、可伸缩的计算运营环境EC2。亚马逊以Web服务的方式将云计算产品提供给用户，包括计算、内容交付、数据库、电子商务、消息通信、监控、网络通信、支付、存储、支持、Web流量、人力服务等。Amazon的云计算真正实现了按使用付费的收费模式，用户只需为自己实际所使用的资源付费，从而降低了运营成本。

（3）Salesforce. com。Force. com是Salesforce. com开发的平台云服务系统，以Apex和Visual-force为编程语言和集成开发环境，创建了一个共享的应用资源库AppExchange。它的特点是直接提供在线企业信息服务应用，用户只需简单的定制化操作就可以使用。

(4) Microsoft。微软构建了多台服务器组成的数据中心以及作为云平台的操作系统 Windows Azure，以.NET 为运行环境，Microsoft SQL Server 为数据库，提供 Live、Sharepoint 和 CRM 服务。

从上述案例中总结云计算环境下信息系统的特点如下：

(1) 云信息系统是一种面向服务的系统。它采用 SOA 架构，实现"用户—云计算平台—信息服务"三者的融合，以云计算为信息系统运行的基本模式和平台，通过 Web 服务为载体以松散耦合的方式部署信息系统，通过一系列信息服务方式向用户提供应用。

(2) 云信息系统具备基础资源即服务的底层服务。区别于传统信息系统具备独立基础资源设备，云信息系统底层通过虚拟化技术集成大规模设备资源形成资源池，同时资源池可依据需要随时动态扩充或缩小，实现弹性管理。在云信息系统运行时，IaaS 层依据信息系统执行任务的需要，从资源池中动态、弹性地向信息系统模块分配资源，满足其执行需求。在云信息系统执行完任务后，资源将被释放并回归资源池，从而实现总体资源的动态管理。

(3) 云信息系统可以实现平台即服务。云信息系统可从云计算平台中获得信息系统必须依赖的任务调度、作业管理、环境配置、负载平衡、接口管理、状态监控与诊断等运行环境，以及信息系统开发所需的平台环境等。信息系统的服务提供商可依据平台的开发、运行等标准，在其上发布或部署相关信息系统。

(4) 云信息系统能实现软件应用即服务。在云信息系统中，面向用户的是若干各具能力的云服务，这些服务以松散耦合的方式部署在云计算平台上。用户可以从云信息系统的注册信息中获取这些信息服务模块的能力、价格等信息，继而通过云信息系统的相关规则调用这些服务来满足自己的应用需求。同时，这些应用服务可以通过一定的规则实现组合来解决较为复杂的任务。

(5) 云信息系统是一种按需服务的系统。云计算的根本优势在于按需提供服务，从而降低用户使用信息服务所花费的成本。无论是 IaaS、PaaS，还是 SaaS，云信息系统均可以依据用户的实际需求动态地划分出最符合要求的对应资源、平台和应用等服务，既满足用户应用，也避免用户为超出实际需求的服务买单。

第三节　智能信息系统

随着企业信息系统的实施应用，各种类型的数据信息越积越多，但是对决策层的管理者来说，很难找到合适的信息。为了面向决策者提供有价值的数据信息，智能决策支持系统和商务智能系统逐渐发展起来。智能决策支持系统比商务智能系统出现的时间早，二者具有很强的相似性，但也有明显的区别。智能决策支持系统是决策支持系统的分支，实际上是加入了知识推理的决策支持系统；而商务智能系统的出现是为了弥补信息系统决策分析的不足，它与数据仓库、数据挖掘有紧密联系。下面是对智能决策支持系统和商务智能系统的详细介绍。

一、智能决策支持系统

(一) 智能决策支持系统的概念

智能决策支持系统来源于决策支持系统，清楚决策支持系统的概念，从智能角度出发理解决策支持系统，那么智能决策支持系统的概念就一目了然了。决策支持系统（Decision Support System，DSS）是 20 世纪 70 年代初由美国的 M. S. Scott Morton 提出的，指的是以计算机技术为基础，辅助决策者解决决策问题的工具，对提高决策者的科学决策水平具有重要帮助。它以管理科学、运筹学、控制论和行为科学为基础，以计算机技术、仿真技术和信息技术为手段，面对复杂的决策问题，辅助中高层决策者的决策活动，是具有一定智能行为的人机交互系统。它能为决策者提供决策所需要的数据、信息和背景材料，帮助明确决策目标和进行问题识别，并对各种方案进行分析、比较和判断，辅助决策者作出科学、准确和及时的决策。随着人工智能（Artificial Intelligence，AI）研究的发展，专家系统、自然语言处理和人工神经网络的研究取得了令人瞩目的成就。为了弥补DSS缺乏推理的缺陷，人们将人工智能的研究成果引入到DSS中来，从而给DSS赋予了智能，出现了智能决策支持系统（Intelligent Decision Support System，IDSS），大大增强了DSS的决策支持功能，使DSS求解复杂问题的能力得以提高，人机界面更为友好，使用也更为方便。

（二）智能决策支持系统的产生背景

传统的决策支持系统采用各种定量模型，对半结构化和非结构化决策提供支持。由于DSS需要决策者参与，所以采用人机对话手段，通过模型操作数据，它实际上支持的仅仅是决策过程中结构化和具有明确过程性的部分。然而，随着决策环境日趋复杂，DSS在决策支持中的局限性日趋突出。因为DSS采用静态模型，通过模型对数据进行操作，这要求决策者不仅具有决策问题领域的知识，还要有数据和模型的相关知识，且系统在决策支持中的作用是被动的，不能根据决策环境的变化提供主动支持。研究者认为为了增强DSS解决问题的能力，必须考虑DSS的智能化，让其掌握一定的领域知识。当DSS需要决策者干预时，可以先访问自身的智能部件，只有当智能部件也无能为力时，才请求人工干预，这样就会大大提高决策效率并减轻管理决策人员的负担。

为了使DSS具有智能性，人们把传统DSS同人工智能，尤其是专家系统（ES）相集成，通过把专家系统的专家知识和基于知识的推理机制引入DSS，使其同原有各功能模块集成，构筑了智能化的DSS，从而形成了目前研究和应用的热点——智能决策支持系统。

人工智能技术不仅深刻影响着DSS的技术与结构，而且对智能决策支持系统的概念产生了深刻的影响。近年来，几乎所有有关DSS的研究都是围绕人工智能技术的应用展开的。人工智能与DSS的结合不仅体现在DSS各个部件的智能化上，而且这种结合大大提高了各部件的功能，提高了DSS的决策支持能力。随着研究的更加深入，智能化已经渗透到DSS的体系结构、问题求解等各个方面，对决策方法和过程产生了重要影响。

（三）智能决策支持系统的特点

人工智能是关于知识的科学，即关于怎样表示知识、获取知识和使用知识。智能决策支持系统引入了人工智能的科学理论和方法，以人工智能知识处理方法为基础，有效地表示、获取和利用人类在问题求解中的经验和知识，形成一整套比较完善的理论和方法体系。它的应用极大地提高了计算机辅助决策者进行决策的科学性和自动化程度。IDSS与DSS相比主要表现出以下特点：

（1）具有友好的人机交互接口（Human-Computer Interface，HCI），为决策支持提供必需的数据、模型、方法和知识等，并允许用户干预决策过程及对用户提出的问题作出回答。

（2）将AI技术、运筹学方法及决策手段有机地融合起来，实现知识推理和数值运算相结合，提供较传统DSS更强有力的决策支持能力。

（3）综合运用ES和知识工程（Knowledge Engineering，KE）的思想方法，对整个系统实行统一调度、管理和控制。

（4）充分利用已有的人类专家的知识、经验和判断以及决策案例，辅助决策者设计重大决策的备选方案和相应的实施途径。

（5）运用足够的知识、推理和综合评价方法，对一系列备选方案进行综合评价，并向决策者提供某一决策或某一特定方案并且给出实施策略和路线。

（6）强调灵活性和应变性，以适应决策环境及决策者决策方法和条件的变化。

（7）能够启发和引导决策者进行难度较大或根本无从下手的问题的决策求解。

（四）智能决策支持系统的组成

智能决策支持系统的一大特点是基于知识的三系统结构，如图 9-1 所示。该系统结构的明显特点是将问题领域的相关事实、经验知识以及表示模型的过程性知识看做是广义的知识模式，因而具有统一的逻辑结构，便于知识库本身的维护和信息交换，并且可以用统一的推理机制进行模型的智能化选择，从而为 IDSS 智能化研究开辟了新的方向。但该系统框架仍然保留着专家系统的求解思路，未能充分体现出决策者在模型建造、模型选择等方面的作用，也未能很好地体现 IDSS 模型驱动的特点。此外，基于该框架的 IDSS 尚不具备学习能力，无法改善自身性能。基于知识的三系统结构由知识系统、语言系统和问题处理系统三部分构成。其中，语言系统提供决策问题的表示方法及对决策结构的解释；知识系统负责管理与决策问题有关的知识；问题处理系统从语言系统那里接受决策问题，通过对知识系统中相关知识的操作，产生合理的决策结果。这种结构采用统一的知识体系，有利于系统功能的扩充，可以认为是一种进化结构。

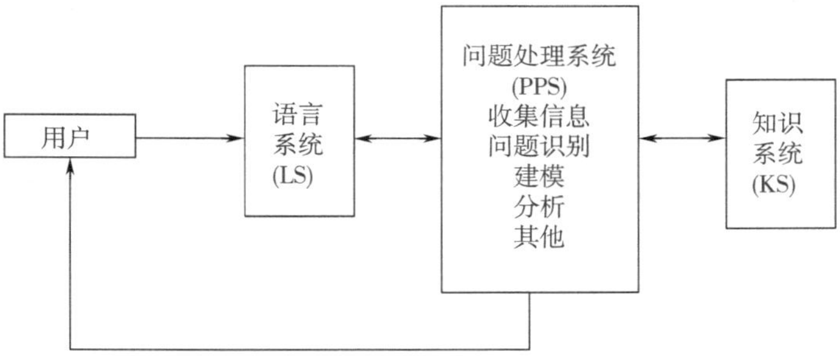

图 9-1　基于知识的三系统结构

早期 ES 与 DSS 的结合主要采用四库结构，包括数据库、模型库、方法库和知识库。基于部件集成的体系结构虽然有较强的问题求解能力，但随着智能决策支持系统研究与应用的深入，其结构也越来越复杂，在原来四库结构的基础上，又增加了文本库、图形库等，形成五库、六库等多库结构。近年来，随着数据驱动决策方法的进展，数据挖掘、OLAP 和数据仓库技术也被作为决策部件集成到 DSS 中。随着部件的增加，部件之间的协调控制过程变得很复杂，系统结构也越来越复杂，给系统的实现带来很多困难。

（五）智能决策支持系统的应用

DSS 对结构化问题的处理能力比较强，因为结构化问题涉及的变量较少，只要采用专门的公式来处理相关信息，就能够得到准确的答案，通过计算机语言来编制相应的程序，就可以在计算机上处理这些信息。而在非结构化决策中，可能提供出很多正确的解决方案，但是没有精确的计算公式能够计算出哪一种解决方案最优，也没有规则和标准能够衡量哪种方案是最佳解决方案，这个时候就必须利用智能决策支持系统的处理能力了。

总体来看，智能决策支持系统的应用主要集中在两方面：一是企业外部环境分析；二是企业内部条件分析。智能决策支持系统对企业外部环境分析的支持主要表现在提供以下一些因素的检索机制：国家有关经济政策和法规，尤其是金融、财务、税收、外贸进出口方面的政策和法规；国际国内相关行业的市场行情及产量、价格等；产品市场分析；主要原料、燃料、材料的供应情况及价格等。智能决策支持系统对企业内部条件分析的支持主要包括产品决策、市场分析决策、销售决策与财务决策等。其中，产品决策模块提供产品综合评价模型，并采用不同的评价产品方法，从不同角度支持对产品给予较为合理的评价，实现产品决策支持功能；市场分析决策模块提供市场潜力模型，以便支持管理者考虑提高产品竞争能力，占领未实现市场，开辟未开发市场；销售决策模块作为销售决策的支持工具，可用于正确选择企业产品的目标市场和重点市场，制定开拓、占领和扩大市场的方针；财务决策模块应提供资金利润分析模型，支持资金利润率的动态分析，提供盈亏分析，使管理者能够从不同侧面了解本企业的经营状况；客户关系管理模块主要通过客户详细资料的深入分析，来提高客户满意度，从而提高企业的竞争力。

二、商务智能系统

随着信息技术的快速发展及其在企业商务活动中的广泛应用，如何更为有效地整合信息资源、提高企业运营绩效，如何运用商务智能工具辅助战略和战术决策全面提升企业竞争力，已经成为企业经营者们共同关心的问题。商务智能系统顺应潮流，开始引领一场新的信息化变革。它为企业运营管理注入新的活力，同时也成为最有力的支持数据挖掘、信息分析整理、辅助决策、数据管理等的综合性工具。

（一）商务智能系统的概念

商务智能（Business Intelligence，BI）是指将企业各种形式的数据（如订单、库存、交易数据、通话记录以及客户资料等）及时地转换为企业管理者感兴趣的信息（或者知识），并以各种方式展现出来，从而有利于企业管理者进行科学决策，加强企业的竞争优势。商务智能的核心使命是帮助企业经理人员作出及时、正确、可行、有效的决定，从而改善企业经营效果，提高企业竞争力和获利性。因此，商务智能系统是能够帮助用户对自身业务经营作出正确、明智决定的工具。它所用到的数据不仅仅是指企业内部的各种数据，而且包括企业外部的数据，例如行业、市场状况和客户资源的数据等。

（二）商务智能系统的发展历程

自从 20 世纪末的十几年来，企业发展的节奏越来越快，竞争也越来越激烈，面临的威胁更是越来越多。但是，对企业来说，无知是最大的威胁，不知不觉的风险是巨大的，而一知半解可能比一无所知危害更大，当决策者带着错误的念头实施决策，同时自己却认为是正确的时候，其面临的风险是难以估量的。尤其在互联网领域，许多企业没有认识到行业发展趋势，在残酷的竞争中被淘汰了。

对今天的企业来说，无论规模有多大，在参与市场竞争时必定面临瞬息万变的环境，为了作出及时、准确地反应，企业需要全面、及时、准确地掌握相关信息。信息已经成为企业经营中重要性仅次于人才的第二大要素。商务智能逐渐对企业信息的科学管理开始发挥重要作用。

实际上，在企业的日常工作中，商务智能一直以各种形式存在着。比如对数据的简单整理、对报表的分析，以及通过这些分析作出未来若干时间内的工作规划等，这些都是商务智能的表现。目前，随着企业信息化不断进步和发展，尤其是在应用 ERP 的过程中，大量的数据积累，大量的信息涌现，造成了企业对海量数据信息的困惑，从而引发了企业对于专业商务智能软件产品的需求。因此，商务智能不再仅仅是一种概念、一种技术，它更多地成了一种业务层面的需求，为企业应用服务。

商务智能帮助企业知道如何利用数据增进对业务情况的了解，使得企业在业务管理及发展上作出及时、正确的判断。也就是说，怎样从业务数据中提取有用的信息，然后根据这些信息来采用明智的行动，这就是商务智能的课题。随着商务智能系统的发展，利用商务智能的企业已经越来越多，遍及各行各业。例如，一家连锁旅店使用商务智能应用软件来计算客房平均利用率和平均单价，从而计算每一间客房所产生的收入。该旅店还通过分析关于市场份额的统计数据和从每一家分店的顾客调查中搜集的资料来判断它在不同市场上的竞争地位。通过年复一年、月复一月、日复一日的趋势分析，该旅店就获得了一幅关于每一家分店经营状况的完整而准确的画面。

除了应用商务智能的行业在增多，企业内部的职能部门也开始认识到商务智能的重要作用。企业资源计划、供应链管理、客户关系管理、财务管理、人力资源管理，所有这些关键的企业职能都可以利用商务智能工具来提高效率，改进效果。另外，还有许多跨职能的企业战略领域也开始使用商务智能工具，这些领域包括预算和预测，以活动为基础进行管理，建立获利性模型、战略规划、平衡计分卡，以价值为基础进行管理等。商务智能不仅能帮助分析和改进企业内部的经营和发展，而且能够帮助分析和改进企业之间的沟通和交流，从而为“合作型商务”提供了强大的发展动力。

（三）商务智能系统的特点

商务智能系统和一般的管理软件不同。一般的管理软件服务于普通员工，帮助员工直接处理业务数据或为部门执行经理提供一些汇总报表，因此，在一般情况下虽然已经累积了大量的企业数据，却很少能够对企业高层管理人员提供有效的支持。而商务智能服务于管理决策层，它可以帮助部门经理进行决策和分析。

商务智能的特点从不同的角度看有很大的不同。从技术角度看，商务智能是企业的决策人员以企业中的数据仓库为基础，经由 OLAP 工具、数据挖掘工具加上决策规划人员的专业知识，从数据中获得有用的信息和知识，帮助企业获取利润；从应用角度看，商务智能帮助用户对商业数据进行 OLAP 和数据挖掘，例如预测发展趋势、辅助决策、对客户进行分类、挖掘潜在客户等；从数据角度看，商务智能使得很多事务性的数据经过抽取、转换之后存入数据仓库，经过聚集、切片或者分类等操作之后形成有用的信息、规则来帮助企业的决策者进行正确的决策。

（四）商务智能系统的组成

由于商务智能系统为决策层提供服务，因此它由以下主要软件工具组成：

（1）终端用户查询和报告工具。它专门用来支持初级用户的原始数据访问，不包括适用于专业人士的成品报告生成工具。

（2）OLAP 工具。它提供多维数据管理环境，其典型的应用是对商业问题的建模与商业数据分析。OLAP 也被称为多维分析。

OLAP 是以海量数据为基础的复杂分析技术。它支持各级管理决策人员从不同的角度、快速灵活地对数据仓库中的数据进行复杂查询和多维分析处理，并且能以直观易懂的形式将查询和分析结果展现给决策人员。OLAP 使用的逻辑数据模型为多维数据模型。常用的 OLAP 多维分析操作有上卷、下钻、切片、切块、旋转等。多维数据模型在物理实现时，主要有三种方式：ROLAP 结构、MOLAP 结构和 HOLAP 结构。其中 ROLAP 是基于关系数据库的 OLAP 实现，MOLAP 是基于多维数据组织的 OLAP 实现，HOLAP 是基于混合数据组织的 OLAP 实现。

（3）数据挖掘（Data Mining）软件。数据挖掘是从海量数据中提取隐含在其中的、人们事先不知道的但又可能有用的信息和知识的过程。它使用诸如神经网络、规则归纳等技术，用来发现数据之间的关系，作出基于数据的推断。

但是，挖掘的结果需要进行评价才能最终成为有用的信息，按照评价结果的不同，数据可能需要反馈到不同的阶段，重新进行分析计算。数据挖掘的常用方法有关联分析、分类和预测、聚类、检测离群点、趋势和演变分析等。可以说，OLAP 和数据挖掘是商务智能系统的关键技术。

（4）数据仓库（Data Warehouse）和数据集市（Data Mart）产品。其中，数据仓库是商务智能的基础，同时也是一个用以更好地支持企业或组织的决策分析处理的数据集合，它有面向主题、集成、相对稳定、随时间不断变化四个特性。

（五）商务智能系统的应用

企业用户希望从它们的ERP、CRM、SCM和遗留系统中发掘其数据资产，因此对BI软件的需求正在不断增加。这些需求说明企业正逐渐摆脱单纯依赖于软件来处理日常事务，而是明确要利用软件来帮助自己，依据企业数据作出更好、更快的决策。

1. 商务智能的应用范围

企业为迎接市场的挑战，必须对市场运作有准确的分析。商务智能系统的最大好处是可以得到准确、及时的信息，帮助企业赢得竞争优势。借助商务智能的核心技术，利用企业中长期积累的海量数据，可以实现以下四方面的应用：

（1）客户分类和特点分析。根据客户历年来的大量消费记录以及客户的档案资料，对客户进行分类，并分析每类客户的消费能力、消费习惯、消费周期、需求倾向、信誉度，确定哪类客户给企业带来最大的利润、哪类客户仅给企业带来最少的利润同时又要求最多的回报，然后针对不同类型的客户给予不同的服务及优惠。

（2）市场营销策略分析。利用数据仓库技术实现市场营销策略在模型上的仿真，其仿真结果将提示所制定的市场营销策略是否合适。企业可以据此调整和优化其市场营销策略，使其获得最大的成功。

（3）经营成本与收入分析。对各种类型的经济活动进行成本核算，比较可能的业务收入与各种费用之间的收支差额，分析经济活动的曲线，得到相应的改进措施和办法，从而降低成本、减少开支、提高收入。

（4）欺诈行为分析和预防。利用OLAP和数据挖掘技术，总结各种骗费、欠费行为的内在规律后，在数据仓库的基础上建立一套欺骗行为和欠费行为规则库，就可以及时预警各种骗费、欠费，尽量减少企业损失。

2. 国外商务智能的应用

许多企业已经认识到商务智能的重要意义，因而对它寄予很高的期望，希望能够通过商务智能充分利用企业以往对信息技术的投资，改善决策、提高利润、提高运营效率和增强透明度。而在这些市场上，商务智能厂商之间的竞争已趋于白热化状态，因而各个厂商使出浑身解数去争取竞争优势。不过，就算是在世界上商务智能最发达的这些地区，企业对商务智能的部署也多是部门性的和战术性的。商务智能的理想和现实之间仍然存在一条“成熟性沟壑”。商务智能要想实现其在企业中的战略性地位还有很长的一段路要走。以数据仓库、OLAP和数据挖掘为基础的商务智能应用首先在金融、保险、证券、电信、税务等数据密集型行业取得成功。

商务智能系统应用的增长有多种因素在驱动。一是经济全球化，打破了国际上存在的种种壁垒，消除了国家保护，各商家只有及时向客户提供产品和优质服务，才能在激烈的竞争中拥有客户和占有市场，才能生存下来。二是知识经济的发展，导致企业的数据量剧增，企业急需从这些庞大的数据中获知其隐含的信息和知识，制定相适应的政策，增强企业的竞争力。

3. 国内商务智能的应用

国内数据仓库应用不断发展，电信、金融、证券、税务、零售业等已有大量操作型数据积累的企业都出现了迫切的应用需求。可以预计，商务智能在中国同样会有广阔的应用前景。但是，成功的数据分析与挖掘应用依赖于大量的、长期的、真实的历史数据积累。对于许多信息化建设起步较晚的企业，首先踏踏实实地做好基础数据库的建设更为重要，这也为进一步走向商务智能打下基础。

总的来说，商务智能在中国的发展尚处于起步阶段，大部分企业对商务智能仍然缺乏必要的了解。但是，随着中国企业信息化建设的进一步完善，对商务智能系统的需求会与日俱增。

（六）商务智能系统的实施

实施商务智能系统是一项复杂的系统工程，整个项目涉及企业管理、运作管理、信息系统、数据仓库、数据挖掘、统计分析等众多门类的知识。因此用户除了要选择合适的商务智能软件工具外，还必须按照正确的实施方法才能保证项目成功。商务智能项目的实施步骤可分为以下几步：

（1）需求分析。需求分析是商务智能实施的第一步，在其他活动开展之前必须明确地定义企业对商务智能的期望和需求，包括需要分析的主题，各主题可能查看的角度（维度），需要发现企业哪些方面的规律；用户的需求必须明确。

（2）数据仓库建模。通过对企业需求的分析，建立企业数据仓库的逻辑模型和物理模型，并规划好系统的应用架构，将企业各类数据按照分析主题进行组织和归类。

（3）数据抽取。数据仓库建立后必须将数据从业务系统中抽取到数据仓库中，在抽取的过程中还必须将数据进行转换、清洗，以适应分析的需要。

（4）建立商务智能分析报表。商务智能分析报表需要专业人员按照用户制定的格式进行开发，用户也可自行开发，开发方式简单、快捷。

（5）用户培训和数据模拟测试。对于开发与使用分离型的商务智能系统，最终用户的使用是相当简单的，只需要点击操作就可针对特定的商务问题进行分析。

（6）系统改进和完善。任何系统的实施都必须是不断完善的，商务智能系统更是如此。用户在使用一段时间后可能会提出更多的、更具体的要求，这时需要再按照上述步骤对系统进行重构或完善。

第四节　数据仓库与数据挖掘

数据仓库中的知识发现（Knowledge Discovery in Databases，KDD）和数据挖掘是在需求的驱动下发展起来的一门新的技术。随着政府部门、企事业单位、大型金融保险机构、大型商业机构、大型制造业及科研机构数据库的大量建立，数据积累成倍地急剧增长，如何有效存储和充分利用这些大量数据，对数据进行分析，来指导运营并为领导者决策提供支持成为急需；另外，如何从大量数据中挖掘出有用的信息（模式）和知识（规律），也成为人类需要急切解决的问题。因此，数据仓库和数据挖掘成为当今计算机技术领域的研究和关注的热点之一。

一、数据仓库

（一）数据仓库的概念

数据仓库是一个或多个数据的数据备份，并集成来自各个数据的信息以供查询和分析。它保存了不同层次和粒度的数据，从详尽数据到高度汇总的数据。数据仓库是20世纪90年代由美国著名工程学家W. H. Inmon博士提出来的，他认为数据仓库是一个面向主题的、集成的、稳定的、包含历史数据的数据集合，用于支持经营管理中的决策制定过程。数据仓库与传统的数据库系统相比有着本质的区别，传统的数据库是一种通用平台，建立在严格的数学模型的基础上，可以用来管理企业数据，进行事务处理，完成相关业务。而数据仓库更偏向于工程，是用户日积月累建立起来的。它的数据源很多，通过因特网，可以将不同的数据库连接起来，这些数据库在物理上可以是分开的，甚至可以属于不同的国家，从而可以打破地域界限，把海量数据呈现在用户前面。

数据仓库带给决策者海量的商业信息，这些信息来自于企业的各种业务应用程序中，它们遍布于机构中的各种各样的系统上——主机、微机或服务器。数据仓库把这些具有原始格式的数据转换为有意义的、有价值的信息，供各级管理人员访问，提出能更好地开展业务的新方法，并识别新的商业机会，从而提高机构的竞争力和可获利性。

（二）数据仓库的特点

数据仓库用于支持决策，面向分析型数据处理，它不同于企业现有的操作型数据库；数据仓库对多个异构的数据源的有效集成，集成后按照主题进行重组，并包含历史数据，而且存放在数据仓库中的数据一般不再修改。根据数据仓库的含义，数据仓库拥有以下四个特点：

（1）面向主题。操作型数据库的数据组织面向事务处理任务，各个业务系统之间各自分离，而数据仓库中的数据是按照一定的主题域进行组织的。主题是一个抽象的概念，是指用户使用数据仓库进行决策时所关心的重点方面，一个主题通常与多个操作型信息系统相关。

（2）集成的。面向事务处理的操作型数据库通常与某些特定的应用相关，数据库之间相互独立，并且往往是异构的。而数据仓库中的数据是在对原有分散的数据库数据抽取、清理的基础上经过系统加工、汇总和整理得到的，必须消除源数据中的不一致性，以保证数据仓库内的信息是关于整个企业的一致的全局信息。

（3）相对稳定的。操作型数据库中的数据通常实时更新，数据根据需要及时发生变化。数据仓库的数据主要供企业决策分析之用，所涉及的数据操作主要是数据查询，一旦某个数据进入数据仓库以后，一般情况下将被长期保留，也就是数据仓库中一般有大量的查询操作，但修改和删除操作很少，通常只需要定期地加载、刷新。

（4）反映历史变化。操作型数据库主要关心当前某一个时间段内的数据，而数据仓库中的数据通常包含历史信息，系统记录了企业从过去某一时点（如开始应用数据仓库的时点）到目前的各个阶段的信息。通过调用这些信息，可以对企业的发展历程和未来趋势作出定量分析和预测。

（三）数据仓库的组成

企业数据仓库的建设，是以现有企业业务系统和大量业务数据的积累为基础的。数据仓库不是静态的概念，只有把信息及时交给需要这些信息的使用者，供他们作出改善其业务经营的决策，信息才能发挥作用，信息才有意义。而把信息加以整理、归纳和重组，并及时提供给相应的管理决策人员，是数据仓库的根本任务。因此，从产业界的角度看，数据仓库建设是一个工程。整个数据仓库系统是一个包含五个层次的体系结构，具体如图9-2所示。

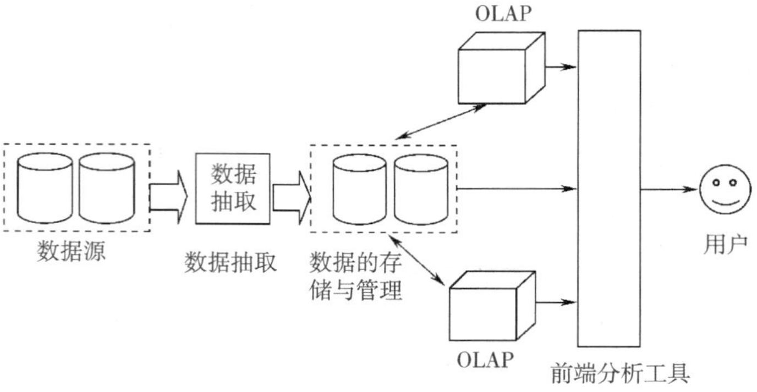

图9-2　数据仓库系统

1. 数据源

数据仓库的数据源是指数据仓库中数据的来源。数据源是数据仓库系统的基础，是整个系统的数据源泉，通常包括企业内部信息和外部信息。内部信息包括企业各种业务处理数据和各类文档数据，外部信息包括各类法律法规、市场信息和竞争对手的信息等。这些信息多存在于企业信息系统和因特网中。

2. 数据的抽取

它是整个数据仓库系统的核心。由于数据仓库是一个独立的数据环境，它需要通过抽取过程将数据从联机事务处理系统、外部数据源、脱机的数据存储介质中导入到数据仓库中来。数据抽取经过对获得的源数据（Source Data）进行必要的加工处理，这些加工处理包括数据清理、数据转换和数据加载等过程。

3. 数据的存储与管理

数据仓库的真正关键是数据的存储与管理，它涉及对大量数据的存储与管理。在数据仓库中存储与管理的数据量比传统事务处理大得多，且随时间的推移数据累积越来越多。数据仓库的存储与管理方式决定了它有别于传统数据库，它对数据的存储以事实数据表和维度数据表为主。事实数据表中保存着大量可度量的反映客观事实的数值型数据，以及用于和维度数据表发生关联的外键；维度数据表中保存着用来刻画事实数据表中度量值属性的数据。对这些大量数据进行组织管理的方式主要采用基于数据表的索引技术，每个维度数据表都以其主键与事实数据表中相应的外键相关联。通过这种存储与管理方式，可以有效地把从数据源抽取来的数据，按照主题进行组织管理。

此外，由于目前不少关系数据库系统已支持数据分割技术，能够将一个大的数据库表分散在多个物理存储设备中，进一步增强了系统管理大数据量的扩展能力。以关系数据库为基础的数据仓库，在数据分割存储上充分利用了关系数据库这一功能，它可以将大量数据按用户查询频率，对不同主题的数据集分布存储，对使用频繁的数据列进行连续物理存储，这极大地提高了数据仓库对查询的响应速度。

4. OLAP

它是针对特定问题的联机数据查询和分析。它首先对分析需要的数据进行有效集成，按多维模型予以组织，以便进行多角度、多层次的分析，并发现趋势。其中，ROLAP 的基本数据和聚合数据存放在关系数据管理系统中；MOLAP 的基本数据和聚合数据存放于多维数据库中；HOLAP 的基本数据和聚合数据分开放置，前者存放于关系数据管理系统之中，后者存放于多维数据库中。OLAP 的这些数据存储方式，可有效地使这些数据能够真正满足用户对数据分析的多角度、多层次和快速响应的要求。

5. 数据仓库的前端分析工具

数据仓库的前端分析工具是指使用户能够有效、方便地进行数据分析，并将分析结果以恰当的方式展示出来的计算机软件。它主要包括：OLAP 工具、数据挖掘工具、分析建模工具、报表工具和图形展示工具等。其中，OLAP 工具主要用来满足用户进行多维度的在线数据分析要求；数据挖掘工具和分析建模工具主要用来帮助用户发现隐藏在数据仓库中的不被人们认识的规律；报表工具和图形展示工具主要是用来将 OLAP 和数据挖掘的结果以报表和图形方式展示给用户，便于用户理解和分析。

（四）数据仓库开发应用步骤

对于数据仓库开发者来说，实现一个数据仓库的难度比以前做过的任何项目难度都要大。考虑到不同的数据结构、用途以及应用程序开发方法，以前所积累的经验和技巧大部分都无用武之地了。但是，数据仓库开发也是有一定的规律可循的，一般按照以下步骤进行数据仓库的开发：

1. 数据仓库规划

数据仓库规划是数据仓库开发的第一步，它的主要工作是定义系统边界和主题域。也就是在原有数据库的基础上建立一个较为稳固的概念模型。因为数据仓库是对原有数据库系统中的数据进行集成和重组而形成的数据集合，所以数据仓库的规划首先要对原有数据库系统加以分析理解，看在原有的数据库系统中“有什么”、“怎样组织的”和“如何分布的”等，然后再来考虑应当如何规划建立数据仓库系统。一方面，通过原有的数据库的设计文档以及在数据字典中的数据库关系模式，可以对企业现有数据库中的内容有一个完整而清晰的认识；另一方面，数据仓库的规划应该是面向企业全局建立的，它为集成来自各个方面应用的数据库提供了统一的框架视图。

（1）界定系统的边界。数据仓库是面向决策分析的数据库，无法在数据仓库的规划阶段就能得到详细而明确的需求，在确定边界时需要做的工作主要有以下几项：

1）需要作的决策类型是什么？

2）决策者感兴趣的是什么问题？

3）上述问题需要什么样的信息才能满足？

4）要得到这些信息需要包含原有数据库系统的哪些部分的数据？

通过分析和回答上述问题，就可以大致划定系统边界，从而集中精力进行最需要部分的开发。因此，从某种意义上讲，界定系统边界的工作可以看做是数据仓库系统设计的需求分析，因为它将决策者数据分析的需求用系统边界的形式反映出来了。

（2）确定主题域。确定主题域是对每个主题域的内容进行较明确的描述，描述的内容包括以下几项：

1）主题域的公共码键是什么？

2）主题域之间具有何种方式的联系？

3）充分代表主题的属性组是什么？

2. 数据仓库分析

数据仓库分析的主要工作包括技术评估和技术环境分析。

（1）技术评估。技术评估就是确定数据仓库的各项性能指标。在一般情况下对数据仓库的评价工作包括以下几项：

- 管理大数据量数据的能力。
- 进行灵活数据存取的能力。
- 根据数据模型重组数据的能力。
- 透明的数据发送和接收能力。
- 周期性成批装载数据的能力。
- 可设定完成时间的作业管理能力。

（2）技术环境分析。对数据仓库的性能评定完成之后，下一步的工作就是分析如何装配数据仓库结构模型，主要工作是确定对软硬件配置的要求，可以从以下几个方面进行分析：

- 预期在数据仓库上分析处理的数据量有多大？
- 如何减少或减轻竞争性存取程序的冲突？
- 数据仓库的数据量有多大？
- 进出数据仓库的数据通信量有多大？

3. 数据仓库设计

数据仓库设计的工作主要是进行逻辑模型设计和物理模型设计。逻辑模型设计是对每个当前要装载的主题的逻辑实现进行定义，并将相关内容记录在数据仓库的元数据中，包括适当的粒度划分、合理的数据分割策略、适当的表划分、定义合适的数据源等。物理模型设计所做的工作是确定数据的存储结构，确定索引策略，确定数据存放位置，确定存储分配。

（1）逻辑模型设计。逻辑模型设计的主要工作有：分析主题域、粒度层次划分、确定数据分割策略、关系模式定义。

1）分析主题域。数据仓库的设计方法是一个逐步求精的过程，在进行设计时，一般是一次一个主题或一次若干个主题逐步进行的。所以必须对数据仓库规划步骤中确定的几个基本主题域进行分析，并选择首先要实施的主题域。对首先实施的主题域，其大小要适中。一方面要考虑的是它要足够大，以便使得该主题域可以建设成为一个可应用的系统；另一方面，它还要足够小，以便于开发和较快地实施。如果所选择的主题域很大并且很复杂，则可以针对它的一个有意义的子集来进行开发。在每一次的反馈过程中，都要进行主题域的分析。

2）粒度层次划分。数据仓库逻辑设计中要解决的一个重要问题是决定数据仓库的粒度层次划分，粒度层次划分适当与否直接影响到数据仓库中的数据量和所适合的查询类型。确定数据仓库的粒度划分，可以通过估算数据行数和所需的 DASD㊀数，来确定是采用单一粒度还是多重粒度，以及粒度划分的层次。

3）确定数据分割策略。要确定数据分割策略，一般要考虑以下几方面因素：数据量（而非记录行数）、数据分析处理的实际情况、简单易行以及粒度划分策略等。数据量的大小是决定是否进行数据分割和如何分割的主要因素；数据分析处理的要求是选择数据分割标准的一个主要依据，因为数据分割是与数据分析处理的对象紧密联系的；还要考虑到所选择的数据分割标准应是自然的、易于实施的；同时也要考虑数据分割的标准与粒度划分层次是适应的。

4）关系模式定义。数据仓库的每个主题都是由多个表来实现的，这些表之间依靠主题的公共码键联系在一起，形成一个完整的主题。在数据仓库规划设计时，已经确定了数据仓库的基本主题，并对每个主题的公共码键、基本内容等作了描述，这一步将要对选定的当前实施的主题进行模式划分，形成多个表，并确定各个表的关系模式。

（2）物理模型设计。物理模型设计的主要工作有四项：确定数据的存储结构、确定索引策略、确定数据的存放位置、确定存储分配。具体如下：

1）确定数据的存储结构。一个数据库管理系统往往都提供多种存储结构供设计人员选用，不同的存储结构有不同的实现方式，各有各的适用范围和优缺点，设计人员在选择合适的存储结构时应该权衡三个方面的主要因素：存取时间、存储空间利用率和维护代价。

2）确定索引策略。数据仓库的数据量很大，因而需要对数据的存取路径进行仔细的设计和选择。在数据仓库中，设计人员可以考虑对各个数据存储建立专用的、复杂的索引，以获得最高的存取效率。因为在数据仓库中的数据是不常更新的，也就是说每个数据存储是稳定的，因而虽然建立专用的、复杂的索引有一定的代价，但一旦建立索引就几乎不需维护。

3）确定数据的存放位置。同一个主题的数据并不要求存放在相同的介质上。在物理设计时，常常要按数据的重要程度、使用频率以及对响应时间的要求进行分类，并将不同类的数据分别存储在不同的存储设备中。重要程度高、经常存取并对响应时间要求高的数据就存放在高速存储设备上，如硬盘；存取频率低或对存取响应时间要求低的数据则可以放在低速存储设备上，如磁盘或磁带。数据存放位置的确定还要考虑到其他一些方法，如：决定是否进行合并表；是否对一些经常性的应用建立数据序列；对常用的、不常修改的表或属性是否冗余存储。

4）确定存储分配。许多数据库管理系统提供了一些存储分配的参数供设计者进行物理优化处理，例如块的尺寸、缓冲区的大小和个数等，它们都要在物理设计时确定。

㊀ Direct Access Storage Device，直接存取存储设备。

4. 数据仓库实施

数据仓库实施要做的工作是接口编程、数据装入和建立决策应用。前两项的工作是把数据装入数据库，为决策应用建立基础。数据仓库装入数据之后，下一步工作是：一方面使用数据仓库中的数据服务于决策分析的目的，也就是在数据仓库中建立起决策应用；另一方面，根据用户使用情况和反馈来的新的需求，开发人员进一步完善系统，并管理数据仓库的一些日常活动，如刷新数据仓库的当前详细数据、将过时的数据转化成历史数据、清除不再使用的数据、调整粒度级别等。

总之，数据仓库的开发是逐步完善的原型法的开发方法，它要求尽快地让系统运行起来，尽早产生效益，并能在系统运行或使用中，不断地理解需求、改善系统、不断地考虑新的需求、完善系统。

目前，数据仓库已在各个领域引起人们的极大兴趣和关注。随着信息处理量的增加，该技术将在市场分析、决策支持、金融预测以及医学诊断等各个方面有着广泛的应用前景。运用这项技术，将会大大提高信息处理的效率，更有效地发挥数据库的潜在价值。随着数据库应用系统的普及，这项技术将会给人类带来不可估量的益处。

二、数据挖掘

（一）数据挖掘的概念

数据挖掘是指从大量的、不完全的、有噪声的、模糊的、随机的数据中提取隐含在其中的、事先不知道但又有潜在价值的信息和知识的过程。随着信息技术的高速发展，人们积累的数据量急剧增长，如何从这些海量的数据中提取有用的知识成为当务之急。数据挖掘就是为顺应这种需要应运而生发展起来的数据处理技术。数据挖掘是一个多学科交叉研究领域，它融合了数据库技术、人工智能、机器学习、统计学、知识工程、面向对象方法、信息检索、高性能计算以及数据可视化等最新技术的研究成果。

从企业应用角度来看，数据挖掘是一种崭新的企业信息处理技术。它可以通过对企业数据库中大量业务数据的抽取、清理、转化、分析和模式化，从中提取辅助企业决策的关键知识。因此，商业应用中的数据挖掘可定义为：按企业既定的业务目标，对大量的企业数据进行探索和分析，揭示隐藏的、未知的企业生产经营规律，并进一步模式化的数据处理方法。

（二）数据挖掘的特点

对于在大量数据中发现规律的过程中，数据挖掘与传统的数据分析技术在工具特点、分析重点、分析目的、数据集大小和智能性等方面有着自己的特点。

1. 挖掘工具多是预测、发现型的

数据挖掘可以自动在大型数据库中寻找预测性信息，以往需要进行大量手工分析的问题如今可以迅速、直接地由数据本身得出结论。一个典型的例子是市场预测问题，数据挖掘使用过去有关促销的数据来寻找未来投资中回报最大的客户。

2. 以预测未来、解释原因为分析重点

数据挖掘是一类深层次的数据分析方法，以前主要用于对过去数据的收集和分析，目的是用于科学研究。现在，各行各业实现了自动化操作，商业领域产生了大量的业务数据不再受计算能力的限制，可以对大数据量进行复杂的分析。而且各种数据不一定是为了分析的目的而收集的，而是由于纯机会的商业运作而产生。因此，分析这些数据也不再是单纯为了研究的需要，更主要的是按企业既定业务目标，对大量数据进行探索和分析，揭示隐藏的、未知的或验证已知的规律性，从而为商业决策提供真正有价值的信息。

3. 以发现未知的规律为目的

数据挖掘与传统的数据分析（如查询、报表、联机应用分析）的本质区别是数据挖掘是在没有明确假设的前提下去挖掘信息、发现知识。因此，数据挖掘所得到的信息应具有先前未知、有效和可实用三个特征。

先前未知性是指发现的信息是预先未曾预料到的，即数据挖掘是要发现那些不能靠直觉发现的信息或知识，甚至是违背直觉的信息或知识。挖掘出的信息越是出乎意料，就可能越有价值。在商业应用中最典型的例子就是一家连锁店通过数据挖掘发现了小孩尿布和啤酒的销售之间有着惊人的联系。

4. 在大量数据中工作

随着数据库技术的迅速发展以及数据库管理系统的广泛应用，人们积累的数据越来越多。激增的数据背后隐藏着许多重要的信息，人们希望能够对其进行更高层次的分析，以便更好地利用这些数据。因此，目前的数据库系统可以高效地实现数据的录入、查询、统计等功能，但无法发现数据中存在的关系和规则，无法根据现有的数据预测未来的发展趋势。数据挖掘技术可以挖掘大量数据背后隐藏的知识，避免“数据爆炸但知识贫乏”的现象。

5. 具有智能性

数据挖掘技术是人们长期对数据库技术进行研究和开发的结果。起初各种商业数据是存储在计算机的数据库中的，然后发展到可对数据库进行查询和访问，进而发展到对数据库的即时遍历。数据挖掘使数据库技术进入了一个更高级的阶段，它不仅能对过去的数据进行查询和遍历，并且能够找出过去数据之间的潜在联系，从而促进信息的传递。现在数据挖掘技术正在向智能化方向发展，商务智能的出现加速了这种趋势。

（三）数据挖掘的功能

数据挖掘之所以吸引专家学者的研究兴趣和引起商业厂家的广泛关注，主要在于大型数据系统的广泛使用和把数据转换成有用知识的迫切需要。数据挖掘将数据转换为有用的知识，是借助以下功能来实现的：

1. 关联分析

通过关联分析（Association Analysis），可以从两个或两个以上变量的取值之间发现存在的相关规律性。数据的关联性是大量数据存在的一类重要的、可被发现的知识。关联分析可以发现数据之间的简单关联、时序关联和因果关联关系。它的目的在于找出大量数据中隐藏的关联规则，一般用支持度和可信度来度量。目前正不断引入兴趣度、相关性等其他参数，使得所挖掘的规则更符合需求，关联分析的功能更完善。

2. 聚类分析

聚类分析（Clustering）是把数据根据相似性归纳成若干类别，同一类中的数据彼此相似，不同类中的数据相异。因此，聚类分析通过建立宏观的概念，发现数据的分布模式，以及数据属性之间可能的相互联系。

3. 分类

利用分类（Classification）功能，可以找出一个能代表该类数据整体信息类别的概念描述，即该类的内涵描述，并用这种描述来构造模型，一般用规则或决策树模式表示。分类功能可以在相应的算法支持下来训练数据集，进而求得分类规则。分类的最终目的是用于规则描述和预测。

4. 预测

预测（Predication）的本质是用过去推断未来。历史数据具有一定的变化规律，为了推断未来，可以通过分析历史数据来建立合适的模型，并根据模型对未来数据的种类及特征进行推测，从而把握未来的变化特征。预测的衡量标准是精度和不确定性，通常用预测方差来度量。

5. 时序模式

时序模式（Time-series Pattern）功能通过搜索时间序列，发现重复发生概率较高的模式。它的本质也是用已知的数据预测未来的值，但时序模式功能与预测功能的区别在于变量所处时间有很大不同。

6. 偏差分析

偏差分析（Deviation）可以发现数据库中所存数据的异常情况。该功能可以发现很多有用的知识，因为发现数据库中数据存在的异常情况是非常重要的。对偏差进行检验的基本方法是寻找观察结果与参照物之间的差别。

（四）数据挖掘技术

数据挖掘是一门多学科交叉的学科，它从统计分析学、人工智能、专家系统、数据仓库等学科中吸取了大量成熟的思想、原理和方法，形成了自己特色的技术和方法，这些技术和方法主要有以下几种：

1. 决策树

决策树是一种常用于预测模型的算法，它通过将大量数据有目的地分类，从中找到一些有价值的、潜在的信息。决策树方法利用信息论中的互信息（信息增益）寻找数据库中具有最大信息量的字段，建立决策树的一个节点，再根据字段的不同取值建立树的分支；在每个分支子集中重复建立树的下层节点和分支的过程，即可建立决策树。国际上最有影响和最早的决策树算法是ID3方法，当数据库越大时，该种方法的效果越好。此后又发展了多种决策树方法，如IBLE方法。

2. 神经网络

神经网络由于本身良好的鲁棒性、自组织自适应性、并行处理、分布存储和高度容错等特性非常适合解决数据挖掘的问题，因此近年来越来越受到人们的关注。

神经网络方法模拟人脑神经元结构，以MP模型和Hebb学习规则为基础，用神经网络连接的权值表示知识，其学习体现在神经网络权值的逐步计算上。目前主要有三大类多种神经网络模型：第一是前馈式网络，它以感知机、BP反向传播模型、函数型网络为代表，可用于分类、预测和模式识别等方面；第二是反馈式网络，它以Hopfield的离散模型和连续模型为代表，分别用于联想记忆和优化计算；第三为自组织网络，它以ART模型、Kohonen模型为代表，用于聚类的自组织映射方法。神经网络方法的缺点是“黑箱性”，人们难以理解网络的学习和决策过程。

3. 遗传算法

遗传算法是一种基于生物自然选择与遗传机理的随机搜索算法，是一种仿生全局优化方法。遗传算法具有的隐含并行性、易于和其他模型结合等性质，使得它在数据挖掘中被加以应用。

有人已经成功地开发出基于遗传算法的数据挖掘工具。该工具对两个飞机失事的真实数据库进行了数据挖掘实验，结果表明遗传算法具有非常高的准确性。遗传算法的应用还体现在与神经网络、粗集等技术的结合上。例如利用遗传算法优化神经网络结构，在不增加错误率的前提下，删除多余的连接和隐层单元；用遗传算法和BP算法结合训练神经网络，然后从网络提取规则等。但遗传算法的算法较复杂，容易收敛于局部较小值。

4. 粗糙集理论

粗糙集理论是一种研究不精确、不确定知识的数学工具。粗糙集理论处理的对象是类似二维关系表的信息表。目前成熟的关系数据库管理系统和新发展起来的数据仓库管理系统，为粗糙集的数据挖掘奠定了坚实的基础。粗糙集理论有以下几个优点：第一，不需要给出额外信息；第二，简化输入信息的表达空间；第三，算法简单，易于操作。

粗糙集的数学基础是集合论，难以直接处理连续的属性，而现实信息表中连续属性是普遍存在的。因此连续属性的离散化是制约粗糙集理论实用化的难点。现在国际上已经研制出来了一些基于粗糙集的工具应用软件。

5. 覆盖正例排斥反例方法

覆盖正例排斥反例方法利用覆盖所有正例、排斥所有反例的思想来寻找规则。首先在正例集合中任选一个种子，到反例集合中逐个比较，与字段取值构成的选择种子相容则舍去，相反则保留。按此思想循环所有正例种子，将得到正例的规则。该种方法比较典型的算法有 Aq11 方法以及国内学者改进的 Aq15 方法和 Ae5 方法。

6. 统计分析方法

一般来说，在数据库字段项之间存在两种关系：函数关系和相关关系。前者是指能用函数公式表示的确定性关系，后者是不能用函数公式表示，但仍是相关确定的关系。对它们的分析可采用统计学方法，即利用统计学原理对数据库中的信息进行分析。统计分析包括：第一，常用的统计分析，例如求大量数据中的最大值、最小值、总和、平均值等；第二，回归分析，用回归方程来表示变量间的数量关系；第三，相关分析，用相关系数来度量变量间的相关程度；第四，差异分析，从样本统计量的值得出差异来确定总体参数之间是否存在差异等。

7. 模糊集方法

模糊集方法是利用模糊集合理论对实际问题进行模糊评判、模糊决策、模糊模式识别和模糊聚类分析。系统的复杂性越高，模糊性越强。一般模糊集合理论是用隶属度来刻画模糊事物的差别特性的。国内有学者在传统模糊理论和概率统计学的基础上，提出了定性定量不确定性转换模型——云模型，并形成了云理论。

数据挖掘技术是一个年轻且充满希望的研究领域，商业利益的强大驱动力将会不停地促进它的发展，每年都有新的数据挖掘方法和模型问世，人们对它的研究正日益广泛和深入。但是，数据挖掘技术仍然面临着许多问题和挑战，数据挖掘方法的效率亟待提高，尤其是：超大规模数据集中数据挖掘的效率；开发适应多数据类型、容噪的挖掘方法，以解决异质数据集的数据挖掘问题；动态数据和知识的数据挖掘；网络与分布式环境下的数据挖掘等。

（五）数据挖掘的应用过程

1. 问题定义

问题定义就是要了解相关领域的有关情况，熟悉背景知识，弄清用户需求。在进行数据挖掘之前，首先要清楚解决什么问题，挖掘什么样的模式、规律或知识，并且提出要挖掘的目标。问题定义是能否挖掘出有用知识的基础，因为有数据，但也不一定能寻找到有价值的知识。在给出数据后，采用什么挖掘方法，怎样挖掘，必须在有明确目标的情况下进行，盲目地挖掘会使挖掘系统无法进行。

2. 数据准备

数据准备可分为数据选取、抽样、数据预处理和数据转换。数据准备的主要工作是对前一阶段产生的数据进行再加工，检查数据的完整性及数据的一致性，对其中的噪声数据进行处理，对丢失的数据进行填补。

数据是知识发现的源泉，数据的质量和数量对知识发现起决定性作用。不是随便给一些数据就能挖掘出有用的知识，数据必须有一定的质量和数量，在极不完整的数据上进行数据挖掘不会得到好的结果，数据质量和数量往往比数据挖掘方法更重要。

3. 建立模型

根据问题定义和数据准备可以确定采用哪一种数据挖掘模型。同样的数据挖掘任务可以用不同的数据挖掘算法来实现。数据挖掘模型的选择主要是依据以下两个方面的因素：一是数据的特点；二是用户和实际运行系统的要求。在完成了以上准备工作后，就可以进行数据挖掘了。数据挖掘阶段仅占整个挖掘过程的25%左右的工作量。

4. 评价模型

从数据分析人员的观点看，所选挖掘模型应该有相当高的质量，在最后应用推广时，必须更加彻底地评价这个模型，看看为构成该模型所执行的各个步骤能否实现企业要求的目标，更重要的是企业的关键问题有没有充分考虑到。在这个阶段，模型的参数被校准到最佳值。有许多数据挖掘方法可适应同一数据类型的多种数据，有些数据挖掘方法对数据有特定要求。有时这阶段还会返回到数据准备阶段。

5. 数据挖掘

数据挖掘阶段将会运用选定的知识发现算法，从数据中提取出用户所需要的知识，这些知识可以用一种特定的方式表示或使用一些常用的方式表示。数据挖掘只是数据库中知识发现的一个步骤，但又是最重要的一步，因此，往往可以不加区别地使用KDD和数据挖掘。

6. 结果分析

经数据挖掘所发现的知识和模式，可能存在冗余或用户不感兴趣的方面，这时需要将其除去。也有可能所发现的模式不能满足用户的需要，要求整个发现过程再返回到数据挖掘阶段之前，重新进行数据选取、抽样、数据变换和数据挖掘，甚至换一种挖掘算法（如在发现分类规则时就有多种数据挖掘方法可供选择，不同的方法可能具有不同的挖掘效果）。

7. 知识应用

知识应用就是将分析所得到的知识集成到业务信息系统的组织结构中去。一般来说，产生挖掘的模型并不是任务的结束。这是因为虽然挖掘得到了知识，但知识需要组织和呈现给用户，使用户可以很好地使用这些知识。知识是否采用和推广一般由决策者来决定，而不是由分析人员来决定。

思考题

1. BPR实施的步骤如何？
2. ERP、CIMS、SCM、SRM的含义和特点是什么？
3. 试在网上收集资料，阐述ERP实施失败的原因与对策。
4. 智能决策支持系统的特点是什么？举例说明它在支持决策过程中如何体现这些特点。
5. 试述数据仓库的组成，举例说明数据仓库在企业管理中有何作用。
6. 数据挖掘的主要技术是什么？举例说明在某个领域使用数据挖掘技术的价值所在。

案例分析

一、沃尔玛实施BPR的案例

在沃尔玛，传统的采购流程一般如下：商品销售→检查商品库存（如果到最低点）→向供货商订货→供货商发货→商品入库销售。采用这种采购流程的时候，当向供货商发出采购要求后，由于生产厂家需要较长的生产周期，沃尔玛经常出现缺货现象。为此，沃尔玛采取了另一种基于计算机及网络技术的采购流程，修改后的流程为：商品销售→与总部和供应商交换销售信息→（如果发现商品降到一定数量）供应商组织生产→供应商发货→商品上架销售。采用这种流程，对于每天的销售数据，沃尔玛不仅要发到自己的总部，同时要利用互联网发送到供货商的计算机系统内。这样，供货商对其商品销售的数据不再是1 ~2个月后才能知道，而是可以做到“实时监控”，随时可以掌握该地区的商品销售组合、流行趋势、顾客类型、销售时段，可据此按照自己的生产提前期，组织资源进行生产和分销，而不是作一种想当然的“预测”。同时，沃尔玛也可以做到不用准备商品库存（货架除外），因为供货商对其货架情况了如指掌，一旦发现沃尔玛某类商品货架的数量接近最低点，供货商则立即主动组织送货，零售商与供货厂家形成了真正的合作伙伴。由于库存费用、运输费用都非常低，沃尔玛的市场竞争力自然远大于竞争对手。这就是改进采购流程的BPR典型案例。

讨论：

1. 沃尔玛采购流程修改前后的变化体现在哪里？
2. 与旧流程相比，改进后的采购流程有什么优点？

二、某纺织企业实施ERP的案例

某纺织企业是联合多家织造厂、割绒厂组成的，2002年的年生产能力为7000万m，卡其布生产能力为3000万m，牛仔布生产能力为1000万m，固定资产为2.5亿元，年创汇1500万美元以上。从2001年上半年开始，该企业有计划、有部署地组织各分厂、管理部门的年轻人到计算机专业公司培训，开始建立了一支计算机管理队伍。2002年，各分厂、科室、部门全部配置了计算机，设立计算机中心机房，聘请专门人才。随着与某软件公司的合作，该企业开始实施ERP。

根据该企业的管理和生产实际，所构建的ERP系统主要分基础数据管理、计划管理、生产管理等方面。在基础数据管理中，对外详细记录客户信息，对内详细记录各分厂、机台、工作中心、工作班组以及所有产品、原材料的基础数据；在计划管理中，ERP系统全面包括合同订单的系统输入、计划的安排、安排坯布批次以及主计划的查询；在订单方面，追加了订单的审批、加急、变更和报警等功能；在生产系统中，ERP主要包括打样管理、工艺管理、质量管理、设备管理，以及各分厂生产计划的下达和生产进度跟踪。

由于不同的企业其生产和管理的实践决定了其在信息化建设中的差异，对于软件厂商来说，重要的是要抓住企业个性，因地制宜，构建适合企业现状和管理生产的ERP系统。该企业实施ERP的效果，可以从一些实际对比和实施的情况中来看一下：

（1）生产管理。过去企业生产处于手工操作阶段，经常出现失误，影响生产质量和进度。鉴于此，软件开发商为系统设计了标准化的工艺排单模块，详细记录每个订单、每个产品在每道工序中应注意的事项以及每道工序的具体工艺生产参数，并将从客户订单的打样配方信息到大货的实际生产配方信息等都详细记录到系统服务器中，减少了工艺员对经验的依赖，加强了生产工艺管理的标准化，提高了产品的生产质量。

（2）进度管理。过去企业的进度管理是模糊的。跟单员需下到车间，才能知道订单的实施和完成情况，费时费力且效率很低。针对这种现象，系统对生产卡实施全条码管理，只需扫描条码就可知道进度，极大提高了生产效率。

（3）仓库管理。过去仓库管理的问题表现在：信息传递不及时、库存量大、库存盘点难、仓库账面和实际不符、很难迅速查找货物的具体方位。新开发的仓库管理子系统加快了信息的沟通和传递的准确性，辅以计算机自动记账功能和条码技术，杜绝了错误的发生，在提高了工作效率的基础上，减轻了工作人员的劳动强度。

(4) 面料和染化料管理。最初企业各车间面料收付不清，染化料出库盲目。鉴于此，系统加强了车间面料的收付和染化料的领用管理。透明化的管理便于成本的核算，减少了原料的浪费，明确了员工的职责。

从 ERP 实施前后的对比中，可直观地看出企业在实施系统后的一些实际的进步。利用 ERP 系统，整个生产计划流程“尽收眼底”。从客户信息到交付成品，在同一界面一切都清清楚楚，尽在掌握。而过去，查看流程数据至少要查对七八种报表，烦琐又容易出错。与手工管理进行对照，ERP 对企业全程进行规范化管理，准确又便捷地规范质量管理，压缩生产成本。

讨论：

1. 在上述案例中，系统开发商是如何根据纺织企业的特点来实施 ERP 的？
2. 该案例的 ERP 包括哪些功能？
3. 对该纺织企业在实施 ERP 前后进行对比分析。

参考文献

[1] 张宽海. 管理信息系统概论 [M]. 北京：高等教育出版社，2003.
[2] 赖茂生. 企业信息化知识手册 [M]. 北京：北京出版社，1999.
[3] 陈晓红. 信息系统教程 [M]. 北京：清华大学出版社，2003.
[4] 薛华成. 管理信息系统 [M]. 北京：清华大学出版社，1999.
[5] 伍俊良. 管理信息系统开发与应用 [M]. 北京：科学出版社，1999.
[6] 吴迪. 企业管理信息系统基础 [M]. 北京：清华大学出版社，1998.
[7] 甘仞初. 信息系统开发 [M]. 北京：经济科学出版社，1996.
[8] Otey Michael，Conte Paul. SQL Server 2000 开发指南 [M]. 陈恩义，等译. 北京：清华大学出版社，2002.
[9] 杨国强，路萍，张志军，等. ERwin 数据建模 [M]. 北京：电子工业出版社，2004.
[10] 飞思科技产品研发中心. SQL Server 2000 数据库和数据仓库 [M]. 北京：电子工业出版社，2001.
[11] 闪四清. Microsoft SQL Server 2000 实用教程 [M]. 北京：人民邮电出版社，2000.
[12] 李俊山，孙满囤，韩先锋，等. 数据库系统与设计 [M]. 西安：西安交通大学出版社，2003.
[13] 何鑫. 全面掌握 Microsoft Office 2003 [M]. 西安：西安电子科技大学出版社，2004.
[14] 苏啸. 数据库原理与 SQL Server 2000 教程 [M]. 北京：北京工业大学出版社，2002.
[15] 刘鹏. 管理信息系统 [M]. 上海：上海财经大学出版社，2003.
[16] 陈晓红. 信息系统教程 [M]. 北京：清华大学出版社，2002.
[17] 李东. 管理信息系统理论与应用 [M]. 北京：北京大学出版社，2001.
[18] 黄梯云. 管理信息系统 [M]. 北京：高等教育出版社，2000.
[19] 邝孔武，王晓敏. 信息系统分析与设计 [M]. 北京：中国人民大学出版社，1999.
[20] 王要武. 管理信息系统 [M]. 北京：电子工业出版社，2003.
[21] 安忠，吴洪波. 管理信息系统 [M]. 北京：中国铁道出版社，1998.
[22] 邝孔武. 信息系统分析与设计 [M]. 西安：西安电子科技大学出版社，1998.
[23] 张淑奇，王齐庄. 电子商务环境的信息系统 [M]. 武汉：武汉大学出版社，2000.
[24] 陈佳. 信息系统开发方法教程 [M]. 北京：清华大学出版社，1998.
[25] 邵培基. 管理信息系统 [M]. 成都：电子科技大学出版社，2001.
[26] 黄梯云，李一军. 管理信息系统导论 [M]. 3 版. 北京：机械工业出版社，2004.
[27] 卫红春. 信息系统分析与设计 [M]. 西安：西安电子科技大学出版社，2003.
[28] 宋远方，成栋. 管理信息系统 [M]. 北京：中国人民大学出版社，1999.
[29] 毕星，翟丽. 项目管理 [M]. 上海：复旦大学出版社，2000.
[30] 杰克·吉多，等. 成功的项目管理 [M]. 张金成，等译. 北京：机械工业出版社，1999.
[31] 许晓峰，等. 工程建设监理手册 [M]. 北京：中华工商联合出版社，2000.
[32] 李海波. 审计学 [M]. 北京：立信会计出版社，1997.
[33] 邝孔武. 信息系统建设的软系统方法 [M]. 北京：清华大学出版社，2000.
[34] 李宇红. 管理信息系统原理及解决方案 [M]. 北京：电子工业出版社，1999.
[35] 施伯乐，等. 数据库系统教程 [M]. 北京：高等教育出版社，1999.
[36] 萨师煊，王珊. 数据库系统概论 [M]. 北京：高等教育出版社，2000.
[37] 周芝英. 计算机软件测试技巧 [M]. 郑人杰，译. 北京：清华大学出版社，1985.
[38] 魏方. 计算机软件测试技术与实例 [M]. 北京：学苑出版社，1994.
[39] 张海藩. 软件工程导论 [M]. 北京：清华大学出版社，1992.
[40] 顾新建，祁国宁，韩永生. 企业工程建模方法与企业参考模型 [M]. 北京：科学出版社，2005.

[41] 邬永欣. 数据仓库的概念和发展方向 [J]. 深圳大学学报（理工版），1997，14（2~3）：68-72.

[42] 赵丹群. 数据挖掘：原理、方法及其应用 [J]. 现代图书情报技术，2000（6）：41-44.

[43] 王树林，冯河南，侯延明，论 CIMS 与现代化企业制度 [J]. 工业技术经济. 2002，(2)：13-14.

[44] 黄丽华，钱宇，薛华成. 企业过程的定义及辨识方法 [J]. 系统工程学报，1997，12（3）：70-81.

[45] Margelisch A, Reimer U, Stardudt M, et al. Cooperaive support for office work in the insurance business [C]. Proceedings of IFCIS International Conference on Cooperative Information Systems. Los Alamitos: IEEE Computer Society, 1993: 243-253.

[46] Dupuy S, Bousquet Du. A multi-formalism approach for the validation of UML models [J]. Formal Aspects of Computing, 2000, 12 (12): 228-230.

[47] O'neil Peter, Sohal Amrik S. Business Process Reengineering: A review of recent literature [J]. Technovation, 1999 (19): 571-581.

[48] 邵维忠，杨芙清. 面向对象的系统分析 [M]. 北京：清华大学出版社，1998.

[49] 蒋慧，吴礼发，陈卫卫. UML 设计核心技术 [M]. 北京：北京希望电子出版社，2001.

[50] Meilir Page-Jones. UML 面向对象设计基础 [M]. 包晓露，赵晓玲，等译. 北京：人民邮电出版社，2001.

[51] Chang, Fay, et al. Bigtable: A distributed storage system for structured data [J]. ACM Transactions on Computer Systems, 2008, 26 (2): 1-26.